四川省志

Sichuan Shengzhi

青城山志

【第八十六卷】

四川省地方志编纂委员会 编

方志出版社
Publishing House of Local Records

图书在版编目（CIP）数据

四川省志．青城山志／四川省地方志编纂委员会编．
—北京：方志出版社，2019.4
ISBN 978-7-5144-3731-7

Ⅰ．①四… Ⅱ．①四… Ⅲ．①四川—地方志②青城山
—地方志 Ⅳ．①K297.1

中国版本图书馆 CIP 数据核字（2019）第 091759 号

四川省志·青城山志

编　　者：四川省地方志编纂委员会
责任编辑：刘　珊

出 版 者：方志出版社
地址　北京市朝阳区潘家园东里 9 号（国家方志馆 4 层）
邮编　100021
网址　http://www.fzph.org
发　　行：方志出版社图书经销中心
电话（010）67110500
经　　销：各地新华书店
印　　刷：成都现代印务有限公司
设计制作：成都未来人图文设计有限公司

开　　本：889×1194　1/16
印　　张：19.5
字　　数：537 千
版　　次：2019 年 4 月第 1 版　2019 年 4 月第 1 次印刷
印　　数：0001～2000 册

ISBN 978-7-5144-3731-7　定价：260.00 元

青城山山门

青城后山山门

青城后山泰安古镇

青城山新山门

青城山石刻

天师洞三清大殿

赤城阁

月城湖

上清宫

全真观

朝阳洞

五龙沟三潭雾泉（金娃娃沱）

又一村茅亭

老君阁

水晶溶洞

天鹤观天然图画牌楼

寻仙沟

古常道观（天师洞）

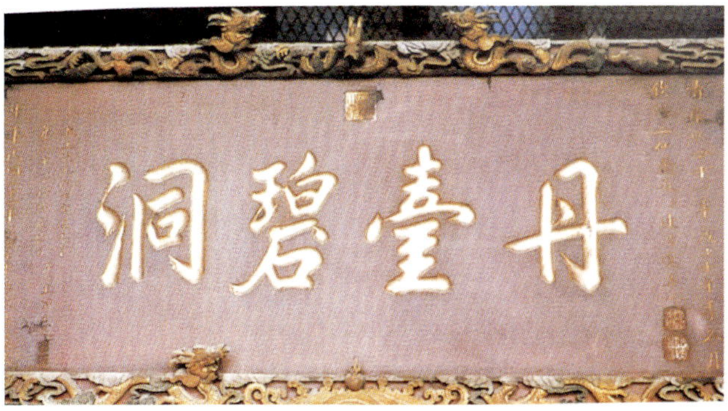

清康熙帝御书匾额

天师洞财神殿

水晶溶洞前九天阁大瀑布

金鞭岩

青城山摩岩石刻

建福宫前西蜀第一山牌楼

泰安寺

龙隐峡栈道

天师洞前五洞天牌坊

鸟瞰上清宫

祖师殿

青城后山古黄鹤桥

天师殿

青城山诗刻

青城三十六峰

圆明宫

飞泉沟

降魔石

天师洞古银杏

掷笔槽（古龙桥栈道）

白云寺山门

上清宫三清大殿开光仪式

白云古寨

建福宫

天师洞大殿法事活动

天师洞隋代石刻天师像

中国道教协会前会长傅圆天方丈

玉清宫

太清宫

青城后山通天洞

飞仙观

白云观音洞

天师洞木刻诗画

于右任题古黄帝祠匾

天国山唐代三佛洞

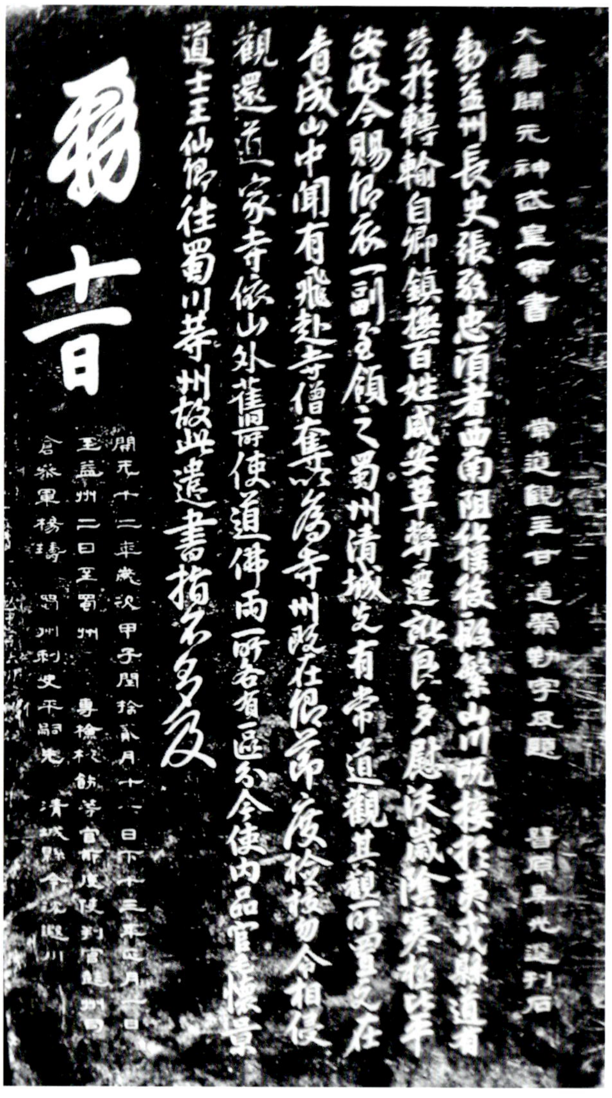

天师洞唐代御碑

老松图　张大千 作　　荷花图　张大千 作　　青城幽邃 吴一峰 画

20世纪30年代长生宫

20世纪50年代青城山山门

20世纪40年代天师洞三清大殿

2000年12月，青城山·都江堰作为世界文化遗产被列入《青城山·都江堰世界文化遗产名录》

1999年，芒城遗址出土新石器时代陶片

芒城遗址出土各类石器

青城山秋色

青城山道教学院

青城山飞仙亭

道姑抚琴

上清宫道士采茶

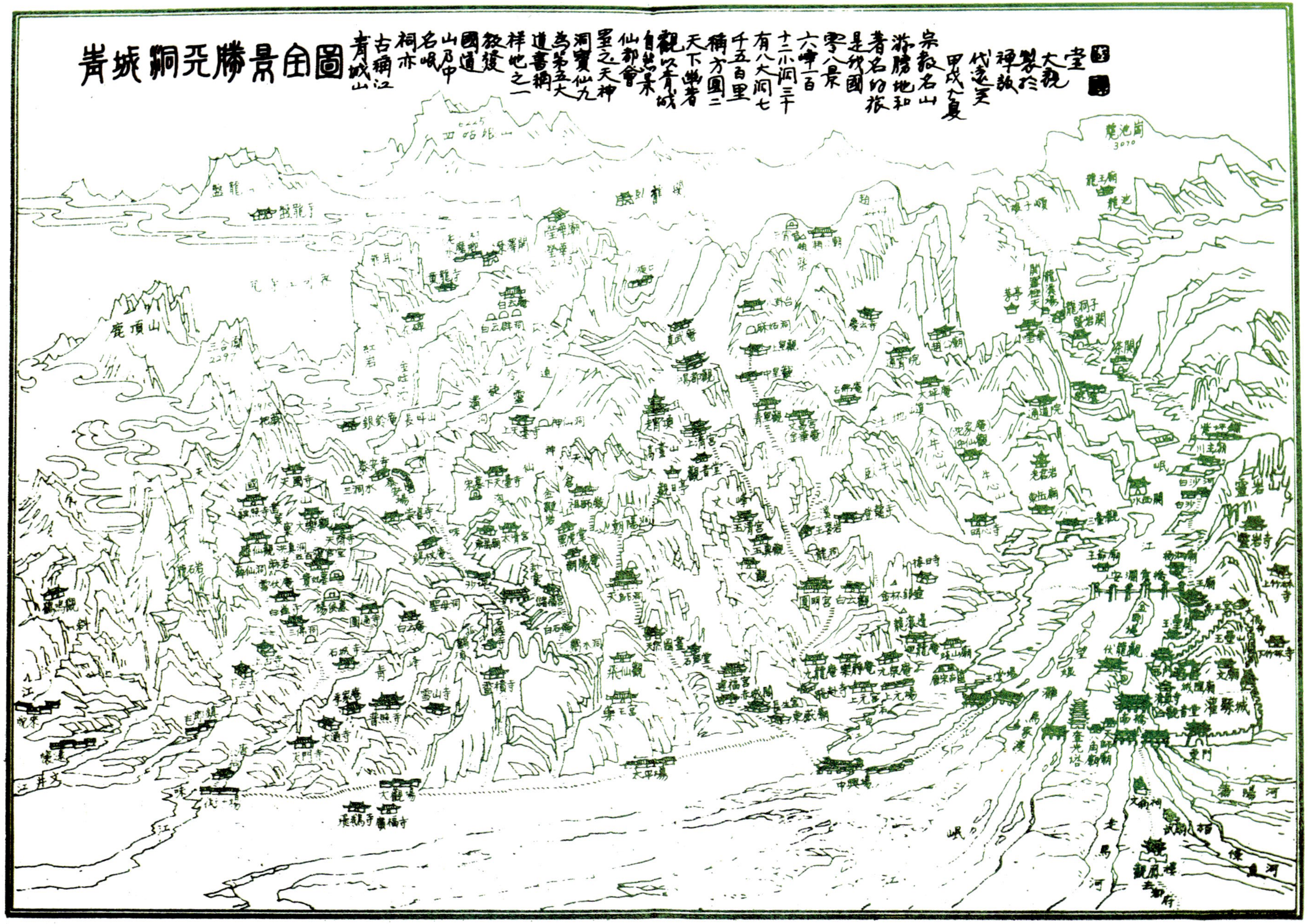

青城洞天胜景全图

以上图片由青城山——都江堰景区管理局提供

四川省地方志编纂委员会成员

主任委员	王　宁			
副主任委员	张为人	朱新华	蔡　竞	杜兰举
	马小彬			
委　　员	叶文培	李　酌	高　山	江红英
	宋晓云	张丽萍	李曙光	张澜涛
	吴　成	何晓平	王映松	杨　杉
	赵家栋	张　强	向华全	欧力生
	陈　智	罗亚夫	王孝平	

《四川省志(1986—2005)》
审核委员会成员

主　　任	王　宁			
副 主 任	蔡　竞			
委　　员	马小彬	冯宝运	何晓平	胡品生
	王孝平	谭继和	陈世松	陈廷湘

《四川省志(1986—2005)》
总编、副总编

《四川省志·青城山志》
责任总编、责任编辑

《四川省志·青城山志》
编纂委员会成员

《四川省志·青城山志》初审领导小组

负责人	马远见	竹　柯		
成　员	唐诚青	张明心	李启明	周　辉
	罗　建	赵春强	张婧欣	韩　强
	艾昌勇	马俊雷	欧杨文	肖建春
	江　竹	杨　超	艾　强	鲁　通
	王治川			

《四川省志·青城山志》
编纂机构成员

主　　编	杨慕文			
副 主 编	李代远			
编　　辑	张婧欣	韩　强	崔　巍	
编纂办公室主任	张瑞平			
编纂办公室成员	万成良	李秋颖	赵冬梅	高　坤
	徐鸿超	车　涛	冉　涛	宋晓云
	席小龙	王庆儒	杨志勇	朱永涛
	王元兵	陶　强	关小兴	敖晓琴

《四川省志（1986—2005）》

凡　例

一、本书编纂工作以马克思列宁主义、毛泽东思想、邓小平理论、“三个代表”重要思想、科学发展观、习近平新时代中国特色社会主义思想为指导，坚持辩证唯物主义和历史唯物主义的立场、观点和方法，全面客观地记述四川省行政区域内自然、政治、经济、文化和社会的历史与现状。

二、本书系中华人民共和国成立后首部《四川省志》续编，总名《四川省志（1986—2005）》，由总类、大事纪述、专志、人物、市（州）概况、附录共93卷构成。各分卷名称为《四川省志·××志（1986—2005）》或《四川省志·××志》（后者为特色志志名），设中英文目录。

三、本书上限一般起自1986年，下限一般截至2005年。对前志未设之分卷或篇章从事物发端写起；对前志漏载、误载的某些事项进行补载、更正；对前志记载后变化不大的某些事项进行简要复载；升格详载具有地方特色的某些事项。

四、本书记述的地域范围以1986—2005年四川省行政区划为准。

五、本书采用述、记、志、传、图、表、录等体裁，以志为主。

六、本书总类卷设序言、凡例、总述、卷目等，为各卷之首，全书之纲。关于自然环境、建置沿革、经济与社会历史发展状况等基本省情在总述中作简要复载或反映。各专志（分卷）根据社会分工和学科分类的实际，按“以类相从”或“突出地方特色”的原则设立，以篇、章、节横分类别，节、目以下纵述史实，立足反映四川省行政区域某一事物（事业、行业）断限期内历史与现状的全貌。人物志卷采用传、录、表诸种表述形式，坚持“生不立传”原则，在世人物的突出事迹以事系人载入相关分卷。人物传统一收入人物志。本书大事记以编年体为主，辅以纪事本末体。为完整记述一些重要事物，保存有价值史料，有些分卷设置了专记。

七、本书使用规范的现代语体文记述，行文严谨、朴实、简洁、流畅。使用规范汉字，用词概念准确，符合现代汉语语法规范。使用的标点符号、数字、计量单位等均按国家规定的统一标准书写。

八、本书使用公元纪年，各卷正文（除引文外）采用第三人称表述；行文涉及机构、会议、文件、职衔、地名等，均按当时称谓；除涉及人名、地名、纪年和简称等项采用括注外，其余采用页下脚注。

九、本书资料来源于文献、档案、报刊、书摘、口碑及实地调查等，所用资料均经各修志部门考证、核实。各分卷数据一般采用省统计局公布的数据，省统计局缺乏的，采用有关部门正式提供的数据。

十、各分卷图片分为前置图片和随文插图，随文插图和表格均以篇为单位依次排序编号；所用地图均以省测绘局审定的为准。

十一、各分卷需要特别说明的事项，均在各分卷的《编辑说明》中注明。

《四川省志·青城山志》
编 辑 说 明

一、本志追溯历史，上限因事而断，不求一律；下限断至2005年，个别重要事项，记述现状，适当下延。

二、本志编写范围，以青城前山、青城后山（即今青城山镇境内）为主体。对周围历史上属于青城范围的天国山、大面山、青峰山、二王庙、鹤鸣山、黄龙观、阳平观等也一并略述。

三、本志按详今略古的原则，以较多的篇幅详记1978年改革开放以来景区的保护、规划、开发、管理以及旅游业的发展。全志主体包括自然环境、风景名胜、文物、宗教、行政建置及保护管理、青城文化、名人与青城、旅游8篇26章。后设附录，含大事记、文献辑存、旧志叙录。

四、青城山具有丰厚的历史文化遗存，其道教人文景观在世界名山中独领风骚，故在文物、宗教之外，专门记述青城传统文化和青城艺文辑成。

五、本志宗教篇对青城山近现代著名道士列有小传。另设名人与青城篇，古代、近代、现当代并列，已故或健在者均载，以时间先后为序。

六、本志历史纪年，清朝以前，沿用帝王年号纪年，夹注公元纪年；清朝以后，均用公元纪年。

七、本志历史资料，多征引历代古籍记述有关青城山传记、史志等文献。青城山以“天下幽”著称于世，故详述胜景及自然环境，以体现自然文化遗产的宝贵价值，推动旅游发展和环境保护和谐并存。

八、本志图片来源于青城山—都江堰旅游景区（风景名胜区）管理局，部分图片因年代久远，拍摄时间已不可考。

目　　录

第三篇 文 物

第六篇 青城文化

第七篇 名人与青城

第八篇 旅 游

Contents

Part 4 Religion

Part 5 Administrative System and Protection Management

概　　述

青城山位于四川省都江堰市西南，是中国著名的山岳风景名胜区。青城山是中国首批公布的国家级风景名胜区、国家 AAAAA 级旅游景区。因其优美的自然风光和丰厚的历史文化，2000 年和 2006 年先后荣登世界文化遗产和世界自然遗产名录。

青城山山门（前山建福宫侧）距都江堰市中心 15 公里，距成都市区 51 公里；中心位置的地理坐标是：北纬 30°54′，东经 103°35′。它和世界闻名的都江堰水利工程、大熊猫的故乡卧龙自然保护区毗连，是川西旅游热线上的一颗明珠。

青城山是邛崃山脉南段的东支（古人将它归入岷山山脉，史称“东岷西昆”）。它背靠岷邛皑皑雪岭，俯临沃野千里的成都平原，其核心景区以大面山（即赵公山）为主峰，层峦叠岫，有 36 座翠峰，8 大洞、72 小洞，108 景。就历史大范围青城山的界定，仅都江堰市境内就有约 200 平方公里。对外开放的核心景区为青城山镇所辖约 100 平方公里范围，还有青城外山、赵公山等景区。

青城山以其幽甲天下的自然景观和众多的文物古迹驰誉中外，古往今来吸引着许多文学家、艺术家、史学家、医学家、地学家、生物学家、宗教学家、政治家和军事家到此游览或寄寓，饱览“神仙都会”的风姿神韵，领略东方道家文化及其体系的精髓。

青城山原名清城山，亦称岷山、渎山、清城都、赤城山、天国山、成都载天山。清城，原出中国古神话中“清虚以守神”（意谓清虚空灵构建成的仙境）、“清都、紫微，天帝所居也”（见《列子·周穆王篇》）。“清城山”之名，在汉晋典籍中多有著录。西汉文学家东方朔《五岳真形图序》即有“拜清城为丈人，署庐山为使者”的记载（见《云笈七签》卷七十九的引文）。晋人常璩正式将“清城山”写入《华阳国志·蜀志》。直到唐开元十二年（724 年）闰十二月十一日，玄宗为解决清城山常道观与山下飞赴寺僧的产权纠纷，所下诏书中把“清城”省写为“青成”。唐开元十八年（730 年）刻立御碑后，为规范地名，遂“去水为青”，故唐代《元和郡县图志》载：“开元十八年改为青城”。此后青城之名沿用至今。

古代青城山的范围，说法不一。北周宇文邕所编道经《无上秘要》，在“洞天品”中载“清城山周回二千里”。唐开元十八年，徐太亨《青城山丈人祠庙碑》云：“夫丈人山者，本青城山，周回二千七百里。”唐杜光庭《青城山记》引《玉匮经》“青城山一名赤城山，一名清城都，一名天国山，亦为第五大洞宝仙九室之天”。宋代《太平御览》卷四十四引此文时，“天国”改作“天谷”，以音异字。明杨慎《升庵文集》卷七十六“名山条”云“青城山一名天谷”。查“天谷”之名在北魏郦道元《水经·江水注》中已有著录。而晋任豫《益州记》称为“天彭谷”。故前人有“天彭（天谷、天国）青城连峰不绝”之说（见杜光庭《青城山记》转引《地理志》）。宋代地理书《方舆胜览》明确提出了它的范围："天国山在永康县，左连大面，右接鹤鸣，前临狮子，后枕大隋，诸山络绎，不一其名，要皆青城山之支峰也。"其范围是都江堰渠首岷江以西，西岷六顶（即岷江与青衣江的分水岭）以东，卧龙耿达以南，黑水江以北，古代蜀人称为"西山"的山岳地区。该地区秦时统属临邛县，汉初统属江原县。按近代行政区划来看，古之青城山地跨今都江堰市、崇州市、大邑县及汶川县相邻地区。

青城山历史悠久。该山东麓芒城古遗址出土文物证明，早在新石器时代，这里已有城邑。它与宝墩古城等并列为成都五处史前遗址，同为长江上游文明起源中心。青城山位于湔氐道和邛僰道的交会处，是古代民族文化交流的走廊，其境内古有蚕崖关（蚕丛）、柏灌台（一作八卦台），有蜀王杜宇避水的长坪山（今青城后山泰安山），"禅位于开明，帝（古蜀王杜宇）升西山隐焉"之所在；又是开明三世蜀王西征，"雄张僚僰"的长征通道。青城为古蜀文化起源中心地或称原基。①

秦时，青城山名为渎山（亦称"岷山""汶山"）。据《史记·封禅书》及《汉书·郊祀志》的记载，秦并天下后，令负责祭祀的官员将全国各地的名山大川编排为序，统一规定祭祀级别，以利于从精神文化上体现大一统国家格局。当时全国共有46郡，被列为国家祭祀的山川只有18座，蜀郡独占两座，即渎山与江水祠，均在古青城山境域。青城山由上古蜀地诸族争奉之神山，转而成为皇帝敕封的国家祭祀山川的圣地。先秦蜀守李冰修湔堰（即都江堰）时，以尊重古蜀族之神而获其支持，两度礼渎山拜天彭门，是古人尊重自然、礼敬山川、和睦诸族之盛举。李冰曾致力于渎山（即青城山）的开发。《华阳国志·蜀志》记载李冰："乃自湔堰上，分穿羊摩江（即今青城山下沙沟河早期的引水干渠），灌江西。"《水经·江水注》载："江水又与文井江合，李冰所导也。自笮道与蒙溪（今青衣江上游）分水，至蜀郡临邛县与布仆水合。"李冰修堰时，曾祭江神于青城山下，"与江神要：水竭不至足，盛不没肩"。而古之江祠②，也曾在青城山。辅佐李冰修堰，留有名姓者2人。一为杨磨（羊摩），当系氐羌人。杜光庭《治水记》云："杨磨有神术，于大皂江侧决水壅田，与龙为誓者。磨辅李守，江是得名。嘉阙绩也。"另一位与李冰同穿江者，名为王缀，是青城山土著蜀山氏部族后裔。

青城山是天师道的发源地，是天师道的祖庭。道教创建人张陵天师于东汉汉安二年（143年）到青城山赤城崖舍，开坛阐道，"会三界万神于青城黄帝坛下，立二十四治（即教区）"，羽化后又葬于此处。晋代大学者葛洪（283—363年）在其《抱朴子内篇·金丹》中载："古之道士，合作神药，必入名山。青城山，……此皆是正神在其山中，其中或有地仙之人。"宋《太平寰宇记》卷七十三"青城县"条云："青城山，此第五大洞宝仙九室之天，黄帝所奉，又有石日月象，天师立青城治于其中。"以巴賨为主力的成汉王朝，封青城山天师道首领范长生为"四时八节天地太师、西山侯"，俨然是山中宰相。前蜀皇帝王建封青城道士杜光庭为光禄大夫尚书、户部侍郎、上柱国蔡国公。青城山名列道教十大洞天中的第五大洞天，被誉为"昆仑下都""神仙都会"。

"青城天下幽"是历代名人对此山风景的定评。满山满壑的林木，用青黛、浓绿装点出青色的城、绿色的海。更有老藤悬于峭壁，苔藓附于怪石，幽兰依于岩畔。正是这四季常青的丰富植被，形成青城山特有的自然景观，成为富有魅力的山水旅游资源。翠绿的树色，体现出青城山自然景观

① 曹学佺《蜀中广记》引释道宣《法苑珠林》云："成都原在西海青城山中。"
② 赤城崖上古有羊马台，其台俯瞰大江，如咫尺，人言其为古江祠故迹。

的清幽。由于道家崇尚朴素自然，青城山的道观亭阁多深藏于繁枝密叶之间，显得格外幽深。其建筑多取材自然，不假雕饰，富于自然天趣；与山林岩泉交相融混，极为幽雅。其风物传说多为道教仙话，具有玄妙深远的意蕴，使山林更为幽谧。这一切使仙山享有“青城天下幽”的盛誉。用“幽”字来形容青城山，概括了千百年来人们对它长期观察和欣赏之后作出的审美评介。唐上元二年（761 年），诗人杜甫游青城，在诗中赞叹青城“丹梯近幽意”。其后诗人陆游等用“穷幽行荦确”“周游灵境散幽情”“坐观山水气幽清”来形容青城。但最鲜明地点出“青城天下幽”的，则是近人吴稚晖。1938 年，他在文中写到“顾青城在亦雄亦奇亦秀外，而其幽邃曲深，似剑阁、三峡、峨眉皆无逊色。故以天下幽标明青城特点”。

中华人民共和国成立后，青城山的旅游开发及文物保护、行政管理等工作由灌县文物保护管理所承担，青城山自身无单独的管理机构。1976 年，为适应旅游事业的发展，经中共灌县县委讨论决定，专门成立青城山管理所，负责管理青城山各项工作。1978 年，中国共产党第十一届三中全会之后，青城山开发建设进入了新的历史时期。1982 年 11 月 8 日，国务院批准青城山—都江堰为第一批国家风景名胜区。1984 年，撤销青城山管理所，成立青城山管理处。1988 年 6 月 13 日，报经四川省人民政府批准，设置青城山镇。1990 年，成立青城山管理局，与青城山镇人民政府实行“两块牌子，一套班子”管理体制，使景区的保护、规划、建设和管理日臻完善。2000 年，青城山被联合国列入世界文化遗产名录。2003 年，青城山管理局更名为青城山风景名胜区管理局，级别为副市级，有职工 300 多人，内设机构有局办及若干处、所。2006 年，青城山又被列为“四川大熊猫栖息地生态走廊”，获世界自然遗产称号，成为世界自然和文化“双遗产”地。2007 年，青城山风景名胜区管理局和都江堰景区管理局合并，成立青城山—都江堰旅游景区管理局，即迁至都江堰市区办公。

中共都江堰市委、都江堰市人民政府致力于青城山景区的恢复与发展。自 20 世纪 80 年代以来，陆续开发建设了月城湖、老君阁、金鞭岩旅游通道及山下集镇，并于 1987 年恢复和开发了青城后山 60 余平方公里的古代景区。卓有成效的大型建设项目，使青城山风景名胜区的自然和人文景观更上档次。年旅游人数由 1988 年前的数十万人次发展到 2006 年 150 万以上人次，成为距成都最近便、最富吸引力的旅游胜地。

“蜀山西南千万重，仙经最说青城峰。”唐代诗人钱起的名句，道出了人们的心声。青城山那布满流云、飞瀑、古树、奇葩的翠峰幽谷、岩壑溶洞，在古代神话中，是天神和仙女驻足之地，是人神共有的福地洞天。

青城山，中华锦绣河山中的一颗璀璨明珠；青城山，当之无愧人类文化和自然的宝贵遗产；它热情地期待着中外嘉宾到此领略这大自然的幽美，探寻东方文化的奥秘，它将给人们带来无穷的幽意，和一个梦绕魂牵的仙景。

第一篇　自然环境

第一章　地质地貌

第一节　地　质

青城山的地质构造属龙门山（九顶山）华夏系构造和青城—青霞新华系构造。西北部为龙门山褶断带的强烈上升区，褶皱、断裂构造发育明显。东南部处于成都凹陷区，沉积了深厚的第四系冰水堆积、冲积的松散堆积物。

在距今1.9亿年前的石炭纪、二叠纪和三叠纪初期，青城山一带还处在茫茫大海的海底。三叠纪末和侏罗纪初期发生了名为“印支运动”的造山运动，赵公山等逐步由海相变成陆地相沉积环境，成为巨大的四川内陆湖盆的边缘。

青城山镇泰安村、大观镇原河坪村等地，三叠系的上三叠统须家河组地层分布较广，属海相、海陆交互相及河湖沼泽相含煤构造。

上侏罗统莲花口组分布于青城山镇泰安、沙坪等村及大观镇石板滩一带，为滨湖、浅湖红色砂泥石建造，厚度在1080米左右，整合于中侏罗统遂宁组之上。其底部有巨厚层的钙质砾岩，这种砾岩的砾石成分绝大部分为碳酸盐岩，其胶结物主要为钙质，具有较强烈的熔融性。在区域大断层的裂隙处形成碳酸盐光裂隙溶洞水，且逐年增大。在漫长的年代里，亚热带湿润多雨的气候增加了富有侵蚀性二氧化碳的地下水，形成地下暗河洞穴，并发育成千姿百态、极为壮观的溶洞群。

已开发的上述砾岩形成的钙化溶洞，以三龙水晶溶洞最为壮观。该溶洞有三个近水平溶洞。水晶溶洞洞口高程为1152—1156米，另两个洞的洞口高程分别为1206米和1254米。水晶溶洞中还有两个落水洞。一个在水晶溶洞上方东西侧，分布高程1216米，洞口呈圆形。另一个水洞在陈家沟上游沟头，洞呈长方形，洞口长7米，宽4米，可见深度8米。在水晶溶洞范围内的山沟上段砾岩分布区还有若干熔融裂隙。经过较长的岩溶发育期，形成夷平面高程为1300米左右，相当于大巴山期的地层。约在距今1000万—3000万年的中新世或上新世，水晶溶洞的皱形慢慢形成。后来，由于区域内新构造运动的强烈抬升以及河流的强烈下切，原来的夷平面解体。随着侵融基准面的下段地下水位下降，水平溶洞逐渐高升，脱离地下水位，由地下水的水平径流区到达垂直运移带。地下水活动借助原有水平溶洞而流动，但垂直下切的侵融作用加强，同时也寻找垂直或倾斜裂隙下渗，形成洞穴或出水口。上升以后的溶洞，地下水不再充满洞穴，饱含重碳酸钙的地下水洞顶、洞侧壁垂直下落或沿洞壁呈膜状缓慢下渗时，地下水体表面张力减少，与空气的接触面大，地下水中的二氧化碳呈气体逃逸，碳酸钙泄出后形成钙化物质，蔚为壮观。

中侏罗统沙溪庙组在青城后山以砂岩、泥岩间互为主，有少量灰质砾岩，厚695米。遂宁组在原两河乡一带，以砂岩和含砂质泥岩间互为主，夹少许石英质砾岩，厚194米。

白垩系在青城山一带，往往与侏罗系形成假整合构造，其下部为夹关组，上部为灌口组，属内陆磨拉式山麓洪积相砂砾岩建造以及浅湖相砂、泥建造。其洪积锥顶分布在王婆岩一带，厚400—537米。

青城前山为白垩系沉积岩，这些在干旱气候条件下形成的砾岩、砂岩和泥岩，混进了很多红色的铁氧化物，故史书载“青城山有崖含赤壁”，又名赤城山。青城山的砾岩多由钙铁质胶结而成，坚硬而性脆，受到地壳运动的影响，易发生破裂，形成裂缝，地质学上称为“节理”，在外动力地质作用下，上述砾岩常常沿着节理形成深谷或陡墙，远古湖海的冲击更形成规模宏大的城墙腰带式的山崖。青城山掷笔槽就是沿白垩纪砾岩形成的纵谷。有些巨岩沿节理脱离，堕落而形成三岛石等奇观。天仓山金鞭岩一带则是典型的城墙式山崖。

第三系相当于原白垩系灌口组上段地层，分布在青城山东麓及玉堂镇丘陵一带。

第四系地层分布在青城山镇镇政府及太平场以东的平原和部分山前台地，属川西复式冲积扇平原，是新生代拗陷构造上发育成的堆积平原。第四系沉积物较多，包括更新世和全新世的冲积、洪积、坡积、崩积和残积等。其中有砂土、亚砂土、亚黏土等，而以砾石层为主，厚10—30米。

龙门山前山江油—都江堰市断裂带，延伸到青城山。该断层走向北东30°—40°，断层线略有弯曲，断面倾向310°—330°，倾角40°—53°，切断三叠系上统须家河组—侏罗系上统莲花口组。其中有些地段为山地早期喜山运动形成的“飞来峰”所掩盖，并在泰安寺和苟家坪一线以南发育成两条北东东向的压扭性分支断层。

境内的褶皱构造，多为北东—南西走向的线型构造，两翼岩层倾角较大，有的甚至倒转，产状变化大。主要褶皱有：

赵公山向斜，长15公里，轴向30°—45°，北翼发育一条与褶皱同向的压扭性斜冲断层，两翼地层产状变化大。北翼倾向120°，倾角40°—70°。南翼倾向340°，倾角30°—60°，为不对称向斜。两翼次级小褶皱发育，由上三叠系须家河组—侏罗组组成，下侏罗统自流井群在向斜南西端于庙基坪扬起，北东端在麻溪乡以东扬起。

青城山向斜（沙坪山一带）和青城山背斜（丈人峰一带），长约4公里，轴向近于南北。向斜在西南，背斜在东面，相距400—500米，平行伴生。向斜两翼地层产状为倾向90°，倾角16°。东翼（背斜）两翼倾向为20°，倾角32°。背斜东翼倾向88°，倾角68°，为不对称背向斜，发育于白垩系灌口组中。

戴家沟向斜、石板滩背斜，位于都江堰市大观镇石板滩至崇州市街子镇西面，长6.5公里。轴向35°，向斜在西，背斜在东，相距1.1公里，平行伴生。向斜西翼倾向132°，倾角75°。东翼（背斜西翼）倾向280°，倾角5°。背斜东翼倾向132°，倾角75°，为不对称背向斜，发育于侏罗系莲花口组中。

青城山是经历了漫长地质年代的演化而形成的奇特山地，是一座具有较高科研和观赏的大型地质公园。它成为诗人所吟咏的“山如翠浪尽东倾”“破碎岷山千髻环”的壮丽景观。传说青城山的女仙麻姑曾经目睹过由沧海变成青山的历程。青城山出土的石炭纪网格长身贝化石、二叠纪至白垩纪的侧羽叶化石、晚更新世的剑齿象化石，则是这漫长地质史的物证。

青城山处于龙门山地震带，地震区划烈度为7度区。但历史上从未有过5级以上的破坏性地震记载。1983年3月19日14时6分，青城后山与汶川县接壤处（北纬30°58′，东经103°28′）曾发生一起 MS 4.0 级地震，未发现人畜伤亡。龙门山地震带、松潘地震带及鲜水河地震带其他地区发生的强震或中强地震，在境内亦有震感和影响。

境内断裂构造两侧的个别山坡，有滑坡和泥石流，多为暴雨引发，在植被遭到破坏的地段，尤为明显。

据史料记载，较大的滑坡和崩塌有：

唐昭宗景福元年（892 年）七月十三日，青城鬼城山因滞雨崖崩，瀑水大至，在丈人观后高百余丈，殿当其下，将殿摧坏，俄有坠石如岸，堰水向东，竟免漂陷。

（见杜光庭《录异记》）

孟蜀广政十五年（952 年）青城县鬼城山崩，暴水大至。

（见吴任臣《十国春秋》）

清咸丰四年（1854 年）凤凰山崩，没田亩。

（见民国《灌县志》）

民国二十二年（1933 年）10 月 29 日，青城山第一峰崩陷，峰巅崩溜数丈。顷据是天师洞道士来城言：前月地震（按指 1933 年 8 月 25 日，灌县以北约 110 公里的茂县叠溪发生 MS7.5 级地震）时，第一峰巅即现裂痕。近又因天雨兼旬，故尔崩塌，幸未伤及一人。

（见成都《新新新闻》1933 年 11 月 1 日第 5 版）

1973 年 7 月 27 日，青城赵公山一带连降暴雨。玉堂乡水泉大队三生产队贾家坡滑坡。上至谢家坪，下迄贾家沟，长 1 公里，宽 0.25 公里。历时 7 天，其中 1 天最剧烈，有 7 亩山田、50 多亩山地被冲走，土下岩石裸露，9 户屋基垮坍。

（见《玉堂乡志》）

第二节　地　貌

青城山在地貌区划上，处于四川盆地区成都平原小区西沿，主要为青藏高原东翼山地中的邛崃山小区。该山是邛崃山脉南段的东支（古人将它归入岷山山脉）。

“云作玉峰时北起，山如翠浪尽东倾”形象地道出了青城山的地貌特色。一亿多年前，当邛崃山脉随着青藏高原强烈抬升时，成都平原却逐渐下陷，形成西北高、东南低的倾斜地势。山脉走向与构造走向完全一致，为北东 30°—50°。邛崃山脉在成都境内的最高峰为大邑县西的苗基岭，海拔达 5364 米，其东向延伸的主脉沿大邑北界大仙峰，至崇州市北界的火烧营、六顶山，到崇州市、汶川县与都江堰市交界的三合顶，海拔降为 2279 米。再向北东经熊耳山到大面山，又抬升至海拔 2434 米。至青城第一峰（高台山彭祖峰）降至海拔 1260 米。到建福宫青城山门处仅 793 米。高低悬殊，大起大落，形成一系列断块抬升的中低山。登高鸟瞰，青峰翠谷，如绿色巨浪，奔腾东去。青城山形千奇百怪，如牛卧、如虎踞、如鹤飞、如龙蟠、如笔架、如宝塔，深壑纵横，幽深莫测，身临其境，无不赞叹大自然的鬼斧神工。

古代青城山的范围，说法不一。唐开元十八年（730 年）徐太亨在《青城山丈人祠庙碑》云：“夫丈人山者，本青城山，周回二千七百里。”晚唐杜光庭在《青城山记》中记：“蜀之山近江原者，通谓之岷山，连峰接岫，千里不绝，青城乃第一峰也。”《福地记》云：“青城山高三千六百丈，周四五千里，有甘露芝草，天池醴泉。天彭青城，连峰不绝。此山前号青城峰，后曰大面山，其实一耳，同体异名。”又《洞天福地记》载：“十大洞天，第五青城山洞，周回二千里。”彭昭旷《青城近记》云：“山界旧无一定，多泛言八百里。”近代道学家易心莹在《青城指南》中写道：“青城山周匝二百五十里。”上述里数不一，但其范围都是泛指汉代蜀郡江原县（其辖境包括今都江堰市岷江以西，及崇州市、大邑县一带）邛崃山脉南段东支诸山的总称。《方舆胜览》中记载：“天国山在永康县，左连大面，右接鹤鸣，前临狮子、后枕大隋，诸山络绎，不一其名，要皆青城山之支峰矣。”

古人所称“大隋”，当是泛指西岷六顶（即都江堰、崇州市、大邑县交界处，岷江与青衣江的分水岭），因古代游猎时期的蜀人曾在此野祭而得名。《说文》云：“隋，裂肉也。”《周礼·春宫·大祝》云：“隋衅，谓荐血也。”先民于出猎前后，双手裂肉，以血涂器，埋藏祭余，拜祭神灵。这与古代居于此间的僚人“其俗畏鬼神，尤尚淫祀”有关。今之地理称谓为六顶山（鹿顶山）、大坪山。

民国《灌县志·舆地书》云：“西岷自县之西南入者，鹿顶山最著。山脉自崇庆县来，山势险阻，介汶灌间。”“鹿顶山在县西南一百二十里，山形峭刻如鹿顶。”其主山起伏式的脊线呈南西—北东走向，成为起伏式的脊状高山。最高峰火烧营位于崇州市、大邑县、汶川县接壤处，海拔3868米（火烧营的黑凼为文井江正流发源地）。再下即为大圆包老顶，自鸳鸯池折向东延伸（系文井江支流大坪沟发源地），海拔2726米，《四川通志》称此山为大坪山，光绪《崇庆州志》称此为天国山。

《青城山记》云：“青城山一名赤城山，一名清城都，一名天国山。”宋代《太平御览》卷四十四引此文时，“天国”写成“天谷”。查天谷之名在北魏郦道元《水经·江水注》中已有著录，而任豫《益州记》称为“天彭谷”，又与古蜀常见的地名“天彭门”“天彭阙”混用，是蜀人亡魂所归、鬼神精灵数见的神秘地方。故天国山、长坪山、大面山皆为青城山大范围内一岭连峰的不同称谓。南段依山势高下为六顶山、大坪山、天国山、鹤鸣山；中段依次分为长坪山、熊耳山、蓥华山、泰安山、宝唐山、沙坪山；北段依次分为大面山（赵公山）、成都载天山、卧牛山等。若细分其走向，则由崇州市大圆包老顶延伸的邛崃山主脉，到都江堰市有三合顶（海拔2297米）又分为两支：一支沿北东方向延伸到熊耳山（海拔2288米），东北为蓥华山（海拔2112米），再东北为大面山（赵公山），为都江堰岷江西岸的最高峰。宋人王象之《舆地纪胜》云：“大面山为七十二福地之一，山在三溪之北，高七十二里，其势险峻，云雾时起。”隋朝嘉州太守赵昱隐居于此，后即称该山为赵公山。大面山呈北东—南西走向，主峰位于北纬30°58′，东经103°31′，海拔2434米。

赵公山东麓，群山如翠浪，依次有成都山（八卦台）、秀峰山、卧牛山（古名伏牛山，亦称石梯山，海拔1288米）、大牛心山（古名端翠山）、小牛心山、三台山、南华山、凤凰山等。此外，在石定江以南，味江以北，还有一支来自赵公山的支脉，它由蚂蟥冈（海拔1483米）向东南方向延伸到高台山彭祖峰（又称“青城第一峰”，为青城前山最高处，海拔1260米），到天师洞后的第三混元顶（海拔1000米），再由天仓山金鞭岩（海拔1247米）向南，分别为药王山、孤鹤岭（海拔1050米）、香积山、青峰山（又名七峰山，即大观镇普照寺所在的山，最高处海拔820米）。

由三合顶朝南东方向延伸，经黑风槽、核桃坪、大火地、泰安山（海拔1400米）、沙坪山（海拔1150米）。由三合顶延伸的另一支脉则经磺厂冈至马鬃顶，向东南至一把麻（古名翠峰山，海拔1975米），再经撮箕窝（海拔1680米）到庄家山（海拔1514米），折向东南至马家山（海拔1094米）、沙子冈（海拔978米）、卦口山到官山（海拔842米）。

古人记述中，有青城山“三十六峰”“八大洞”“七十二小洞”“一百八景”之说。“三十六峰”，始见于《舆地纪胜》：“三十六峰在青城山储福观，天仓诸峰屹然三十有六。天气清明，于储福天仓阁望之，一一可数。其前有十八，谓之阳峰；后有十八，谓之阴峰；每峰各有一洞。”由此可见，“三十六峰”不是指的青城全山，而是指天仓山这一部分，即今金鞭岩所在的附近诸峰。它在祖师殿附近，所谓阳峰十八、阴峰十八，系指正面和背面所见均为十八峰，相加而得三十六峰，实际只有十八峰。

“八大洞”“七十二小洞”，始见于《青城山记》：“有七十二洞，应七十二候；有八洞，应八节：第一太乙洞、第二九仙宝室洞、第三婆罗洞、第四高台玉室洞、第五麻姑洞、第六宝圆洞、第七圣母洞（亦名圣主洞）、第八都督洞。”太乙洞在天国山中，高台玉室洞即今高台山下之玉女洞，麻姑洞在上皇观后，宝圆洞在圆明宫附近，圣母洞在卦口山附近。其余地望不详。

关于“一百八景”，源出《舆地纪胜》（见清咸丰年间奥雅堂本第一百五十一）。所记为“成都府路永康军一百八景”，非专指青城山。明代杨升庵在《蜀志补罅》中说“青城有一百八景”，细查其所列景名，只有部分保留在青城山地名中。如：“彭祖峰”即是青城第一峰；“龙牙峰”在天师洞左；“蒼葡冈”（又名葡萄岩）、“芙蓉岛”（又名红蕖冈）均在乾元山；“海棠溪”在三岛石侧；“清溪”在建福宫右侧；“过溪桥”原在建福宫前清溪上；“豹谷”在上清宫前，后又名复仇谷等。其余地望不祥，待考。

第二章 水文及气候

第一节 河流沟渠

青城山水资源丰富，主要来源于本地山溪河流水和都江堰外江沙沟河干渠所属环山堰来水，两者各有特点。山溪河流水源靠天然降雨或地下水和融雪水；其水量的时空分布与降水量的时空分布大体一致，季节变化明显，年平均水量7—8月占30%，1—2月仅占4%。青城山的河流属于岷江水系，主要有味江、石定江等十一条河流。

由于山溪河河源短，暴雨时产生的洪水来得猛，去得快，易涨易落。以味江为例，1953年7月17日因暴雨突发山洪，泰安乡毁桥8座，两河乡马家顶下铁杆桥冲去桥板，该乡河坪村刘大富等3人被水冲走，味江出山处洪峰流量高达1450立方米/秒。

青城山范围内水质良好，史料早有记载。《槐轩杂著》称其水“泉冽而甘，饮者长寿”。青城山的矿泉水属碳酸钙、低钠离子型，赵朴初称赞它“润口涤胸堪益智，清心舒气可延年”，堪称“青城又一绝”。除原有青城山道家益寿矿泉水饮料公司生产“洞天牌”青城山天然矿泉水外，另有后山五龙矿泉水厂、双磨矿泉水厂和青城长寿矿泉水厂。

岷江（包括沙沟河）处于亚热带季风性气候区，属季节性河流，浑浊随季节变化。味江等山溪河流更为明显，浑浊度：枯水期 $<10\geq100$ 毫克/升，丰水期 $<12\geq90$ 毫克/升。在丰水期显见其具有稀释能力。pH值一般在6.8—8.1之间，符合卫生标准。

一、味　江

味江是文井江的重要支流，为常年性自然河。

味江水质优良，宋代地理书《太平寰宇记》说：“味江水源出青城县西长乐山下，水味甘美，人争饮之，故名。”又云：“昔蜀王征西番，适有野人以壶浆献，王投之江中，使三军饮之，皆醉，故名味江也。”

味江源出鹿（六）顶山大崩槽老顶东坡，源头有杉木包和大火地两大支流，在五马槽汇合后流至廖家厂，以上河段称清水河，亦称长寿沟，沿北东方向流经狮子冈山脚，右纳纸坊沟；流入坪乐后，左纳五龙沟，右纳陈家沟。至泰安寺前，左纳飞泉沟，再下方又左纳马家沟、通灵沟，此处河道转一个大弯折向东南流，至廖家石桥有七阵沟注入。至斗溜子左岸有寻仙沟注入，至罗家磨子，左岸有浑水沟、马跃沟注入，再经沙坪至戴家桥折向南流。至两河口有小河子从右岸注入。经茶坪，至石板滩，右岸有盐井沟注入。继续南流，右纳郑家沟水，经鸳鸯沱至原两河乡河口村出都江堰市境，进入崇州市街子镇。此段河道转了一个S形大弯后折向东南流。至街子上场口铁杆桥下，右岸有土地堂山沟（古寺山沟水在五鬼沱与之合流）注入，左岸有石佛沟水经环山渠泄水闸注入。在崇州市上元乡双河场，有没头河注入。至胥家河坝与干五里河合流，旋即左岸有螃蟹河注入。至元通镇上场口，于二江桥下汇入文井江。味江全长54.6公里，其中都江堰市境内长45公里，崇州市境内长14.6公里。集雨面积171.64平方公里，平均河宽120米，平均比降3.9‰，平均流量5.8立方米/秒，最枯时流量1.8立方米/秒，1953年调查最大洪峰流量1450立方米/秒，年径总流量18200万立方米。

味江上游有10条支流：

紫房沟 又名纸坊沟，源出青城山镇原红岩村撮箕窝的谢家坪，在狮子冈山脚入味江，长3公里。

五龙沟 古名蛮河沟，又叫瞒河，源出青城山镇原白云村熊耳山的杨家大槽，它与板厂沟、花碑沟汇合后，在金娃娃沱又与冒水洞之水汇合，流至原红岩、坪乐两村交界处入味江，长8公里。

陈家沟 源出青城山镇撮箕窝的生鸡堂、尖石包两小支流，在大土地房汇合后，至坪乐入味江，长5公里。

飞泉沟 古名冷凝沟，源出白云洞溪水，与上观音岩的小支流汇合，在火烧桥下，再与响水沟之水汇合，在黄鹤坪处入味江，全长8公里。

马家沟 源出蓥华山接迎殿，至通灵沟口上侧入味江，长4公里。

通灵沟 又名偷营沟，源出赵公山南麓，在万寿桥下入味江，长10公里。

七阵沟 古名七矮沟，源出青城山原双磨村撮箕窝，至廖家石桥下入味江，长4公里。

寻仙沟 原名神仙沟，源出神仙洞，纳沿途溪水至斗溜子前入味江，长4公里。

浑水沟 原名杉木沟、牌坊沟、养生沟，源出青城山镇原青龙村红锡庵、棋盘石、张家坪三条小支流，在小锅底沱汇合后，再经大锅底沱，流至沙坪村罗家磨子入味江，全长4公里。

马跃沟 俗名马尿沟，沿途纳青龙、白石小溪，至沙坪味江大桥下百米铁杆桥处，汇入味江，全长3公里。

味江中游都江堰市原两河乡境内有四大支流：

小河子 又称洗脚河（一说因其水流仅次于味江，一说二郎神曾在此洗脚，故有此名），源出原两河乡河坪村的一把麻，由南向东，流经上河坪、下河坪、麻岩子（蛮岩子）、元通寺（红梅村），在两河口入味江，全长12.5公里。

盐井沟 （因这一带古时曾有盐井），其上源有罗家沟（源出滥泥村松花嘴）及孙家沟（源出滥泥村大乐观山麓），沿途纳赵家山沟、戴家沟、沙坝沟、白马庙沟，由西向东在石板滩入味江，长5公里。

高笕槽沟 源出石城寺，在鸳鸯沱入味江，长3.5公里。

郑家沟 源出石城村的高家冈，于大安村瓦子窑入味江，长5公里。

二、石定江

石定江又名石崩江、孟江河，源出都江堰市中兴镇赵公山南麓。上游古称龙居溪，流至三溪与青苔沟、寮叶沟相汇，全长13.9公里，集雨面积39.8平方公里。平均河宽35米，计算过洪能力178立方米/秒。冬季水枯时仅为2立方米/秒。洪水时达237立方米/秒。

三、螃蟹河

螃蟹河源出都江堰市玉堂镇赵公山南麓山王庙沟，流至玉堂场南1里处入沙沟河，全长1.5公里，集雨面积 24 平方公里。洪峰流量 74.8 立方米/秒。

四、没头河

没头河位于青城山、大观两镇。民国《灌县志》载："没头河源出普照寺北，吸纳观音院、香积寺诸水，合于味江。"此河系地下浸流，无明显河头，故名。在大观镇绞车坡下入平坝。此时河宽 20 米，最大洪水流量 50 立方米/秒，至崇州市双河场汇入味江，全长 10 公里。

五、白云溪

白云溪，源出天仓山轩辕峰，过祖师殿下侧，流经黑虎塘与天师洞之间的山谷，穿响水洞，下游称药王山沟，沟长 4 公里。

六、药王山沟

药王山沟源出青城山白云溪，东南流至赵家店子，折流至太平场，以下河道原经双水碾，过郭泗堰，经资寿寺入泊江河。1969 年改经孙家沟、祠堂沟，过飞龙桥，于玉垒桥入泊江河，全长 4.25 公里，集雨面积 3.49 平方公里，洪峰流量 32.2 立方米/秒。

七、清　溪

清溪，又名建福宫山沟，源出高台山阳坡，穿行于丈人山、龙居山之间，过月城湖，在建福宫侧纳苋莱沟山溪出山口，汇入横山渠，沟长 6 公里。

八、圆明宫山沟

圆明宫山沟源出丈人山、宝圆山间，出山口汇入环山渠，沟长 4 公里。

九、香积寺山沟

香积寺山沟由孤鹤岭下两侧溪水汇聚而成，流长 1.5 公里，最后汇入黄泥冈山溪，全长 4 公里，后入环山渠。

十、沙沟河

沙沟河古为羊摩江的分支，是都江堰水利工程外江灌渠中与青城山紧密相连的河道。《华阳国志·蜀志》所谓"（李冰）乃自湔堰上，分穿羊摩江，灌江西"，即指最早的沙沟河总渠。沙沟河现在漏沙堰水闸进水，闸下 20 米处河面宽 22.6 米，在玉堂场下纳螃蟹河，沿途纳青城山麓诸溪水，河面加宽至 50 米，在原民兴乡二江桥闸下，原分沙沟河、泊江河两支。1970 年渠系规划后，二江桥以下沙沟河废，仅存泊江河，经青城、石羊、大乐、柳街、安龙等乡镇入崇州市境，在元通场汇入文井江（亦称西河）。该河全长 35 公里，都江堰市境内长 28 公里，平均河深 2.5 米左右，河床比降 0.5‰，排洪流量 120 立方米/秒，最大洪水流量 181 立方米/秒。

十一、环山渠

古名上官堰，又名长同堰，清乾隆十九年（1754 年），由著名道士王来通等人发起筹建。1941 年原太平乡干旱缺水，遂延长 4 公里，穿过石定江，灌青城山麓的耕地。渠系规划后改名环山堰，灌溉青城山麓 2 万余亩农田。

第二节　气　候

青城山属亚热带季风性湿润气候区。四季分明，湿润多雨，夏无酷暑，冬少严寒，是良好的旅游、避暑、养生的“洞天福地”。

一、温　度

青城山区多年平均气温15℃，历年最高气温可达32℃，最低气温－8℃。山中气温随高度升高而降低的递减率为0.75℃/100米。山上的温度一般比平原低0.5℃以上。但依其海拔高程大致可分为三个气候区。

山麓浅区　海拔650—800米，年平均温度15℃，年积温5475℃—5730℃。

中山区　海拔800—1750米，年平均温度13.5℃，年积温4453℃—5475℃。

亚高山区　海拔1750—2434米，年平均气温12℃，年积温不高于4453℃。

根据青城山气象和物候的观测，该山春季一般开始于3月中旬（比成都市近郊约迟半个月）至5月底，夏季为6月上旬至8月底，秋季为9月上旬至11月中旬，冬季为11月下旬至次年3月上旬。

水温最低0.7℃左右，最高15℃左右。

二、降　水

青城山处在太平洋东南季风的迎风坡面，是“华西雨屏带”的组成部分，年平均降水量为1300毫米。雨量多，湿度大，水气不易蒸发，山上常为云雾笼罩，云海茫茫，雾漫苍林，“水声常在耳，空翠湿人衣（天师洞石刻）”。

由于青城山区云气蒸腾，光线经不同密度的空气层，发生显著折射，把远处景物显示在空中，形成“山市”的奇幻景象，彭洵《青城山记》云：“青城山中，当天清气朗，一望皆城郭都市，屋瓦螺青，车马人影往来络绎，甫诧异间，移时隐灭。”

青城山由于所处地势，降水季节分布不均，冬半年（11月至下年4月）为20%左右，夏半年（5—10月）可达80%左右。月降水量平均最多的是8月。年雨日数多年平均200天，最多年226天（1967年），最少年104天（1979年）。

三、湿　度

青城山由于雨日多，空气湿度多年平均为86%。蒸发量较小，年平均为930毫米，仅占年降水量的75%。

四、日　照

年日照时数，多年平均1024.2小时，占可照时数的23%。最多年1319.4小时（1963年），占可照数30%；最少年337.9小时（1981年），占可照数的19%。年总辐射量约为每平方厘米83.35千卡，较平原区少。

五、风和气压

风向和风速随季节变化而变化，风向频率以静风最多，占全年的36%，其次是西北风，占

10%。累计年平均风速1.4米/秒。

大风多出现在8—10月，发生瞬时风速在17米/秒以上（相当于风级8级以上）的大风平均每年不足两次。沿味江、石定江河谷口地等，每年夏秋遭受不同程度的风灾。1983年7月13日上午11时和晚上10时，沿味江河谷、山口，两次出现7级以上大风，原红岩、白云、平乐、双磨等村最为严重，有1700亩玉米倒伏，其中939亩无收。1992年7月的风灾使上清宫林木受损较重。

气压，多年平均为933.5毫巴。多年月平均最高945.3毫巴（1月），最低922.5毫巴（7月）。多年极端最高961.7毫巴（1969年4月4日），最低909.3毫巴（1955年4月15日）。

六、霜雪　冰雹

青城山无霜期较短，多年平均250天左右，最短时只有235天。

初霜最早日为10月下旬，终霜为4月中旬。

雪线在海拔1800米，在此以上的地区如白云寺以上等地，11月至次年4月初，在阴山可见积雪。

冰雹曾于1970年6月27日、1976年6月3日、1982年5月28日、1983年7月13日出现于青城后山及天国山，并伴有7级以上的大风。

第三章 土壤及矿藏

青城山（包括历史上一直属于青城山地理范围的天国山、大面山、青峰山、香积山）在都江堰市境内土地总面积约230平方公里，分属于原青城山镇、青城镇、大观镇、两河乡及中兴镇、玉堂镇的一部分。已全面开发的旅游核心部分——青城山镇，面积为94.97平方公里，折合为142455亩，其中山区面积113250亩，平原面积29205亩。

第一节 土 壤

青城山地处亚热带湿润季风气候带，这是大面积黄壤形成发育的良好环境。但由于成土条件复杂，土壤种类较多。如青城后山在味江以南除少量沙土和石子土外，均属于黏性土壤；味江以北，除少量黏性土壤外，多为沙土、石子土。从大范围来看，根据成土因素、土壤形态及理化特征，由低到高，大致可分为以下四种。

一、平原冲积土

位于四川盆地西沿靠近青城山地带为第四纪全新灰色、灰紫色冲积物和洪积物形成的土壤，下部多有卵石层，有灰色油沙土、大土、冲积性黄土、漕田四个类型，土壤肥力较高，农业以种植水稻、小麦、油菜等为主。

二、山地黄壤

多分布在馒头状小丘及部分沿河阶地。母岩复杂多样，多为白垩纪灌口组及第三系等各种岩石风化物，阶地有酸性老冲积物，属雅安期冰水沉积物，为橙黄色，较黏重。酸性反应，pH值4.5～5.5。综合肥力较高，农业以玉米、小麦为主。宜于茶树、红梅、杉木、楠木、猕猴桃、棕树、漆树等林木生长。

三、山地黄棕壤

一般在海拔1600米以上。形成于湿润的山地常绿阔叶和落叶阔叶混交林带。pH值5.5左右，阳离子代换量较黄壤高，宜种植杜仲、黄柏、厚朴等。

四、山地棕壤和灰棕壤

一般在海拔2200米以上。腐殖质含量较高，但由于谷窄沟深，土层厚薄不一，质地一般为壤土，地面植物以冷杉、杜鹃、箭竹等为主，林阴湿，有苔藓。

第二节　矿　藏

一、煤

在青城山镇原红岩村、坪乐村，两河乡河坪村，玉堂镇龙凤村等地均有优质煤出露。一般产于上三迭统须家河组中段和上段，平均厚度0.4～0.95米。

二、含金砾岩

在玉堂镇境内分布较多。据四川省地质局101队1966年普查报告，该矿床产于三系砾岩中，共三个含金层，10个透体镜体长210～3380米，厚0.44～1.57米，含金量0.07～0.36克/吨。

三、建筑石材

在原两河乡、青城山镇等地均有分布，以砂岩为主，呈厚层状。

四、建筑砂石

沿河谷、溪谷及河漫滩均有分布。

五、砖瓦水泥黏土

玉堂镇、大观镇等地均有分布。

六、高岭土

产于第四系全新统底部，呈层状，青城山镇、大观镇均有。

七、泥炭

产于第四系全新统，含泥层一般厚0.17～1.22米，最厚者达4.56米，在青城山镇、玉堂镇、大观镇均有。

第四章　珍稀植物与野生动物

青城山属中亚热带湿润常绿林区，植物种类繁多，区系起源古老，保存了大量的白垩纪甚至更早的孑遗植物和珍稀濒危植物，如被称为植物活化石的银杏、连香树、青城榆、青城石砾等，是世界上罕见的植物种质资源宝库。其北部大面山一带，与汶川相似，属于中国—喜马拉雅植物亚区，而南部又具有华中植物区系特色，属于中国—日本森林植物亚区。

青城山珍贵的植物资源，很早引起了中外植物学家的重视。20 世纪初，美国植物学者 E·H·wilson 曾两次到青城山一带采集植物标本。1913 年，德国植物分类学者 W·Limpricht 也曾到此考察。1928 年，植物学家方文培到此考察，此后，汪发缵、俞德浚、王作宾、刘慎谔、吴中伦、关克俭、张秀实、杨明今，四川省林业学校高级讲师林鸿荣、易同培等专家均曾在青城山考察研究。20 世纪 70 年代以来，更有出生于青城山麓的植物学家、中国科学院植物研究所华西亚高山植物园负责人的陈明洪等人，对青城山的植物资源进行研究和保护。

青城山风景区林木总面积达 2350 公顷，突出特点是植被繁茂，品类众多，既有挺立在庙观旁的参天古树，又有丰富多彩的原始次生林群落和壮美秀丽的大面积人工纯林。仅木本植物即达 110 余科，730 余种。

第一节　珍稀植物

一、古树名木

（一）天师古银杏（Ginkgo biloba L）

裸子植物银杏科的高大乔木，是世界上稀有的最古树种之一，俗称白果树，又名公孙树。最著名的是青城山天师洞古银杏，相传为汉末张道陵所植，高达 50 余米，胸围 706 厘米（径 224 厘米），主干高 4 米处径围近 20 米，主干高 1—5 米间白果笋（气生根）密集下垂，各大枝转折处均有大大小小形态各异的白果笋下垂，蔚为奇观。2004 年 4 月，被四川省林业厅授牌为“天府树王”。自唐宋以来，文学家、画家都为之写照。1943 年，徐悲鸿以青城日照油画为之写生，黄君璧用国画形式画作，长期悬于香港寓所客堂供人瞻仰。它是青城的神树和镇山活宝，也是青城悠久历史的活见证之一。

（二）黄心树（M. bodinieri Finet et Gangnep）

木兰科白兰花属常绿乔木。

区内有三种：一为保氏黄心树（又名光叶黄心树、黄心夜合），青城山上较多，以天师洞庙前、庙后各一株为最大，胸径95厘米，树高35米，树干通直圆满，花期一般在3月上旬至4月中旬，花色鹅黄，花径8—10厘米，厚肉质，香味浓郁，飘散数里，近闻则略显闷臭；二为威氏黄心树（又称峨眉白兰花），分布于青城山镇、玉堂镇、中兴镇、大观镇等地海拔800—1300米地带，多为树高20米、胸径50厘米以上的大树。花期在3月下旬至5月上旬，花黄绿色及淡黄色，花径5—7.5厘米，肉质，香味浓郁宜人，略带香蕉味，是目前栽培发展品种；三是多花黄心树（又名多花含笑），分布于青城山金鞭岩、轩皇顶、卧云亭及原泰安、两河、玉堂、中兴等地，花期2月下旬至4月上旬，花淡黄色或白色，花径5—7厘米，肉质，香味浓郁宜人。

1985年3月24日，灌县第十届人民代表大会第二次会议将黄心树定为县树。

（三）泰安大红豆树（Ormosia hosici Hemsl et Wils）

常绿乔木，羽状复叶，春花如蝶，色白或浅红。最大的为泰安寺中的一株，树高25米。宋祁《益部方物略记》云："红豆，花白色，实若大红豆，以似得名，叶如冬青，蜀人以为果饤。"它是红豆树属分布最偏北的一个种，亦名鄂西红豆树。

（四）穗形杉［Amentotaxus argotdenid（Hance）Piger］

红豆杉科乔木。分布于青城山镇红岩一带，其他地方少见。大者树高8米，胸径10厘米，树形优美，线形叶宽大，淡黄绿色，叶背面有两条宽大的白色气孔带。

（五）红果黄肉楠［Actinodaphne Cupularis（Hemsl）Gamble］

樟科琼楠属常绿乔木。分布于青城山镇原红岩村及原两河乡红梅村海拔700～1000米的山地上。花期8、9月，翌年7、8月果熟，果形似橄榄（青果），成熟的果实长4—5厘米，径2—3厘米，外果皮紫黑色，果肉绿色，味酸甜而略带樟脑味，当地人称"荔枝"。以原两河乡红梅村一组张姓宅旁一株最大，胸径73厘米，树高20米，树冠卵圆形，郁郁葱葱，5米以上主干不明显，树条匀称密集，拳曲交错，甚为美观。此即古书所谓"隈芝"。宋《益部方物赞》载："隈芝，生邛州山谷中，树高丈余，枝修弱，花白，实似荔枝，肉黄肤甘味可食，大若爵卵。"

（六）毛果黄肉楠（A. trichocarpa Allen）

分布在青城前山天师洞等处。一把麻钟音寺山脊的一株梨黄肉楠，枝叶披覆半亩，蔚为奇观。

（七）无柄爬藤榕［F. Sarmentosa Var. luduca（Roxb）Crnef. Sessilis Corner］

俗称"黄葛树"，生于山谷溪旁阴湿处，飞泉沟口有此树。

其同科的鸡桑（M. australis Poir）生于青城山镇原红岩村及两河一把麻等1300米左右的山上。

（八）唐杉［Cunninghamia lanceolata（Lamb）Hook］

杉科中的香杉，最大一株在青城翠峰山（中兴镇上皇观）。相传为唐代玉贞公主修道时所植。清人黄云鹄《上皇观题壁》中赞道："万木荫浓宜避暑，双杉年久自生香。"并自注："观门古杉大数十围，千百年物也。"现仅存观门左侧一株，胸径135厘米，主干高20米处分为两杈，主梢均已干枯折断，全树高仍在30米以上，生长葱郁。此杉原为一对，"文化大革命"时期最大一棵被雷击断，后被当地单位伐作他用，造成无以弥补的历史遗憾。

（九）柳杉（Crptomeria fortunei Hooibrenk ex otto et Diret）

各风景名胜区皆有分布。青城山建福宫至"天然图画"沿线及天师洞山门两侧的柳杉高大挺拔，特别是天师洞山门两侧品字形栽植的6株，最大者胸径80厘米，树高35米。

（十）楠木

为樟科中的四川润楠（M. Sichuanensis N. chao）。最大的两株胸径 140 厘米，分别生长于原两河乡盐井村、青城乡万安村，树高均在 30 米以上，以两河乡盐井村的一株生长最旺盛。

另有同科的雅安琼楠［B. yaanica（N. Chao）N. chao］。生于原两河乡红梅村。香叶树（L. communis Hemsl），生长在两河乡马家顶及大观镇普照寺。

（十一）宋代“九株松”

为松科中的马尾松（P. massoniana Lamb），在青城山天师洞附近。均为胸径 80 厘米以上的大树。现仅存三株。宋代《舆地纪胜》云：范蜀公有诗咏青城九株松“九松峥嵘姿，一一大夫封”，此处的“封”字作栽培解。唐开元十二年（724 年）下诏“天师洞观还道家”，并派金紫光禄大夫韦縚等亲奉圣敕前来青城山，大夫们为祝圣寿无疆，而植此松。

（十二）桦木科的多脉鹅耳枥(C. polyneura Franch)、杨柳科的紫叶柳(S. netenochroma Seem)生于原两河乡撮箕窝等，均为青城山独具特色的树种。

二、珍稀花卉与植物奇观

（一）珍稀花卉

青城山花卉资源丰富。经初步调查，观花类有杜鹃、山茶、梅花、海棠等 84 种；木本观果类有乌柿（金弹子）、叶上珠等 18 种；木本观叶类有仙人松、黄杨、鹅掌楸等 33 种；草本观叶类有吊兰、虎耳草等 25 种；草本观花类种类多达 109 种，以青城幽兰最驰名。

青城岩壑青幽、润泽多雨，自古即为兰花珍品繁育地。在青城天国山出土的南宋《薛仙洞记》古碑，即有“蕙圃”的记载。清乾隆《灌县志》载有青城“素心兰”等名兰。青城山道家培育的“春剑芽黄素”名品，亦称“西蜀道光”，于 1989 年在香港举办的“世界兰花博览会”上获总冠军，被誉为“天下第一花”。

1990 年在厦门举办的“全国兰花博览会”上，青城山兰花为四川省赢得一枚金牌。青城山的“含硃砂”及野生兔耳兰等均为名品。

青城山的杜鹃花，品类较多。史书中记载青城山有高山大杜鹃树，称为“大小将军”树，又称为“树牡丹”“羊角花”。

《池北偶谈》：“大小将军，丈人观牡丹名也。蜀郡桑门悟光题钱舜举折枝牡丹诗：三月江南媚景天，姚黄魏紫竞争先。那知十丈将军树，却在青城古洞前。王士禛自注：青城山丈人观前牡丹，一高十丈名大将军，一高五丈名小将军。明洪武庚寅正月，大将军花开，相传花甲一周始作花，蜀献王遣使视之，取花以回。”

《蜀故》卷十九：“成都灌县牡丹坪，高树蔽天，宋范成大诗云：十丈牡丹如锦盖，人间姚魏敢争春。”按《名胜记》引《方舆胜览》：“牡丹坪者，自青城之长平山扪萝而上，历鸟道三十里许，有平阜数十亩，高树蔽天，春深先花后叶，状如芙蕖，香类牡丹，谯定天授、李浩太素二先生隐其中云。”

青城山杜鹃花科植物，有灌县杜鹃（Rh. guanxianense Z. Y. li et Z. L. Zhao ined）、银叶杜鹃（Rh. argyrophyllum Franch）、小果南烛［Lyonia ovalifolia（Wall）Drude Varelliptica（Sieb. et Zuce）hand－Mazz］、米饭花［Vaccinium mandarinorum Diels（V. Sprengelii auct. non Don Sloumer）］、羊踯躅

（Rh. molle G. Don）等。

青城山古有“太平瑞圣花”。宋《益部方物赞》：“瑞圣花，出青城山中，干不条，高者乃寻丈。花率秋开，四出，与桃花类，然数十跗共为一花，繁密若缀，先后相继而开，凡阅月未萎也。蜀人号丰瑞花，故程相国琳为益之年，绘图以闻，更号瑞圣花。然有数种，差小者号宝仙，浅红者为醉太平，白者名玉真。成都人竞移莳园中，以为尤玩。赞云：众跗聚英，烂若一房。有守绘图，厥名乃彰。繁而不艳，是异众芳。”宋陆游《太平花》诗跋云：“花出剑南，似桃四出，千百包骈萃成朵。天圣中献至京师，仁宗赐名太平花。”北京故宫绛雪轩尚存数株。

青城山红栀子花。陆游见此花，大为赞赏，曾作《红栀子花赋》：“余读五岳之书，始知蜀之青城。岁癸巳之仲冬，天乃畀以此行。极山中之奇观，乃税驾乎云扃。酌瀑泉之甘寒，味芝术之芳馨；濯肺肝之尘土，凛毛骨其凄清。乃步空翠之间，而听风松之声。睹一童子，衿佩青青，手持异花，六出其英；以为薝葡则色丹，盖莫得而强名。方就视而慨叹，已绝驰而莫及，忽娇首而清啸，犹举袂而长揖，援修蔓而上腾，擘层壁而遽入。惊变灭于转盼，久惝恍而伫立。有老道士，笑而语余：人皆以为得道，求诸己而有余；顾舍是外慕，宜见欺乎猨狙。嗟余好学而昧道，有书而无师；虽粗远乎声利，实未免乎喜奇。读书先生之言，用为终身之规。”（见《渭南文集》）

（二）植物奇观

岐棕　在青城山天师洞前，唐代以前就有种植。民国《灌县志》载：“青城山天师洞有棕一株，高丈许处即分为两歧，成对峙形，人皆异之。”今已干枯。

赵公柴　又名“一背柴”“一捆柴”。相传为隋代嘉州太守赵昱隐居大面山（后名赵公山）时拣的两捆柴触地生根而成，亦传为财神赵公明元帅所遗，故人称“赵公柴”。总高约 10 米，胸径为 80 厘米，于主干约 2.5 米处分为 10 余枝：主干为杜鹃科的灯笼花，其余共生、附生。寄生的树种为蔷薇科的川滇海棠、花楸、绣线菊，胡桃科的化香，山茱萸科的红棕子，忍冬科的毛叶忍冬，八仙花科的八仙花，虎耳草科的尖叶茶藨子，小蘖科的金花小蘖（三颗针），卫矛科的双叶南蛇藤等。另有一株胸径 60 厘米，生长于赵公山庙基坪附近。

盘子开花树　树种为杜鹃科灯笼花。生长于赵公山西北坡海拔 2350 米地带，树高约 6 米，枝干离地面 60 厘米（此处直径 130 厘米）处呈放射状均匀地分为高低大小基本一致的 48 枝，树冠直径 10 米。每年四五月开黄色吊钟状花，当地人称盘子开花树。

三、野生药材

青城山是野生药材的宝库，据 1985 年灌县中药材普查的初步调查，共 169 科，837 种。古人对该山药材之多，早有盛赞。晋葛洪所著《抱朴子·金丹篇》载：“仙经，可以精思合作仙药者，泰华霍恒，青城峨眉之类，凡二十八山。此皆是正神在其山中，或有地仙之人，上皆生芝草，可以避大兵大难，若有道者登之，则山神必助之为福。”其言虽怪诞，而产药是实。唐宋成都蚕市，一岁数集，特以圣慈寺、玉局观为盛，四方异产毕至，青城灵药每有奇闻。《茅亭客话》：“成都蚕市，好事者凌晨而往，忽有遇神仙，或有遇灵药及奇物者。耆艾相传，青城山人隐士，多因蚕市接救人尔。”

宋《益部方物赞》：“金星草，生峨眉、青城山，叶似萱草，其背有点，双行相偶，黄泽类金星。人号金星草，亦云金钗草，皆以肖似取之。医家以傅疽甚良。赞曰：长叶丛生，背点星布。高医近识，傅疽可愈。”

宋代《舆地纪胜》又载："宝圆山（按即指今青城山圆明宫一带）在青城县北三十里，洞在其中。以其产灵芝（按指青城山的菌灵芝）、神草，故以宝圆为号。"

青城山是全国"三木"药材的重要产地之一。黄柏、杜仲、厚朴，并称为"三木"药材。1971年后，在县供销、医药、林业部门的倡导、扶持下，"三木"药材有较大发展。青城山所在的灌县1975年被四川省药材公司列为"三木"药材基地县。黄柏有成片面积22110亩，集中分布在青城山镇、玉堂镇、麻溪乡。有零星黄柏树约300万株，多呈小块或零星分散分布于全县各地。杜仲有成片面积3130亩，麻溪、玉堂成片分布较多，有零星杜仲树约35万株，主要分布于山区。厚朴有成片面积2690亩，青城大面山为集中分布地，有零星厚朴树15万株，分布在山区。

厚朴（Magnoliaofficinalis Rehd et Wils）是青城山的贵重药材。它为木兰科木兰属落叶乔木，其干燥树皮可药用，能行气化湿、宽满平喘。《名医别录》谓其能"疗霍乱及腹痛胀满"。其花蕾称为"川朴花"，可治感冒咳嗽、胸闷不适。厚朴树干挺直，高可达15米，叶大荫浓，花大而美，色白有芳香。

天麻（Gastrodiaelata），也是青城山名贵的野生药材之一，是国家三级重点保护植物，为兰科多年生的食菌草本植物，靠其溶菌酵素溶吸密环菌而生长。有平肝息风、祛湿活血的功能，且有抗惊厥的作用，对冠状动脉也有一定程度的扩张作用。

青城山拥有其他地方少有的蕨类植物，如：石杉科的蛇足石松［Hupetzia Serrata（Thunb）Trevis（Lycopodium serratum Thunb）］、瘤足蕨科的华东瘤足蕨（P. japonicaNakai）、膜蕨科的日本假脉蕨［C. makinoi（C. chr）Cop］、凤尾蕨科的掌羽凤尾蕨（P. dactylina Hook）、中国蕨科的狭叶金粉蕨（Onychium angustifrons Ching）、铁线蕨科的白背铁钱蕨（A. daridii Franch）、鳞毛蕨科的灌县复叶蕨（A. guanxianensis Chiug）。

青城山丰富蕨类资源，近年来部分品种（如莱蕨、水蕨、紫萁等）作为绿色食品，为人喜爱。

四、竹　类

青城山古有笮人，古蜀国素有竹崇拜的传统，龙竹、邛竹，古已有名，青城山竹类资源之丰富，为它处少见，品种多达16种。

（一）慈　竹

多分布在山麓平坝农舍周围，有"笼竹合烟滴露梢"的风韵。青城山镇味江村等地有伸尖慈（亦称苦慈）。

（二）白夹竹

在青城山中分布最多，是造纸、竹编的重要材料。古时亦称"堰竹"，因当时都江堰的安澜索桥即以此制成竹索（绳）架桥而得名，古代的笮桥也是以此竹为材料。近年因伐竹、打笋过度，其蓄积面积有所减退。

（三）灵　竹

亦称龙竹，俗称"龙头拐棍竹"。宋《舆地纪胜》："大面山上有香柏灵竹。竹根如龙首，耳角眉目，天然而成。"民国《灌县志》亦载："竹根如龙首，耳、角、眉目，天然而成。"将竹干连同竹鞭（根）一同挖出，其形酷似龙头，多用于制竹工艺拐杖，故名。径粗1—3厘米，高3—4米。

（四）箭　竹

分大小两种，均为大熊猫喜食的竹类。大箭竹径粗1厘米以上，高者可达3米，分布于青城后山及赵公山海拔1800—2300米地带，面积有7310亩；小箭竹又名高山冷箭竹、麦秧子，径粗多在0.8厘米以下，高者可达1米，密集丛生。

（五）斑　竹

亦名湘妃竹。青城山镇及原两河乡多有几十亩成片分布的林地。面积约2500亩，竹材蓄积量约12.5万公斤。

（六）筋　竹

亦名金竹、荆竹。分布在青城山及玉堂、中兴、大观镇，多有几亩至几十亩成片分布。面积约有4000亩，竹材蓄积量约75万公斤。

（七）罗汉竹

又名人面竹。竹干中下部节间短缩、肿胀且不规则，为著名观赏竹种。分布于赵公山海拔2000米的麻溪与玉堂接壤地带及泰安、两河后山，量极稀少。

（八）双　竹

古时生于青城山罗仙观侧双竹观一带。其竹有歧干发杈，故名。生长地在今都江堰市原两河乡。

（九）通杆竹

节间长达80厘米以上，叶似箬竹叶而稍窄，分布赵公山罗家纸厂附近，面积约10亩。

（十）箬　竹

又名棕叶竹。径粗者可达2厘米，高者可达3米以上，叶长宽大，多用于包粽子、铺斗笠等。青城山各地普遍有生长。

（十一）刺刺竹

因竹节环有尖刺而得名。径粗1厘米左右，高2米左右，海拔800—1500米山区地带多有成片分布，面积约1000亩。竹材质脆，笋味鲜美。此即古代僰人环竹为篱寨所用之竹。

（十二）牛尾竹

因笋箨密被棕褐色刺毛，笋出土五六十厘米高时酷似水牛尾巴而得名，竹节环生短刺，也称刺刺竹。径粗4厘米以上。

（十三）凤尾竹

又名观音竹。植株高1米左右，植株及枝叶秀丽雅致，为著名观赏竹种，适宜庭园栽培及制作盆景。分布于原泰安、两河后山一带，量极稀少。

（十四）方　竹

又名四方竹，因竹干呈钝圆角四方形而得名，是著名观赏竹种。径可达4厘米，高可达6米。分布于原泰安、两河后山，量极稀少。

（十五）玉山竹

植株丛生状，高0.5米左右，自然分布于中、低山地区，各风景名胜区可见。

（十六）毛　竹

亦名楠竹。20世纪70年代引种栽培。

青城山的森林植被，具有较高的生态、科研、旅游价值，是大自然遗留的无价之宝。森林本身就是一个物种基因库、天然标本馆，也是一座涉及多学科、多领域的综合性试验基地。

五、著名特产

青城山的著名特产种类众多。

（一）川芎（Ligusticum wallichill Franch）

缴形科植物，以其干燥根茎入药，可活血通经、祛风止痛，为中医妇科、伤科良药。青城山是川芎的原产地，其附近地域，是世界上川芎的主产区。

川芎，古名芎䓖。扬雄（前53—18年）在《甘泉赋》中有“发兰蕙与芎䓖”的名句。晋人张华所著《博物志》中有“苗曰江蘺，根为芎䓖”的记载。

北宋药物学家苏颂在《本草图经》中载：“芎，关陕、川蜀、江东多有之，以蜀川为胜。”李时珍《本草纲目》说：“其出关中者，呼为京芎，也曰西芎；出蜀中者，为川芎；出天台者，为台芎；出江西者，为抚芎。皆因地而名也。”自金元时代王好古《汤液本草》以川芎作为正名后，其他名称都少用了。

北宋文史学家宋祁《益部方物略纪》“永康军”（今都江堰市）条下，有《川芎赞》，文中记载：“川芎，蜀中有之，叶为靡芜，《楚辞》谓‘江篱’者，根为芎，似雀脑者善。成都岁九月九日药市，芎与大黄如积，香溢于廛。或言其大如胡桃者不可用。人多莳于园槛。叶稚时可作羹，蜀少寒，茎叶不萎。赞曰：柔叶美根，冬不殒零；采而缀之，可糁于羹。”

川芎的培育，与重视“养生”的道家有关，宋范成大《吴船录》记青城山中“有坦夷曰芙蓉坪，道人于此种芎”。

川芎栽培一般用有芽苞的短基节（即“川芎苓子”）进行扦插，青城山为苓种培育基地。

（二）茅　梨

在植物分类学上称为中华猕猴桃（Aetinidia Chinensispin－ch），古书又称为羊桃、仙桃、藤梨、苌楚。成书于2500年前的《诗经》中便有“隰有苌楚”的诗篇，译为现代汉语便是：“棵棵茅梨长满在山泽边，丛丛枝条多么柔软，它光华灿烂风姿翩翩，看了令人好喜欢！”茅梨的营养和药用价值，在汉代《神农本草经》、南朝陶弘景的《名医别录》、唐陈藏器《本草拾遗》等书中均有记载。唐时青城道士用此酿酒待客，称为“乳酒”。

青城山有猕猴桃良种“海沃特”栽培基地，年产鲜果500吨以上。并有中华猕猴桃公司及青城山许多厂家制作猕猴桃保健饮料及食品。近年又引进了红阳猕猴桃良种，在青城山有了很大的发展。

（三）红梅［P. mume f. alphandi（Carr）Rehd］

蔷薇科木本植物，兼有观赏、药用、调味多种用途，为中国名花之一，河南殷墟出土的3200年前铜鼎内就残存梅核。《书经》云：“若作和羹，尔惟盐梅。”爱梅、赏梅、食梅成为中华民族的传统风尚。古人云：“梅具四德。初生为元，开花如亨，结子如利，成熟为贞。”“竹梅双喜”“梅妻鹤子”被传为佳话。

久居青城山的宋代诗人范成大在《梅谱》中，对青城山红梅有所记述。

红梅果实（亦称乌梅）含有丰富的柠檬酸、苹果酸、酒石酸等多种营养物质，具有收敛生津、安蛔驱虫等疗效。李时珍《本草纲目》记载：“梅实采半黄者，以烟熏之为乌梅；青者，淹瀑干为白梅；亦可蜜煎、糖藏，以充果仁。熟者榨汁晒收为梅酱。可入药。”民间还将青梅泡酒饮用。近年实验表明，红梅果实具有健美、减肥强身之功能。青城梅林最盛处，在原两河乡红梅村一带，有近百年的挂果红梅树上千株。其中果大皮薄、核小肉厚、酸味纯浓的“耳梅”，在国内外久享盛名，行销东南亚及日本、美国等国家和地区。

青城山镇原白石村有一株树龄约80年、常年产鲜梅果350公斤的红梅树，树高10米，树冠直径10米，1977年产鲜梅子600公斤，果大肉厚，人称“鸡蛋梅”。被市科研部门列为优良品种。

（四）天师栗（Aesculus wilsonil Rehd）

七叶树科木本植物。宋祁《益部方物略纪》云：“天师栗生青城山中，它处无有也，似锥栗而大。或言张道陵常所食，故名‘天师栗’，比常栗味美，惟独房为异，久食已风挛（按意指能治风痹腰腿疼痛等症状可作药用）。”赞曰：“栗类尤众，此特殊味；专蓬若橡，托神以贵。”

（五）板　栗

系壳斗科植物（Castanea mollissima Bl），青城山中较多。原白石村有一株树龄70年、树高16米、树冠直径18米的大树，盛果期已30年，常年产板栗200公斤，最高年产250公斤。被市科研部门列为优良品种。

（六）青城茶［C. Sinensis（L）O. ktze］

一般为山茶科的栽培树种。青城山培育茶树，历史悠久。《神农本草经》有“茶生益州（即今四川省）山谷山陵道旁，凌冬不死，三月三日采干”的记载，并言其可以治病疗毒。汉代蜀人扬雄《方言》载“蜀西南人谓茶曰蔎”。茶又名“荈”，晋人杜商《荈赋》云：“灵山（岷山，古时将青城山归入其中）惟岳，奇产所钟，厥生荈草，弥岗被坡。”

道教奉陆羽为茶神，青城山有茶神庙。早在公元5世纪的南梁，著名道士陶弘景曾在《杂录》中记：“苦茶，轻身换骨，昔丹邱子黄山君服之。”《神农食经》又载：“茶茖宜久服，令人有力悦志。”青城山翠峰环绕，云蒸霞被，其气候、温度、雨量和土壤均适宜种茶，可谓得天独厚，品质特佳。经四川省农业科学院茶叶研究所化验，青城贡茶的主要成分氨基酸、茶多酚、咖啡碱及微量元素均较他处为优。其制作工艺也有上千年历史，世界上现存最早的一部茶叶专著唐代陆羽的《茶经》记述了青城丈人山所产散茶。宋代《永康军贡目》详列了青城山35个道观向皇帝敬献的贡茶数额。直到清代，这里的贡茶，仍用锡瓶精装，派专人专程送往北京。

贡茶多在清明时节采摘。林山腴题诗“青城昨夜春雷响，明日茶芽一寸长，隔山齐唱采茶歌，便有新茶来市上”。青城早春嫩茶系茶中佳品。唐末五代时，毛文锡在《茶谱》中描述青城贡茶：“其横芽、雀舌、鸟嘴、麦颗，盖取其嫩芽所造，以其芽似之也。又有片甲者，早春黄条，芽叶相抱，如片甲也。蝉翼者，其叶软簿，如蝉翼也，皆散茶之最上者。”

用道家传统工艺精制出来的贡茶，外形条索紧细，色泽黄绿显毫。再用青城优质的高山矿泉水冲泡，更加滋味鲜爽，幽香扑鼻。游人登山小憩，呷一口青城贡茶，顿时周身清爽，十分惬意。当代诗人赵朴初作词称颂：“青城好，一绝洞天茗。别后余香留舌本，携归清味发心花，仙茗自仙家。”

苦丁茶也是青城山特产，系用冬青科大果冬青（I. macro－carpa Oliu）等嫩叶制造。它历史悠久，远销至甘肃、新疆、广东、广西、云南、贵州等地。内含苦丁茶素、黄酮甙胆碱、葡萄糖醛酸、植物固醇、维生素B等成分。常饮苦丁茶可以清暑解热，除烦止渴，抗病解毒，降压和调节体内代谢，能预防和治疗头昏、目眩、高血压、急性和慢性肝炎。

（七）青城灵芝（菌灵芝）

古代文献及碑文中有青城山“上有灵芝仙草”的记载。分赤芝和紫芝两种，与外地灵芝相比，它菌柄较长，菌盖完整，质量较高，对慢性气管炎、肝炎、胃溃疡、冠心病均有一定疗效。

第二节 野生动物

青城山林木蓊郁，自古是野生动物的天堂，其西与青藏高原东部的横断山脉为邻，陆栖动物具有明显的过渡性。既有东洋界，又有古北界的动物。在分布类型上，有东南亚热带型，又有横断山脉—喜马拉雅山型和南中国型。

据1936—1939年四川大学生物系郭倬甫编《川康狩猎志》、1952—1965年四川生物研究所等调查统计，青城山有丰富的动物种类。

兽类计有7个目19个科约50种。其中，属国家一级保护的有大熊猫、金丝猴、白唇鹿、野牛、羚牛等，属二级保护的有小熊猫（九节狸）、林麝（獐子）、猕猴、穿山甲、金猫、毛冠鹿（青麂）、水鹿（黑麂）、马鹿（包括白臀鹿）、大灵猫、小灵猫、果子狸（韦子）等。属三级保护的有伶貂（貂伶子）、青羊（岩羊）、苏门羚（山驴子）、水獭、黄鼬、刺猬、松鼠等。此外还有野猪、豹子、熊、獐、豺狗、草狐、野猫等。

青城山西边有鞍子河大熊猫保护区，北边有卧龙大熊猫自然保护区，西北边一岭相连的穆坪有宝兴县自然保护区，青城山是这几个保护区大熊猫往来的走廊，在古代文献中，大熊猫称为貘或貔貅，当地山民称为白熊。

1983年9月，都江堰市成立大熊猫救灾领导小组。1984年将青城后山原白云村大横路以上和红岩村偏岩子以上地区列为大熊猫重点保护区，实行封山育林，禁止一切生产活动，取缔一切猎杀设施。由政府发布《关于严加保护珍贵稀有野生动物的布告》。1988年11月26日，林业部、农业部和中国野生动物保护协会在北京举行新闻发布会，宣布经第七届全国人大常委会第四次会议通过的《中华人民共和国野生动物保护法》，接着又颁布了《陆生野生动物保护实施条例》《驯养繁殖野生动物许可证管理办法》。青城山及相邻山区相继设立野生动物保护咨询点4个（青城山镇2个，原两河乡1个，中兴镇1个）。1988年前后，每年都在青城后山发现有大熊猫活动。青城山2000年被列入《世界文化遗产名录》。①

青城山的禽鸟约200余种，其中属于国家明令保护的有红腹角雉（娃娃鸡）、锦鸡（金鸡）等，其他珍禽有桐花凤（蓝喉太阳鸟）、护花鸟、知更鸟、青城玉鸦、红嘴相思鸟、杜鹃鸟、白鹭、猫头鹰、画眉、翠鸟、鹩哥、苍鹰、斑鸠、麻雀等。

关于护花鸟，北宋文史学家在《益部方物略记》中载“青城、峨眉往往有之，至春则鸣，其音若云‘无偷花果’，仿佛人言，故云。赞曰：茜首黑裳，黄驳其羽。厥鸣嘤嘤，若禁若护。名而不情，盗者犹惧。”

蜀人有崇拜杜鹃等鸟的古俗，不伤害杜鹃，传说它是古蜀望帝精灵所化；不伤害白鹤和天鹅，因鹤（鹄）鸣山为张天师得道处。青城山古有慰鹤亭、驻鹤庄、孤鹤岭、飞鹅坝、黄鹤坪、白鹤林等景点，还流传有杜鹃等鸟的许多民间风物传说，足见其爱鸟的传统美德。

---

① 2006年“大熊猫栖息地生态走廊”申报世界自然遗产成功，使青城山成为世界自然和文化双遗产地。

青城山鱼类品种有20余种，有鲤鱼、鲢鱼、鲫鱼、鲶鱼、青波鱼、细甲鱼、石巴子等，以味江细甲鱼（丙穴鱼又名味江鲙）、青波鱼（中华倒刺鲃）为名贵。野生两栖类动物10余种，主要有褐蛙（青城梆梆鱼）、山溪鲵（娃娃鱼）、树蛙、沼蛙、田蛙、蟾蜍等。

野生爬行动物约10种，有菜花蛇、青竹标蛇、乌梢蛇、褐麻蛇、蜥蜴（四脚蛇）、壁虎、甲壳软体、蜗牛、田螺、蚂蟥等。

环节动物有蚯蚓等。青城后山还有20—30厘米长的大蚯蚓。

青城幽谷里飘荡着会飞的“鲜花”，即以“青城”命名的箭环蝶。青城箭环蝶属鳞翅目垂角亚目的环蝶科，一般体长7厘米左右，翅及体表密被黄色环纹鳞片和丛毛，两翅背面为黑色箭头纹，腹面为红色环纹，故名。

1958年，邮电部发行一套全国蝴蝶纪念邮票，青城箭环蝶被选列入。

第二篇　风景名胜

第一章　青城山前山景区

青城山前山风景区以天师洞为核心，包括其周围的高台山、天仓山、龙居山、乾元山、丈人山、宝圆山。它是青城前山风景名胜区的主体部分，总面积约20平方公里。有两条溪流：一名白云溪，一名清溪，景点多沿溪流及山势分布。有公路直达前山山门。

山门上金光闪闪的“青城山”三个大字，烘托在森森林木的碧波绿云之间。门前一对大石狮，威武雄壮。门侧靠清溪处为“缘云阁”，取杜甫诗“缘云拟住最高峰”命名。阁有三层多角小亭，登亭览胜，青城峰围岭抱，碧岫入云，丈人峰宛如青翠的画屏，令人顿生游兴，有不造其极、不称壮游之慨。山门前的通道上镶嵌有巨幅石刻“太极图”，它是中华文明和青城道家文化的象征，山门正壁有张爱萍将军手书的“青城山幽子规啼”木刻，点明了青城山“幽深”的景观特征。

第一节　建福宫

建福宫在丈人峰下，位居山门右侧。宫观始建于晋，原址在今青城天国山中，名丈人观。唐开元十八年（730年），奉敕迁于今址，名丈人祠，宋朝廷赐名“会庆建福宫”。主祀青城主神宁封真人及杜光庭。进山公路经赤城阁，沿清溪上行，迎面便是五峰并峙如屏的丈人山。丈人山绵亘1.5公里，最高处海拔1120米。南坡为陡壁，丹崖峭拔，白云缭绕，黛色参天。山因宁封丈人得名。《列仙传》云：“宁封子者，黄帝时人也，世传为黄帝陶正。”道教的十大洞天都有一位主治神仙，青城山的主治神仙便是宁封。宋彭乘《五岳真君殿记》云：“赤城洞天，则龙蹻宁（封）先生所治也。先生尝为陶官，通神幽隐，或履蹈烈焰，随烟上下，黄帝顺风礼问，受《龙蹻经》，得御风云术，遂封五岳丈人（统领五岳）。”古丈人观原址在青城天国山融昭寺崖前。唐开元十八年（730年），刺史杨励迁于今赤城岩下。唐徐太亨《青城山丈人祠庙碑》云：“当年奉敕，青城丈人庙，准五岳真君庙例。”唐中和元年（881年）七月十五日，诏内臣袁易简、刺史王兹、县令崔正规奉旨诣山修醮，封为五岳丈人、希夷真君。

北宋元丰三年（1080年），诏加号蜀州青城山丈人观九天丈人为储福定命真君。（见《蜀故》）

南宋淳熙二年（1175年），因成都制置使范成大的奏请，赐名“会庆建福宫”。取古谣：“帝以会昌，神以建福”之意，简称“建福宫”。

范成大《吴船录》云：“（青城县）三十里至青城山，门曰宝仙九室洞天。夜宿丈人观，观在丈人峰下，观之台殿上至岩腹。”

陆游《丈人观》诗中曾描述其盛况：“黄金篆书榜朱门，夹道巨竹屯苍云。岩岭划若天地分，千柱耽耽压其垠。”

丈人观旧有五岳四渎壁画。《益州名画录》云：“道士张素卿，简州人也。”唐乾符中居青城山常道观。唐中和元年（881 年），僖宗遣使与道士杜光庭封丈人山为希夷公。素卿上表云：“五岳既已封王，丈人位居五岳之上，不可称公。”敕改丈人为希夷真君。王蜀先主修丈人观，请画五岳四渎、十二溪女及岳渎曹吏。诡怪生于笔端，观者恐惧，实画中之奇绝也。

真君殿四壁有孙太古画黄帝而下三十二真仙（见《吴船录》）。其藏经阁后壁有杨大明所画龟蛇，广丈余，最雄杰（见《画继》）。山门有甘遗荣所写八分书——《纪符瑞碣》（今俱不存）。宫前古有玉华楼，大楼制作瑰丽，“翚飞轮奂”，极土木之胜。范成大在《玉华楼夜醮》中云：“丈人峰前山四周，中有五城十二楼，玉华仙宫居上头。”

《宋会要·宫观史》载：“熙宁三年（1070 年）诏杭州洞霄宫、永康军丈人观、成都府玉局观置提举官。”可见当时青城丈人观在全国道教宫观中的特殊地位。

1958 年后在修青城停车场及民居中，陆续发掘出宋代《会庆建福宫飞轮道藏记》石碑及大石缸、石蜡台等文物和巨型石刻莲花保坎，似为会庆建福宫或玉华楼遗物。

今建福宫系清光绪十四年（1888 年）重建，以后又再次进行大规模重建。其后有丹岩翠林掩覆，前有亭楼映衬，建筑中轴线与进山公路约成 45 度交角。游人沿着苍楠翠覆的石级梯道，转折入宫，外山门有著名书法家董寿平手书楹联。内山门门额“建福宫”三字系国民政府主席林森于 1940 年题写。

建福宫现有大殿三重。前两重系 20 世纪 80 年代以来，青城山道教协会筹集资金新建的重檐楼殿。第一殿供奉道教护法尊神王灵官（灵祖）及财神，内侧供奉慈航真人。第二殿名为“丈人殿”，祀五岳丈人宁封真君及广成先生杜光庭，亦称杜天师。建福宫后院颇清静，有两株上百岁的仙人松，枝繁叶茂。后殿内塑有三尊彩像：中间是太上老君，道教尊为教主；左面是东华帝君，即华阳真人王玄甫，为全真道北五祖的第一祖；右面是道教全真派的创立者王重阳。殿堂板壁刻有张三丰祖师的诗。大殿檐柱上悬有长达 394 字的青城山著名长联（见第六篇第二章）。

建福宫后有赤城岩，崖壁有抗战初期国民政府主席林森命人挖的防空洞。

赤城岩畔有悬流，名“乳泉”，取唐代龙曲山《青城丈人祠诗》中的意境：“月砌瑶阶泉滴乳。”泉从青崖高处徐徐流下，其声汩汩，若弄古筝。泉下有池，阔深数丈，中建一亭，名“水心亭”（亦称委心亭），为民国年间住持张伯庸建。罗伯济曾为其题诗：“灵泉飞落水心亭，为洗尘埃净道心。方外有人宜话旧，指筇来看万山青。”

梳妆台位于丈人山赤城岩腹，从建福宫楠木林右侧上山可至，传为明末庆符王陈妃遗迹。易心莹道长曾于此题诗：“水月山花万种愁，镜妆高处晓云收。迷离蝴蝶传金粉，婉转峨眉想玉钩。香草有情台畔绿，溪光无语庙门秋。红颜寂寞知多少？不及荒寒一墓丘。”明末庆符王屯兵于此，希望重振大明江山。后来他带兵出山征战，清晨，陈妃于此处梳头，眺望奏凯归来的庆符王。不料其夫战死，陈妃自尽。后人为纪念他们生死不渝的爱情，建亭台于此。

第二节　月城湖

步入青城山大门，踏上丹梯石径，林涛阵阵，群鸟幽鸣，仙山灵趣顿然融入游人心境。路转峰回，穿林廊翠道，来到石笋峰前，忽见四围山色里，现出平湖水榭，长廊连掇月城、石笋二峰。湖水明净澄澈，水光山色令人神清气爽。

月城湖坐落在丈人峰和青龙冈之间，丈人峰下的鬼城山，又名月城山，湖因山得名。源出老霄顶的清溪，在这里流入开阔的山间谷地，夏季洪奔，时为湿地。1985 年新筑拦水坝，宽 20 余米，高 10 余米，形成水面约三万平方米的山间小湖。它旁边的月城山，传为远古岷山真人鬼谷隐居处。鬼谷又名容成公，传为轩辕黄帝之师，蜀中八仙之首。五代孟蜀时，仙人刘海蟾亦在此修炼。另一旁的青龙冈，俗称青龙嘴，翠峰环合，伸入湖中。唐刘禹锡《陋室铭》云："山不在高，有仙则名。水不在深，有龙则灵。"

湖周青山环卫，纵目四望，嫩绿、青绿、墨绿相互交织，画意盎然。碧绿的湖水，如明镜，如圆月，将四周林莽山容倒映水中。渡船游弋，荡迭成一幅幅变幻多端的意象派立体图案。堤上长廊，如弯月环护，名为"映月廊"。有联云："松声竹韵吟仙境，山色湖光映月城。"堤边还有通往渡船的长亭，名清心阁。这水秀山清的佳景，朝晖夕阴，云蒸霞披。春夏之际烟雨如织，青黛色的峰岭在云雾中时隐时现。深秋时节，湖畔山峦上如火燃烧的红叶，和浓绿的湖水恰成鲜明的对照，山姿水色，令人沉醉。岸左石笋峰下，有一小院，名石笋堂。这里原为青城第二小学，1955 年 5 月 5 日，国务院总理周恩来、副总理陈毅等国家领导人同游青城山，归途曾视察青城小学校。

长廊中的茶座，给人以观景歇憩、品茗怡乐之便；湖中轻舟破碧，供游人逍遥自在地畅游。岩间还有林荫丹梯曲径，直通上清幽奥。步行其间，充满山林野趣。古云：仁者乐山，智者乐水。月城湖使人得山水之悠闲，忘却尘世之喧嚣，实为集山水游乐与交通枢纽为一体的青城前山著名景点。

渡船出湖的上方，是青城前山旅游索道的下站，步入巍峨的站房，坐上舒适而又安全的循环式吊椅，像一条穿林渡壑的长龙，载着凌空飞升的游客穿云破雾，瞬间便到了第一峰上的上清宫前的慈云阁。仿佛青城宁封仙人的龙跻飞身术重现人间。

索道下站旁有游山道，上山可直达慈云阁。

第三节　天鹤观

此处原名"天然图画"。位于龙居山牌坊冈山脊上。牌坊冈之名始见于清嘉庆五年（1800 年），原有一座十角重檐式的坊阁，清光绪年间（1875—1908 年）重建，其旁有驻鹤庄。此处正当游人由建福宫至天师洞的半途，海拔 893 米。雄秀的牌坊矗立于长长的石级上，占据了两峰夹峙的山口，成为半山道上十分突出的景观。龙居、天仓、乾元、丈人诸峰，堆苍叠翠，宛如画屏。林间时有鹤鹭轻飞，山鸟长鸣。岩下溪水潺湲，琤琮有声，宛如琴韵。

坊上有联云：

溪壑奔腾，百川东去通千派；
云霞缥缈，万里西来第一山。

20 世纪 90 年代初，青城山道教协会于此处增建天鹤观，内有药王殿、老君殿等。

牌坊左有石级小道，可下至飞仙观。

第四节　天师洞

天师洞古名“常道观”，建福宫距此5里。因观后有汉代张陵天师结茅阐道所居之洞窟，俗称天师洞。它在白云溪和海棠溪环抱的山坪上，海拔1000米。洞后第三混元顶耸立如屏，左接青龙冈，右携黑虎塘，三面山环水抱。道观呈东向略偏北，前方白云溪谷视野开阔，可览天府平川。纵目望去：“千崖迤逦藏幽胜，万树凝烟罩峰奇。”

常道观始见于南朝梁李膺《益州记》。《唐六典》云：“隋建延庆观。”《舆地纪胜》载：“延庆观，自会庆建福宫西行一二里，乃古黄帝祠。”《方舆胜览》云：“隋时建，有张天师造像及唐明皇手诏碑。”明人焦维章于嘉靖三年（1524年）游天师洞，有记云：“洞在石壁十余丈上，与径迥殊，前令胡公悬为栈道，沿入洞中。中塑道陵像，左塑唐明皇像，或云伪蜀主孟昶也。山之形胜，奇峰清淑，不可殚述。”

天师洞现存建筑，系清康熙中叶，由住持陈清觉主持重建。彭椿仙从1920年至1939年改建。整个建筑群占地面积约为7200平方米，房屋建筑面积5749平方米。天师洞的山门、三清殿和黄帝殿布置在中轴线上，作为道观群空间布置的核心。大小十多个天井和曲折环绕的走廊，随地形高低错落，把殿宇楼阁连成一片。建筑空间和景观的变化，道路的回环起伏，光线明暗的对比，廊柱上的楹联诗刻，加上天井中的古木奇花，使古观充满典雅质朴的诗情画意，与周围的自然山水交相辉映，分外幽雅。1982年被定为道教全国重点宫观之一。三清大殿和唐碑等古建筑被列为全国重点文物保护单位。

经奥宜亭、五洞天进入天师洞外山门，再过翼然亭、接仙桥沿溪一转，便至内山门下的吊脚楼式的小阁“云水光中”，阁重建于1901年。阁左右两眉的榜书集清人郑燮（板桥）字：“心清水浊”“山矮人高”。在此小憩，既可仰望山门的壮丽景象，也可透过林隙观览山光云影。阁前有黄心古树多株，与庙后一株均为保氏黄心树（又名黄心夜合），大者胸径95厘米，树高35米，枝繁叶茂，暮春开鹅黄色花，清香四溢，香飘十里。

古常道观山门，为四檐楼角式巨构，骑建在高高的陡坎上，长长的石级贯通重楼叠阁。柳杉分列石级两旁。左侧有青龙殿，右侧有白虎殿。正中高悬“古常道观”金匾。门柱两边一副贴金对联：

胜地冠两川，放眼岷峨千派绕；

大名尊五岳，惊心风雨百灵朝。

此联道出了青城山在全国名山胜水中的地位和影响。观门石级梯两旁镶刻有黄炎培、谢无量、吴稚晖等十多位现代名人的诗文。大门中间匾额大书“第五名山”。

三清大殿是天师洞的主殿，为重檐歇山楼阁式五开间建筑，重建于1923年。殿前通廊九级石阶，排列六根大石圆柱，以三对高1.2米雕工精致的石狮、麒麟和独角兽为柱础。殿堂横列五间，共580平方米，重檐飞甍，古朴宏伟。全殿共有高4.4米的大石柱28根，均用整石雕制，其中16根刻有联文。石柱上端的撑弓、弯门全系镂空石刻，图绘飞禽走兽、花草人物，但都着色素雅，与主建筑协调和谐。楼上是无极殿，有明代镂空木雕屏风八巨扇，所刻芙蓉、荷花、牡丹、孔雀等形象生动，色彩明快，刀法娴熟，系海内罕见的木雕精品。大殿正中为八角藻井，既能采光通风，又使游人有空灵之感。其正中悬有清康熙皇帝御书“丹台碧洞”匾额，系全真龙门派青城丹台碧洞宗的镇洞之宝。殿内供奉道教至高无上的三位尊神：居中为玉清仙境（在清微天）的元始天尊（手衔灵珠，象征洪元世纪）；居右为上清仙境（在禹余天）的灵宝天尊（怀抱太极，象征混元世纪）；居左为太清仙境（在大赤天）的道德天尊（手持羽扇，象征太初世纪）。其中道德天尊即太上老君，为道教最早崇拜的尊神，东汉时便已享祠祀。南北朝时，始将元始天尊、灵宝天尊、太上老君合称“三清”供奉。

三清大殿天井青石栏杆石板上刻有十二生肖浮雕，栏杆石柱顶端刻有“天籁婴灵”，造像幽默生动，妙趣横生，引人注目。有人把这组人物石雕说成是道士嘲笑和尚，但细看就会发现：小石像虽是光头，却无戒疤，有的还有“毛根儿”，或者天灵盖凹陷未长平，又都穿“衩衩裤”，显然是一群天真活泼的婴孩。中国古代把这些天真活泼的初生儿，叫作“赤子”。《道德经》云：“常德不离，复归于婴”，教人要保持纯洁、善良的赤子之心，认为修道的炼士会回返到婴孩天真纯朴的境界。这组表现赤子意态的石雕，还精心设计一些乐器，如海螺遇到山风，会自动发出悠扬悦耳的声音，叫作“天籁”。赤子与天籁都反映了道家的哲理和审美情趣。

殿右是青城山道教协会道教宫观管理委员会所在地，再右则为道教祖堂。三清殿后壁有1928年所绘《青城山图》和道教主要经典——《黄帝阴符经》《老君说清静经》《太上大通经》石刻。

西客厅右侧为银杏阁，阁后有古银杏一株，传为东汉张天师手植，树径五人围，高50余米，杏乳垂瘿，婆娑苍古。清人李善济《银杏歌》赞颂它：“玲珑高出白云溪，苍翠横铺孤鹤顶；姿如凤舞干云霄，气如蟠龙栖岩谷。”2004年4月，在四川省林业厅和《华西都市报》主办的“天府十大树王”评选中拔得头筹。

大殿右侧西廊为西客厅，内为宫观、园林布局，结构十分精巧。厅前花圃中有仙人松、公孙橘、红山茶数株，厅后有条形天井堆砌石山，幽兰海棠点缀其间。再进为“别一洞天”客堂，堂后为吊脚楼，八卦亭。花窗之外，回廊环护，可凭栏纵观天仓诸峰及白云溪风光，可谓“四面云山入画图”。

大殿左侧东廊为东客厅及道家膳食部，壁间精刻名人书画，为天下一绝。膳食部后为茶园和上茅庵住宿部，系仿古式三层楼阁，共计建筑面积2650平方米。

天师洞左侧200米有三岛石奇观，巨石鼎足危立，一分为三，上合下分，欲裂未裂，欲崩未崩，十分奇险。它又名试剑石、降魔石。清光绪九年（1883年），61代天师张仁晸到此朝祖时恭书“降魔”二字，以示崇仰。相传，当年张天师到此降魔，忽然电闪雷鸣，天昏地暗，巨石从空中飞来，张陵心知妖魔作怪，奋力挥剑一劈，巨石破裂坠地，形成两条深邃的岩缝。狭缝中有石级，可侧身扶岩而下。石旁原有慰鹤亭，俯临海棠溪，岩畔山花烂漫，绚丽多姿。

三岛石四周，青岩环合。双泉从月亮弯岩上飞流而下，琤琮有声。下有一汪形状不规则的水潭，崖壁刻“洗心”二字，景色幽邃。道教学者葛洪在《抱朴子》一书中说：“洗心而革面者，必若清波之涤轻尘。”又在《神仙传·张道陵》中谓：“陵与弟子入蜀……使有疾病者皆疏记生身以来所犯之罪，乃手书投水中，与神明共盟约，不得复犯法，当以身死为约。”“洗心”便是五斗米道宗教仪式的遗存。池侧有亭，名“听寒”，寓意悠远。过翠阴桥沿梯而上为“饴翠仙窝”，苍岩四合，翠色可人。右登“上天梯”险道，可达朝阳、上清诸胜景。

黄帝祠在三清殿后，为重檐回廊式殿宇。匾额上有于右任手书的“古黄帝祠”四个金字。祠内供奉轩辕黄帝石刻金身像。它是天师洞最早的殿宇。庙初建于隋。古为黄帝坛及天师三师坛遗址。祠前走廊有“轩辕黄帝碑”，上刻冯玉祥在1943年撰题的颂词：“轩辕黄帝，伟大民祖，战功烈烈，仁爱各族。制礼作乐，能文能武。垂教子孙，流芳千古。”

祠旁有救苦天尊塑像和1919年国民政府四川省省长杨庶堪题赠“道在养生”碑。祠前有明代仙人松和灵霄花及一百零八景碑刻。傍岩处有“古六时泉”碑，又名潮泉。唐代《元和郡县志》云：“第五洞天，上有流泉悬澍，一日三时洒落，谓之潮泉。”《玉匮经》云：“六时洒水，以代晷漏。于阳时即飘然而洒，阴时必无。”

前行为三皇殿，内有伏羲、神农、轩辕三皇石像各一尊，各高90厘米，背有唐开元十一年（723年）铭文。神座前有《大唐开元神武皇帝御碑》，高140厘米，宽70厘米，厚10厘米，行书，字径2—7厘米，是不可多得的唐代文物。唐开元年间，青城山山下飞赴寺僧人，因产权纠纷，强占了山上的道观。唐开元十二年（724年）闰十二月十一日玄宗皇帝亲下诏书，令“观还道家，寺依山外旧所”。特命内品官毛怀景、道士王仙卿从长安到青城山，处置妥当后，由常道观观主甘遗荣书写，吴光逵刻石，世代传为镇山之宝。殿内还有“龙门派碧洞宗道脉渊源碑”“椿仙彭真人重修常道观碑”，张大千绘《天师像》碑刻和赵蕴玉绘《吕祖像》《邱祖像》碑刻。殿右侧有吊脚楼名白云阁，风景优美。旁有宋代九株松（今仅余三株）。

天师殿牌楼前，有十分罕见的两杈歧棕，唐僖宗《赐杜光庭诏》有“祥鳞忽现，岐干分荣”，可见其古老。天师殿前，有牌楼三间，为清代古建，墙壁嵌石刻岳飞手书诸葛亮前后《出师表》（据南阳武侯祠刻本复制）。牌坊上悬清人黄云鹄书“龙跻仙踪”匾。虚靖天师殿位于第三混元顶岩腹洞中，清光绪十年（1884年）重建。根据其地形高耸而又狭窄的特点，采用前低后高，旁低中高，纵横迭合，层层升高的特点，使其浑然一体。两旁层层飞檐，用木板空花封口，代替了古建筑中的斗拱和凤凰窝。其照面、立人、抱柱等，均彩绘花鸟图案。屋顶重檐飞动，爪角凌空。屋面用“跌”“梭”手法与“台阶”相配合，呈阶梯式递进。

经虚靖天师殿右上，登悬空栈道即至张天师辟茅阐道之天师古洞。洞深不可测，道人以碑石封住洞口。洞在岩腹最高层，自洞前远望平畴沃野，历历在目。俯视常道观，建筑错落有致，极其壮观。石龛中供奉隋刻张陵天师石像，面有三目，神态威严。掌中握有“阳平治都功印”，为天师降魔镇山之宝。

虚靖天师为汉天师张陵三十代孙，为北宋后期著名天师道首领。按规定江西龙虎山历代天师选定后都要到青城山朝拜祖庭，故配塑其像于洞中。

出天师洞后门，上行数百步到古龙桥，其下为掷笔槽，亦称“涮笔槽”。裂槽从两山岩顶直断裂到谷底，深约300米，宽20余米，形成深谷。古代以木梁飞架其间，令人心颤目眩，后依岩凿险成半壁通道，旁置石栏。到此，头顶丹岩，俯瞰深谷，景色奇险幽绝，故又名“偏桥”。《蜀中名胜记》引《五岳真形图》云：“龙桥处，二山相去百余步，峰峦急竦相对……两边悬岩，俯临不测。山旁有誓鬼石，天师张道陵与鬼兵为誓”，喝令魔王不得再为害百姓，朱笔画山，笔迹成槽，留下奇观。

第五节 祖师殿

从龙桥栈道前行至访宁桥，路分为二：右经朝阳洞至上清宫；左行过桥 1 公里登山到祖师殿。祖师殿原名洞天观、清都观，初建于晋，明末毁败，清乾隆五十七年（1792 年）万本圆重建祖堂，神龛匾额犹存。1982 年被定为道教全国重点宫观。

现存殿宇建于清同治四年（1865 年），因供奉真武大帝和三丰祖师，故名真武宫，又叫祖师殿，为小巧玲珑的四合院。背靠轩辕峰，面对白云溪，环境十分清幽。古迹有唐代薛昌浴丹井、广成先生读书台（传为唐代道教大学者杜光庭读书处）。此外还有清人黄云鹄题记的云松塔（此处原为古丹台），1993 年新建的灵官殿及客房。

从殿右觅小道攀登可至磴口（天仓山和乾元山之间的夹岩），沿“三险”小道，下行可到青城后山金鞭岩下“金壁天仓”牌楼。磴口北侧有缓坡，可直登轩皇顶（海拔 1247 米），山顶有古台，名轩皇台，可俯瞰山后味江风光，下视诸峰如蚁垤状，风景极佳。

冯玉祥抗日战争期间 3 次到青城山长住。1945 年住祖师殿，当年 8 月，日本宣布无条件投降，将军闻胜，不胜喜悦，在观侧建亭刻碑，自撰碑文云：“三十四年八月初予来青城山，下榻真武宫。十一日晨，日本接洽投降消息传来，同志鼓掌欢呼。时予方在灶间取火，闻悉不禁喜极泪流。八载艰苦，竟获全胜；积年大耻，终免尽雪，予能不为吾民族国家庆乎！乃筑亭以为纪念，名曰闻胜亭云。冯玉祥敬志。”此碑移祖师殿内，作为文物保存，供游人瞻仰。

第六节 朝阳洞

访宁桥右行，经卧云亭，到大、小朝阳洞。小洞仅容十余人，大洞可容一二百人。洞穴正对东方，清幽雅致，传为上古宁封栖真处。清光绪年间（1875—1908 年），四川按察使成都知府黄云鹄乐此清幽妙境，小住洞中参易。曾撰联云：“天遥红日近；地仄绛宫宽。”并称颂此地：“朝晖暮霭，溪月松风，大野平畴，连峰迭谳，实能移人情志，而荡涤秽浊。”他在《小朝阳洞记》中说：“青城胜概，不可枚举，而余独爱朝阳洞。于西侧一山洞尤爱之，以得朝阳最早故也。”

朝阳河洞口门楼为悬空古建，洞中塑宁封真君及吕祖、邱祖、三官神像。抗战期间，蒋介石曾到此暂居。著名画家徐悲鸿先生曾为古洞撰联云：“古洞亲迎光照耀；苍崖时有凤来仪。”20 世纪 80 年代以来，青城山道教协会于此处依岩傍洞，扩建宫观及瑯环仙馆。

朝阳洞右行，经三弯九倒拐，登壮观台，可壮览青城前山风光及天府平畴。再沿山脊前行里许，有观日亭（原在第一峰顶侧），亭侧岩壁有“云居”“天然圣迹”“天下第五名山”“青城第一峰”等巨型摩崖石刻。再前行即上清宫。

第七节　上清宫

上清宫位于高台山之阳，始建于晋代。自晋以来，青城有三处上清官，一在天国山，一在成都山，俱废。青城山上清宫始于晋，历经唐玄宗时重建，五代前蜀王衍时再建，明末毁于兵火。现为清同治八年（1869 年）起至民国初年，由道士杨松如、龚仰之陆续重建（建筑面积约 5000 平方米）。宫门为石砌券洞，上有门楼，有蒋介石手书“上清宫”三个榜书大字，两旁联文为于右任撰书：“于今百草承元化；自古名山待圣人。”石阶两旁各有一株高大的千年银杏树（右侧一株尤为奇特，系一株分为十三株组成）。20 世纪 80 年代末，青城山道协于上清宫下，将原观音阁与青城前山索道上站之间，增建起巍峨壮丽的宫阙式东山门慈云阁，石材拱券，精刻道教八宝及人物图案浮雕，更增加了宫门的雄伟气象。

由慈云阁直上入上清宫山门，山门正对老君殿，殿内供奉太上老君。旁供纯阳祖师、三丰祖师。殿藏 1940 年出土的《宋知宫皇甫先生墓碣》。殿后有 20 世纪 90 年代新建的三清大殿，殿中供奉三清神像、两旁供三清弟子十二金仙。

殿右侧道德经堂前有鸳鸯井。乾隆《灌县志》称为“八卦鸳鸯井”。传为五代前蜀所凿。二井一方一圆，象征男女，其泉源相通，但却一清一浊，一浅一深。井旁石碑刻有张大千手书“鸳鸯井”三个大字。碑阴刻清人高溥《题鸳鸯井》诗：“盈盈双井小廊西，锡号鸳鸯费品题。地面相离刚咫尺，泉源歧出异高低；水原清净无澜起，理有雌雄莫浪迷。寄语栖真诸羽客，盈虚消息即玄机。”道德经堂有楠木板壁，上刻《道德经》八十一章全文。殿左侧有长廊通向文武殿，内祀文圣孔子和武圣关羽。神座下有九龙浮雕，甚为精美。两旁有张大千绘麻姑、王母、三丰祖师、花蕊夫人画像石刻和黄云鹄诗碑。天花板画有墨龙和二十四孝图及三国故事。文武殿楼上为玉皇殿，供奉玉皇大帝。老君殿和文武殿之间廊下为麻姑池，传为麻姑浴丹处，形如半月，深广数尺，水色碧绿，一年四季，不竭不溢。池旁有张大千题刻“麻姑池”三字。

从文武殿前行出院门，沿石径经圣灯亭、虎圈、碓窝坪上行，到新建的东华帝君殿。《历世真仙体道通鉴》云东华帝君姓王名玄甫，事白云上真为师，号华阳真人，初居昆仑山，后居五台山紫府洞，故又号“东华紫府少阳君”，全真道奉为北五祖的第一祖，其神诞为农历二月初六。

老君阁雄踞青城第一峰之巅。又名高台山彭祖峰，即青城第一峰，顶上原有呼应亭，取“登高一呼，众山皆应”之意。20 世纪 80 年代末，由青城山道协改亭建阁，于 1995 年竣工，总面积 2400 平方米。阁高 33 米，共六层，下方上圆，层有八角，象征天圆地方，太极八卦。外观呈塔形，尖顶，中堆三圆宝，寓天、地、人三才。阁内中空，庄严矗立太上老君骑青牛巨像，像高 13.6 米，连牛身通高 16 米。像以著名画家徐悲鸿画《紫气东来》为蓝本，牛体均以水泥浇灌，外用精铜皮 9 吨包面。阁外露天台封基，用石材依势而建，海漫栏槛，曲折迂回，盘旋而上至阁顶。晴霁可眺览岷邛青峨远近数百里风光及天府平川数百里秀色，可谓集天下之壮观。张大千联语：“长啸一声，山鸣谷应；回头四望，海阔天空。”可状其胜。

自老君阁回程至上清宫右侧，有坪名玉皇坪。坪内有前蜀王衍行宫遗址。据《前蜀世家》等记载：衍常与太后、太妃游青城。宫人衣服皆画云霞，飘然若仙；又作《甘州曲》，令上下和歌。传说出生青城的两位花蕊夫人——前蜀的花蕊夫人徐氏和后蜀的花蕊夫人费氏均曾来此赏息游玩，留下清词丽句："获陪翠辇喜殊常，同陟仙坛岂厌长""莫道穹天无路到，此山便是碧云梯"。

上清宫出山门，左下行，可到天师池。《舆地纪胜》载："昔天师居赤石城崖，于此作池，以饮乌兽。"池下侧有旗杆石，巨石盈丈，上有插旗之孔，传为明末张献忠所部遗物。前有跑马坪，为其操练军马处，复下有小道可到豹谷，谷长约百步，两岩壁立，高三四丈，相去丈许，上覆浓荫，景色阴森（传为"杀人槽"，亦称复仇谷），谷口下临绝壁，深不可测。20 世纪 80 年代，青城山道协于跑马坪修建花园，种植数千株名贵花木。

夜宿上清宫，赏神灯，看日出，观云海；冬春观冰雪，各有奇趣。

上清宫出东山门回建福宫的丹梯路侧，有"大字岩"古迹，摩崖刻"清城山"三字（每字 1.3 平方米）传为隋唐间刻。沿观日亭石阶下行百余米，转林间小道，有"玉女洞"古迹。玉女即神话中青城素女，洞为上古著名女仙修真处。

第八节　圆明宫

由上清宫东山门慈云阁下行至四望观，路分三岔：右行沿丈人峰岩脚，循清溪南下过月城湖约四五里回建福宫；左下行二里许至圆明宫；中行里许至玉清宫。

圆明宫建自明万历年间，位于丈人山北木鱼山的缓坡谷地。因道教崇奉圆明道母天尊而得名。它以宝圆山为屏障，孤峰独秀，周围楠柏成林，更为幽静。沿林间石板路下行，道左有巨石棚成洞穴，名为"吕祖洞"，相传是吕洞宾结茅修炼处。再行百步到宫门，两边排着 30 多米长的南天竹绿篱，旁有老松相伴。门两边有即景联云："栽竹栽松，竹隐凤凰松隐鹤；培山培水，山藏虎豹水藏龙。"圆明宫中轴线正对宝圆山。山门不在中轴线上而开在灵官殿左侧一边。宽大照壁上刻有"圆明宫"三个大字，正对大道。强调了入口处肃穆宁静的氛围。进入内山门，中央为四重殿堂。左边有客堂、斋房，共 80 余间。

前为灵祖殿，为清同治十二年（1872 年）建。灵官神像下有浮雕石座，甚精美。灵官乃道教纠察护法之神，亦称玉枢火府天将，赤面三目，披甲执鞭，十分威武。20 世纪 90 年代又新建殿堂。二殿为老君殿。三殿为斗姆殿，斗姆即圆明道母天尊，为北斗众星之母，是道教信奉的女神，其像三目四首，左右各出四臂。

后殿为三官殿，内供天官、地官、水官三官大帝及全真道的吕祖、邱祖和重阳祖师。殿堂之间各有庭院，栽有高达数米的山茶和杜鹃花，树下多植春兰秋蕙。旁侧名为"别有洞天"的小院内栽有桂花、梅花，有"小院回廊春寂寂，碧桃红杏水潺潺"的诗意。

圆明宫对侧半里远，尖峰顶山麓有白云观，亦名清虚观。现仅存殿宇三间。

第九节　玉清宫

玉清宫坐落在丈人峰北坡。从圆明宫往西南上行里许即到。它古为天真观，祀天皇真人，古庙毁于清代。

1938 年，成都慈善会在旧址上重建，取名玉清宫，有殿宇两重：上殿供奉吕祖、邱祖；中殿供奉宁封丈人和药王孙真人。传说药王孙思邈晚年曾居青城山，并在此完成著名的《千金翼方》。

殿内有于右任 1946 年所题“玉清道院”匾额和刘咸荥、方旭等人的题诗。

玉清宫环境幽静，在殿前平台上，视野开阔，可俯视山下百里平畴。抗战期间，陈铭枢将军曾到此游览，留下诗作：“虎踞龙蟠毒雾封，迢遥寄恨上高峰。蜀中子弟新仍锐，东下貔貅怒发冲。”宫左保坎下有“莲蕊石”（天然砾石，形如莲花）。宫后有“天然泉”，传为天皇真人饮水处。

从玉清宫往下行出山五六里是中兴古镇。往上走里许可拐到四望观。沿山道可登丈人峰顶。

玉清宫附近还有明代三官堂遗址。

第十节 全真观

全真观位于青龙岭龙居冈半山腰。该地原有龙居庵，20 世纪 70 年代改为道家茶厂。1996 年，道教全真派第二十三代方丈大律师傅圆天在这里精心规划，恢复重建慈航殿、七真殿和五祖楼，更庙名“全真观”。殿堂正对丈人峰山口。从天鹤观沿冈上行，峰回路转，可见层层茶园，及猕猴桃林。溪流绕径而下，巍峨的殿堂耸立在葱翠的林木中，实为修身养性之所。左边是尖峭绵延的丈人峰，右边是逶迤神秀的飞仙冈。全真观前殿供奉道教的慈航真人。后殿供奉全真道开派的邱处机、谭处端、马丹阳、刘处玄、王处一、郝大通、孙不二七位祖师，他们同为全真道创始人王重阳的七大弟子，又在元至元六年（1269 年）都受封为真人，统称“全真七真”。七真殿的上面为五祖楼。正中供奉东华紫府辅元立极大道帝君（即王玄甫），右侧为重阳全真开化辅极帝君（即王重阳）和海蟾明悟弘道纯佑帝君（即刘海蟾），左侧为纯阳演正警化孚佑帝君（即吕纯阳）和正阳开悟传道垂教帝君（即钟离权），统称“五祖”。

第十一节 丈人观

出玉清宫山门，沿山斜向东南行，即到丈人观。它坐落在丈人峰北坡，又名丈人行宫，原为四合院式道观。清光绪七年（1881 年）三月，黄云鹄《修丈人观神像记》云：“兹地是上元宫祖堂，咸丰年间王居士培修，卢道士静虚曾安炉此间（炼丹）。”1963 年古观被拆。

1992 年在原址重建大殿三间，祀宁封真君，清咸丰年间石刻宁封像犹存。

殿后有道教龙门派第二十一代传人、以医术闻名的慕至强大师之墓。

殿旁为丈人峰支脉白岩，沿上山小径可到丈人峰顶的三皇台，传为三皇真人弈棋处。再前行可到神仙洞，洞深百余米，隐藏在青幽的树丛中。

第十二节　飞仙观

自建福宫缘云阁过桥，跨路一牌坊，即为进入青城后山山门。有都江堰市楹联家李士廉撰联云：“览胜且入长坪。问小波义旗、献忠佚史、唐球隐迹、杜宇遗踪。往事动高吟，千古豪情添绝唱；探奇须登大面。看泰安佛殿、宋明墓群、灵谷飞泉、丹岩云洞。风光宜细赏，一山幽意论平分。”

过牌坊沿盘山公路而上，蜿蜒于重峦叠嶂之中，一亭耸立云霄，名“飞仙亭”。俯视山下，建福宫在古树参天的绿荫丛中时隐时现，前山大门“青城山”三字金光闪闪，对面丈人山赤壁如城，仰望上清宫在烟霞翠霭间，公路弯弯越飞仙冈，便到了古飞仙观遗址。

飞仙观之名原出陆游“可笑飞仙未忘俗”诗句。古观初建年代不详，毁于清末。民国初年，长生宫住持道士马理乾曾于旧基重建殿宇三间，复毁于1949年。1982年，青城山道协在旧址旁兴办了青城山道家饮料厂，生产道家乳酒及矿泉饮料。陆续建起了数十间朱阁飞檐的三层仿古建筑群，并恢复古观名。1982年修建了老君、文殊天尊殿，2003年修建了三清、慈航、王母、药王殿，2005年修建了灵祖、青龙、白虎、财神殿。20世纪90年代还在观内开办青城山道教学校。

由飞仙观下行百米，有响水洞奇观。洞为深达数十米的裂谷深涧，白云溪水经此飞流而下，形成长达百米的多级瀑布。裂谷古柯交叉，但闻水声而深不见底，故名响水洞。洞顶公路桥头有一亭，亭中有碑，以纪其胜。过响水洞桥下行有岩，名“禅师岩”，传为明末泰安寺了空和尚触岩处，旁有禅师台亭。复上为白石碥，乃青城天仓三十六峰联列如屏的金鞭岩南端末尾。

第十三节　乾元山·天生桥

青城乾元山，东临白云溪，西傍味江，北抵掷笔槽与天师洞隔溪相望，南迄寨门与白石碥相连，方圆七八里。由于它偏处一隅，山深林密，游人罕至，是“千岩迤逦藏幽胜”的好去处。它山冈起伏，岩谷弯环，幽静灵秀，天然植被密集，风景整而不散，在自然景观上自成体系，独具一格。

从天然图画牌坊左走小路涉白云溪，登上乾元山麓的朝阳庵遗址，约1公里。古庵台基尚在，朝东面溪，古树环护，原是一座清幽的四合院。1968年拆毁，尚有老子骑青牛、雷公、电母及土谷神等残缺石雕神像六尊。原建筑为清乾隆年间所造，从庵后上行1.5公里，过廖姓人家，视野突然开阔，可望见赤城阁一带水光山色。再上即为寨子山寨门，两岩壁立，北高南低，高者约百米，称“旗杆顶”，与天仓山八卦台相连，传为张献忠悬挂义旗之地。南低者称“大顶”，与白石碥相连。其上地势开阔，可建亭阁。夹岩处宽9米，高8米，相传清末曾于此设门置卡。清咸丰十年（1860年），李永和、蓝朝鼎农民起义军进驻香积寺，曾沿川王冈绕过地方团练盘踞的太平场，攻克寨门，在牌坊冈与团练激战，击毙团练头目徐开龙，后有人为徐立碑于天然图画。

从寨门原路返廖家住处北上有一山间小坪，称“道道庙”，果树水井俱在，只是房舍不存。穿过密林，来到“天生桥”胜景。它位于鸡公岩和神仙岩之间，下临绝壑，壁立阴森，望去令人目眩。两岩相距10米左右，距岩顶10余米处有天然片石连接两岩，石宽厚均1米余；其下又有一条片石与两岩相接，稍外位；更下还有一片石，与二石相同，位置稍内移；于是两岩之间形成上、中、下三层奇景。奇就奇在都是四平八稳，与两岩相连接处，绝无依靠，实为它处所罕见。天生桥奇观在彭洵《青城山记》中即有记载，传为上古神仙游戏之地。

从原路复回道道庙再前行，下方为银塘，沿塘旁山径而行，一岩今名葡萄岩，即古之簷蔔冈。下有一孤峰，宛如青天托出一团芙蓉，乡人呼为“红蕖冈”，即古之芙蓉岛。它们都属青城108景之列。李善济青城长联：“且逍遥陟簷蔔冈渡芙蓉岛，都露出庐山面目，难遽追攀”，四围老树长藤，水灵灵地充满生机，林间有毛银花等多种灌木。奇峰怪石的林荫深处，山兰散发出幽香。有一峰头，幽兰山花药草甚多，人称香花顶，它和观音顶之间的垭口处有一石梁，叫作“二门坎”（与东端桐子林的石门坎相对而名）。这里的天然常绿针叶、阔叶混交林密集，树多且大，没有亮林的孤树。从山梁俯视，绿云起伏，如波翻浪涌。

过山梁前行，山势三起三落，转一个弯，换一番景色；过一条冈，辟一个天地，令人应接不暇。山谷中有龙洞子，上面是飞鸟不到的绝壁，下面是流泉涡漩的深潭，谷壑正对天师洞西客堂。绝壁背上是栗子冈，青城天师栗树在此最密集。天师栗即壳斗科板栗属中的锥栗。明代药物学家李时珍在《本草纲目》果部第二十九卷中说：“天师栗唯西蜀青城山中有之，他处无有也。云张天师学道于此所遗故名。似栗而味美，惟独房若橡为异。”早在宋代，学者宋祁《永康军物品赞》中载：“栗类尤众，此特殊异，专篷若橡，托神以贵。”俗称“独栗子”。游人若深秋来此，栗实满地，可以品味杜甫游青城诗中“尝果栗皱开”的雅兴。

栗子冈再北为黑虎堂，古祀黑虎女神，传说财神赵公元帅所骑黑虎即出此处。黑虎堂大顶有凌霄古木，在天师洞一带都可望见。

黑虎堂南折而下有椿尖坪。东南为掷笔槽绝壁，北为磴口险道，景色绝佳，但鸟道难行，需待整治。

乾元山观赏点紧凑，多起伏，多层次，游路上上下下，曲曲折折，长达5公里余，游之可极林壑之胜。

第十四节　药王山

药王山位于都江堰市青城山镇的太平古镇入山处，因供奉药王孙思邈得名。1996年6月，药王孙思邈塑像在太平古镇广场落成。

孙思邈为唐初著名医药学家。据《独异记》《高僧传》载，他曾归蜀青城山，在此完成其名著《千金翼方》三十卷，并教民种药，发现和培植著名的中药川芎。后来，太平古镇成为川西著名药市。每年农历四月二十八日，青城山远近一带的群众，便云集于此举办多天的药王会，商贾云集，热闹非常，盛况空前。山头的药王庙，传为唐代初建，到明末因战火被毁。1933年发现古庙残基，遂因旧址重建宫观。中华人民共和国成立后，因“大跃进”等运动，宫观遭拆毁殆尽。1993年，乡人集资兴建为“药王纪念馆”。1998年正式批准为药王道观，由青城山道协接管。观内主殿供奉药王神像，有住持和道士多人，香火不绝，每年农历四月二十八日举办“药王庙会”。

第二章 青城山后山景区

1986年，都江堰市遵照国务院关于“保护、规划、建设、管理”国家风景名胜资源的规定，对以沙坪为中心、总面积为61平方公里的青城后山古老的风景区进行全面恢复和开发，使整个青城后山获得了“青城后山秀”的美誉，成为与前山齐名的风景旅游胜地。

青城后山，西北以熊耳山与卧龙自然保护区为邻，东北与赵公山（古大面山）相连，东越天仓山、乾元山可到天师洞、建福宫，西南与六顶山下的天国诸山接壤。她是一个峰奇水秀，融幽谷、飞泉、溶洞、奇花、异木、宗教、人文为一体，美丽奇特而富有神秘色彩的亚高山游乐佳境，已成为著名的旅游热线。

第一节 金鞭岩

金鞭岩位于青城天仓山阴。从飞仙观、响水洞行车约1.5公里，经白石碥，又名凉风顶，再前行即进入金鞭岩景点。

金鞭岩为天仓三十六峰之一，由神仙岩、鸡公岩、八卦岩、甑子岩和金鞭岩连缀组成。高差两三百米，长达十多华里的天仓诸峰断层，石色赭黄，状如城郭，后人统称为“金鞭岩”。天仓第十三峰金鞭岩半岩间，有凹形洞窟，深阔数米，洞口有三条石棱，晴日未时，阳光照射，可见金黄色泛光柱形物三根，二竖一斜。相传为古代神仙赵公明（武财神）藏金鞭之所。又传为明末庆符王兵败升天时所遗。《福地记》云：“天仓诸峰，神仙以为帑库，往往有得异物者。”天仓诸峰，高下错迭，层峦叠嶂，实不止三十六峰。诸峰为丹霞地貌，雄峻、峭拔，为青城雄奇险奥之灵区，其壮观不减华泰。“三十六峰”即为古之“天仓山”。

公路经金鞭亭至八卦台廊亭。八卦台即古之储福宫遗址。廊亭有匾，草书“金壁天仓”。这里仰望金鞭岩，绝壁千丈，连峰十数里、苍藤老树，直入青暝，堪称天造地设的人间画屏。

亭旁有牌坊，匾书“秀绝人寰”，为四川省委原书记杨汝岱所题。由旅游石级道上行，穿过三十六峰中之峡口，越“三险”可与前山祖师殿、天师洞相通。峡口俗名“磴口”，亦称“三险”（有三道险关）。有危岩栈道可行，铁链扶栏，险而安全。峡口上行不远即至“轩皇台”，有小道与天仓诸峰相连。伫立峰顶，俯视前山诸峰如翠浪起伏，尽皆东去，川西平原，尽收眼底；回首后山红岩、六顶诸峰，层峦叠嶂，白云缭绕，味江奔流，古道弯弯，曲径通幽。早晚间看日出、云海和晚霞、雪山，使人心旷神怡，飘飘然如入仙境。古人有诗云：“三十六峰如不到，青城还似不曾游。”当年张大千曾于此多次腰缠长绳，手攀树根藤葛写生而得奇景。

第二节　沙坪·王小波李顺陈列馆

沙坪，背靠沙坪山，前临味江，青山环抱，绿水南流。溯江而上，可至神仙洞、泰安寺、飞泉沟、五龙沟、白云寺、蓥华山和红岩等景点；沿江而下，有公路经味江陵园、圣母洞至天国山以及崇州市街子古镇和古寺等胜景。沟谷盆地，风景宜人。

沙坪产茶，历史悠久。五代毛文锡在《茶谱》中称沙坪乃蜀茶之极品。北宋以来，“蜀州之味江”便是著名的产茶区。《元丰九域志》载有“味江茶场”。明代著名学者、诗人杨升庵在《和章水部沙坪茶歌有跋》以及《鹧鸪天·以茉莉沙坪茶遗少岷》等诗、词中，详述沙坪茶的历史，高度赞扬了沙坪茶的品位。青城茶在宋代就被朝廷列为贡品，《灌县乡土志》等均载沙坪产佳茶，并长期列贡的典例。

北宋初年农民运动的领袖王小波（有的古书写作王小博、王小皤）系出身于青城县味江沙坪的茶农。《宋史·太宗纪》载：“淳化四年（993 年）二月丙戌，永康军青城县民王小波聚徒为寇。”沈括《梦溪笔谈》卷二十五载：“（李）顺本味江王小博之妻弟。”曾巩《隆平集》卷二十载：“蜀贼王小波、李顺，皆青城县人。”陆游《老学庵笔记》卷九云：“蜀父老言：王小皤之乱，自言‘我土锅村民也’。”青城山、味江一带是宋代盛产茶叶的地区。王小波、李顺均系这里的贫苦茶农，他们深受高租、重税和官府控制茶叶销售的祸害，破产失业，不堪苛政之虐，被迫揭竿而起，武装反抗。宋淳化四年（993 年）二月的一天，王小波、李顺聚众起义。在“均贫富”的号召下，义军迅速壮大。同年十二月，王小波在江源大战中牺牲。义军由李顺领导，于淳化五年正月十六日（994 年 3 月 1 日）攻克成都，建立了“大蜀”政权，改元“应运”。这场轰轰烈烈的农民起义，席卷川陕，历时 3 年多。

味江沙坪锅圈岩，即王小波故里，于 1984 年新建了王小波李顺陈列馆。这里三面环山，绿树翠竹长满山间，中有一坪，广逾百亩。陈列馆为仿宋砖木结构的大型建筑，由正殿及左右厢房数十间和山门等楼台亭阁组成。门前有长达 200 余米的整齐石级，缓缓下至公路，两旁的层层茶梯，翠绿飘香。都江堰市文物局在馆内陈列了内容丰富的展品。

第三节　圣母洞

圣母洞位于卦口山山腰。从沙坪乘车沿味江下行 3.5 公里，经临江亭、怀故亭、翠岗亭、摩崖阁即到。圣母洞传为东汉时道教创始人张陵之妻孙氏夫人修炼的洞府，当地还有孙氏夫人在此计杀味江恶龙为民除害、尊称她为青城圣母的传说。洞亦因此而得名；亦有传说是道教最高女神之一的“九天玄女”修炼的洞府，故又名“九天玄女宫”。晚唐杜光庭《青城山记》称此洞为“青城八大洞”之第七洞，名“圣母洞”，又为“圣主洞”。

圣母洞深藏于古木参天的密林中，为天然沙页岩溶洞。主洞长 300 余米，支岔洞总长 1000 余米，曲折迂回，缓慢向上延伸至出洞口。洞内冬暖夏凉，钟乳石山遍布，奇岩怪石丛生，清泉潺潺，碧潭粼粼。

洞内依次有：龙潭、圣母卧像、仙鹰池、圣泉缸、仙乐泉（叮咚泉）、龙门、圣母梳妆、钟乳厅、百兽园等景观。彩灯闪烁，神幻奇异，游人乐在其中。洞里有三尊圣母像：圣母卧像为天然石山形成，长约10米，似像非像，侧卧于龙潭边，双目微闭，媚而不俗，耐人寻味；圣母梳妆像由钟乳石山略经修嵌，亦似像非像，如苗条少女侧身俯伏于池边，右肘撑地，左手抚着刚拖出水面的长长秀发，令人爱慕不已；钟乳大厅的高台上是一尊圣母坐像，原有的圣母石像早已毁坏而重塑。只见圣母座前青烟缥缈，令人肃然起敬，凡念顿消；圣母的右掌竖立胸前，其指间射出一串珍珠般的清泉，使人心旷神怡。

1990年5月，台湾省屏东县内埔德修堂当家和居士一行20余人，专程到圣母洞，祭祀九天玄女神，以后基本每年都到此朝拜一次。

第四节　太清宫

太清宫位于古宝唐山山腰。从金鞭岩前的“秀绝人寰”牌坊前左边公路绕行4公里至山门，也可从沙坪过味江沿游山小道上行2.5公里即到。

清人徐昱《灌县乡土志》载，该庙初建于唐代，原为佛教丛林，名“龙居寺”，清代俗称郭家庵。清末改为道庙。1940年，国民政府主席林森游历到此，题书匾额“太清宫”，后遂以此名。但当地人仍习称“郭家庵”。

据庙中碑刻记载，大殿和山门为明代万历年间重建，以后庙中住持僧道数易，代有修葺。1960年观音殿被拆，仅存大殿和山门及庙房10余间。1993年，成都市道教协会原副会长青松道人蒋信平回山修复太清宫，新建三皇殿和灵祖殿，并培修了三清殿，又新建厢房18间。使明清碑刻等文物得到保护。2008年“5·12”汶川特大地震，宫殿严重受损，后由澳门基金会出资援建培修，并重建壮观的石砌山门，太清宫即再度辉煌，香火兴旺。在培修明代大殿时，出土雕刻精美的石莲花宝座圆台和狮、兽以及刻有莲花的石礅磩等，疑为唐宋时期的文物。2013年5月，住持蒋信平大师以111岁高寿羽化，由全真龙门派丹台碧洞宗二十六代弟子泰玄子杨崇康继任住持。

太清宫位于青城前后山之间，面对彭祖峰和金鞭岩，后倚棋盘石和神仙洞，左有青龙冈，右有白马冈，庙前溪水潺潺，古树成荫，花香四季，环境十分幽静。

附近旧有红锡庵（《灌县乡土志》载为唐代初建）、岐山庙、大云庵、上白马庙、中白马庙、下白马庙、东岳庙等，今俱不存。

第五节　神仙洞

神仙洞位于彭家山，背倚天台寺遗址。公路从沙坪上行约2公里，一座铁索桥横跨味江，名“接仙桥”。过桥50米有溪沟，名“寻仙沟”，溯沟而上约3公里即至神仙洞口。

神仙洞景区，主要由寻仙沟、神仙洞、神仙宫及石林、古墓群等组成。融自然景观和人文景观为一体，以它耸秀的峰峦、幽深的沟壑、神奇的洞府和原始的风貌，为人们展示了一处寻幽探奇、度假养生的神秘仙境。

过味江接仙桥，便是景区牌坊，它由古树的根爪镶成，棕杆剖切为瓦，龙盘风绕，俨然一座根雕艺术精品。坊上匾名“净根亭”，有联云：“净根留美藏天趣；醉道寻仙洗俗心。”亭旁有一座三层大楼名“祈仙楼”，砖木结构，重檐飞甍，雄伟壮观。设有住宿、餐厅、茶楼等旅游娱乐设施。

过祈仙楼即进入寻仙沟。寻仙沟全长约3公里。这是一条林木葱郁、野花遍地、溪水潺潺、怪石嶙峋的原始山谷。进沟百米处，有一断崖，名“飞水岩”，溪水沿褐色石壁折叠飞腾而下，飞花溅玉，似一幅透明的白纱银练，景名“飞龙瀑布”。上行不远，忽见一巨石10余米见方，有如从远处飞来，盖在两块巨石墩上，成品字形堆叠，形成天然一大穿堂门洞。古名“天门石”。洞顶藤树密布，四周竹木阴森。洞内可容数十人乘凉歇脚，听洞外水声鸟语，令人心旷神怡，流连不已。出洞沿沟而上，是一片很长的斜石板沟底，名“百丈滩”。中有一小潭，雨过天晴，阳光照射，时见彩虹飞驾，波光粼粼，斑斓五色，绚丽无比，因名“五色潭”。百丈长滩，石上清泉涓涓流淌，终年不息。沿长滩的青石栏杆拾级而上，沟峡中有弯曲的百米长桥一座。桥用竹竿铺底，竹笆盖顶，竹根装饰，别具特色。宛如一条长龙飞跨。桥名“麻龙栈道”，传为沟中麻龙栖身之处。过栈道不远，绿丛掩映的岩壁下，有天然形成的“石涧槽”，长约50米，溪水集流槽中，直泻而下，真如鬼斧神工、天造地设。再上行不远，便到神仙洞滴珠岩下，岩高数丈，呈倒凹形，青苔密布，泉水浸溢，散作珠帘，晶莹泛彩。过左旁石拱的“金弓桥”约数十米，是一堵百米高的绝岩，半岩间架有数十米长的钢筋悬空栈桥，游人行走栈桥而上，如腾云驾雾，飘飘欲仙，故名“飞天栈道”。出栈道即至神仙洞洞口。

神仙洞口右旁，有一四合庙宇，因山就势，层层抬高为六级厢楼，数十间的仿古木结构建筑，古朴别致，幽雅自然。门楼匾书“神仙宫”，左旁是神仙洞入洞口。神仙洞是寻仙沟的源头，泉水从洞内流出，聚而成溪。洞深1268米。1亿年前白垩纪早期，青城山由古海变为陆地后，经地壳作用的影响，造成砾岩裂缝和纵谷，神仙洞就是砾岩腹内的一条大峡谷。洞内终年流水潺潺，48口石潭如珠玉相串，一碧见底，雾气缭绕，徐徐生风。经开发利用，沿洞壁塑有神仙洞神话传说故事彩像数十组。洞内多为悬空架梁，上铺钢笆为路，水上水下，彩灯闪烁，五彩缤纷，满洞生辉。入洞约400米处是“神仙台”，塑有道教之“三霄”圣母、飞天仙女等大型造像。右有钢架曲折悬梯，盘旋而上数十米为又一层洞府，这里有出洞口，再纵深数百米，也有出洞处。洞内两壁的砾岩中，还有不少古代海贝、海螺化石，令人目不暇接，惊叹不已。洞内冬暖夏凉。入洞口还有一奇特现象，即冷热两股风飒飒而出，数步之内感觉迥然不同，当地称为“阴阳神风”奇观。

出神仙洞百米，有一处数十亩宽阔的高山平谷，散布着数不清的奇异怪石，大小不一，高低不同，千姿百态。有若群仙，有若鸟兽，妙趣横生。进入石林，如入迷宫。传说这里为神仙游乐之地，故称“神仙石林”。

神仙洞下左行不远，是宋、明古墓群。上百座古墓，散处于古天台寺遗址周围的茂林修竹中，多为宋、明时期达官显贵和寺庙高僧的墓穴。古墓均为石椁墓葬，有单椁、双椁乃至一穴三至四椁者。小者三四平方米，大者十多平方米。各墓均有双扇石门，有些墓内还有二至三道石门。石壁上均浮雕着花草和鸟兽图案。墓外还有石围栏和碑碣，以及石塔。一崩塌的双椁墓内刻有宋代“癸卯淳熙拾年”（1183年）等字样；另一古椁石门刻有“山前山后溪水响；云内云外涧鹄啼”对联，系明万历七年（1579年）建造石刻；另一墓碑刻有“崇祯七年岁轮甲戌朔三日吉旦明故……”铭文，崇祯七年为公元1634年，系明代天台寺高僧洪定禅师的陈氏母亲之墓。

神仙洞景区和附近还有传为赵公元帅所遗之“古印石”、明代石窟浮雕“大士居”观音坐像、摩崖石刻“陡溜子”“财神对土地”的赵公元帅及山神土地的摩崖石刻神像等古迹。

第六节　三龙水晶溶洞

三龙水晶溶洞，位于青城后山“三洞水”山沟的半岩间，距泰安寺仅1.5公里。它生长于1千万—3千万年前，在极其特殊的地质条件下，形成了璀璨无比的砾岩钙华溶洞。洞内有小河，共分上中下三层，奇丽多姿，实属罕见。

穿过一段青翠的幽谷，泉声鸟语，空灵深邃。沿石级上行，经引景坊，过拱桥，遥闻泉声震耳，可见瀑布从60余米高的悬崖上，从溶洞洞口喷涌而出，在巍峨的“九天阁”下飞泻，大有“疑似银河落九天”之势。

九天阁依危岩而建，既有北岳悬空寺的形状，又有美国现代派建筑师莱特的“流水别墅”的奇巧构思，使人叹为观止。有缆车从山脚直达这里。

游人沿着青云栈道，登上楼阁的底层，在壮阔的观景台上，晴日可望见白云万佛洞。俯视脚下飞瀑，飘飘然如在银河鹊桥漫游。台后便是溶洞的入口。

水晶溶洞共分三层，设计者为使游人既观洞景，又观山泉，特地在溶洞暗河上铺设钢笆作路。在五彩灯光的辉耀下，石笋、石幔、石花，映照在水中，更显出这梦幻世界的迷人色彩，让人们展开自己想象的翅膀，作出各式各样的审美品评。那长约50米的龙王水晶宫内，有章鱼迎宾，有鲤鱼跳龙门，有支撑龙宫的玉柱，有龙王妃子的玉床，有环佩袅然的仙女。还有齐天大圣孙悟空，到此龙宫，想借走定海神针。走出龙宫，又遇南极仙翁、青城玉女，还有群猴嬉戏、孔雀开屏……令人目不暇接。

位于青城后山旅游热线上的水晶溶洞，1992年8月由村民在悬崖上经过3次探险发现。在半年内，经都江堰市旅游部门和青城山管理局规划，在洞内开发出全长750米的洞景游路供游人观赏。

第七节　泰安古镇·通灵沟

从沙坪乘车溯味江上行7公里，经“贡茶亭”“寻仙阁”“古印亭”“三龙吐水”“川西第一洞”牌坊等即到大小金川古驿道上的唐宋时著名的古镇泰安镇。古镇由深山古刹泰安寺得名。沿途可观赏味江河谷风光，两岸多为丹岩断壁，斜向东倾。丹岩断壁下，为味江谷地。千奇百怪的巨石上下散布，间有青堂瓦舍和成片的棕林竹林，清澈明丽的江水穿行怪石间，江流落差较大，水激江奔，浪花飞溅。旧有“大坎”“小坎”叠瀑。河弯静流处，味江剑鱼影布石上。沿途还有明末张献忠部下与泰安寺僧激战处的“七阵沟”“三道水”，以及“塔子坪”等遗址。三道水又名三洞水，系三龙水晶溶洞下半岩间喷出的三股清泉，并顺其地势，沿岩壁塑三条巨龙，盘桓昂首于岩间。三股泉水分别从龙口中喷出，高数十米，如三条白龙，飞入味江。车马游人，从喷出的泉水下穿过，只见水雾蒸腾半空，红霞笼罩在青山绿水间，景色十分迷人。岩上刻有“翠微红霞”四个大字。

泰安场的古驿道，自古即为川西平原通往大小金川的必经之路，历史悠久。宋《舆地纪胜》载：“长平山在味江之上，有泰安寺，寺门盖花坪老泽路也。”唐时的味江寨，宋代的平乐乡、味江镇、泰安镇设置于此，集市交易较为繁华，每年农历正月十五日泰安寺还要举办灯会。今存的清道光年间泰安寺《重修一楼双功序》碑，记其盛况：“泰安寺灯棚之设，由来久耳。……每际上元，灯会辉煌，十晚通宵，照耀白日”，实为深山古镇独见。

20 世纪 80 年代以来，由于旅游事业的发展，泰安古镇得天独厚地成为青城后山交通枢纽，旅游青城后山众多景点来往必经之集散地。

古镇有一条古色古香的古街，临街一座石牌坊。坊额“泰安古镇”四字为书法家洪志存手书，坊联为李代远撰书：

万佛禅光，朗照大唐古镇；
千岩秀色，同辉赤城洞天。

中国传统的雕花阁楼，在古镇中鳞次栉比。清泉顺古镇中的四街三巷两边的小沟流淌，伴着垂柳的绿丝和山兰的幽香，令人于山乡古镇的乡土风味中陶醉。

通灵沟，又名偷营沟，因明末张献忠部曾取道此沟，偷袭泰安寺了空禅师的僧兵而得名。游客从泰安古镇石牌坊右行数十米，过万寿桥（明代建，桥头明代石碑今移存泰安寺内，又名长房桥，原系廊桥，20 世纪 80 年代改建为混凝土公路桥）即至。通灵沟源出赵公山南，长 10 公里，海拔在 900—2000 米之间，奇峰幽谷，林木葱郁，为自然观光区。

第八节 飞泉沟

飞泉沟古名冷凝沟，由泰安寺过古黄鹤桥即至。水源出銮华山南天门，纳白云洞古磨沟、观音岩沟、响水沟，流入味江，全长 8 公里。溯沟而上，一路泉声鸟语，不绝于耳。寒潭飞泉，掩映于悬岩翠巘、苍藤古木之中，宛如一幅幅生意盎然的彩墨画卷。其中又数“幽谷飞泉”“百丈长桥”“双泉水帘”最为壮观。

飞泉沟口，有小坪，因原有黄桷古树（榕树）一株，常栖“黄鹤”（白鹭），故得名“黄鹤坪”。旁有 20 世纪 80 年代修建的黄瓦飞檐的青城后山索道（后为金骊索道）站房，小坪辟为广场供游人小憩。

过“飞泉沟”牌坊，溯沟沿石级而上，经溅玉亭、清风岩、冷凝亭，行约两公里，便到了“幽谷飞泉”。它是沟内第一组景观，包括观音岩瀑布、“闭月潭”和“落雁潭”。幽谷中，左岩瀑布高 30 余米，宽 3 米，悬挂岩间。观音岩上溪水从高处洒下，银流沿着青褐色的岩壁飞腾折叠而入，长约百米，把坚硬的岩石冲成了几个深潭。只见涧陡水急，浪花飞迸，在古木苍藤的掩映中抛珠溅玉，构成一幅“玉泉远从千涧落”的绝妙高山飞瀑图。沿栈道而上，又闻水声訇訇，溪水经一罅挤入潜潭。石潭方广数丈，光滑无苔，水深及颈，可容数十人共浴。潭顶岩壁，有隶书石刻“闭月潭”。其侧巨石纵横，堆磊有隙。游人进洞 10 余米，扶木梯而上，眼前突然一亮，如入另一天地。岩上书刻

“异境天开”，岩前一潭，倚岩一亭，匾书“落雁潭”，取沉鱼落雁之意。

过潭左的石拱桥，拾级上行数十米，复又进入幽深峡谷。两壁丹岩朋合，仅见青天一线。谷中古木悬根露爪，盘扎于青岩怪石间，藤萝缠绕，苔蔓丛生；道路或陡或缓，一派粗犷质朴的原始野趣。行过“杜鹃梯”“玉女潭”，即到引人入胜的“百丈长桥”。桥长百米余，沿沟曲折，移步换景，两旁古树藤花，幽翠迷人。

过翠映亭，进入翠映湖，青山倒映在碧绿的湖水中，沁人心脾。湖面长200余米，有小船穿游湖上。舍舟登岸，拾级而上，有“九曲潭”“笮桥”“奇藤关”等景点，移步换景，应接不暇。

“双泉水帘”是一组神奇的自然景观。它包括天桥、上下梳妆池及瀑布、龙洞等风韵天成的几组小景。双泉水帘为两道飞泉在合流处形成的前后双瀑。前瀑来自梳妆池水，在一个大岩洞顶散开，如一幅珍珠串缀起来的银帘，宽六七米，挂在岩前，遮住洞口；后瀑为飞泉沟正流，似一条凌空飞啸的银龙奔下岩洞中。穿过水帘，可见洞内雪浪翻涌，如云似霞的水雾充塞洞中。洞壁钟乳遍布，奇绝瑰丽。洞前数十米处，另一深10余米的“龙洞”正对前洞，回视双泉水帘，幽隐神妙。两洞之侧有亭，匾题“双泉水帘”，联书：“双声泉落涧，长啸我开襟。”登洞右数十米石级即上“天桥”。它是在高数十米的陡壁半腰，凿岩架木的一段栈道，长33米。人们把高悬于崖上的栈道，视为登天的桥，故名。“梳妆池”在天桥上的丛林中，上下两池均广6米余。数十米高的岩上有一股清泉，缓缓而下注入上池中。池水深约3米，碧绿如镜，游人坐在两池之间的“梳妆台”上，梳妆打扮，正好上下临水照容。

关于梳妆池，当地还有一个美丽的神话传说。相传古时白云洞中，有一美丽的花仙，名杜鹃仙子，常在此潭梳妆、沐浴。一天，古蜀王西征，在附近安营扎寨，夜间巡营路此相遇，一见钟情，顿生爱恋，封她为贵阳妃子。后蜀都惊变，蜀王返都被害，魂魄化为杜鹃鸟，飞回长坪山，日夜呼唤“贵贵阳……”，花仙闻讯，悲愤化为杜鹃树，啼血染红杜鹃花。后人为纪念花仙，便将此潭取名为“仙女梳妆池”。

梳妆池下有一古建桥庐，过桥即飞泉沟正流。沟上有一木拱高桥，造型险绝。俯视数十米幽深的沟底，水雾迷茫，惊涛响于幽壑，恍如置身云天。过木桥上行200米，有冈名“望云冈”。冈上一亭，八角重檐，瓦脊撑弓，气势凌云，名“望云亭”。这里，北望鍪华山顶，烟笼雾锁，雄奇壮观；西览白云群洞，云蒸雾绕，翠壁连云；俯视飞泉沟壑，云海苍苍，烟雨茫茫。亭上观景，如诗如画，使人浮想联翩。亭联云：“人间桃源洞；天外白云乡。”俯视白云古寨，笑迎嘉宾。沿冈上行里许，途经“玄庐”左行，便是白云万佛洞。

第九节　五龙沟

五龙沟古称蛮河沟，清代《灌县乡土志》称为瞒河，源出熊耳山刘家大槽，下纳板厂沟、花碑沟，在蛮河口汇入味江，全长8公里。因传说有五条神龙隐于此处，故名“五龙沟”。游览此沟的道路有二：一是从泰安寺乘车或步行1公里，到五龙沟口，过五龙桥上行；一是从泰安寺过黄鹤桥，游飞泉沟后，再游白云群洞，左下2公里，从五龙沟上游的“又一村”下行。

五龙沟口味江边有亭，名“蜀醪榭”。传说古蜀王杜宇征獠过味江，在此倾土人所献米酒于江中，与三军将士共饮而得名。跨路有石砌牌楼，匾额石刻草书“五龙沟”。有李士廉所撰“铁索横空，四围黛色浓千岭；雾泉何处，一路江声问五龙”等石刻楹联。五龙桥横跨味江，半截为铁索铺板，半截为条石券拱，别有情趣。

过桥沿沟而上，溪流从幽深的林谷中蜿蜒曲折地伸展出来。途经“海漫亭”，旁有古代水磨磨坊倚沟而建，数十米长的巨大笕槽中，水流湍急，冲动石磨，动人心怀。登石级，经关门石、白龙亭、双石桥，来到“三潭雾泉”。它是五龙沟内最有特色的自然景观，由三潭、“龙宝岩”“五龙吐水”“涌泉洞”和“回音壁”等景点组成。

三潭是由三个落差为40余米的飞瀑冲泻而成的上、中、下三级幽潭。银瀑从百米外涌泉洞（又称“雾泉”）崖顶悠悠晃晃，泻入上潭。瀑布的下半截高高飘起，碎成粒粒玉珠，向四方喷散。在阳光照射下，幻出道道彩虹。水雾迷蒙中，阳光透过树丛，射入潭面，照见水中的五色彩石，金光闪耀，远看似金童嬉水，当地人喜爱地叫它“金娃娃沱”，留下了许多美妙的传说。潭口分流从高崖奔泻下来，给金娃娃沱增添了神奇的色彩。第二潭水深不见底，潭面约30平方米，色彩碧蓝。下面一潭，面积较小，但却小巧玲珑，宛如碧绿的玉盘，镶着银白色波浪纹的花边。以上三潭，习惯统称为“金娃娃沱”。三潭和涌泉洞合称为“三潭雾泉”。

三潭右侧有一巨大的圆石包，高约五六十米，双溪环绕，好似一块大圆宝镶在深山沟底，人称“龙宝岩”。登上龙宝岩环望四周，五条山脊直伸沟底，恰似五条苍龙俯首下冲，团团围住龙宝岩。这一奇特景观，叫作“五龙抢宝”，也叫“五龙戏珠”。岩下钟乳玲珑，藤树丛生，溪水浸入岩内，细泉万道，水声淙淙，铺溢而出，称为“五龙吐水”。循小道上行，岩顶建有小亭，亭联云：“千峰着意随云出；五龙探首戏珠来。”伫立亭中，纵览青山翠谷、飞泉幽潭，如置身仙境。

三潭上侧有一段开阔平缓的山沟，布满灌木丛和野花藤蔓。前行约百米，溪水忽然断流。但见沟旁岩脚有约1平方米大小的洞穴，泉水不断从洞中喷涌而出，翻滚沸腾，时有雾气升起，故名“雾泉”。泉流所出的洞穴，便叫“涌泉洞”。上述三潭之水，即来自此泉。经化验系优质矿泉水，清凉甘美，人们常到此饮用，称为“仙泉”。溯沟上行百余米，有一崖壁，上刻“回音壁”。在此狂啸一声，山鸣谷应，持续良久，别有韵味。

从三潭前行，溯沟而上进入龙隐峡，传说古时有味江神龙隐入峡中得名。两山悬崖对峙，相距咫尺，昂首仰望，只见一线长天，用钢筋混凝土建成的仿木栈道，全长547米，宛如隐身于峡中的长龙。石梯、石栈、悬桥上下勾连，倚山曲折。或以巨石为柱，或以悬岩为依，栈道架悬于飞瀑寒潭间。人行其上，溪光日影，怪石嶙峋。两壁岩石，青赭斑斓，怪乳垂瘿；如鬼怪异兽，令人遐想生寒。峡谷中断有寒泉凌空飞泻。每当正午，阳光一线，直射峡底，水雾中随处可见彩虹。时而传来一两声悠扬的鸟语，令人倍觉幽趣盎然。

出龙隐峡约1公里，沿支路上行100余米，半岩上银练飞悬，称为“白龙吐水”。

白龙吐水处有支路下沟，与主道会合。路旁一亭，名“醉幽亭”。跨沟右行拾级而上200米，经山茶亭，可到石笋岩。

石笋岩位于马鞍冈山腰，是一个高约50米、长100余米的大岩窝。钟乳石斜布其间，形如石笋。岩顶有一巨大钟乳石下垂10米，粗1米余，形似象鼻。奇特的是石笋岩的钟乳石大多倾斜着向岩外延伸，与他处垂直的形状迥然不同。远看如百兽率舞，敲击时似深谷鸣钟。

龙宝岩以上的溪谷里，苍峰翠壑，野花开满崖谷，春有山茶、杜鹃，夏有百合、白芨，秋有山桂、野菊。古木中多为高山乔木杜鹃，种类繁多，中有先开花后长叶者，称为“枯枝牡丹”。宋代《方舆胜览》描述青城山牡丹坪的“枯枝牡丹”载：“春深先花后叶，状如芙蕖，香类牡丹。”春天杜鹃鸟啼鸣时，正值遍山杜鹃花盛开。

从醉幽亭沿主道而上，路渐狭窄，仿佛“山重水复疑无路”时，峡谷尽头，天地忽然开朗。只见一茅亭，上书“又一村”三个大字。群山环抱中两道清溪从村舍中穿过。青堂瓦舍，绿柳成荫，山花烂漫，桃李芳菲；茅屋篱栅，炊烟缕缕；进村有亭，上书“桃源别洞”。村中二十多户农家，多为游人提供食宿。村中小桥流水，古木交柯，素阁桃楼，窗明几净。山村野味，别具风情，大有“柳暗花明又一村”的景象。沿沟上行，即进入“桃花溪公园”景点。但觉人影晃动，山歌跌宕，恍若渊明先生描述之桃源仙境。

从“又一村”向右行2公里，经猴子垭、熊耳亭等茅亭，可到白云万佛洞的“九僧洞”；也可从又一村另路下行1公里到金骊索道上站，乘索道回泰安古镇；又可从又一村村头的白云索道下站，乘索道上至飞泉沟上的白云古寨。

第十节　白云万佛洞·白云寺

在蓥华山与熊耳山相连的半山腰，有一弯月形山梁，海拔1700多米。悬崖峭壁中，散布着大大小小上百个天然洞穴，相传唐代白云祖师在此隐居修炼成佛。群洞通称“白云洞”，分为三层，层层有洞，高低错落，迂回曲折，从北至南，绵延约2.5公里。

清人徐昱《灌县乡土志》载：“白云洞，洞最深幽，洞外釜宽七八尺，如屋。唐宋时，依岩架屋，有禅僧栖之，今已毁。清人黄翔云（黄云鹄）观察在蜀日，好游山，寻幽访古，不畏险远，闻洞中有刻石，攀萝扪葛，上诣洞口，见岩壁间刻字，尚依稀可认，有诗云：

> 忙忙收拾破袈裟，整顿行装日已斜。
> 袖拂白云离洞府，肩挑明月过天涯。
> 可怜枝上新啼鸟，难舍篱边旧种花。
> 吩咐犬猫随我去，不须流落俗人家。

名字不可辨，观察讽吟半日不欲去。”今存诗碑为李代远补书。

青城白云洞，古为佛教徒精修之地，历代名僧辈出，在中国佛教历史上曾有过重要的地位。民国年间，山后黄龙观高道王翰阳也曾在此依洞为屋，练功修道。20世纪80年代后，白云洞这一千年佛教道场，又重展新姿，开辟了“通天洞”“九僧洞”“地藏洞”“大悲殿”等洞，并在原“白云庵”（毁于明末清初）遗址上重建了白云寺。群洞共塑大小佛像二千余尊，被誉为“白云万佛洞”。

游览此洞路线有二：一从飞泉沟而上5公里至白云古寨的望云亭，300米即到洞之右山门；一从五龙沟而上5公里至又一村，右行2公里即至洞之左山门。

从望云亭沿冈上行百余米，至玄庐，再左行百余米，为白云群洞中的第一大洞——大悲殿（又名观音洞，俗称石燕岩）。此洞宽100余米，深数十米，两头砌有青瓦围墙，各有进出圆门。洞内彩塑有真人大小的观音三十二应身像，诸像栩栩如生，风姿绰约，婀娜动人，难得在这深山古洞中，有幸瞻仰那么多观音化身尊容，使人大开眼界，肃然起敬。

出洞缓坡上行约200米至通天洞。洞外左右各有山门进出，洞内深广数十平方米，顶端透开形成天窗，高约百米，雄奇壮观；仰视可见天窗外蓝天白云，当地俗称此洞为灶孔岩、天窗洞。传为白云祖师破石升天成佛处。洞内右壁凿有摩崖栈道，扶栏而上，只见千尊佛像，盘腿禅定，错落岩间。洞中有石拱桥三座，绕岩一周，始上岩顶石拱。俯视洞底，绝壁千仞，飘飘然若已升仙成佛。石拱岩间，古木丛生，悬根露爪，以红杜鹃、白山茶最多；洞外仙雾冉冉，尤见万绿丛中，红白相间，使人流连不舍，惊叹这天造地设的稀世奇观。旁有茅亭，亭后坪上为白云寺之“天王殿”。

天王殿是白云寺的前山门。殿中两旁有“四大天王”塑像；中塑弥勒佛坐像，袒胸盘腿，笑容可掬地迎接勇攀高峰的游人。天王殿后，共有458级石梯，冲天而上直至寺庙大门。中有新建之观音殿，供奉千手观音。寺庙大门重檐牌楼上，斗大的“白云寺”金字大匾闪闪发光。寺门两侧牌楼下，塑有大型金刚罗汉群像，造型生动，各显神通，他们嬉戏玩耍，宛如童稚，令人捧腹。进山门为四合寺院，山门为“韦陀殿”，正殿为“大雄宝殿”，中供有10余米高的“三世佛”金身。“三世佛”即过去（燃灯古佛）、现在（释迦牟尼佛）、未来（弥勒佛）三佛。十八罗汉，排坐两旁，各有表情。两侧偏殿分供白云祖师和鉴随禅师及其弟子。左右厢房，一楼一底，为住宿服务部。韦陀殿楼上为茶楼；两边设钟鼓二楼，大钟重约2吨，大鼓直径2米。正殿右还有餐厅对外服务。寺中有比丘护持，香火不断。殿宇均为木结构仿古建筑，木板为壁，琉璃盖顶；建筑面积2000余平方米，海拔1700米。四周青山如屏，背倚熊耳山，前临飞泉、五龙两沟；北视蓥华峰，南望红岩顶，千岩万壑中时见云霞缥缈，海雾茫茫，云上诸峰，宛如蓬莱仙岛；晴明时，千里平原，岷江如带，尽收眼底。门柱上有李代远撰书的青城第二长联，气势磅礴，意味隽永，引证了古今名人和掌故，概括了青城历史和自然风光。

通天洞左行约200米，绝岩中有洞宽约50米，深约20米，高约10米，为“地藏洞”，古名“迎曦洞”。洞内塑有佛书《地藏记》中地藏王的故事十余组。洞外绝岩中，凿有数十米长的摩崖栈道。洞口垂吊着古树藤花，一股清泉高挂岩间；清晨红日映照，金光灿烂，蔚为壮观。

地藏洞左下行越一小冈，俗名“牛颈项”，有茅亭名“隐鹤”。再行里许，即到“九僧洞”。它由九个大小洞穴组成，佛台天生，僧堂地成，世传为白云祖师座下德行高深的弟子精修佛法之处。九僧名擒龙、伏虎、莲花、骑牛、托钵、飞花、植竹、吹笛、引泉，洞中分塑各僧故事群像。岩顶藤蔓起舞，清泉飞花溅玉，洞前莲花池水，水清可饮。

白云洞为青城后山旅游热线之最高处。游览白云群洞，多穿行于悬崖陡壁、古木丛竹之间，一路鸟语泉声，不绝于耳，夏日流泉，瀑布如练；冬日梅开，冰帘玉柱，高挂岩间。晨曦夕照，朝云暮雨，气象万千。茂林滴翠，秀竹摇青，祥云飘瑞，环境空灵，堪称福地洞天。唐代著名诗人贾岛有诗赞云：“遍参尊宿游方久，名岳奇峰问此公；五月半间看瀑布，青城山里白云中。”白云群洞以它那千姿百态的奇岩，幽深神妙的洞穴，栩栩如生的佛像，碧绿的清泉和悠悠的白云，令人神往。

第十一节　桃花溪公园

桃花溪公园是青城后山1994年新开发的景点，首期工程占地50亩，可游览面积120亩。这里，以中国传统的山水园林自然生态相结合，利用溪水和自然景观，配以古代建筑和现代化的服务设施，把山、水、石、林和建筑融合在一起，成为集观赏、娱乐、餐饮、息宿为一体的新景点。

当游人游完五龙沟景点，或乘索道来到“柳暗花明”的又一村后，经过“小桥流水人家”村落，金光耀眼的“桃花溪”三字匾额便映入游人眼帘，进入牌坊门后，便是“桃花溪公园。”

公园内巧妙地利用溪水，沿溪而上，或陡或缓，依沟筑池，建造了大小不同的许多水面，各式亭廊、楼阁、水榭和仿古庄院，全建筑在水上和溪畔，清溪环绕，曲槛回廊，处处充满了浪漫的诗情画意。溪内有大小不同瀑布、自然奇石、水帘洞、钓鱼台、神话人物雕塑，建筑有渔樵山庄、闲适斋、粉竹堂、涤虑亭、集萃亭、水心亭和百米长的曲槛回廊，以及书画院，琴棋楼，还有沿溪的桃园、杏园、梅园、柳园和竹园，错落相间，极富雅趣，使人心旷神怡，如临仙境。

溪谷顶端有冲天石梯99级至观音殿，雄伟壮观的庙堂里，彩塑有“飘海观音”浮雕群像和座像。这里登高眺览，使人飘然欲仙。

园内渔樵山庄等楼阁，还向游人提供食宿和娱乐服务，溪谷里的水乡风味，意趣无穷。

第十二节　红　岩

红岩位于青城山镇西北端，距青城前山山门19公里，是青城后山面积最大、生态良好、尚待开发的自然观光区。它以味江上游清水河谷（俗称长寿沟）为中轴，以长乐山、天国山为两翼，山势逶迤呈梯状上升，从河谷处的海拔900余米抬升到熊耳山金佛顶的海拔2300米。它北连阿坝藏族羌族自治州卧龙大熊猫自然保护区，西接崇州市九龙沟风景区，以峡谷景观为主体，青峰、红崖、幽谷、飞瀑、深潭、流泉错落有致，总面积达21.5平方公里。它既有青城前山的幽静清雅，又具有青城后山的险秀雄奇。更可贵的是由于以前罕有人至，原始生态保存尚好，空气洁净清新，水质清澈甘洌。参天大树和原始次生林群落形成连绵不断而又层次分明的植被景观。珍稀树种如银叶桂、珙桐、梓叶槭、青城石栎及箭竹、龙头拐棍竹分布面很广，且有少见的黑竹。境内林谷幽深，碧草如茵，山花烂漫，百鸟和鸣。国宝大熊猫漫步在密林中，锦鸡、白鹭翩翩起舞，是理想的生态旅游佳境。

从泰安寺驱车沿味江上行，经五龙沟口至红岩大桥，主干公路由此沿红岩沟上行经李家坪、高皇庙、偏岩子、大岩窝到廖家厂共6公里。生活用电及电话、电视设施齐备。在保护自然的前提下，依山临溪建有红岩长寿村、梦园、大自然乐园等山庄和农家旅游点共30余处。其选址多占山水之胜，春天看花，夏日戏水，秋观红叶，冬赏冰雪。来到红岩幽静处，脱离烦嚣，如野鹤闲云，回归自然。其中尤以红岩沟深处的两忘山庄最为幽静。此处山高人稀，翠峰夹峙，味江水蜿蜒穿偏岩奔流而下。河床多奇石，浪花飞溅，声震山谷。明月松间照，清泉石上流，石隙引泉，香茗待客，具有“西蜀云壑”的自然妙境。对岸为“蜀盘谷”，由著名书法家徐无闻（永年）命名。造屋林间，不伤树木，与山水浑然一体，冥会于自然之道。故取庄周“物我两忘”之义，以为庄名。

再上行至大岩窝，有游山道可通往“大飞水”瀑布。红岩上端路旁，有清末在此开采硫黄矿所立界碑。地质资料透露，此地蕴藏有地下温泉，开发的前景可观。在三合顶北坡，冬季积雪达90天以上，宜建滑雪场。红岩有许多地貌奇观，虎耳岩形似下山猛虎，日夜竖耳静听，黑竹林环生的

“迷魂凼”，又像是天造地设的迷宫。山民称为“炮弹坑”的地方，坑内寸草不生，周围却芳草铺地，野花吐艳。

第十三节　蓥华山

蓥华山，古名希夷华山。清初在峰顶建蓥华庙后，即名蓥华山。民国年间，彭昭旷《青城近记》云：“希夷华山，俗名蓥华山，有奇峰崛起，危栈勾连。……石峻巉峭，多峻坂老树，风云之美，莫与伦比。”峰顶海拔2128米，它左连熊耳山，右接大面山，三面均系绝岩，孤峰耸立，独峙云霄。山中多冷杉古木，又有老藤、箭竹，苔丝密布，奇异多姿。杜鹃、山茶和四时山花争相怒放。山谷中飞泉如练，最高的落差达百米，轰鸣震耳。怪石及钟乳石遍布山崖。站立峰顶，极目远眺，千里平原，岷江如带，晴明时成都西郊建筑隐隐可见。近处的白云群洞和味江上游飞泉、五龙两沟及泰安、沙坪诸景点，历历在目。侧面红岩、鹿顶诸峰，天国、鹤鸣群山次第呈露。回首西望，熊猫之乡卧龙自然保护区、高原金字塔四姑娘山银光闪耀。脚下象鼻、狮子二峰之间滚滚岷江汹涌奔腾。古有“老人村”之名的水磨和漩口古镇近在眉睫。最神奇的是峰顶的气象，变化多端，浓雾来时，顷刻降雨；雨过云散，复见晴日。夏秋时节，陡雨陡晴，有时山下云海茫茫，如波翻浪涌，峰顶却浮于漫漫云海之上，红日丽天。

峰顶有蓥华庙，内供蓥华祖师塑像。清代《灌县乡土志》云：“国初，有张居士建刹清修，不与世接，肖蓥华祖师像，朝夕礼拜。”据庙内现存清光绪年间石碑记载，庙系清乾隆时，道士张复虚初建。庙址约两亩余宽，前为山门，中立正殿，后有吊脚楼，大小四个天井。瓦脊撑弓，雄伟壮观，庙中杂祀道释诸神。庙会期为每年农历六月十三日，由原泰安乡及漩口乡合办蓥华会，朝庙游人颇多。20世纪50年代初期，仍有道士住庙。20世纪60年代后期，庙宇失修倒坍。20世纪80年代由道士募捐建成灵官殿、祖师殿、观音殿等，每年如期举办庙会。

从泰安古镇游此山，可沿马家沟旧路而上，经接引殿上行到龙神冈，沿山脊直达峰顶，全长约12公里。或经白云古寨望云亭，沿小道进入峡谷，直上绝顶，全程7.5公里。也可由白云寺直上冈梁的南天门，沿山脊至舍身崖下，绕岩至绝顶，亦约7.5公里。蓥华峰后有小道下行10公里可到汶川县漩口镇。

第三章 青城山历史上涉及的景区

第一节 天国山

天国山在都江堰市西南25公里的原两河乡境内，位于青城后山与崇州市九龙沟风景区之间。山名在汉晋时已有记载。宋代范仲立《青城山乙记》云："青城有天国山。"南宋祝穆所撰地理总志《方舆胜览》在四川崇庆府条下载："天国山在永康县。左连大面，右接鹤鸣，前临狮子，后枕大隋。诸山络绎，不一其名，要皆青城山之支峰矣。"可见古时天国山所指更为宽泛。

都江堰市原两河乡境内的天国山诸峰，多沿味江及其支流小河子与盐井沟蜿蜒分布，幅员面积46平方公里。主峰融照寺山脊，海拔高程1975米，为都江堰市与崇州市九龙沟风景区的界岭。沿味江有公路到沙坪，与青城后山风景区相连。跨过味江上的茶坪大桥与普照寺相连。

天国山方圆百里之间，河谷纵横，窱幽涧邃，土沃林深，宜农宜猎。古为汉天师道二十四治之一，从晋代起便有记载。迄今，山中隐逸遗庐、寺堂庵观，或井灶石室，或石础砌基，或残碑断简、造像摩崖，遗迹颇多。仅都江堰市属之原两河乡一境，全国文物普查时申请保护，获准立标志（石碑）的即达10处。

试问朝中为宰相，何如林下作神仙？
一壶美酒一炉药，饱听松风清昼眠。

这便是自号"天国山人"的晚唐诗人张令问对天国山的颂歌。

一、梅　园

明代诗人晏铎著有《青城梅花三百咏》，可见青城赏梅早已成为时尚。原两河乡红梅村的梅园总面积1500亩，约17万株，是川西最大的梅园，也是全国罕见的大型梅园之一。

梅林下侧有神风洞，上行有猛追洞（又名母猪洞）岩洞群。每年农历正月间，梅林香雪海，清风扑面来。附近有古圆通寺及贵妃墓遗址。还有錾佛岩及擦耳岩等古代石刻造像。20世纪80年代新建有天龙宫。

二、杨国祯夫妇墓

清代兵部尚书兼都察院右都御史、闽浙总督、光禄大夫、世袭一等昭勇侯杨国祯及其妻一品太夫人杨吴氏的陵园，建于清咸丰八年（1858年）。1989年被定为都江堰市文物保护单位。它占地近5亩，倚坡作势，分8个台阶等距置放16尊巨型雕像及祭物。

三、翠微山

翠微山，又名翠围山，隔江与普照寺青峰山相对。山中有圣水池，古代曾于此汲泉酿酒。是晚唐诗人唐球（号“味江山人”）隐居处。附近有石城寺遗址。《唐诗纪事》云：“唐球居味江，谓之唐隐居，为隐居祠，后即宅。”在观音寺的西南，有一山坡叫插旗山，冈名同死冈。

四、三佛洞

唐代摩崖石刻造像三佛洞，在距原两河乡政府1公里的大庵冈山腹，现存三窟，各高2米、宽1.1米、深1米，南向，共有石刻造像500余尊。以左侧一龛最古，其制以山岳河流为底，莲花紫竹为饰。像为阿弥陀佛，莲台结跏趺坐，左右伴以二菩萨。两侧刻有51只莲荷，荷蕾上刻神像50余尊，造型各异。洞内大体可分三层，下层为罗汉，中层为诸天护法，上层为善财、龙女、金刚。中间一窟为弥勒佛龛。第三窟为释迦牟尼佛龛。均为四川省文物保护单位。其附近有佛庙白雀寺遗址。

五、雪佛庵

雪佛庵，一名雪伏庵，又名云开寺，地属原两河乡滥泥村罗家沟，始建年代失考。明初，有明玉珍手下大将在此为僧，法名了性，设练武基地。清代改为道教龙门派道场，剑侠李金钩在此传武艺于赵云程，云程传艺于周烈光。附近和燕子洞等地为周烈光练武之处，是青城派洪拳的祖坛。清代名将杨遇春少年时也曾在此习武。此庙毁于民国时期。

六、七仙洞

七仙洞位于原石城村罗家山，又名九仙台、薛仙洞。1989年在洞内掘出南宋绍定元年（1228年）的古碑《薛仙洞记》，称此洞为青城山72小洞之一。洞门系人工凿石券砌，洞深不知几许，其中多段淤塞。附近有罗仙观遗址，传为唐玄宗时宫内仙师罗公远修真之处。唐末杜光庭《仙传拾遗》云：“罗公远，彭州九陇人，常往来青城罗江间……后于蜀九仙台上升（即羽化升仙）。”罗仙观侧的浴丹井（又名鲁班井，《薛仙洞记》称为浴丹池），泉水盈盈，清澈见底。罗真人遗骸藏在七仙洞中（《通志·艺文略》著录有《青城山罗真人记》）。附近又有“升天柏”，高30余米，传为古仙人王仙柯服丹升天处。《仙传拾遗》称为“王君真人”，传为杨什伍（一名“通幽”，即白居易《长恨歌》所称“临邛道士”）之师。附近还有龙门庵遗址。

七、麻岩子·天齐寺

原两河乡麻岩村与盐井村交界处，有大小麻岩子，绵延5余公里，遍产野生葛麻，传即古之仙女麻姑的故里。

古天齐寺遗址在河心岛上，东岳大帝、五显神、邛谷王石刻造像仍存。

八、圆通禅林（天国寺）

石笋峰是撮箕窝山的主峰。峰顶有矗立孤标的巨大石笋，基部围15米，高10米，下行中空有岩穴，地势开阔，山幽林茂。

天国寺传为唐初圆通禅师所建，毁于南宋。明中叶复建，明末清初又毁于“献火”（张献忠剿川战乱）。20世纪80年代，四川省佛教协会会长、文殊院主持宽霖法师择此胜地新建“圆通禅林”，又名“天国寺”。其弟子宏达等人广结善缘，辛勤营构，建成天王殿、大雄宝殿、观音殿、五观堂、藏经楼、念佛堂等及东西客房附属建筑。寺庙四围密林环绕，泉清草茂，山高地朗。沿108级台阶而上至天王殿前，眺望远方，一望无际的成都平原，从都江堰分流而下的江河及平原上的田园沃野，尽收眼底。

九、一把麻

一把麻位于古称“河坪”之地，为原两河乡河坪村。清《灌县乡土志》称翠峰山，顶峰海拔1975米。盆地占候农谚“近看赵公山，远看一把麻”即此。一把麻作为地名乃指整座翠峰山，作为景观则仅指“流沙坡”。

流沙坡上极山岭，下迄溪沟之金娃娃沱。一溜流沙数里，形如叉开晾晒的一束麻茎。盆地温江、郫县都可看到。流沙滚石，时有发生。发生时哗哗之声，如万鹤齐唳，山鸣谷应。但长期以来，在观感上似乎上无所减，下无所增，实为“千古之谜”。

以一把麻为首峰，附近有黑虎塘老林、飞水岩瀑布、金娃娃沱、磨盘石、横盘石、乌龟石、石嶙峋、石庙沟、虎蹲岩、鸡公山、石关门、天谷、小离堆等胜迹。从此处地下发掘的道教古铜印“天国五老”“天国老君生万民”以及种种旁证，证实此处实为张陵创立的鹤鸣神山太上治的核心范围。

十、融照寺

融照寺遗址在一把麻对面，天国山主峰上，海拔1938米。该处与一把麻、石笋峰连成一片，纵横数十里，山深林密，常有大熊猫、马鹿、獐子出没。地当都江堰市、崇州市交界处，距两市城区均为45公里。

融照寺在晋代文献中已记载，迭经兴废，倒坍荒废的建筑为清初重建。童君选（字岁宽，自署“训蒙生”，青城人）于清乾隆五十八年（1793年）谷雨游山时，记下了融照寺改名钟音寺的由来。寺旁有龙池，面积一亩余。传观龙池的水可占天气：水清主晴，水浊主阴雨，水大浑浊预示暴风雨，极灵验。融照寺遗址下方，有洪坡岩，岩有洪真洞，传为古代洪崖真人修炼处。唐末杜光庭《青城山记》引《上清记》云：“洪崖真人隐居其内。”唐代大诗人李白在《日夕山中忽然有怀》（题下注云：庐山）诗中说：“缅思洪崖术，欲往沧海隔。”在《下途归石门旧居》诗中又说：“惜别愁窥玉女窗，归来笑把洪崖手。”王琦注引《广博物志》云：“青城山洞，周回二千里，昔洪崖真人服琅玕之花而隐，代为青城真人。”从李白诗中思念之情来看，他曾到过或隐居过青城山，并寻访过玉女与洪崖真人遗迹。

《崇庆府图经》引杜光庭《青城山记》云：“古丈人观，自魏晋以来，置在天国山中，乃属崇庆界，去军（指宋代永康军治所，今灌口）百里，林谷劳远。至唐开元十八年（730年），刺史杨励迁令君像于今鬼城山下，别立殿宇。故基乃在今崇庆府天国山中，融昭寺崖前。”

十一、大乐观

大乐观在原两河乡滥泥村，位于雪佛庵南侧塔子山山顶后的鞍形山腹，背倚茶花坪山梁，左为罗家沟，右为孙家沟。遗址内尚存若干大型柱础，泉井六口，外有很多古墓，惜多为丛竹荒榛覆盖。

第二节　青峰山·普照寺

青峰山在都江堰市大观镇境内，是青城山天仓峰一脉峰岭相连至河谷出山为止的最南一段。从都江堰市沿公路南行20公里，至大观镇和街子古镇之间有支路直达山腹；也有公路从大观场镇支路入山2公里，至方碑处左转2公里即到普照寺之后山门。

青峰山本名七峰山，北起于香积山后的钻天坡、五显冈，南迄火烧坡，全长4公里，面积共约4平方公里。内有人字桥、普照寺、计家庵、大通寺四条西北东南向、深逾1公里的山沟，每条山沟又纳小沟十余条。有七座山峰列呈莲花瓣状。又以普照寺后青峰顶为最高（海拔837米）。故普照寺又称“金莲宝地”（见乾隆五十六年《普照庵来脉胜景》碑记，碑刻存普照寺《普照金莲》石屏后壁）。青峰山有普照寺、雪山寺、天庆寺等古庙。

一、普照寺

普照寺是岷江河西所有著名佛寺的后起之秀。同时也是从诛茅开基至1949年从未遭受兵灾火劫而又得以恢复香火的佛寺。

寺始建于清康熙三十三年（1684年），初仅半亩之宫，数椽陋室，经200余年增建至光绪十二年（1886年）方告完善。寺林实际面积达400亩。寺有殿宇五重，包括堂、庑、斋、寮、廨、庄、院、仓廒等大小24院，365间，正殿除大雄殿为全木结构，其余薆华、弥勒、川主、经楼均为石木结构（旁殿及庄房廨舍有石木、也有全木结构），各院天井均置有防火设备太平缸。

普照寺建筑构思奇特，其规模之宏伟，布局之精巧，使人赞叹。寺墙围长1.2公里，意取佛教二十四诸天。西北隅巧依悬岩山梁，不建围墙，取“地不满西北”之意。寺院内加山门为六重大殿，有房365间，取黄道周天数。分为24个天井，合二十四诸天。罗汉洞左右各有石级33级，取三十三重霄数。正殿的廊柱用两人合抱的青石整块琢成，十分壮观。藻井和神龛基座均有绘刻的佛经故事，极其精美。与山门紧接的是“飞马灵官大石屏”，建于清乾隆五十六年（1791年）。屏阳为石刻深浮雕灵官《飞马图》，栩栩如生；屏阴为碑记，刻有《普照庵来脉胜景》。屏后矗立着石灯竿一根，通体浑圆，上刻游龙，顶部镂空，可放油灯，建于清道光五年（1825年），其工艺之精湛，令人称绝。再后即为清乾隆五十三年（1788年）修建的木牌楼。藏经楼内旧置经板橱架72大架，内藏木刻佛教经板数万片。“文化大革命”中的1972年，灌县革命委员会决定拆该庙建筑用作扩建铁厂。今仅余藏经楼及周围建筑61间。1982年，灌县人民政府拨款对普照寺现存殿舍进行维修，注意保护寺庙及山林。并将普照寺定为河西佛教徒宗教活动点，恢复传统的普照寺薆华会和观音会。并拨款新修公路及旅游设施。普照寺现存建筑，首推藏经楼。基部用5—6米高的青石大柱47根。前檐8根摆柱上采用石雕镂空的佛教灵兽为衬。柱下石础镌刻有佛教人物故事。20世纪80年代新建大雄宝殿，总高17米，庄严宏伟。五观堂前有持莲观音像，像高5米，座高1米，为铜塑金身，通体贴金，观音站立右手持莲，神态慈祥。塑像为香港吕良伟夫妇2003年请入寺中，次年寺僧竖立。殿侧有石雕普同塔，建于清道光六年（1826年），全用青石条板嵌合而成，制作精美。其他文物还有明正统五年（1440年）铁钟、缅甸羊脂玉石刻佛像、玉刻心莲和尚像、摩崖造像等。

普照寺附近，还有明代道官坟、清代都江堰安澜桥恢复创建人何先德夫妇合冢等古迹。

二、古雪山寺

普照寺东下侧有雪山寺遗址。建于元末明初。大雄宝殿后壁原有明代壁画，长4米，高2米余，绘唐僧取经故事。1941年，比利时人科士达曾拍照。1948年，张大千曾参观壁画。雪山寺因年久失修，1951年仅余古殿两重，僧舍30间。1954年拆毁。

2004年，由当代中国知名女作家、释道文化资深学者何洁出资，在遗址上修建创办“青峰书院”。

三、古天庆寺

天庆寺又叫计家庵，原为明代小河军都司计鸾家族祠堂。据寺周石室墓刻记载多系计氏。除计鸾的家族墓三联室一墓外，已掘出的尚有计大文、赵氏墓（1958年“大跃进”开荒时挖毁的已难见其买地券之类刻记），迄今尚有未被毁掘者，亦皆计氏墓。时间略为明正德、万历年间造。计家庵在1950年后，尚存残房3间，庙基成为民居。

四、青城外山景区

青城外山景区坐落在风景秀丽的都江堰市大观镇青峰山。距市中心19公里，它上极青峰顶，与天国山隔味江相望，下至会龙桥普照寺山沟，与高尔夫球场为邻。景区内分布有近600亩亚热带常绿阔叶林，多为楠木、樟树、银杏树以及柏树、杉树等，也有山茶、海桐和红豆等树。林中草本植物种类繁多，其中蕨类植物即达40余种。暑天到此，凉生幽谷，环境宜人。

景区依青峰山山势布局，占地近千亩，著名古刹普照寺坐落其间，有丹梯曲径游道，掩映在桢楠古柏、苍松翠竹中。外山山势平缓，游览方便，幽谷传香，空灵幽邃。

第三节　赵公山（大面山）

赵公山在都江堰市境内，为青城诸山的最高峰，海拔2434米，古称大面山、岷山。唐杜光庭《青城山记》云：“大面之顶，去平地七十二里，为兹山之主，非常人所到，灵禽异兽，奇花异草，靡不有焉。其上琼楼仙室，金阙玉堂，得道之人造之乃见，非凡俗所窥也。”道家称它为七十二福地之一。历史上最盛时山间有道教宫观32座，佛寺13座。

赵公山为邛崃山脉东支在都江堰市境内的最高峰（古称西岷），其主体由距今1.8亿年前的侏罗纪滨湖砂岩、砾岩和泥岩构造。山脊长15公里，在地质学上称为“赵公山向斜”；轴向30—40度。山形似八卦，为南北走向，两翼变化较大，北东端在麻溪乡附近扬起，雄踞岷江岸边；南端西转再转为蓥华山、熊耳山、红岩、六顶山，与邛崃山主脉相连。南翼东坡为八卦台（又称成都载天山、压月山）。清光绪《灌县志》云：“隋嘉州太守赵昱与兄冕隐此山，故名赵公山。每当月夜，半顶上常有丝竹钟鼓之声；黎明望之，可卜晴雨。谚云：天将晴，山顶露；天将雨，山顶雾。”实为成都及川西平原数百里之晴雨表，科学上称为“华西雨屏”。

石定江为赵公山东坡最大的山溪河。其上游古称龙居溪，源出赵公山八卦台和蚂蟥冈之间。宋代《舆地纪胜》云：“龙居溪在成都山下，众谷之水皆注其中。悬流九十尺，下有龙洞。”它在两河口处纳文昌宫山沟。流至三溪村王婆岩处，左纳源出赵公山兰花冈的青苔沟，右纳高台山后的寮叶沟。《舆地纪胜》又说：“三溪水在龙居溪下，水激巨石，穿坳为潭，龙族居之。上有古天宫老君石像，皆神仙遗迹。”石定江又名崩江、石孟江、孟江河。全长13.9公里，在中兴镇下注入都江堰外江灌溉河道——沙沟河。

赵公山一带，自晋唐以来即多著名胜迹与道佛观宫。最高的山——赵公山，最长的洞——麻姑洞，最奇特的树——青城赵公柴，还有幽美的峡谷——青苔沟峡谷，宏伟的古代皇家道观——上皇观，以及最大的古瓷窑遗址——岐山唐宋古窑。整个风景区将近80平方公里。东北诸峰与市区相连，最东端的老君岩与二王庙隔江相望。古人经灌县游青城，必先游离堆二王庙，过都江堰索桥，经老君岩、迎仙观，过玉堂镇，分诸山口入山。所谓“岩壑回亘三十里”“江声随马入青城”。

一、卧牛山·牛心山·唐宋古窑

从都江堰市经玉堂镇右行4公里即到曹家坪。右走南华村有迎仙观，原名沈家庵。1935年，成都二仙庵方丈王伏阳接管庙务，改为今名。从曹家坪左行过沟，便是岐山古窑遗址。因陶瓷碎片堆积如山，人称“瓦子坡”。根据1977年四川省博物馆试掘查明，为唐宋瓷窑遗址。在面积约2.5平方公里的范围内，上下分布18个窑包，堆积厚达5—10米。窑型属龙窑，采用无匣钵烧窑生产青瓷。玉堂窑址是四川省重要的古瓷窑遗址之一，2002年被四川省人民政府公布为省级文物保护单位，2013年5月国务院核定公布为全国重点文物保护单位。

从曹家坪右行，沿翁家沟，可登大牛心山。它独立于云表，与诸峰不相连属。山巅旧有明心寺（两个天井的寺院），内有皇经楼。登楼四望，大江闪耀于前，大面山横陈于后，四周山色，令人心醉。其旁为小牛心山。古名端翠山，上有石室，传为仙人藏剑之所。山麓明心寺和附近平隐庵均在20世纪80年代恢复重建。

从这里顺螃蟹河与东岳庙沟、余家沟以及老君岩相联结。老君庙位于二王庙对岸瓦窑村的悬崖半腰。庙建于明代，有三层殿，均紧贴石壁摩崖建造。下层三官殿（六间大房），中层老君殿（四间大房），两边厢房七间，并有小天井；上层皇经楼（两间）。有恒山“悬空寺”的特色，但1967年被拆。20世纪80年代又基本恢复，北上还有通道院遗址。

沿东岳庙沟而上可到钻洞子、飞水岩、水泉村。再上山可到大坪，有观音堂、叠珠岩（水爬岩）、蛤蟆洞及大坪庵、香林院、通霄院遗址，为登赵公山捷径。

卧牛山海拔1288米，古名石梯山，又名伏牛山。其东麓经老玉堂场至汤家沟，右为大牛心山，左为卧牛山。旧有莲花院，今已不存。山麓含金较多，曾有小金矿开采。卧牛山尾部有钟乳石洞穴。山涧岩壑间，菖蒲和白芨丛生，奇花满地，异香扑鼻。卧牛山西坡有九条冈，又名牛筋山，盛夏流泉飞洒，如九龙昂首吐雾。其下便是青苔沟峡谷，风景优美。沿峡西行4公里，可到王婆岩。

二、三溪胜景

“三溪”是一个秀丽而又神秘的去处。旧时庵观寺庙多分布在进入三溪古道的起点上元场周围。“龙滚边”有上元宫、青山寺；上行至铰子山有九泉庵、乐静庵、九龙庵。江左凤凰山有禹王宫、回龙庵，现为都江堰市中兴镇辖区。

九龙庵于1993年开始自筹资金在原九龙庵旧址上，陆续重建了三清大殿等斋、厨、客房70余间，常住道士和居士10余人。由原鹤鸣山副当家萧忠良（之前为玉清宫道士）任住持，鹤鸣山坤道李诚坤（之前为玉清宫坤道）任副当家，更庙名“九龙观”。2002年8月，经宗教部门批准，正式成为青城山道协管辖庙宇。2003年6月正式对外开放，由李诚坤任住持。

上元宫又名本洪庵，清康熙五十年（1711年）道士李太浩购得天台寺旧址改建落成。后改办为小学校址，尚存古庙厢房一椽，有清人黄云鹄撰书的石刻对联：“理穷尽处忘文字；学养成时乐性天。”回龙庵在清代为制作“青城贡茶”之处，尚存殿宇厢房三椽。附近的玉堂镇凤鸣村还有禹王宫遗址。

从上元场沿石定江上行1公里，有五峰在江右拔地而起，高约100米。移步前行，峰形骤变，一小峰形状好像古代的酒壶，其近旁半岩上有金红色圆穴3个，形似金杯。这一特异景观，被人合称为“金杯银壶”。宋代《舆地纪胜》所云“青城山中有捧日寺”即在附近。对岸半岩间，有山洞深数十米，宽敞如厅，名叫“泰山洞”。上行30余米，有岩穴，方广20余米，高约10米，称为“大岩窝”。岩顶石钟乳下垂，清泉顺流下泻，宛如玉笋垂珠。张大千曾将此景绘入画图。

溯江而上，右有登龙山；左有尖峰顶，顶侧峭岩，名“鹰嘴岩”。行约2公里，右岸高峰耸立，它就是卧牛山的牛头峰。山顶有高大的青棡树两株并立，乡人呼为“牛角”。两边山岩直插江心，形成峡谷崩滩。岩壁经过江水长期冲刷切割，至王婆岩下，形成深三五十米不等，长约二百余米，宽五六米，宛如巨龙翻滚留下的光滑洞穴，名为“龙洞”。夏天，滔滔江水自王婆岩下涌入洞中，声如雷鸣龙吼，山鸣谷应。在岸上望去，江水碧翻白涌，忽而湛蓝如玉，幽深莫测，忽而水花飞溅，涡流如沸。龙洞上游左岸有天然岩穴，洞口高13米多，略成三角形，方广约40平方米，俗称“王婆岩”。它因《二郎擒孽龙》的神话而显得神奇怪异。传说李冰治水命二郎擒孽龙，龙被二郎爷追急了，逃到此处，又累又急，见王婆岩内有位老太婆正在卖面，饥渴难耐，端起面条就吃。刚吞进肚内，忽然疼痛难忍，恶心想吐。吐出来的面条变成了铁链子，卡在喉咙管内，链心如钩，直勾在心尖尖上。王婆伸手抓住铁链，将擒获的孽龙交给二郎。孽龙使劲挣扎，奔下江去，把江边的岩石滚成圆凼。二郎急着追来，逮到链子一扯，孽龙用尾巴一扫，二郎被跌坐在大石上，所以龙洞附近有个大石头，上有坐痕，人称“屁股石”。二郎用三尖两刃宝刀戳去，在旁边大石上留下刀把印痕，称为“刀把石”。二郎终于制服了孽龙，牵着它，沿着龙洞子暗河，直押到离堆脚下的伏龙潭，将孽龙锁在铁柱上。关于王婆，有说是骊（黎）山老母变的，有说是观音菩萨的化身。过去王婆岩内供她们两位尊神的塑像。另有一种传说：王婆岩本名“望坡岩”，北宋时青城隐士张俞在此盼望他的诗友苏东坡同来归隐。宋代《舆地纪胜》把王婆岩称为“望仙坡”，系青城108景之一。

王婆岩上侧是龙居溪与青苔沟、寮叶沟三条溪流汇合处，地名“三溪村”。对岸一峰，披青敷翠，名天宫山，山下茂林修竹中，三条清溪流水潺潺，在此汇合。其中以青苔沟的景色最为秀美。沿青苔沟上行1公里，有小山冈名叫“南天门”。冈顶两岩夹峙，巨楠兀立，横枝伸在两岩上，形如门洞。透过门洞，但见卧牛山主峰独立云表，烟岚浮动。翻过山冈，下临河湾，游人踏石而行，河滩上铺满各色各样的小卵石，清澈见底。前行不远，两山围合，河谷渐狭，形成300米长的幽深峡谷。谷中激流湍激，鱼跃清波，崖上老树藤萝，遮天蔽日，人行半岩间，凉风习习，但觉寒气袭人。仰视蓝天一线，阳光透过层层绿树，洒下点点光斑。一出峡口，顿觉宽阔天地，苍松翠竹环绕青堂瓦舍，牧童横笛，小姑放歌，水碾轰鸣。溪行半里许，有钙化石槽，自奇峰怪石间斜插沟畔，泉水顺石槽汩汩流动，长约十丈许，实为世间一绝。

右侧卧牛山如画屏耸立。两条瀑布从崖顶飞泻而下，落差均在100米以上。其中一瀑流到山腰分为两股，乡人称此二瀑布为“单流水”“双流水”。再上行即至天仙桥。右走翻土地岭，与牛心山汤家沟大路相合，左上行经龙凤岩可至青城最高峰赵公山顶。从王婆岩至天仙桥全程 4 公里，由于风光绮丽，幽静异常，被誉为“桃源仙境”。南天门对岸，从施家河湾右行，可到登龙山。该山位于卧牛山东南，古名“龙门山”。因多红踯躅花，又名“看花山”。山上古有登龙寺，位于登龙冈梁子上，但已毁坏，仅余庙基。

三、上皇观·麻姑洞

由王婆岩过三溪桥，顺公路沿龙居溪上行 1 公里，从文昌宫山沟流来的溪水在此与龙居溪汇合，俗称两河口。跨过两河口公路桥登山，上行 300 余米，有古庙“青皇观”。始建于唐，清代中叶重建，前殿青皇殿院落，后改作两河村小学校。原有静观亭、三官殿等均已倾圮。附近尚余古树 10 余株，其中一株银杏高达 30 米，胸围 2.7 米。殿后“青华洞”古迹尚存，传为宋代虚靖天师斩青城魔王处（见《列仙通记》）。

由青皇观上行，山路由缓而陡，渐次登高。回头下望，王婆岩天宫山已在脚下，龙居溪细如一缕银带，流水隐约有声。隔岸一峰，巍巍然自西南而来，名“宝唐山”。此山向西，与大面山脉络相连处，为“蚂蟥冈”。冈的东坡，即龙居溪源头。山半腰有坪，方广五六十亩，名“董家坪”。坪上古木森森，村舍井然，遥望似彩墨图画。据前志记载：此处即唐代诗人白居易在《长恨歌》中所载“临邛道士鸿都客”所居之鸿都观旧址。当时观之宏丽，为青城第一。北宋被王小波、李顺焚烧后，一蹶不振。清人彭昭旷在其《青城近记》中写道：“鸿都观，在鸿都山上，为汉晋以来古迹。门外有山涧与上皇观相直。唐玄宗时，……杨什伍一名通幽，此观道士也。唐末杜光庭由长安入青城颇加修葺，久为名胜。宋自李顺乱后，殿宇倾裂，渐不能振。……至明犹残存，迨献火毁去，方沦为民居。杜光庭碑亦埋没村中……。”民国时，其地仍名鸿都乡。

转过山梁，便到了中皇观旧址，观始建于晋。殿宇于“文化大革命”中毁坏。这里旧时有山门一进、殿宇二重，殿中祀中皇上人神像。《先天本纪》云：“黄帝南至青城山，礼中皇上人。”唐时，这里规模很大，可惜前代殿基，只能依稀可辨，惟有千年银杏，犹记唐时岁月。据乾隆《灌县志》载：“中皇观左右有银杏二株，围一丈二尺，高十余丈。”今仅存其一，它是古庙历史的象征，也是青城宫观兴废的见证者。庙中曾出土汉白观音一尊，其像似女非女，似男非男，造型优美，神态恬静。据其风格分析，可能为唐末五代石刻造像，现存于都江堰市文物局。

站在中皇观遗址，便可端然仰望上皇观前的唐代巨杉。两观相距仅里许，但高差 200 米以上。路侧怪石群立，形如鬼怪异兽，其势或蹲或卧，或行或立，栩栩如生。穿过石群，便到了上皇观的石蹬道前，石级自下口石坊遗址算起，到顶总共 516 级，一眼望不到头。两旁柳杉、桢楠夹道错植，修干短枝，形如武士仗剑执戟，侍立左右，气派非凡。

到达石级顶端，抬头一望，上皇观大门巍然矗立。回首俯视，五百余步俯冲直下的石阶，气势宏伟，令人惊叹。

上皇观初建于晋，系青城六大古庙之一。跨进山门，为一前一后两重五间二进殿堂，根据明代格局修建的单檐歇山大殿。殿柱直径 0.6 米以上，檐翅高挑，宽大宏敞，显得十分雄伟而又庄重朴实。后殿两廊、吊足楼厢房仍然完好。出右厢房门，有原道士丹房一院，现存房舍 16 间。院后上坎尚有瓦舍 5 间。正殿背后，还有三台前代殿基遗迹。全观尚存大小房屋 40 余间。据宋人《舆地纪胜》永康军古迹上皇观条记载：“沿三溪而上压月山，有观曰‘上皇’，晋时置。有桂树名花，神芝仙草，仙人李阿常游其上。”又载：“金华宫去上皇观不一里许，唐金华（金仙）、玉真公主建。前蜀王衍与太后同游，避暑宫遗址存焉。”明代《蜀志补罅》载：“上皇观即古玄真观。唐玉真公主以此为养性修行之所，大加修葺，此观之宏丽，甲于蜀西。”五代宋元，曾屡毁屡建，至明末荡然无存。清康熙五十八年（1719年）开始重修，雍正年间在扩建挖基时于地下出土唐代“龙纹铁炉”一尊，高1.6米，重500余公斤，八龙盘绕，祥云扶掖，如飞如动。铸造工艺之精湛，为专家学者所惊叹。据考证，此鼎乃唐玉真公主旧物，后作为文物移展于都江堰市区离堆伏龙观内。

上皇观所存文物尚有明正德十六年（1521年）许淳撰书的《蜀府重建秀峰山》等六通碑记。有二通匾额：其一系清雍正八年（1730年），文为“一炁函三”；一系清嘉庆七年（1802年），文为“郁罗箫台”。另有清光绪年间所铸铁钟二口；还有“哪吒闹海”石刻浮雕，造型生动，人物栩栩如生，均为不可多得的文物。

观中除人文古迹外，尚保存了百年以上的古树名花。如有500余年历史的七星山茶；四季开花、四季结实的公孙橘，高达3米多的月桂，以及桢楠、银杏等稀有乔木。树中最负盛名者，为一对唐代古杉，其中一株于20世纪70年代被雷电击毁，一株生意盎然，其胸径为135厘米，主干在20米高处分为两杈，主梢一枝已干枯折断，全树高达30米。

上皇观遗址，20世纪60年代为灌县中药材公司药场使用，后移交给中兴乡药场。周围2000余亩山地遍种杜仲、黄柏、厚朴共80余万株。有成片的牡丹、芍药和川芎栽培，系著名三木药材基地。唐元和年间（806—820年），诗人张孝标游上皇观，有诗云：“烟霞华盖七星坛，想象先朝驻禁銮。辇路已平栽药地，皇风犹在步虚坛。楼台蜃气晴萧索，杉桧龙身老屈蟠。翻感惠休并李白，剑门空处望长安。”可见此处已有千余年的人工栽药历史。

出上皇观后门二里许有麻姑洞。洞在大面山的支脉上，古称“成都载天山”（简称成都山，又名压月山）。宋人《舆地纪胜》载：“成都山前临麻姑洞，深不可测，与诸洞相通。”易心莹大师《青城指南》亦云：“按麻姑隐青城大面山。麻姑洞今在八卦台，即古压月山，又名成都山。晋建上皇观于上。仙人李阿常游于此。前有麻姑洞，高三丈，阔五尺，深邃无际。”该洞海拔约1600米，位于百米大小的漏斗状巨坑之东岩壁。入口被钟乳分割为几个大小不等的洞穴，大者高4米，宽1米余。洞体系砂砾岩长期水蚀而成。据1985年自发入洞探险者言：上午7时许入洞，洞中曲折幽深，难找到出口，直到下午8时才出洞。据洞中感觉方向推算，估计与文昌宫山沟的牛角凼相通。

八卦台在麻姑洞上1公里，古有“天宫”和“老君石像”，亦名“柏灌台”，疑为古蜀王柏灌遗址。

四、赵公山主峰

赵公山的峻峭、树的神奇、云的迷离，曾经使诗人画家赞叹不已。“云作玉峰时北起”“大面山头六月寒”“漫倚高寒览大千”等诗句，道出了古人对它的神往。1943夏天，国画大师张大千为实现“搜尽奇峰打草稿”的宏愿，曾请山民带路，伐竹取道，披荆负葛，登上赵公山峰顶，雄浑优美的景色启迪了他的画意。1963年3月，张大千在新加坡维多利亚纪念堂举办画展，其中受欢迎的“老人村”国画，便是根据赵公山顶俯瞰漩口一带风光构思而成的。

赵公山古有许多深藏山腹的古寺。当地流传“四寺”“八庵”的说法，所谓四寺指庆云寺、朝天寺、八卦寺、大佛寺（古广福院）；八庵指石佛庵、木魂庵、大坪庵、水泉庵、二仙庵、真武庵、沈家庵（迎仙观）、金华庵（文昌宫）。均在赵公山东坡。

游人从玉堂镇汤家坪行2.5公里至平石板，再行1.5公里过大飞水，又一里到土地岭。沿途流泉飞瀑，山花药草，目不暇接。越土地岭行1.5公里到石佛庵。庵在青苔沟和王家沟之间，旧址较大，现为民居。沟对面为龙凤村小学校，有大白果一棵。旁有清代袁姓古墓石桅杆及五岳朝天碑，雕刻精工。沿王家沟上行，溪水清澈，怪石嶙峋。由于坡陡水急，上段碧波奔流，下段却河床裸露，形成暗河。行1.5公里到龙凤岩，青苔翠壁，岩半有方形洞穴。岩前不远处有村舍，房前有一棵大楠木树，树径1.4米，亭亭如伞盖，据说已有500年树龄。树下有清乾隆五十六年（1791年）用石板盖的土地庙，名为“三多堂”，为清初“湖广填四川”时王姓人所建。再前行即无民居，游人可在此歇脚。都江堰市曾在此营造万亩林场，赵公山麓披上嫩绿的新装。

从平原望赵公山，突兀如冲霄翠屏，横陈天际。来到山脚龙凤岩，仔细看去，才发现赵公山还有千岩万壑，峰峦起伏。山顶有三峰直插云霄，中峰（即大顶）最高。四周起伏环拱，翠黛罗列，松杉掩映，间有丛丛红杜鹃，交织成一幅雄美壮丽的画卷。最北一峰直挺岷江边，其山沟经麻溪汇入岷江。北峰与大顶之间有山梁，东北坡之水一并汇入螃蟹河，流入西河灌渠沙沟河。南为干沟，此山梁有二仙庵、大坪庵，有路可通山顶。

从龙凤岩登赵公山的路也有三条：一为经庆云寺，过上、下碱地，至赵公庙；一为经朝天寺，过牛颈项，到迷魂凼；一为沿青苔沟最上端，至兰花冈。其中以庆云寺一路较好走。

在大顶到迷魂凼之间的绝顶处，有刀砍斧削般的巨崖，高约160米，宽100余米。赤白相间，望如大佛，名为“佛爷岩”。旭日照射，如巨佛金身，赤光灿烂。其旁有大雪槽，积雪终年不化，雪岭反射，银光闪烁。

观赏山景的最佳去处是庆云寺。它距龙凤岩2.5公里，坐落在海拔1600米的山腹、约10多米宽的山坪上。从外山门登24级石梯即至。庆云寺原有两重殿宇，配有厢房。前殿塑赵昱神像；后殿塑释迦、孔子、老君，三教合一，颇为别致。该庙传为明初所建，历经劫难。20世纪60年代后期，该庙僧人毛和尚去世后，庙被毁。20世纪90年代后已陆续有所恢复。

从龙凤岩上山，需半日方可登上主峰庙基坪。上有赵公庙，原为大四合院，旁有灯杆石，建于1925年，系温江罗居士等人集资修建。1942年，为兵匪所焚。当地古老传说老庙和尚吃何首乌后，将药汤渣泼在庙的四周，赵公庙就从此隐形了。20世纪80年代山民在此搭建小庙，20世纪90年代青城山道协派人恢复庙观，赵公得以重享人间香火。内供赵公、济公和药王。关于赵公其人，传说颇多，有说系赵昱①，有说系赵公元②，有说系财神赵公元帅③。但以历史的久远来看，赵公山系财神赵公明祖山。赵公庙塑像为赵公元帅，骑黑虎舞金鞭。庙旁有他三个妹妹即道教女神金霄、银霄、碧霄之坟，称为三霄坟。不远处又有赵昱勒马望江的望江台，遥望四姑娘山、峨眉、西岭诸雪山拱碧堆银，横陈天际。

赵公山顶是个较大的山坪，登上顶峰，顿感万象排空，数百里天府平川，尽收眼底。青城群山，

---

① 《古今图书集成》引《四川总志》：灌县赵公山“在治南，隋嘉州太守赵昱居此，有道术，斩蛟治水封川主”。赵昱事迹见《龙城录》。

② 《舆地纪胜》永康军仙释类载：“赵公元，天水人。栖止于岷山之都淤山二百三十年，自称年七百七十。能驱使草木以疗疾，赖之道众。后入大面山，不知所终。”今人说赵公山名，或由于此。

③ 赵公明，亦称赵玄坛，因封正一玄坛元帅，故又称赵公元帅，中国民间奉祀的武财神。相传他本是青城烁罗国的鬼帅，后来被张天师降伏，改邪归正。《三教搜神大全》说他“头戴铁冠，手执铁鞭，黑面浓须跨黑虎，能驱雷电，唤雨呼风，除瘟翦虐。又能预料商贾行情，买卖求财，祭之宜利”。

如海浪，如沙丘，绕于脚下。水雾中，平原上的城镇和阿坝藏族羌族自治州的漩口镇，隐约可见，就像在飞机上俯视大地一般。岷江如丝带从天而降，下游都江堰的条条灌渠，宛如马尾细鬃，纷飞四散。

赵公山顶有几种它处难以见到的奇观。一是植物奇观。“木蒌薮”，俗称“山挂面”。由于常年云封雾锁和大风雪压的影响，山上的树木多扭曲纠合，而又满布苔藓，如蛛网，如门洞，如花篮，造型稀奇古怪。穿行其间，仿佛置身童话世界，其中有棵被称为“盘子开花”的树，高 6 米，距地面 60 厘米处，放射成 48 枝，每年四五月间开黄色的灯笼花。

最令人叹为观止的“赵公柴”，又叫“一捆柴”。在一团团乳白色岚霭笼罩的庙基坪上，共有五捆。其中两捆大的，高约 8—10 米，胸径一捆 80 厘米，一捆 60 厘米，均系不同树种根枝合抱共生。其中主干为杜鹃科的灯笼花。其余共生和附生、寄生，根不同而主干合一，上部又分枝各自开花结果，蔚为奇观。民间传说隋朝年间，赵公爷隐居山中修道砍柴，当刚把这两捆柴捆好，就听说山下百姓受妖魔之害，无法生存，他丢下柴捆下山斩蛟驯牛，为百姓根除水患一去不返。这两捆柴就始终放在这里，天长日久，触地生根，常年不败。也有人说，此处有三霄圣母（亦称“三姑坟”），财神爷赵公明的三个妹妹葬在这里。柴、财谐音，它是财神爷送给妹妹的大礼。这些神话饶有风趣，姑妄听之。但它作为植物奇观，确属罕见。其旁还有神奇的“八角井”“迷魂凼”景观。

二是珍禽异兽。赵公山的娃娃鸡、岩鸡和红腹角雉，是它处难见的珍禽。娃娃鸡的形状和吐绶鸡差不多，啼声和小娃娃的哭叫声相似。岩鸡飞起来像老鹰，一只有两三公斤重。角雉俗称“野鸡”，因雄鸟羽冠两侧各长出一只数厘米长的肉质角状突，故名；雄雉的羽冠呈前黑后红，身上的羽毛大部为栗红色，点缀着许多黄色镶黑边的小圆斑，下部为红黄色；雌雉先鸣叫唱歌，对方回答后，又翩翩起舞，羽翅展开如扇，昂首挺胸，竖起头上的角，展开胸前的肉裙，其表演很是动人。

20 世纪 60 年代前，赵公山除有老熊、野猪等野兽外，豺狼虎豹俱全，现在还有少量的大熊猫（当地叫作“白熊”“九节鞭”）出没。

日出、日落和云霞。清晨日出时，蓝色云雾里红霞荡漾，冉冉升起一个绯红的小球，山河全披上了金色霞光；晴天时，还可瞧见成都市西门一带的高大建筑。

赵公山是华西雨屏的组成部分。东南季风时节，一望无际的白色浓云时常笼罩着山顶，成为无边云海。忽而云开雾散，远近山尖，尽露云表，宛如飞来蓬岛，风起云飞，流云自山脊飘然泻下，形成云瀑奇观。有时云雾自西北小蓥华山口飞来，形成缕缕云带，飘然裹住碧峰。春冬雪霁，山舞银蛇，红装素裹，又别是一番妖娆壮丽。朝曦云照，山光云影，尤为灿烂多姿，给仙山蒙上一层神秘色彩，令人久生神往。

第四节　二王庙

二王庙在都江堰市区西 1 公里处的玉垒山中，有“玉垒仙都”之称。庙背负青山，面对古堰，依山势而建，上下高差达 50 余米，占地 1 万多平方米，建筑面积 6050 平方米。建筑群由“神、膳、舍、园”四大部分组成，层层叠叠，设计布局精巧。主体建筑以大殿、老王殿、老君殿等三重殿组成，配殿有青龙殿、灵官殿、三官殿、地皇土地殿、祈嗣宫、丁公祠、圣母殿、魁星阁、龙神殿、戏台、乐楼等。它那三重楼、三层台阶、三通殿，体现了老子“道生一，一生二，二生三，三生万物”的观念。庙内梯回壁转，飞檐插天，殿宇轩敞，宏伟庄严。庙内塑像众多，浓缩了都江堰两千多年的创堰、护堰历史，是一处以水文化为突出特色的不可多得的庙宇，庙中丰富的治水经验刻石，是历代先贤治理都江堰经验教训的结晶。

二王庙始建于东汉年间，原为祭祀蜀王杜宇的“望帝祠”。南齐建武年间（494—498 年），益州刺史刘季连把望帝祠迁到郫县，将原祠改称“李王庙”，专祀李冰。自隋以后，历代皆有修缮，唐太和五年（831 年）曾经重修。宋开宝五年（972 年），再次扩大建筑，更名为“崇德庙”，并增塑李二郎像。其后，二王庙有过很多名字。五代以后，李冰父子相继敕封为王，到清雍正五年（1727 年），四川巡抚宪德在《禀捐春秋祭典碑》中提出二王庙的名称，从此才定名。

二王庙的兴衰，史载甚略。据现有史料和二王庙有关碑刻记载，明末二王庙毁于兵火后，由道教全真派道士张仕清组织扩建。清雍正十一年（1733 年），四川省总督捐资兴修前殿，道士王来通等募化增修后殿。至嘉庆、同治及光绪间，由历届道士主持，继续重修，最称宏丽壮观。清代青城山道士、著名古琴大师张孔山是中皇观、二王庙的道士，表明至少明末清初二王庙已是道教（徒）活动场所。1925 年，该庙因有道士在大殿左侧耳房内烧水，引发大火而烧毁殿堂楼祠百余间，同年，住持李云岩（李明治）主持修复。1958 年，中共四川省委将二王庙列为重点保护道教宫观。1973 年后，灌县文管所全面接管二王庙，但仍有道士住庙。2000 年 6 月，根据中共中央办公厅、国务院办公厅和中共四川省委办公厅有关文件精神，都江堰市二王庙文管所将二王庙（西苑）移交给二王庙道教管理机构。

第五节　鹤鸣观

大邑鹤鸣山鹤鸣观位于今大邑县鹤鸣乡。山与天国、青城一脉相连。系东汉道教创始人张陵入蜀修行悟道处之一。史载张陵自幼好道，遍访名山，闻蜀人淳朴易化，乃弃官入鹤鸣石室；奉太上李耳为教主，以改造蜀人原始宗教、建立五斗米道为己任，成为中国天师派道教（又名正一派）的前身。后天师阐道青城，建 24 治教区，以阳平为首治，以鹤鸣为第三鹤鸣神山太上治。治又分上下治，经地下文物发掘和文献记载印证，由王家祐、王纯五、高尚仁诸学者论证：鹤鸣神山太上治上治在文井江东，崇州市和都江堰市之间的天国山中，鹤鸣应为古神山太上治下治之所。鹤鸣山隋唐年间始建道观。五代宋初著名道士陈抟，明代著名道士张三丰皆曾到此访道清修。清康熙以后，这里和青城山其他宫观一样，由于明末战乱原因，天师派道场转化为全真派道场。经清末至“文化大革命”，山中庙宇破坏殆尽。

20 世纪 80 年代始，青城派武学传人，海灯法师师兄，著名道士张至益真人驻锡鹤鸣，为恢复名山，弘扬青城道教文化做出巨大贡献。20 世纪 90 年代初，经中国道教协会会长、全国政协常委、青城山道教协会会长傅圆天大师全力倡导，得海内外信士及大师弟子，中国香港飞雁洞刘松飞观主的大力支持，使名山胜迹得以逐步光复。计建成迎仙阁一椽，三圣宫一座及厢房、客堂、接待设施院落数十间。特别值得一提的是三圣宫仿古建筑，宫为三檐歇山三顶交构建筑，上覆琉璃碧瓦，内塑三清尊神大型贴金铜像，造型庄重慈悲，深得圣人伟度。神龛香案檐柱雕刻均来自闽广，工艺十分精湛，为名山增色不少。

鹤鸣山风景优美，前临天柱峰，后枕冠子山，左有妙高峰，右为留仙峰。诸峰品列如白鹤展翅，引颈长鸣，故称“鹤鸣”。东西二涧汇于鹤鸣山下，绕天柱峰东流而去。天柱峰上，旧有老君殿、文昌宫、三官庙、将军庙、解元亭、听涛亭、招鹤亭、待鹤轩诸胜迹；鹤鸣山旧有玉皇楼、三清殿、斜江道院、迎仙阁、延祥观、紫阳殿、戒魔亭、天谷洞、二十四洞诸名胜。除恢复增建迎仙阁、天师殿及三圣宫外，其余逐步恢复。山中多古树名木：三丰古柏尤为著名，树高 31 米，胸径 1.51 米，传为天师三十四代孙三丰真人所植，已有 700 余年的悠久历史。20 世纪 90 年代，山中增建碑林一座，将历代典籍中记述鹤鸣道教仙源文字及诗词请名家书写刻石，书法精美，为丰富名山旅游，促进游人了解鹤鸣神山历史增添了不少色彩。

第六节　阳平观

彭州市新兴镇光辉村阳平观到太平寺一带，系汉代张天师创立阳平首治旧址。治在湔江河谷西岸老君山古条形台地上。台地与谷地高差二三十米，宽二三百米不等，总长约 2500 米。背负九峰山，左带白鹿顶，右襟马鞍山，四周多为悬崖陡坎，除少数山口外，不易攀登。台地上土地肥沃，四周林木森茂，地形封闭而视野开阔。整个湔江河谷盆地长约四五十里，宽约二三里不等。两岸是海拔 800—2000 米的中深丘。九峰诸山，高达三四千米，林深木茂，属原始林区。山中富矿藏，谷地利耕牧。谷口九陇易守难攻，沿江多险阻，具有古代依山自保的天然条件。山外彭州繁江系湔江扇形冲积平原，得都江堰灌溉之利，古称“天彭”，地极饶富，旱涝无虞。具有创立道教首治，统率教民得天独厚的外部环境。彭州古为彭族居住之区。彭人故好道。今考阳平附近有天师道漓沅治，葛王贵治、后城治及公慕诸治。建治稠密，可见当年民众信教情况之风极盛。故《彭州志》称：“治为五斗米道的传教点，二十四治中，首治为阳平治，由张陵及其子孙担任首领（称都功）。”阳平治实为天师道未迁汉中以前，继鹤鸣悟道，天国、青城阐道降魔之后的中心教区，在中国道教发展史上具有重要的历史意义。惜其地山水形胜与地脉灵气稍逊青城，故天师夫妇皆归葬青城，自嗣师张衡羽化升仙，系师张鲁将祖坛迁汉中，继迁江西龙虎山后，阳平首治就自然衰落了。今阳平观始建于唐代，内祀张陵妻孙氏夫人、嗣师张衡、系师张鲁像。宋改金城山，明为仙居观，清为太平寺，僧道皆曾住锡。早期山门在山王庙，有灵祖楼、老君殿、大雄宝殿。至 20 世纪 80 年代，全观仅余下大雄宝殿一椽五间及厢房数间，且皆沦为乡民居住。

20 世纪 90 年代，中国道教协会会长、全国政协常委、青城山道教协会会长傅圆天大师发愿恢复阳平玄都。并将代表中国道教的全真、正一两大宗派融为一体，以示平衡百派，共倡盛明之壮举。在中央、省市及彭州市委市政府的大力支持下，在原阳平旧址划出台地 300 亩，林地 800 余亩，建成大殿四重及八卦亭、山门广场、牌坊等建筑，逐步完成阳平玄都的规划建设。

第七节　黄龙观

黄龙观，又名黄龙寺，是主祭协助大禹治水的黄龙真人的庙宇，位于阿坝藏族羌族自治州汶川县水磨镇黄龙冈台地上。其地1957年前属灌县范围。历史上曾先后属齐基、青城及古汶川县辖。黄龙冈为青城后山熊耳山反背支冈。前临寿江，右临刘家沟，诸峰环抱，远眺雪山，地极清幽，风景十分美丽。又是古代四川盆地通往大小金川丹巴的必经之道，古蜀羌、獠诸族的文化走廊。古蜀王征獠及诸葛亮迁獠人皆由此进出。在成阿公路未开通以前，这里商旅十分繁华。黄龙观建于明万历三年（1575年），历史上僧道皆曾住锡。清光绪年间失火焚毁，今庙为清末民国初重建。庙中住锡道派归全真龙门派青城丹台碧洞宗。中国道教协会原会长、全国政协常委傅圆天大师12岁皈依道教，19岁奉母命到黄龙观拜著名道教大师张永平真人研习道学。张永平真人以道学、武功知名海内。当时川军将领、省府要员邓锡侯、刘文辉等皆皈依门下。加以地处古“花坪老泽”交通要塞，行旅过此皆求托平安吉祥，香火十分旺盛。观中原有山门、社稷坛、观音殿、玉皇殿、斗母殿诸建筑。“文化大革命”后仅存大殿一椽，厢房半院，其余部分尽归当地林场使用。1980年，傅圆天大师十分关心黄龙观的恢复和建设，新建山门、老君殿、救苦天尊殿、黄龙殿、观音殿、玉皇殿、斗母殿等。

四川省志·青城山志

第三篇　文　物

第一章　古建筑

第一节　庙宇设计

青城山的古建筑以道教宫观居多，其中天师洞三清大殿等古建筑群已列入全国重点文物保护单位。道教用以祀神、修道、传教以及举行斋醮等祝祷仪式的建筑物，汉代称“治”，今青城山即为汉末所建青城治。晋时称仙馆。隋唐以后称“观”或“宫”。《广弘明集》卷十二唐释明概《决对傅奕废佛僧事》云：“张陵谋汉之晨，方兴观舍……杀牛祭二十四所，置以土坛，戴以草屋，称二十四治，治馆之兴，始乎此也。”道书《要修科仪戒律钞》卷十引《太真科》记有“立天师治，地方八十一步，法九九之数，唯升阳之气。治中央名崇虚馆，一区七架六间十二丈，开起堂屋。当中央二间上作一屋崇玄台。东为阳仙房，西为阴仙房”。对道观建筑作了一般的常规法式。但青城山的道观建筑，却自有其独特的风格。“它在选址、总体构成、平面布局、建筑空间处理和艺术特色诸方面，都达到了很高的成就。例如背山临壑的选址特点，串连式点线结合的总体构成模式。围绕一个核心灵活组织院落，‘穿过式’的人流组织方式，完整的空间序列设计，引人入胜、耐人寻味的含蓄性的表现手法，多种艺术的综合，朴素的艺术风格等等，以及贯穿在上面这一切中的创新精神和艺术哲学。”①

青城山建筑大都顺应自然，在环境清幽和地势险绝处建造宫观，且灵活布局，不强求严格贯穿的中轴线，而在隐、藏、幽、奇上用功夫，使建筑融入自然，与大自然浑然一体。它结合地势，吸取古代南方民族的干栏式建筑构架，用台、吊、挑、跌、梭、披、叠等方式，创造变不利为有利的奇变艺术，而又朴实幽致，给人以亲切感，颇似家居。

宫观建筑的基本组成，可概括为神殿、斋堂、客舍、园林 4 个部分。

神殿是道观的主体建筑和中心。天师洞的三清殿最具代表性，它采用重檐歇山式屋顶，高 12 米，殿宇阔 25 米，进深 12 米，建筑面积 300 平方米，坐西向东，横列五间，正中三大间为三清殿堂。两旁各一间为道教协会办公室，右接祖堂（住持所居），左连斋房。该殿共用大石 28 根（前排 6 根各高 4 米，用石狮等瑞兽石雕为底座），气宇恢宏。殿堂上空开一个八角方形楼井，名无极殿，既通风透光，又使人产生玄妙无极的敬重心情，全无压抑之感。檐前有垂带踏道 12 级，高 1.8 米，两旁石栏回护，上刻“天籁婴灵”群雕，排列有致，与内山门及东斋堂、西客堂，形成庄严雄伟的四合院。院坝中刻有太极图及十二生肖图，象征道生万物。该殿虽系 1924 年重建的木石穿斗结构建筑，但由于规划得体，工程精致，是道教全国重点宫观中不可多得的珍宝，1982 年被四川省人民政

① 见李维信《四川灌县青城山风景区寺庙建筑》，清华大学《建筑史论文集》第五辑，1981 年 9 月第 1 版。

府宣布为省级文物保护单位。2013 年，青城山包括三清大殿等古建筑群，经国务院核定，被公布为第七批全国重点文物保护单位。

斋堂，位居大殿左侧。集书画、联额、诗词、雕刻为一体。

客舍，处于偏静处单独设院，但接待客人的客堂一般居大殿右侧。

道观园林则因地制宜，以“幽”“奥”取胜。它采取“引景”“设景”“借景”等造园手法，既出奇以制胜，而又与山林融为一体。如常道观“西客堂”便是采取上述“造园三部曲”的典范。它先在入口处用青石雕刻栏杆设计大院小园，两旁种植公孙桔、山茶花，红绿相间，苔痕上阶，仿佛在引客人进此堂前铺设的地毯，此为“引景”，将客人从庙堂引入山林。客堂前后厅之间，有一小天井，因地势仄逼，只能随势堆起石山，上植本地特有的山海棠及青城兰、随手香之类，点缀风景，配以楹联匾额，使人移步换景，思接天外，此谓“设景”。后客厅名为“别一洞天”，为吊脚楼，设计成八卦形，既寓含道意，又巧夺天工。厅房用环形透景花窗，窗外回廊环护，开轩临四野，纵目望天仓山，如环形山水画卷，气势磅礴，此即“借景”之妙用。

道家多有传统的“风水术”，风水经典《宅经》亦被收入《道藏》，其选址注重环境生态。如天师洞背靠混元顶，左有青龙冈，右有黑虎塘，前方地势开阔，远处有三狮六凤，符合于“前朱雀、后玄武、左青龙、右白虎”的“四灵兽式”布局。方位东向略偏北，正对气口。山有来脉，水有活源，符合“枕山、环水、面屏”的模式。营建者又善于以建筑小品和自然景物的结合，组织空间，控制视野，形成导游线，把天然景物烘染得很有特色，使十分清幽的山谷变成很精彩的园林环境空间。其外山门“五洞天”更集中了青城山建筑的精华，从五洞天到集仙桥，步步引人入胜。内山门骑建在高高的陡坎上，通过长长的石阶贯入建筑群，使两层建筑在立面上显现四级三层的壮观景象。

青城山的佛教建筑有泰安寺、普照寺、白云寺，而以普照寺的古建筑最有特色。它依山傍水，构思奇特，其工程之巨大，规模之宏伟，布局之精巧，与佛教经典及佛屠灵异结合之紧密，实属罕见。其原始的宏伟格局虽部分被毁，但藏经楼及船形石舫式的普同塔，对于研究佛教建筑，仍具有较高的价值。泰安寺深山古刹的庄严，白云寺选址和构建的奇巧壮观，均堪称佳构。

第二节 亭阁造型

中国建亭历史十分悠久。自商周王室有大型宫苑开始，亭便作为独立的建筑造型功能而出现。亭乃有盖无墙的建筑物。至秦汉隋唐，各郡、州、府有驿道通衙连接中央到地方，亭作为行政建制和行旅驻马歇足的驿道配套设施，成为交通旅游的重要景点。常所谓“十里一亭，十亭一乡”。汉高祖刘邦早年曾为沛县泗水亭长可证。将亭引入名山胜水作为旅游观赏景点，始于何时，已很难稽考。但至少不会迟于两晋南朝。中国山水画、山水诗兴于此际，王羲之有传世《兰亭序》文墨迹可资佐证。唐人诗文方志，亦可作为中国建亭史的印证。古亭建筑有繁简二种：宫苑贵胄者繁，四柱六柱八柱，单檐重檐，或亭廊楼阁相系带，上覆琉璃之瓦，雕梁画栋，势极壮观；又有木柱青瓦，不假雕饰，以见端庄典雅。而民间或山林隐逸者则简。青城建亭，不迟于两晋南朝，它伴随宗教活动而同时产生。形成现当代青城亭阁造型结构风格，时间应不会迟于两宋时期。《舆地纪胜》永康军 108 景中，以亭命名者即近 10 处。而以建筑之楼阁轩榭为景名者，竟多达 30 余个，已可见当时建筑景观在宗教名山中的显著地位了。青城山现有的木皮亭阁，无论其立意造型或材质规划，均本乎老子或道家的基本哲学理念和审美观。道家清静无为，静以修身，归真返璞，顺其自然的玄易观，贯彻于山中一切建筑或曰人为设施的选点、布局、体量、结构、色彩形制之中。首先，亭阁选点布局，均讲究适应游人生理心理及山林景观特征之需。山势陡峭回环而景观之特胜者密之；山势平缓开阔而景观之不著者疏之。仅以青城前山诸宫观间游程不过25公里计，即有亭桥廊榭等景观建筑50余座，平均不超过500—1000米一个。密者二三百米，游人正觉需小憩而或有景可赏处，亭即随心出现，可谓亭随人意。故游人步道丹梯栈道，翠微飞瀑之间，殊无大累之感觉，偏多赏心悦目，亲和自然之情。其亭势或依危崖，或矗孤峰，或临断涧，或对飞瀑，或悬古洞，或傍老木，或宜近观，或宜远眺。尽随山势之婉转，丹梯之曲折，溪壑之幽深，灵境之导引。尽意点缀烘托名山幽深奇险雄秀灵奥之特色。其造型或为三角，或为四方，或为六角，或为八卦；有单檐重檐而多至四檐者；结构有单体，有套亭，有廊亭，有桥亭，有门厅各式。多以原木留皮节为柱，或以老木为依，或以生树构架，或以树根为凳，随势造型，应景生姿。亭盖多覆以木皮，以生竹层层相夹，迭迭相扣，偶亦有用竹片或茅草为盖者。暴雨不漏，炎天无暑。约二三年，亭盖上长满青苔岩花杂卉，一团绿意，与青岩黛色古木浓荫融为一体，其美意非深悟山林之乐者，不足道也。檐下吊斗撑弓，以枯藤树根盘结而成，亭额以古木残根剖就，上多古节透孔，托名人名家撰书之，刻而填以石绿，上复透明之漆，再配以对联雅文，切情切意，切时切景，切史切事，令游人观景赏文，自生无限遐想，自滋无限美意。

青城前山首先闯入游人眼帘的是并立于路旁的雨亭、翠光亭。这里双峰夹峙，视线狭窄。游人从山道上来，首先听到潺潺泉鸣，又见巉岩夹道，待山路回转，突从岩石后飞出亭角。急步绕过山岩，埋伏两边的虹桥和双亭突入眼帘，形成幽雅有趣的组合。

山阴亭在遇仙岩后，游人至此，如行山阴道上，应接不暇。前行即遇仙岩，岩上有遇仙亭。相传，清初有道士入山采药，见三老煮芋而食。道士入舍，倦倚壁眠，醒后人舍俱无，视怀中所揣芋，均为白石，始惊遇仙。

再前行，古树盘根，林涛阵阵，有亭名“泠然”，取《庄子·逍遥游》中“列子御风而行，泠然善也”的意境。道随崖转，迎面有桥亭，取名“凝翠”。“五洞天”为天师洞外山门，门外石拱桥，名“迎仙”。岩旁有结构精巧的奥宜亭，取柳宗元《永州游记》中“奥之宜者”为名，亭为三角形，有六柱十二角。3株大树穿过木皮亭盖，直上蓝天，体现“道法自然”。五洞天门内为廊式桥亭名集仙桥。传说，有几位仙人会于此，即兴吟诗联句：

语同道士乐长吟（吕纯阳）
天外飞来步碧岑（张三丰）
山喜来龙开大面（刘海蟾）
仙皆停鹤话同心（白紫清）
三台隐隐冲霄出（中　山）
九室层层入雾深（张三丰）
犹忆当年离世网（刘海檐）
飘然云路隐松阴（白紫清）

桥下缸子沱，碧水澄清，溪流淙淙。游人过五洞天后，视线被山崖引向左面，行至临溪屹立的翼然亭，天师洞的前榭及楼阁渐渐从隐藏的苍崖云树间显露出来。

天师洞三岛石风景点，在幽邃的环境中绕以3座造型奇巧的树皮亭。矗立在洗心池边的是听寒亭。“寒”字取自宋人赵汴《游青城山诗》中的“泉落寒崖响”诗句。“饴翠仙窠”环亭皆山，苍岚如黛。后有“上天梯”，崖斜梯陡，天光微露，攀登极险。

朝阳洞也有一依岩构建的廊式敞亭，国画大师徐悲鸿曾在此写生，留墨尚在。过朝阳洞即是援崖凿壁，设栏作道的“三弯九倒拐”。尽头山坳，亭号“壮观”，取“登高壮观天地间”的意境。其选址定点，极具匠心。

青城后山的“望云”“醉幽”等亭，都是山水风光的最佳观赏点，又能点明主题，创造意境，达到自然美和艺术美的和谐统一，引人情思。

寻仙沟的净根亭，更是巨型根雕艺术品的绝妙组合，它剖以棕杆为瓦，在青城山古代树皮亭的基础上又有了较大的创新。

附：青城山亭、阁、坊名一览

（前山景区）赤城阁、青幽亭、迎师台、西蜀第一山坊、玉微亭、楠香亭、缘云阁、水心亭、雨亭、翠光亭、天然阁、怡乐窠、映月廊、清心阁、引胜亭、天然图画坊、驻鹤庄、山阴亭、泠然亭、翼然亭、奥宜亭、五洞天坊、朝曦亭、慰鹤亭、听寒亭、饴翠仙窠、息心亭、清虚阁、访宁亭、问道亭、闻胜亭、卧云亭、壮观台、齐云阁、观日亭、悟真阁、寿生亭、悠然亭、云海亭、圣灯亭、呼应亭、老君阁、四望观、追云亭、访幽亭、半山亭、畔溪亭、吟风亭、翠荫亭、笋峰亭、步虚廊等。

（后山景区）青城后山坊、飞仙亭、丹霞亭、禅师台、凉风顶、金鞭亭、八卦台、青城后山秀牌坊、临江亭、怀故亭、翠岗亭、摩崖亭、圣母洞坊、仙鹰亭、凉风亭、伞亭、贡茶亭、黄龙亭、寻仙阁、净根亭、古印亭、牡丹亭、飞虹亭、青城后山坊、九天阁、水晶亭、梦晶亭、碧晶亭、玉晶亭、西蜀第一洞坊、泰安古镇石坊、古黄鹤桥、蜀醪榭、五龙沟坊、问龙亭、海漫亭、绿风亭、馨香亭、三潭雾泉廊、龙宝亭、龙隐峡坊、听泉亭、醉幽亭、山茶亭、石笋亭、三杈亭、又一村坊、临溪亭、憩仙桥、访桃亭、桃源别洞坊、相思亭、采芝亭、觅幽亭、竹香亭、爽心亭、熊耳亭、论禅亭、猴子垭、欲翔亭、礼佛亭、举义亭、浮云亭、望云亭、探源亭、来风亭、凤栖阁、九天桥、双泉水帘、步云亭、石穿潭亭、古甃亭、翠映廊、翠映湖坊、百丈桥亭、鸳鸯岛亭、玉女潭亭、闭月潭亭、幽谷飞泉坊、冷凝亭、清风亭、溅玉亭、虎啸亭、叠嶂亭、访仙阁、飞泉沟坊等。

第二章　古遗址

第一节　史前芒城遗址

芒城遗址处在由岷江古河道与青城山五里沟交汇冲击形成的台地上，四周原为低洼的沼泽和平原。遗址坐西向东，背山环水，南北长约360米，东西宽约340米，面积12万余平方米，略呈方形。由于该遗址的四周原有内外两层残高1—2.5米、间隔约20米的城墙围护，整个遗址最初像刻在平原上的一个“回”字。这种具有双层护墙、形状方正规整、保存较好的史前遗址全国少见，蕴含着古蜀文化的丰富内容。

1996年至1999年秋，都江堰市文物局配合成都市考古队和日本早稻田大学，对位于青城山下的芒城遗址进行了3次大型考古试掘。在10000多平方米的范围内出土了石斧、石矛、石锛、石凿等几十件石器和数以万计的陶器残片，发现了灰沟、木骨印痕的红烧土块和残存的内外城墙等遗迹，堆积最厚处约60厘米。初步证实了芒城是一处相当于中原龙山时代，距今约4500年的新石器时代晚期遗址。其存在时间相当于史前舜禹时代。芒城等四川成都平原史前古城址群被评为1996年全国十大考古发现之一。它们的发现为揭示夏商时代三星堆古城文化的渊源关系提供了证据，对进一步探明长江上游地区文明起源，推动古蜀文化研究具有重要价值。2001年7月，国务院将成都平原史前城址（芒城遗址为其一部分）公布为全国重点文物保护单位。

第二节　齐基县城遗址

《蜀中名胜记》引李膺《益州记》云：“南齐永明（483—492年）初置齐基县于青城山东，筑土城，周五里。”该县置于永明元年（483年），废于北周天和四年（569年），历时86年。城址不详。今青城山镇青景村境内，长生宫东南有一道高出农田且有人工夯筑痕迹的大土埂，上段沿飞赴寺山沟，下段转弯不沿山沟，而西入芒城村下迄大观镇境，似为齐基县故城墙遗址。

该土墙原系范长生筑城自保的土墙，亦即《华阳国志·蜀志》所言“西晋元康初，蜀乱。有涪陵民千余家，在江西（按指都江堰市的岷江以西），依青城山处士范长生自守”时所筑的土城。《资治通鉴》卷八十五记载：“太安二年（302年），李雄据郫城，野无烟火，士卒饥困。”可见当时由岷江以东的成都平原百姓逃亡，衣食不保。而青城山一带却因范长生筑土城武装自卫，得保安全，且有余粮资助李雄。其城址一直存在，到南齐时因此基础设齐基县，统领青城山以及文井江上游和今汶川县水磨镇一带地区。后一度升为齐基郡。北周天和四年（569年）废齐基县，设青城县，县治从青城山东麓迁往大皂江侧。

第三节 青城县城遗址

遗址在今都江堰市原徐渡乡古城村杜家墩子，青城山东南16公里处，北距都江堰市灌口22公里。古城遗址在岷江西岸附近的台地上，高出周围地面2米，面积约3800平方米。清道光年间曾掘出残碑，上有“青城县西门羊市”刻字。1974年2月，农民开荒得一铜印，据四川大学历史系调查组研究，上刻篆文为“缄縢”二字，此印是当时官府公文封泥的印章。另有汉、唐、宋历代陶瓷砖瓦碎片等物出土。

《旧唐书》卷四十一《地理志》云：“清城，汉江原县地。南齐置齐基县，后改为清城，旧字青加‘水’，开元十八年（730年）去水为青。”

该县建于北周天和四年（569年），废于元至元十三年（1276年），是一个有707年历史的名城。

杜光庭《录异记》云：“青城县西北二里有老君观。门东上有一泉，号马跑泉。水味甘美，四时不绝，春夏如冰，秋冬反温。昔老君与天皇真人会真之所，其泉是老君所乘马跑成，即冲妙观也。”

青城县西有马祖寺，建自唐初，名承天寺，宋时名香林院，澄远法师依云门悟道处（其地后为徐渡职业中学校校址）。

第四节 汉晋古丈人观遗址

遗址在青城天国山中，地属都江堰市原两河乡。古《崇庆府图经》引杜光庭《青城山记》云：“古丈人观，自魏晋以来，置在天国山中，乃属崇庆界，去（永康）军百里，林谷夐远，唐开元十八年（730年），刺史杨励迁令君像于今鬼城山下，别立殿宇。故基乃在今崇庆府天国山中，昭融寺崖前。”杜光庭云：“敞丰祠于炎汉之年。”再印证《云笈七签》所引汉东方朔《五岳真形图序》：“拜清城为丈人，署庐山为使者。”又云：“清城丈人，黄帝所命也，主地仙人，是五岳之上司。”则证汉代已有古丈人观。

第五节 宋代会庆建福宫遗址

遗址在青城山建福宫下方，丈人山一侧。1956年因修路出土宋代《会庆建福宫飞轮道藏记》石碑。1958年以来，农民刘治国等人因建房掘出宋代石缸及“金城永固”条石，刻有“建福宫藏殿供具”的石器。1985年，农民廖汉清又在建房中掘出须弥座台基、石蜡台及陶片等。

1990年12月，都江堰市文物局、成都市文管会和中国社会科学院考古研究所四川队，共同试掘了青城山古代建福宫遗址，成为道教宫观遗址考古科学发掘的首例。

从遗址发掘看来，宋代盛极一时的会庆建福宫的毁埋，与宋宝祐三年四月（1255年5—6月）

成都地区大地震有关。由于明代蜀王崇佛抑道，据丈雪通醉《耆老篇》记载，该处明代已被山下香林院据为佛寺。明代焦维章《游青城山记》亦言“凡数转抵建福宫，宫亦荒墟不治，其前诸山蒙茸苕峣，望可千仞，惟贫僧数人，茗浆不具”。到清代始得修复。

附：青城山市福建宫遗址试掘收获及其意义①

四条探沟选择在已暴露出前壁的“一号台基”位置上方的一小片空旷菜地上，是倾角约在20°左右的坡地，该地点海拔约770米，在青城山丈人峰侧的白岩（海拔1138米）以下的山坡的下方。坡下是居民点，公路从旁经过，坡上则是坡度渐陡的山林。由于遗址被大量的山石倾泻物覆盖，埋藏很深，有两条探沟都因此而受到影响，无法继续发掘下去而中止。另有两条探沟发掘到一部分台基面，尤其是揭露到西廊与一号台基的接合部，以及一号台基的一段西侧壁，从而对该台基的建筑平面结构有了更多的了解。

一号台基高约2米，长约21米，正面均已暴露出来，西端保存尚好，东端已残毁。台基方向为南偏西30°，结构为束腰须弥座形式，以石砌包边建筑；设计和制作精巧。正面有精美的雕饰，上下均施莲座，束腰部分现存五组壶门雕刻，分别为浮雕动植物图像，有菊花、茶花、牡丹、莲荷、奔鹿和龟（?）等，刻绘俊丽。从雕刻的总体上观察，既有犷达大度的特征，又有细腻秀巧的成分，兼有唐宋两代遗风。台基突出约3米，与西廊连为一体，廊沿上有护栏的痕迹，正面壁上也有与台基壁面同样形式的雕刻。台基平面以较规则的方形石板铺面，配合严密而整齐。台基的气势雄大、装饰华丽，反映了建筑的规模不同一般。但是从台基的后侧壁看，不见雕刻，配置也较简单，明显不如正面讲究。

从试掘的地层堆积来看，包括台基在内的几乎整个遗址，被大量滚落的山石沉积物所覆盖，已见最厚处可达3米左右，有的地方可能会更厚。堆积物中有近一半的是砂岩巨块、碎块，其余是砂砾与泥土的混合物。迹象表明，这厚厚一层堆积，似一次性造成的，不像是逐渐多次沉积起来的堆积物。因此，很可能系一次自然灾害，如泥石流或地震等形成的遗象。砂砾覆盖层中，表土部分已经晚期扰动，在大部分砂砾层堆积中则未有扰乱，其中只发现一些宋代陶瓷片等少量遗物，不见宋代以后的遗物，因而初步可以断定，这些覆盖堆积大约是南宋后期形成的。

在台基面和遗址原地面，有一层30厘米左右厚度的瓦砾层，应是建筑坍塌时的遗留。其中木质物均已朽蚀不存，只能找到木头上的一些铁钉，个别地方泥土上遗有少许红漆痕迹。发掘出的一台基部分，已经加以保护，故尚未作解剖清理，台基外的原地面也未作进一步挖掘，其下的遗存情况不详。

出土的遗物，包括陶瓷器、玻璃制品、瓦与瓦当等，还有一些建筑石构件残块，如栏石、柱础石等。另有一枚铁钱币“□元通宝”，从尺寸与形制等来看，应为“宋元通宝”。陶瓷器多为本地所产粗瓷，质量较低劣，施青釉或酱釉，胎质较差，造型一般为敞口、斜壁、浅腹的圈足碗，多元纹饰。质量较好的见有仿建窑的兔毫纹黑釉深腹小圈足茶盏，胎、釉均较佳，造型较好，艺术性也较强，惜均为残件，不能复原。另有仿定窑的白瓷片若干，有的内有压印纹饰，制作也较精致。所见瓦片堆，只发现一碎块宋砖、厚5厘米、宽18厘米，长度不可确知。看

① 作者：叶茂林，该文刊载于《考古》1993年第10期。

来，可能此处建筑中一般不使用砖。瓦均为泥质灰陶，分为筒瓦和板瓦两种，板瓦长35厘米、宽23厘米、厚1厘米。瓦当以兽面为主，也见有瓶花等花卉纹饰。还见一件灰陶脊兽，造型和雕刻较好。兽的唇部薄而长，颇同于三星堆青铜人像的唇部样式，较为少见。琉璃制品发现较多，皆残，有琉璃瓦、椽头瓦当，琉璃脊饰等，以绿色为主，或绿、褐、黄三色相配，雕、塑与色釉结合，制作甚好，均为泥质红陶胎，有少数脱釉，但多数釉层保存极好（这批琉璃件，很值得研究）。

出土的天目釉（兔毫黑釉）瓷茶盏，反映了唐宋时期饮茶风之盛对道家也有着明显影响，提供了青城道家茶史的新资料。

遗址所处位置，与文献记载吻合。遗址出土物中，曾见有《会庆建福宫飞轮道藏记》碑且多方面得知其建筑的规模与规格，可与文献的记载的盛况程度相对照，甚至在具体内容上弥补了文献记载的不足。对遗址的保存情况、堆积情况，都有了更确实的了解。更可喜的是，还获得解开建福宫毁埋之谜的初步线索，为进一步研究、探讨提供了有利条件。

第六节 长生宫遗址

长生宫位于青城山麓入山处，为晋代范长生修真故址。观中原有巨楠一株，高数十寻，围三十尺，世传为长生亲植，丹光赤霞时现其上。

宋《舆地纪胜》云：“长生宫，旧名碧落观，在青城县北二十里，有范寂字无为，刘先主时栖止青城山中，以修炼为事，先主征之不起，就封逍遥公，得长生久视之术，刘禅易其宅为长生观。”陆游在《剑南诗稿》中有《长生观观月》等诗，并曾见唐末孙太古所绘范长生像。

范成大《吴船录》记有游长生宫事：“甲戌，下山五里，复至丈人观。二里早顿长生观，范长生得道处也。有孙太古画龙虎二君，在殿外两壁，笔势挥扫，云烟飞动，盖孙笔之尤奇者。殿壁又有孙画味江龙一堵，相传孙欲画龙而不知其真。有丈人过云：‘君欲识真龙乎？’忽变而夭矫，孙谛视画得之，视稍久一目遂眚，即此画也。旧壁宣和间取入京师，临行道士慕名笔摹于新壁，今所存者摹本也。晚宿范氏庄园”。长生宫在明末毁于战火。清光绪六年（1880年）由道士杨元茂主持修复。入山门有棵百余年大紫薇，林荫深处，依次有三重大殿：前为灵官殿，拾级步入正殿，有范长生像，上为经楼。殿前两根大石柱，有联云：“开国搜蜀才，蒙昭烈帝临存，英雄名士各千古；栖真得元寿，赐逍遥公爵号，富贵神仙有几人。”其旁又有联云：“东晋尚清谈，功德在民惟隐士；西川曾保障，英雄退步即神仙。”

侧壁有诗碑。其中有唐求的《长生观》诗和陆游的《长生观观月》诗。

存诗碑有清人黄云鹄《光绪六年谷雨长生观晓起听仰之道人弹琴》（碑被埋中兴仓库地下），诗云：“山深晓宜睡，入帘花气香。起来面层嶂，万汇熙朝阳。道士弹高山，使我百虑忘。范贤傥可即，千秋共徜徉。”

后殿是三清大殿，一对石狮作础，石柱耸立，比前殿稍高。前后殿之间，隔一宽敞的天井。

1938—1945年，成都私立荫唐中学校曾迁此避日军空袭。作家碧野曾在此校任教。

1951年仍有正殿三重，连同斋舍共66间。1954年改作粮食仓库。1969年，养鹿场于此收饲料，不慎起火，殿宇毁去大半，林木受损，其后改为青城制药厂。1989 年 9 月，中共灌县县委拆除所遗殿宇修建山庄，1990 年 5 月建成鹤翔山庄。

第七节　玉堂岐山唐宋古窑遗址

遗址在都江堰市玉堂镇岐山村南 200 米，面积约 2.5 平方公里，上下分布 18 个窑包，人称“上九堆、下九堆”，俗称“羌窑”。窑包范围内遍地瓷片瓷具，堆积层有的厚达 5—10 米。四川省博物馆和灌县文管所于 1977 年 11 月 5 日至 12 月 25 日进行试掘，在罗家窑包和何家窑包各开了一个 5 × 5 米的探方。探明：窑炉为长条形斜坡式龙窑，全长 42.9 米，内宽 1.76 米，残高 1.04—2.08 米，由火膛、前后窑室、隔墙和烟道组成。出土夹砂陶制窑具 24 件及器物 953 件，上有“咸通”“广明”“淳熙”字样。还出土有唐代开元通宝、宋代皇宋通宝等。已定为唐宋时期窑址，为全国重点文物保护单位。

第八节　其他遗址

一、石天地、石日月、捧日寺遗址

李膺《益州记》云：常道观有“石天地，上圆下方，阔一丈二尺，有十二角”。宋《舆地纪胜》载：“石天地，天形有十二角，地形正方，阔六七尺。或云即誓鬼坛。”可见梁时李膺所记的“石天地”，宋时尚见，在今天师洞，为汉天师张陵立此为誓鬼（即与古代的鬼族人为誓）。

石日月亦在常道观附近。《益州记》云：“观东石刻日月，各阔五尺，厚一尺二寸，相对。柱上乌兔辉烁，方圆磅礴可睹。”《隋书·地理志》：“蜀州青城山有石日月像。”《舆地纪胜》云：“石日月，在延庆观东北，月在溪西崖中，相向而立，并径五尺六寸半。天师置之与鬼誓。”又《历世真仙体道通鉴》卷一十八《张天师传》云：“（天师）领弟子迁鹤鸣山，筑坛以醮太阳太阴。”可见古代居于青城山的鬼族本有信奉日神、月神的自然崇拜。张天师用其旧俗，立坛与鬼族人为誓，使其族人改信天师道。

《舆地纪胜》载：“青城山中有捧日寺。”考其遗址约在今中兴镇金杯银壶峰侧。

二、羊马台、三师坛遗址

梁人李膺《益州记》云：“入（清城）山七里，至赤石城，有羊马台、三师坛。”

唐人杜光庭《修青城山诸观功德记》云：“青城即第五宝仙九室之天也。……其峭壁复崖，矗如雉堞，赭若飘霞，谓之赤石城，亦名为天国（谷），同体异称，盖一山耳。昔汉祚陵迟，人鬼交杂，鼓氛吹毒，代杀生灵。太上命正一真人三天张君，自渠亭鹤鸣，顿驾兹岭，行明威之法，清涤林泽，折冲万里，拔鬼城鬼市。刻石为天地日月、羊马台、三师坛、命魔幢，以誓鬼神。”

宋《舆地纪胜》云：“羊马台在赤石城崖上，乃天师与鬼誓，形如羊马，故称羊马台。”

明《永乐大典》卷 2604“台”字引《元一统志》云：“羊马台在灌州赤石城崖上，乃天师与鬼誓（之处）。形如羊马，故谓之羊马台。或云：羊马自鸣，此山常有白日升天者。”王家祐认为：“张陵与鬼誓之鬼，乃指‘羌’族。蜀羌族以‘魋雀’为神鸟，即‘瞿堆’（离堆）。故知此‘羊马’实‘羊鸟’（祥鸟魋雀或青鸟）之误讹。《历世真仙体道通鉴》卷18张天师传内有‘鹤鸣山服五云气，其间石鹤鸣则有升天者，先是章和间其鹤鸣焉。’”此句下有小字注云：“羊马台在赤石城崖上，或云：羊马自鸣则有升天者。天师居鹤鸣山，此‘羊鸟’频鸣。传文‘后居渠亭山’下，有小字注：云邛蜀之间，人被其（鬼族）害。天师居蜀之瞿亭石室（梁作瞿，本皆音译，唯瞿大眼鸟音义双关），命神人运青城玄石以镇其（伏鬼井），鬼妖遂乃绝。”（见《四川宗教》1994年第5期王家祐《鹄鸣神山治考》）

杜光庭《道教灵验记》记：六时水“所出处，在天仓巨岩之前，宗玄观南，三师坛侧。”宋《舆地纪胜》亦云：“三师坛在六师（时）岩下，昔天师戒鬼之后，蜀人立坛以奉三师。三师者，天师（张陵）、嗣师（张衡）、系师（张鲁）是也。”

从上述史料推测，古之羊马台、三师坛，均在青城天仓山之阴，在金鞭岩、神仙岩、鸡公岩山麓，响水洞至楠木树一带。古六时水在今天仓山马蹄石山沟起水处。李膺入山系走太平场，里程大致相近。金鞭岩一带峭壁复岩，矗若雉堞，赭若飘霞，地望相符，又有鸡公（雄雉）时鸣。八卦台有古道观遗址，规模宏大，疑为古之储福宫。

三、玉女洞遗址

明《蜀中名胜记》引宋人王象之《碑目》云：“《隋刺史薛道衡摩崖碑》在玉女洞后。”按《永康军碑记》，“洞”字作“祠”。

宋《舆地纪胜》云：青城“山有玉女洞，亦曰素女。”明杨慎《山海经补注》：“素女在青城天谷，今曰玉女洞。”

民国《灌县志》云：“玉女洞刻石，残。《灌记》云在（上清宫）大字崖南，清光绪初，大雨山裂，石壁间露‘玉女洞’三字，‘洞’字缺，‘玉女’尚完好。”其位置在上清宫观日亭下数十步处。因年久岩崩，洞口难觅。古籍所记“玉女洞”与“玉女房”相同，李膺《益州记》云：“其房凿山为穴，深数十丈。”当系古崖墓（崖舍）之类。

四、飞赴寺遗址

遗址在今青城山镇青景村原青城四绝厂之西，青城山东麓飞赴山下。《神僧传》云：“青城有异僧，出入井中，赴供长安，顷刻复还，乃赐名飞赴寺。”

宋《方舆胜览》云：“飞赴寺，在青城县飞赴山下，旧名昌圣院，乃唐左军容使严君美宅，有四望亭”。《舆地纪胜》载吕汲公（吕大防）诗：“最胜西峰下，林梢四望亭。江山观掌握，梁益布丹青。”《丹渊集》载文陵州（文同）诗：“平林露层巘，上独置孤寺。仙群驭飞驾，往往赴于此。风光幡影乱，日落钟声起。谁可谓诗豪，兴来吟万纸。”

五、鸿都观遗址

遗址在今都江堰市中兴镇三溪村董家坪。地当唐明皇登青城山上皇观的中途。《仙传拾遗》云：“杨通幽，本名什伍，广汉什邡人。幼遇道士，教以檄召之术。……玄宗幸蜀，自马嵬之后，属念贵妃。近侍之臣求访方士。或云什伍有考召之法，征至行朝，于内置场，以行其术。”（什伍以开元中明皇赏赐贵妃的金钗钿合、玉龟子呈帝）“帝潸然良久，曰师真得道之士也，赐名通幽，特加礼异。问其所受之道，曰臣师乃西城王君青城真人。”

六、五代前蜀行宫遗址

遗址在青城山上清宫的玉皇坪，前蜀皇帝王衍于此建行宫，柱础犹存。

第三章 古 碑

第一节 大唐开元神武皇帝敕书碑

〔正文〕

敕益州长史张敬忠：顷者西南阻化，徭役殷繁，山川既接于夷戎，县道有劳于转输。自卿镇抚，百姓咸安，革弊迁讹，良多慰沃。岁阴寒极，比平安好，今赐卿衣一副至领之。蜀州清城，先有常道观，其观所置，元在青成山中。闻有飞赴寺僧，夺以为寺。州既在卿节度，检校勿令相侵。观还道家，寺依山外旧所，使道佛两所，各有区分。今使内品官毛怀景、道士王仙卿，往蜀川等州，故此遗书，指不多及。

敕 十一日

开元十二年岁次甲子，闰十二月十一日下；十三年正月一日至益州，二日至蜀州。专检校移寺官、节度使判官、彭州司仓参军杨璹，蜀州刺史平嗣先，清城县令沈从简

〔碑阴〕

剑南道节度使 常道观主甘遗荣书

蜀州清城山常道观 王虔穆 上行琮

右内品官毛怀景、道士王仙卿等使至，伏奉闰十二月十一日墨敕：蜀州清城，先有常道观，其观所置，元在青成山中；闻有飞赴寺僧，夺以为寺。州既在卿节度，检校勿令相侵。观还道家，寺依山外旧所，使道佛两所，各有区分者。臣差判官宣义郎、彭州司仓参军杨珣，往青城山准敕处置，其飞赴寺佛寺及僧徒等，以今月九日，并移于山外旧所安置讫。又得常道观三纲甘遗荣等状称：奉敕移飞赴寺依山外旧所，观还道家。今蒙使司对州县官及僧等，准敕勒还观讫，更无相侵者。其山先缘寺界所有竹木等，寺既出居山外，观今置在山中，务使区分，不令侵竞。臣已牒所管州县，亦许观家收领讫，谨附采药使内品官毛怀景奏状以闻，谨奏。

开元十三年正月十七日，左散骑常侍、益州大都督府长史、剑南道节度大使、摄御史中丞、本道采访经略大使、上柱国张敬忠上表。

〔碑阴下截〕

上座蔡守仙 监斋勾灵相 道士杨悟玄 道士樊务道 道士向虚己 山人寇道安 玄士范仙舟

〔碑侧右〕

金紫光禄大夫、太常少卿专知礼仪集贤院修撰、上柱国沛郡开国公韦縚，中大夫行内给事、上柱国张奉及等，并亲奉圣旨，令检校内供奉精勤道士、东明观主王仙卿，就此青城丈人灵山，修斋设醮，并奉龙璧。庚午岁开元十八年六月七日庚申，入净斋醮，十一日甲子，敬投龙璧。京兆韦縚。

〔碑侧左〕

修功德下傔、内侍省内供奉皇甫承恩、尊师侍者、道士袁宾王、道士张守化、张仙宾朝议郎、行青城县令薛琦、通直郎、行主簿杨晓、专知功德、儒林郎、行尉高赵宾、敕使从官、太医监郭孝宗、银青光禄大夫、蜀州刺使、上柱国昌平县、开国侯杨励本、敕使孔目判官、前益州新繁县主簿韦婴

（碑存天师洞。碑高131厘米，上宽57厘米，下宽63厘米，厚11厘米。虽渐剥蚀，碑阴及左右尚完好。敕书乃观主甘遗荣勒字，晋原吴光逵刻石。“敕”字纵横各五寸，飞白书，其下署年月守吏为八分书。）

第二节　修青城山诸观功德记碑

《真诰》云：大天之内，有十大洞天，中有日月伏根，三辰之精，光照洞中，明并二景，皆金城玉阙，真仙所都。青城即第五宝仙九室之天也，宁君居之，黄帝乘飚车，受龙蹻之道，拜君为五岳丈人，司掌群岳，辙迹坛址，于今尚存。岳神于绝岩之上，六时洒水，以代晷漏。西极总真王君，又领万仙，镇兹洞府。自然神灯，照烛林壑，值雨增焰，因风散化。其峭壁复崖，矗如雉堞，艳若飘霞，谓之赤石城，亦名为天国，同体异称，盖一山耳。昔汉祚陵迟，人鬼交杂，鼓氛吹毒，代杀生灵。太上命正一真人三天张君，自渠亭鹤鸣，顿驾兹岭，行明威之法，清涤林泽，折冲万里。拔鬼城鬼市，刻石为天地日月，羊马台、三师坛、命魔幢，以誓鬼神，各司昼夜；丹笔画山，青崖中断，笔迹在焉，经图攸载。绝顶曰上清宫，首冠诸峰，秀出云表；傍有天池，旱潦如一。下曰接龙桥，石梁悬架，信灵山之窟宅也。常道观顷为僧所夺，开元十二年甲子，特勅移归山内旧所，御碑存焉。诏赐丈人真仪，以祠宇为观，是日仙云成盖，甘泉泫空。洎天宝西巡，望山祷醮，卿云散郁，灵蛇效祥。中和辛丑岁，僖宗驻跸成都，封希夷嘉号，驿骑降止，龙吟涧中。寻以灵应，迭申斋荐，神钟自响，仙炬遍山。肉角金蛇，具于坛上；枯棕再茂，六干重生。符瑞骈罗，咸编青史。景福元年壬子，址峰之上，石逆泉飞，危殿岿然，当流不坏。自此一派，隆冬弗衰，注于中厨，无烦汲引。非造化至神，孰能与于此也！山中有丈人、常道、威仪、洞天诸观，岁祀绵远，颓毁者多。前宰博陵崔正规、渤海吴廷休，并加缮饰，将复旧基。旋属辇辂省方，部邑供亿，不遑缔葺，渐至斁隳。虽芝检奔驰，星车旁午，十年之内，无所增修。癸丑岁，县令南郡莫公廷乂，奉勅常醮，躬行奠礼，阅其胜异，痛此榛芜。不率私财，不侵公用，二年注意，两观鼎新。福地山祠，各设其位，刻石为像，用图永年。观其虹缭回廊，翚飞广殿，明缀乌兔，色笼烟霞；云栋风窗，金碧交映，虬簷鸯溜，丹翠相辉，俱斥淫奢，克全大壮。复命赐紫大德张素卿，图九江五岳之主，十山四渎之神，妙极丹青，弥加焕丽。或周天展醮，或黄箓开坛，报国为时，惟严与敬，固可以会真灵而福邦国也。又老

君观宸容暴露，栋宇倾摧，示懋厥功，创为兴置。夫自然之化，无为之风，宏之者至人也，勤之者上士也，勤宏不怠，惟公得之。（下记莫令治绩，颂文六百四十言，从略）光庭早熟馨芳，初窥崇葺，辄书事实，非敢谀词。

乾宁二年乙卯九月二十日癸酉　杜光庭记

（唐昭宗乾宁二年即公元895年，原碑已佚。碑文见《全唐文》卷第九百三十二。）

第三节　青城山会庆建福宫飞轮道藏记碑

依出土石碑的原文行次：

（一行）□□山会庆建福宫飞轮道藏记

（二行）□□□□飞轮藏所□□经赤□海□文将悉贮之□□□石东观者也盖物有离合涣散萃聚之不同以吾一耳目之视听虽贫且窭可使杂陈于前左裕右丰修习游观无□□□□□□□□

（三行）□□□经□□储□□□王府□谓□□□□□□□□□□□山义则然也然今之所谓经者于楮于笥于笔于墨而藏则于工于木于斧于削耳道家之书与藏及宝笈云函□□□□□儒□□

（四行）□□也肇自太极之□□□象帝之先洞真十二尊经蕴在大洞玉清境藏中洞玄十二真经蕴在大洞太清境藏中洞神十二部真经蕴在大洞太清境藏中五音合庆□□□□欲□□龙□□

（五行）□□□玉□□其经非楮非笥非笔非墨之所能（为）□于空明之中是于太虚之表琼台藻宫无毁无坏不生不灭先天后天湛然自若则其藏不工不木不斧不削之□能□□□□□日之□□

（六行）□□□以兆亿记也斯世之所□□□□□□□□至三皇时已名下音□之相传万有三千余卷自秦始皇灰烬之厄其数已减至六千三百有奇矣讫今只有五千二百余卷□□□有神□□

（七行）□□归元圃者尚赖葛□翁□□□□□□□□□□□自太极授以三十六部静藏所谓九幽忏有神洞品中纂集之余耳汲冢鲁壁盖已儒书不幸中之幸秦焉能火天书云箓也耶□□□□□

（八行）国家自（下空不详）

（九行）□宗以来以仁德□□□万机之暇（下空不详）

（十行）□道家之书（下空不详）

（十一行）□宗皇帝制为道藏经序以宝文统录名之盖王钦若之请也（下空不详）

（十二行）□宗皇帝于□□中有玉虚殿亦自制飞天法轮道藏经序□元始于始青之天垂一宝珠大如黍小于珠其中容受十方演说妙法盖（下空不详）

（十三行）□□□□□□□者之所□藏耶道经始于三洞藏列于三清则盖有自来矣夫大道无名杳杳冥冥理而为气则为阴阳列而为形则为天地一二三四则数矣山岳海河则蒙矣君臣父子仁义

（十四行）□□□□□今矣然贤愚邪正喜怒哀乐以识名色堕在生死海中皮毛齿革飞走蹄□扰扰万绪起遂于金台所以酬□赤文所以漏秘垂教垂化度生死海生天人间而经生焉藏以藏经名曰

（十五行）□□□□涉于象数□□真之君子是有为之功德也若蜀名山洞府青城为最今龙宫山后石室□□空幽邃宁真君故隐也昔黄帝师焉帝后拜真君为五岳丈人古观在天国山中今宫名□

（十六行）□□唐开元间所建耳□□□□□□□真君于龙□劫应□三谛说洞真十二尊经于赤明劫应□可以说洞元十二尊经于上皇劫应在太清说洞神十二尊经□现人间圣迹昭著于其地

（十七行）□□道藏之□□□□□□□论源流张本当自真君故□□始传□之石室其火（失）于蜀学与佛之（兴）舍飞舍□塔中则名州阿育王院是其故实在处建塔今犹未已也岂真君故隐道藏之所□

（十八行）似化出象数千余□未有一人讲明其事而创建经（藏）得非坠典也哉于是有右街道录主管教明（然）□悟真子（奉）能（为）常侍舍富贵（尊）豢之身野衣黄冠栖心真洁志慕高风慨然欲经始之□□□

（十九行）□五（圣）□□□无难色夫逊道之基莫大于舍所□□可以□□□蹈水赴火□□一□一粒其事□□躯天下皆□也□而悟真子既捐其身又能捐其宝玉之藏卜宫之东建一大殿创修轮藏

（二十行）□□□不以移愿心□□□□□苦悲□一土一木一工一斧□□□之又未尝有□色□□□□七尺□宫（德）□□□□□心负米而至负石负材而至负金帛负楮币而至牙签玉轴□有□

（二十一行）□□而至（乎）殿与藏于是乎成矣万□鳞（聘）法苑尊严□□□□金形开□龙虎卫护神丁壮士□□□（停）元□□闻字字□（布）生敬心人捐财转（藏）一转百转至千万转罪业消灭功□□□宫以

（二十二行）□□□而□□□□□□色则其□中必有□□□□□□□□□耳夫能为人之所□能若出于天□者如此当有□□□□□期至诚上通天不我负宁知月露凄清林壑晴倩无□□□□（饮）以

（二十三行）□□□兴□翻霄汉间耶大□道藏之经其□□□□□篆□□医卜方伎□□□说矣不愿载□□□归以黄帝老子□□昔老子将出关尹喜强之著道德上下篇五千言尝观□□□以存神

（二十四行）□气清静（无）为为宗有谷神章有载营魄章有视□□□□□□有无为章是□□□□□□□□以观其妙常有欲以观其徼与夫有之以为利无之以为用及有物混成先天地生寂分寥兮独

（二十五行）立而不改周行而不殆□□□□□□气清□□□□□□□□□□（卷）□□□□□□道所谓□近上德皇□□□□□知乃昔之柱下史哉庸知即真君也耶学者论黄老□□□人道家

（二十六行）者存神（下空不详）悟真子然为象飞轮较擅施之厚薄而竟起是非（则）悟真子□颡泚矣昔蒲宗孟□□□□（五）颂

（二十七行）（缺十三个字）陈□元借□□□□以（下空不详）太清明道两宫各有经藏阅十未一二移江都载籍中绝焞诚□有志于斯道□□（敢）与论

（二十八行）（缺二十二个字）辰翰昭著併令□□□□街都道录刘能真为师焉职位则（下空不详）

（二十九行）（缺或空廿四个字）永康军兼管内劝（农事）王焞撰朝奉郎新差通判汉州军州事赐绯鱼袋王□拱辰□书□□□□□住山□□仙元□□立石

（此碑原系繁体字竖刻，为排印及阅读之便，改为规范化的简体字横排。原碑一行，现为一段。古碑中有部分字迹已剥蚀难以辨识，用□符号注明缺几字，或在括号内注明缺或空若干字及下空不详。括号中的填字为王家祐先生根据残字所补的字。此碑出土后即断为二截，后埋入建福宫山门前路中。）

附：王家祐《青城山道藏记》校录记

此碑于1956年出土于建福宫，同时有宋玉璧一枚及陶小杯四个伴出，或是立碑时投龙之物。碑高约3米（未见碑额），宽2.24米，共29行，满行75字。书法为楷书，其为宋碑似可肯定。

碑出土不久即毁，幸常道观易尊师手拓一孤本得以传世。珉枫子幸得校录以存迹。今将校录记刊行，以就教于尊师及大雅之士。

（一行）“会庆建福”

按：绍兴32年（1162年）孝宗即位，朝献景灵宫，以生日为会庆节，始见会庆之名。乾道元年（1165年）十月，金遣高衎来贺会庆节；始见外国使入贺，此后每年十月皆见贺会庆节之事。淳熙丁酉四年，赐青城丈人观为会庆建福宫，此年为公元1177年。据“会庆建福”之名，似碑立于南宋孝宗时。

宋范成大《吴船录》：“本朝增崇祠典，与潜庐皆有宫名，此独号丈人观。先是其徒以为言，余为请之朝。李焘（丹棱人）仁父适为礼部侍郎，上议曰：按《河图括地象》岷山之精，上为井络，帝以会昌，神以建福。青城实岷山第一峰，会庆又符诞节之名。乃赐名会庆建福宫。余将入山而敕书适至。乃作醮以祝圣谢恩。”

范氏所记“此独号丈人观”，可见在淳熙四年（1177年）前确无会庆之名。宋洪迈《夷坚丙志》蜀州红梅仙条记绍兴中（1131—1162年）资中李石遇仙事云“青城丈人观神仙窟宅也”。是可证在淳熙前绍兴中此观确名丈人观与范说互证，可无疑义。

陆游题丈人观诗句“黄金篆书榜朱门”，是赐名后情况。《宋朝史实》“玉清昭应宫成，凡宫殿名门，无虑五十余所，皆御制赐名，亲书填金。”是知丈人观之“黄金篆书”实即宋代正规之皇帝御书也。

以上说“会庆建福”之名在淳熙后。

然宋宫本有会庆殿，仁宗天圣五年（1027年）帝率群臣朝太后于此。《宋会要·道释》“元符二年（1099年）赐袁州县化禅院塔额曰会庆。”似会庆一名亦万一有早于淳熙之可能，但未足以翻案。

（一行）“飞轮道藏记”

“飞轮道藏”在12行又称为“飞天法轮道藏”。道藏是指道教的经藏，故此碑首段概述道教经藏源流情况。“飞轮”或“飞天法轮”是道教对经藏的尊称：飞是指飞升于诸天的仙人，轮是指教法圆融的体象。飞天法轮者指：仙道要义法体之总汇也。

“飞轮藏”在道教盛行的唐宋时代，又曾用具体实物予以象征，即今所存木制“飞轮藏”。现存于江油窦圌山云岩观的木制飞天藏，为一可以转动的八方四层阁楼。飞天藏在右侧殿内，高16米，雕有四层天宫仙阁，八面皆有道教雕像。其一方是三清五星图，另一为老子传经图，还有东华青童，九华帝女及群仙像，极为精丽。《江油县志》云“飞天藏在窦圌山，宋淳熙八年（1181年）建。”正是建于青城山飞天藏建立后之四年，殊见为一时之风尚。

道教有转经之俗约起自蜀中，木制转轮藏即转经所用之物。本碑二十一行“殿与藏于是乎成矣”是见建殿与（飞天）藏为两大事。又云“布生敬心人，捐财转藏，一转百转至千万转，罪业消灭。”是见俗信之人可以推转以象征读经。飞轮藏中本应置有经书，但经书绝不能多置以妨运转；故虽名之曰藏，实乃象征之物，其中置经与否尚待考证。

佛教亦有与此同式之“转轮藏”，其中略置经典，今西藏尚多有之。佛陀继承婆罗门六道轮回之说演为转轮圣王，故称为转轮而不曰飞天。转轮在于祈福以希来生，其意消极神怪设教；飞轮在于（顺天之道）去业以证长寿，其义进取以顺天命，盖各有所指云云。

飞天藏，转轮藏，俗人又多与星辰车混称，星辰车仅为可以转动之灯架，实非一物。

（六行）“迄今只有五千二百余卷”；是立碑时青城道经之数。按天禧三年（1019 年）张君房编次道书为四千五百六十五卷。治平元年（1064 年）郫县道士姚若谷、青城道士仇宗正所得道经为五百帙四千五百卷。宋代四川道教特盛，川中道经可能盛于中原；然多出七百余卷应是后期逐渐丰汇之事。当视作四千五百卷撰编后又一时期之数字。

郫县崇道观，宋人范镇《道藏记》碑云：

> “宋兴，祥符、天禧中始崇起其教。而玉清、昭应宫、景灵宫、会灵观、祥原观皆置使典领。又命其徒与诸儒裒其书，是正谬讹缮写以藏于处。而以其余赐天下宫观，以广其传。独剑南一道未遑暇焉。嘉祐初（1056 年），成都府郫县道士姚若谷（飞乌县人徙于郫）梓州飞乌县道士朱知善，概然欲尽读其书而莫由得也。于是东走于凤翔府之上清太平宫，庆成军之太宁宫，又东至于亳州之太清宫、明道宫，凡得书二千余卷。……治平元年今天子即位。若谷又与其徒仇宗正、邓自和列言于府。有诏给建隆观官本以足其传，凡得五百帙四千五百卷。若谷、宗正、自和，且将益其书为五本，藏于成都天庆观、郫县崇道观、青城丈人观、梓州飞乌县之洞灵观、绵州洪德观，使学者优游以求所谓清虚自然之要。治平三年（1066 年）记。”

本碑二十七行“太清明道两宫有经藏，阅十未一二，移江都，载籍中绝。”即指亳州之太清、明道宫。亦足见本碑之立，在姚若谷往亳州取经之后，经移江都之后，是经卷之总数与亳州经藏存否皆可证碑立于治平之后矣。

（九、十一、十二行）开首皆有“□宗皇帝”之句，惜宗字前独不显。十一行皇帝下云“制为道藏经序，以宝文统录名之，盖王钦若之请也”。王钦若在真宗时曾来四川为西川安抚史（公元 1000 年 10 月至 1001 年 4 月），广元有其题名刻石。其请真宗为序当在大中祥符搞天书封禅后，迁礼部尚书时（1088 年）。1016 年王钦若上新校道经赐名宝文统录，见于通鉴长编。则十一行当为“真宗皇帝”。十二行很可能是“仁宗皇帝”；九行则应是“太宗皇帝”。此三行的“□宗皇帝”，实关键问题也。

（十五至十六行）“古观在天国山中，今宫名□□□，唐开元间所建耳”；唐徐太亨撰《置丈人观碑》云“我开元神武皇帝讲习二言，崇道也。……开元十八年闰六月十八日敕青城丈人山置祠室。又奉今年八月二十一日敕青城丈人山，宜令所管州县拣本山幽静处与立祠庙，其图分付道士将往建立。又奉八月二十五日敕，青城丈人庙准五岳真君庙例，抽道行道士五人焚香供养。（后残）”据此可知丈人观之初建，确在开元时，与本碑相合。置丈人观碑又云“夫丈人山者本青城山，周回二千七百里，高五千一百丈，即道家第五宝仙九室之天矣。”又云“蜀州刺史上柱国昌平县开国侯臣励本。”又云“倚碧岩而斜构，面绛潭而宏峙。”皆见一时盛况。

（十七行）“火（失）于蜀学与佛之（兴）。”此处之“蜀学”绝非指陈抟与二程之易学。其与佛并提，当指三苏之学。苏轼（东坡）生于仁宗景祐三年（1036 年），卒于徽宗建中靖国元年（1101 年）。苏东坡卒时在王拱辰（宰相）卒后十六年（王拱辰卒于 1085 年）。苏氏蜀学兴起时正当王拱辰为南北院使、中宫太一使之晚年。显见此碑二十九行“朝奉郎新差通判汉州军州事赐绯鱼袋王□拱辰□书”；决非三为宋相之王拱辰。

（十八行）“有右街道录，主管教明。”与（二十八）“（右）或（左）街道录刘能真为师焉。”所言道官之位甚尊。刘能真，即刘敖，系中贵人，后弃宦奉道，绍兴年间赐名能真，改左右街都道录，领宁寿观事（见《渭南文集》）。

《宋朝事实》卷七“建隆初（960年）于京师修建隆观。乾德五年（967年），诏莱州道士刘若拙为左街道录。开宝五年十月（972年），又令若拙集京师道士试验。其学业至而不修饬者皆斥之。若拙蜀人，自号华盖先生。善服气养生，九十余不衰。”是见左街道录实全国道教最高之官职，青城名山，道法尊崇，以国师为师自别于其他。未知此刘道传承后继如何也。

（十八行）“悟真子（奉）能（为）常侍。舍富贵（尊）豢之身。野衣黄冠。凄心真洁。志慕高风。概然欲经始之。”（十九行）“悟真子既捐其身，又能捐其宝玉之藏。卜宫之东建一大殿，创修轮藏。”此皆述“悟真子”建殿与藏之事。悟真子于“宫”之东，明示丈人观已称（会庆建福）宫。则此悟真子在1177年敕赐宫名之后，其出身于富贵之上层。若首句括号内所填之字不误，则悟真子又即刘能真之徒。惜（二十六行）又两言“悟真子”皆未及人事迹。唯（廿六行）“是非（则）悟真子口颡泚矣。昔蒲宗孟……”所云蒲宗孟前之“昔”字似表明此悟真子在蒲宗孟（阆中新井人）之后。蒲宗孟生于1044年，卒于1070年，则本碑所指悟真子绝非熙宁间（1068—1076年）游蜀，著悟真篇之张伯端（紫阳）。张紫阳于治平间（1064—1067年）传马处厚悟真篇，其师为刘海蟾，本无“悟真子”之号。唯本碑署“王□拱辰□书”，又蒲宗孟又与王同时皆治平、熙宁间人，易误为与王蒲同时之张紫阳。细考此王拱辰实非为宋相者，则悟真子不致联误；由悟真子乃南宋人亦可互证王非。

依会庆建福之名及太清明道两宫经藏移于江都之年（一行与二十七行），此悟真子很可能即南宋之苑至果。苑至果号悟真子，淳熙十三年（1186）生，1276年卒，年九十。悟真子苑至果时或曾入青城山，因有此记。唯诸书但言苑氏修炼葛洪山漆谷中，采薇而食，未及详载。苑至果既“采薇而食”当是晚年没于元军，痛国亡而效孤竹之志，亦一爱国志士也。本碑云“富贵之身”，似苑氏曾为宋官。彼既不学西来之佛而崇中国黄老之道，又何能食元蒙之粟！若所考不误，殊见华族英志之士固有其素志，祖国两千年之道学，诚有深旨焉。

（二十七行）“焞诚□有志于斯道”盖即本碑撰著者王焞之自述。王氏固亦慕道之志士，惜尚未悉其事略。（二十九）“永康军兼管内劝（农事）王焞撰”即慕道之王焞也。

（二十九行）“朝奉郎、新差通判汉州军州事、赐绯鱼袋、王拱辰书。”

按此王拱辰非三人相之王懿恪，今汇证之：

1. 仁宗天圣八年（1030年）王拱辰年十九，举进士第一，通判怀州（今金堂淮口镇），入直集贤院。王拱辰（君贶）未为“汉州通判”。君贶以少年进士出试通判不久即入直集贤院，并无再任汉州之事，且为当时情况所不能。

2. 王君贶生于大中祥符五年（1012年），卒于元丰八年（1085年），此期丈人观尚未有“会庆建福宫”之名。

3. 本碑所指“悟真子”可能是苑至果；苑氏生于1186年，卒于1276年，其生之年，在王君贶死后101年；王君贶不可能书碑于死后之百余年。

4. 即使“悟真子”为张紫阳（悟真篇之作者），张游蜀在熙宁间（1068—1076 年）；其时王君贶已为北院使，决不能提名州通判。然此碑之悟真子似不可能为张紫阳。

5. 十一行为真宗；则九行“以仁德（治天下）”者，当是太宗（赵匡义）。匡义不仁，故必宣扬“仁”，号曰“太宗至仁应道神功圣德文武大明广孝赵炅。十二行则当是“仁宗”二十八行“辰翰昭著”之辰翰，当指孝宗或光宗，此二宗为太祖（匡胤）之后。王君贶官州判在仁宗天圣八年（1030 年），若书本碑，碑不应历述仁宗于昔时，更不能在仁宗外又有“辰翰”。

（原载《成都文物》1991 年第 2 期）

第四节　薛仙洞记碑

蜀之岷山多洞府，昔杜公光庭所记，青城山有七十二小洞，应七十二候；有八大洞，应八节，亦应八卦。罗山太一洞居八大洞之首焉。旃蒙作噩之春，予露香文清老仙，憩墨池，登书台，观太一洞天，恋恋灵仙之窟宅，秀甲天下，徘徊久之。利网名缰，超然脱去。因命友携筇，遍寻胜概。步梯云而往，至山之冈，遇一老叟，龙眉齯齿，揖予而言曰：汝知太一洞矣，独不知有薛仙洞乎？如欲观之，当与子偕往。予答曰：此子程子之所喜闻也。乃与二客，后老叟而行。秉烛而入，攀石而进，左右逢源，崎岖屈曲，神龙之象，隐隐岩穴之间。俄觉异香馥郁，举武二三里，渐闻水声琮琤。叟谓涉泉而往上，又见一洞天。予以为此水乃仙凡迥别之所，遂呼老叟而出，因扣其真人出处，乃知真人幽冀人也，姓薛，名则未闻也。唐天宝中初隐此山，以菖蕯酒服丹而仙，今山脊之泉，即浴丹池也。老叟首讫，别予而去。问其姓名，俯而不答。访之左右，皆不熟此老叟为何人。然佥言真人之自，则与老叟合。予喟然叹曰：老叟之言，未别非有物使之也。予以为，太一洞既为八洞之一，薛仙洞岂非七十二洞之一乎？惜乎，未有彰其秘者。予与客一立一止，见夫此洞之山，俯瞰皂水之流，仰揖甲峰之秀，六六横列，爽人心目，欲去而不忍去。已而，夕阳在山，兴尽而返。居无何，罗山羽士杨可久来订玉华之议，因话及此。肯为下转语，未一月果得其地。欲建数椽，奉薛、罗二仙之像，以祝孀母寿。龙集丙戌，唯亲老蒲氏兄长仲耆之命，以大其基。可久立命徒弟为我鸠材，为我董役，经之营之，比三年功始就。二仙奉于洞之左，祈保之意也；先祠列于洞之右，报本之主也。正居太上之宫，中列蓬莱之阁。创书室于廊庑之南；筑道院于廊庑之北。蕙圃、芝田、月牖、风亭，无不具体而微。予谓乎，昔我伊川志在乎山水之乐。求龙门庵地于文潞公为避暑著书之地，潞公唯之。今予之僻，亦在乎山水之间。筑小庵于薛仙旧隐，可以潜心，可以致爽，谁其为我名之。或谓予曰，周茂叔先生世居营道之邑，濂溪盖故里之名也。先生寓之庐阜，以示不忘本之意。今吾子先世自伊洛中来，龙门亦故居之名也，寓之此庵，是亦不忘本之意，吾子为何如？予应之曰：客之言，仆之志也。况此洞尺咫，有一小溪，谓之龙门，过若揭以是名。一则取此溪桥之意，一则绍我伊川之心，吾今而后入是门也。玩味乎天理之学，居是庵也，游息乎，诚敬之宗，时得以自警焉。岂专在乎登览快游之乐哉。或又曰：龙门之名善矣，薛仙之迹彰彰矣，可无一语以记其实，予以为，文清老仙修道于此山，何先生为之记，而文清之灵遂显。今妙用真人亦修道于此山，惜无何先生之文以出之。姑叙始末，以俟后之椽笔者。绍定戊子二月既望河南程仲演书。

〔附记〕

1989年4月24日，都江堰市原两河乡石城村罗家坡村民，在修复一个叫“七仙洞”的山洞时，洞壁泥土偶遇暴雨冲刷后，发现一通南宋绍定元年（1228年）镌刻的《薛仙洞记》碑。碑高1.3米，宽1.1米，嵌入洞4米处壁间。碑之上首小篆横书“薛仙洞记”四字，碑文竖排真书29行，行32字，笔力雄健，至今完好。

《薛仙洞记》碑载，该洞为青城七十二小洞之一，其洞深约千米，开阔处可容数百人。其间怪石嶙峋，支洞交错，异香馥郁，神奇莫测。洞之深处，有一小溪自岩缝中出，音韵清朗，甘美清冽，冬暖夏凉，堪称一大奇观。在洞深约200米处，发现有深浮雕石刻神像及部分石刻造像。从造型看具有唐宋风格。洞外附近还发现有多处寺庙基地，遗存的莲瓣石刻柱础，其直径均在0.5米以上，说明唐宋时这一带曾有大型的宫观。

碑文自述，程氏偕友及家人游山至此。得知此洞为饮菖蕯酒仙去之薛仙遗窟，乐此山水佳丽，遂托人买此洞及洞前地皮一片，精心规划，置书室，建道院，在此隐修。

第五节 蜀府重建秀峰山记碑

蜀多名山胜迹，其由来尚矣。灌阳以西去百余里，石崩江，世传有唐□□□□□□□□□之所。旧址虽存，沦于荒榛；往来幽士，徒切思惓。洪武间，献王分封之初，一闻斯境，遂捐储蓄，鸠材命匠，始建一□□，名曰上皇也。复建一□，名曰中峰。又构一□，名曰蜀府官山。丽不越度，俭而有余。且墙垣高峙，环之以丘，杂植诸木，飞流滴沥而成响，高树璀璨以成荫，地胜景清，为一邑之佳景。其主于□□者，累用质朴谨厚之人，而浮躁浅露者弗与焉。成化间，有僧了庆，道行超越，率徒本祥，来自潼川，一览胜概，绻慕不已，即白于官山之当道者，乃居于此，而任焚献之责，诚信远敷，又足以为一方之敬仰。弘治辛酉岁，巡按御使姚公祥、提学佥事王公敕、指挥使马公聪，悉游览于斯，而拜谒于上皇。□因舍官厅，咸相谓曰：是山形势，屹然数峰联叠，水石相激，松竹交茂，可名曰秀峰。即归，启于昭园，匾其官厅曰秀峰山。又亲军御史熊公相□纂于□书。然历世滋久，了庆已逝，殿宇渐颓。本府西库复捐俸金，采木命梓，构殿三间，六十四楹；左右有廊，以居众僧，东西有楼，以悬钟建鼓。大殿三间，内塑观□□位，重门掩映，轮然焕然，制度恢弘，足垂久远。曰秀峰山□□□□□□□，居于正山之中也，东至牛心山，南至□□竹林，西至古佛岭，北至赵公山，四至俱明，其来久矣。自正德庚辰孟秋经始，至辛巳仲秋落成，中间规画赞助，其□□□之力居多。是乃□□□□□□□□□扬禅宗，克绍先师，乃令以捻住持之任。本府诸公，以予致政于家，属笔记之。夫自开辟以来，儒释道教如日中天，如水行地，皆并立而不可泯没者也。故宜书之，以俟秉彤管者采焉。

皇明正德辛巳岁仲秋月中浣日　赐进士山东布政□成都许渟文厚撰。

蜀府承奉正　昌琮、石庆、朱景、周宣，本库典膳双玉。

[此碑刻立于明正德十六年（1521年），原碑现存都江堰市中兴镇境内，青城大面山（赵公山）半山的上皇观前殿。高2米，宽1.3米，42行，字径3〔厘米，正书，部分字迹已剥落不可辨。]

第六节 贡茶定额记碑

伏维我皇上，德迈三山，治臻二帝。一应征徭俱视土地之肥硗，雨露之滋濡，与夫物产之迟早，斟酌尽善，以定厥贡。僧道等生逢圣际，含哺鼓腹，乐何如也。所有贡茶，理宜急输，以摅草野之忠款，期为向化之良朋。茅邑僻处西隅，山高气寒，而茶又属老干，勃发较迟，难供采摘。如照向例，于谷雨前交，则僧道等又将别购充纳，不惟致累当身，亦且贻罪斯慢。是以呈恳县，遵饬从缓办。惟正贡蒙恩，爱民如子，纾民手足，拟于谷雨以后，立夏以前，上纳贡茶壹佰贰拾斤，余茶陆佰捌拾斤。详请藩宪永远定额，旋荷批札，以如禀办解，勿任差徭多索扰累。并饬该典史武弁一体遵照等示在案。似此仁慈，沾被殊多，理应镌碑，永奉章程。庶不上误国贡，而下可洽舆情矣。谨奉

钦命四川等处承宣布政使、总理铜政铸法加五级记录十二次董

署四川成都府灌县事候补县正堂加三级记录五次陈。

〔碑阴〕

国贡由来，始自康熙年间，有峨山羽人每岁贡茶。至十三年，上宪札饬，灌县堂主胡示谕青城山道众李太浩、苗一伦承办贡茶。其茶斤无有定额，故常住隳颓，难以承办。其寺观庵堂共三十五庵，其内十四庵，虽有门差，而无住持。因于嘉庆九年，有本山九泉庵住持通福，弗惮重劳，相约诸山僧道等，禀恳上宪定例规额，镌石永远存照。

领众定例章程首事　李合邦　戴永万

正文　钟永升

承办贡茶诸山僧道列于后：

沈家庵	妙相	太安寺	智仁
龙泉寺	涌祯	三台山	东岳庙
回龙庵	罗合善	锡照庵	性参
普照寺	印广	中皇观	
黑虎堂		上元宫	戴永寿
常道观	万本圆	季家庵	普祥
龙居寺		斗姆阁	
清皇观	易本勤	圆明宫	王合兴
大通寺	通顺	乐静庵	
土地堂		文昌宫	贾复怀
天真观	刘阳春	九泉庵	通福
九龙庵		飞仙观	
上皇观	彭合俊	见夫宫	张本珍
上清宫	肖永扶	白云观	

龙珠庵	真武庵 刘本法
香积寺 界宽	丈人观 杨教滨
三官堂	朝阳庵

刊刻：黄金凤 杨文会

书字：清 正 敬录

清嘉庆十年乙丑孟月 谷旦

[该碑刻于清嘉庆十年，即公元1805年，九泉庵原在青城饺子山，今属都江堰市中兴镇上元村辖区。庵已不存，碑亦佚。九泉庵还有清光绪三十三年（1907年）二月初六日，由四川总督锡良批文告示碑。内有“查方外清贫，难胜赔累”，“自光绪三十三年为始，岁只责令僧道拣配贡茶、陪茶四十斤，每斤实发价钱二百五十文”，“集众商议，道庵二十二家，每家酌派茶三斤，僧庙十三家，每家酌派茶五斤，共计茶一百三十一斤，以备精择，”“倘县署书役人等，有勒索余茶，以及茶首舞弊串蚀，许即指名禀案提惩，决不宽贷。其名凛遵，勿违谕示。”]

第七节 重修一楼双功序碑

从来天下事，莫为之前，虽美弗彰，莫为之后，兴盛弗传。以故兴工于前者，赖自其人，于后者，尤赖有其人矣。我境泰安寺灯棚之设，由来旧耳。当日者，前善诸公积凑建修楼阁。至于基址，系庙主乐施，其成义举。每际上元，灯会辉煌，十晚通宵，照耀如白日。三元锡庆，四野长茅，祥和如故。世远年湮，风雨飘摇，柱桷共坏矣。何观瞻而供明灯耶！余等殆不忍坐视其凋残也。爰约同人，共相酌议，募化重修，前功于不坠。鸠功伊始，即蒙绅士、乡长、老幼、仁人，捐不吝财功果事。恒劳数月，楼始毕然，高望巍巍然壮一景之观瞻矣！相其形式，佥曰是灯楼也。并可作荣楼也。盖灯楼均可以因之而酬圣泽，答神庥也。将由此而数十年、数百年、以迄亿万斯年，楼也尚存。不善之家，受天百福，长发其祥，有必然者。爰为叙。

道光丙申年乙未月壬戌日 骆思安书

（此碑现存泰安寺内。清道光丙申年为公元1836年。）

第八节 其他碑目

汉《清城山怀君碑》（又名“泠风碑”）仅存下段残文：“怀君皆下要公进而□作自古以□去而立……泠风。”碑石出土于都江堰市青城山，清代移置成都试院。邓少琴据槽园旧拓本得此残文。见邓少琴《益部汉隶集录》（国立四川大学历史学系史学丛书之一）1949年影印本卷上第70页。

汉《鬼界古碑》见宋人王象之《舆地纪胜》永康军碑目。《纪胜》云：“鬼界古碑。在鬼城山下，昔天师驱鬼于绝域，有鬼界古碑，字画磨灭，不知年代矣。”

隋大业七年（611年）《青城山碑》，原在常道观。

隋《薛道衡摩崖碑》，原在玉女祠后。

唐开元十一年（723 年）《五符幢记铭》，原在常道观。

唐开元十八年（730 年）徐太亨撰《敕建丈人祠庙碑》，原在丈人观大殿。

宋代竹画碑刻，北宋政和丁酉年（1117 年）绘刻。上有题画诗："亭边一径夜沉沉，不染尘埃露雨深，惟有数枝敲玉珮，遂和芳草写清阴。"1974 年在玉堂镇南华村出土，现存市文物局。

宋绍兴二十九年（1159 年）《永康军知军柳佾墓志碑》1928 年仲夏出土于小牛心山之麓罗家沟。

宋乾道元年（1165 年）《成纪夫人墓铭碑》，1973 年 1 月在玉堂镇南华村出土，现存都江堰市文物局。

宋乾道二年（1166 年）《观音院记碑》，今佚。

宋绍熙五年（1194）皇甫坦墓碑，存放在上清宫。

明景泰五年（1454 年）《王爷庙赵公铁像题记》，今佚。

明嘉靖《泰安寺钟铭》，原在泰安寺，今佚。

明郭家庵残碑，系供奉历代祖师石刻，在郭家庵。嘉靖三十年（1551 年）六月十八日立。

明察院禁碑，在香积寺遗址，万历三十七年（1609 年）四月初八日孔真撰。

清郑翊清《始接上元宫碑记》，今佚。

泰安寺清醮碑，在泰安寺内。清乾隆五十一年（1786 年）童君选书。

重修常道观碑，在天师洞三清大殿后壁。清嘉庆二十三年（1818 年）王梦庚撰。

锡杖庵纪事碑，在青城后山锡杖庵旧址，清道光十二年（1832 年）立。

清道光十五年（1835 年）《重建大坪庵碑》，在玉堂镇原大坪村。

观音会碑，在青城山镇白云村上观音岩，清道光二十三年（1843 年）中和山人骆中骏撰书。

盂兰会碑，在泰安寺内。清道光二十八年（1848 年）味江处士骆中骏书。

重修圆明宫碑，在圆明宫。清咸丰五年（1855 年）杨澍撰。

义士徐开龙殉难碑，原在天然图画坊侧。清咸丰十一年（1861 年）秋八月，李永和、蓝朝鼎农民军的一部占领山下太平场。团首徐开龙在此与蓝军激战，开龙战死。次年，四川按察使毛震寿为徐立碑于殁处。1970 年碑被毁。

重建普照寺并建藏经楼记并赞碑，在普照寺山门旷地左侧，清同治七年（1868 年）三月钱璋撰。

何真人清云墓碑，在青龙岭水池旁。清光绪三年（1877 年）立。

重修白云观碑，在圆明宫，清光绪五年（1879 年）立。

青城山常道观修路记碑，在天师洞，清光绪八年（1882 年）黄云鹄撰。

重建上清宫记碑，在上清宫，清光绪二十一年（1895 年）高履和撰。

常道观修后峰石路记碑，嵌于天师洞后龙桥栈道岩壁。清光绪二十一年（1895 年）高履和撰。

普照寺源流碑记，在普照寺，清光绪二十三年（1897 年）高履和撰书。

青城百零八景刻石，在天师洞。清光绪三十年（1904 年）住持杨至一立。

青城山金华宫记碑，清光绪三十二年（1906 年）徐昱撰。

清光绪三十三年（1907 年）《贡茶示谕碑》，今佚。

重修灌邑青城蓥华山大殿并东西两廊募化碑序，清光绪三十四年（1908 年）立。现存普照寺内。

硫磺矿界碑，在青城山镇原红岩村廖家厂路旁，上刻："四川通省矿务总公司灌县南二区第一百七十三号硫磺矿，宣统元年（1909 年）□月九日理事官兴文标记"。

常道观包大炼师碑志，立于青城山牌坊冈，清宣统二年（1910 年）李善济撰。

清黄云鹄《修青城山丈人观神像记》，今佚。

清《兴设祖庭文昌宫碑》，原在中兴镇两河村文昌宫，今佚。

清《三台山东岳庙碑》，原在玉堂镇三台村东岳庙，今佚。

清《常道观全真龙门派世系表》碑，存天师洞三皇殿。

玉清宫记碑及莲蕊石碑，均在玉清宫。

何先德墓碑，原在普照寺侧，今移伏龙观。

修复长生宫记碑，清人黄云鹄撰。

长生宫晓起听仰之道人弹琴诗碑，清黄云鹄撰，今存中兴仓库。

常道观重建正殿记碑，在天师洞三皇殿。清嘉庆十六年（1811 年）万本圆记，住持彭至国补书，1926 年立石。

"道在养生"碑，在天师洞，1919 年杨庶堪题。

香积寺碑，1928 年罗元黼撰，存青城山镇香积寺遗址。

闻胜亭碑，1945 年冯玉祥撰并立，现由闻胜亭移至祖师殿保存。

浴丹井碑，在祖师殿右侧，1947 年立

黄帝阴符经刻石，在天师洞，易心莹书。

老君常说清静经刻石，在天师洞，雷仲炜书。

麻姑池、鸳鸯井、天师池题名碑，均在上清宫，张大千书。

轩辕黄帝之碑，在天师洞黄帝祠。1943 年冯玉祥撰书。

椿先彭真人行道碑，在青龙冈。1944 年岁次甲申清明节阖庙道众立，寇理常撰书。

六时泉序碑，在天师洞，彭至国撰。

第四章　摩崖题刻及造像

第一节　摩崖题刻

一、大面山摩崖题刻

青城大面山古代摩崖题刻原在庆云寺左侧“琼楼仙室”洞旁，人称“石符”，系阴刻文（即白文）。1941年秋，彭椿仙道长拓刻于天师洞三清殿后台壁上，并跋云：“此文拓自大面山岩间，符篆，人不识之。曩得吴华峰先生审定，谓为秦汉间俗字，似有所据。因刊于此，以为考古者正之。”该文字有的学者识为“故夷京”，有的识为“契寿空”。观此字类似岣嵝碑文，或为古蜀杜宇化民在大面山的留迹。此外，大面山鸡爪岩上，有人发现也有类似的摩崖题刻，但字已模糊，难于辨识。

二、吊钟岩摩崖题刻

此摩崖题刻在都江堰市青城山镇原白云村翻山到汶川县水磨乡的半岩间。它证实为今泰安寺上行至水磨乡（古僚人村、老人村）的花坪（沙坪）老泽路，即古书所言“董卜胡通华捷径”，古人称水磨乡一带为“青城后山”，有道观名叫黄龙观。李启明曾往吊钟岩考察，有《吊钟岩摩崖原迹考》（发表于《灌县风物》1981年第1期），兹录于下：

民国《灌县志》卷六“艺文书”载吊钟岩摩崖刻石凡三处，文如下：

其一：“在治西漩口乡兴仁场外百步。其文云：‘绵竹张烨，淳熙乙未仲春二十有二日来领职事，丙申十月二十日来按阅，丁酉十二月四日来巡禁山，自泸溪至草子坡、黄楠、石城、张鸡岭、戎城、燎泽，越大面，从长平山以归。’字径三寸，楷书似隶。”

其二：“在漩口乡水磨沟崖间，无年代，高四尺，广二尺，真文为状似符，所未详也。”

其三：“在治西漩口场外，岩如覆盂，石壁刻篆，仅存‘院使’二字。笔力遒劲，余剥蚀，不能辨年代。”

数年来，我几次到实地考察，毫无所得。水磨沟即兴仁场，当时属漩口辖区，与漩口相距13公里。在那里，我竟找不到一个相似的实物存在。1980年秋，我再次到漩口，在索桥西头找到了吊钟，攀缘而上，找到了摩崖。剔开苔藓，详细看了实物，才弄清《灌县志》所记的三处全在这里。摩崖竖高1.5米，横长3.6米。前面是第一条的全文，所不同的是已剥蚀十多个字。紧接着“状似符”的刻石。第三条所说的“仅存‘院使’二字”，实际上是“符”篆两边刻的“判官张烨，院使黄守贞”九个“字径三尺，楷书似隶”的字。这个发现，足以纠正县志记载的不确。虽然往返了多次，也深感收获不小，不虚此行了。

三、清城山三字题刻

在大字岩，隋唐间刻。

四、赵真修路记题刻

宋淳熙八年（1181 年）刻，在中兴镇三溪村王婆岩洞壁。

五、宋墓残刻

在青城山镇陡溜子。上刻“癸卯淳熙十年（1183 年）捌月拾陆日戊申下石造作吉宅一对”。

六、下观音岩刻石

在青城山镇下观音岩“大士居”石窟内。有“崇祯内江王府官山大安寺”等残文。

七、“龙门”二字刻石

在香积寺庙基前。宋代已有，今仍存。

八、“孤鹤超鸡”四字刻石

在香积寺，清道光年间无尘子题。1966 年被毁。

九、熊耳山刻石

在青城山镇原白云村一组熊耳山鸡心包上，有大石，三面皆平，宽 8 尺余，上刻“淳熙五年（1178 年），封门三角石”“岳家山界”，余字难识。

十、民和团刻石

在原两河乡麻岩村，地名为撮金窝。

十一、“降魔”二字刻石

在天师洞降魔石上。清光绪九年（1883 年）六十一代天师张仁晸到此朝祖时书。

十二、“天下第五名山”刻石

为清人黄云鹄书，刻于上清宫观日亭后岩壁。

十三、“青城第一峰”刻石

为清人黎庶昌书，刻于上清宫观日亭后岩壁。

十四、“天然圣迹”题刻

在上刻近旁，渔山老人书。

十五、“云居”题刻

在第一峰岩壁。

十六、“云巢”题刻

在遇仙岩。

十七、“云根”题刻

在青城山门后溪畔岩石上。“云居”“云巢”“云根”三题刻均为1940年前后由林森题。

十八、冯玉祥《青城颂》诗刻

在天师洞。

十九、“秀绝人寰”题刻

在天师洞。1940年顾颉刚题。

二十、天师洞山门诗文题刻

在天师洞山门两旁石壁，刻有谢无量、吴稚晖、萧天石等人诗文题词。

二十一、天师洞后门道旁刻石

刻有清末及民国年间顾颉刚等人诗作。

第二节　道教符印

一、青城山上清宫石板符篆

1994年4月，青城山上清宫山门外新建照壁、深挖地基时，掘出一座石板墓，石板上刻有符文。后被人埋入地下，李代远曾拍照留存。从其下端来看，似为“五斗夷王”之符。

二、阳平治都功印

此印刻在隋代石刻张陵天师像的左手掌中，文为：“阳平治都功印”。江西龙虎山天师府等地均沿用此印。

三、“太上五老”古铜印

此铜印1993年2月出土于青城天国山，地属都江堰市原两河乡红梅村的灵官堂附近。全印36字，其中许多字与考古发现的古蜀文字相同。前四字，四川省博物馆研究员王家祐、李复华考释为“太上五老”。1973年，四川资阳县城南乡崖墓亦出土类似之印，任乃强考释其前四字为“天女五妹”。

第三节　造　像

一、张陵天师石像

在天师洞。隋大业年间造。

二、三皇（伏羲、神农、轩辕）造像

在天师洞三皇殿。背题：“唐开元十一年（723 年）岁次癸亥道士杨悟玄捐资造像，保佑国泰民安。”

三、三佛洞摩崖造像

在原两河乡大安村，唐刻。

四、唐末男观音石像

1974 年出土于中皇观，存都江堰市文物局。

五、宋代虚靖天师像

在天师洞，清末造像。

六、明代赵公铁像

原在赵公山，今佚。清《灌县志》云：“明代景泰五年（1454 年）七月立。”

七、明代三丰祖师像刻石

在玉清宫。下刻“遂邑弟子张凌云敬绘，甲申（1944 年）交玉清宫刊”。

八、明代东岳大帝铁像

《灌县志》云在青山寺。今佚。

九、錾佛岩摩崖造像

在青城山镇原东河村，明刻。

十、普照寺和尚像

在普照寺。铭文叙：“僧正文又名华山，天全县西六甲命滩人，清乾隆乙未（1775 年）至灌县周村普照寺披剃。”

十一、擦耳岩一佛二弟子二护法造像

在原两河乡红梅村。清刻。

十二、张陵天师画像刻石

在三皇殿，张大千绘。1941 年立。碑阴刻《太清金液神丹经序》，谢无量书。

十三、花蕊夫人画像并题诗刻石

在上清宫。1944 年农历八月张大千绘。林山腴题诗。

十四、麻姑像、王母像、三丰祖师像刻石

均在上清宫。张大千绘。

第五章　古墓及古祭器

第一节　古墓葬

一、汉张陵天师墓

梁代李膺《益州记》称青城山为“张道陵登仙之所”。唐徐太亨《青城山丈人祠碑》明言此为“张天师羽化之处”。清光绪《灌县志》陵墓条记：“光绪九年（1883年）秋，六十一代天师张仁晸来青城山朝祖云：伊先祖道陵墓在古丈人观处。”确址待查。

二、西魏鸡骨禅师灵塔遗址

宋《舆地纪胜》云：“青城香积山有鸡骨禅师灵塔，在香积寺山门。”清人罗元黼《古香积寺碑记》云：“禅师灵塔犹岿然寺后。”塔已不存，遗址在都江堰市青城山镇香积寺。

三、唐杜光庭墓遗址

清光绪《灌县志》引嘉庆《四川通志》云：“杜光庭墓在县西南六十里清都观后，旁有薛昌井。”清徐昱《青城山金华宫记》云：“岁有丙午（1906年），过三溪桥，由左而上，即白云溪，杜光庭墓在焉。”均未发现确切遗址。

四、宋代名医皇甫坦墓

在青城山上清宫。1940年夏，上清宫天师池附近土崩，发现其墓碣，碣高0.8米，宽0.4米，中刻“宋知宫皇甫先生墓”。两旁小字为“绍熙五年（1194年）十一月十九日立”（原件今存上清宫大殿内）。

五、彭家山宋、明墓群

在青城山镇原双磨村东北2公里彭家山坡上。

六、董家山明墓群

在青城山镇原尖峰村北2公里。

七、石城村明墓群

在原两河乡石城村北200米。

八、明代李一阳母之墓

在玉堂镇平安村。

九、四望观明墓群

在青城山山门西北2.2公里半山。

十、塔子槽明墓群

在原两河乡河坪村。

十一、计家庵明代墓葬群

在大观镇南2公里。墓壁图文刻有“奉天师之教旨……万历六年（1578年）”。

十二、明蜀藩内江王墓遗址

清光绪《灌县志》载：“蜀藩内江王墓在太安寺山中。王好静，镇边薨，碑为嘉侯庆所埋。”今未发现确址。

十三、明道官坟

民国《灌县志》载：“道官坟位于治南道官场（按今大观镇），相传明分巡道杨凤飚和妻合厝，双郭犹存。”或言系明代道会司官员之墓。

十四、明末泰安寺鉴随禅师灵塔

据《五灯全书》等记载，鉴随在泰安寺、白云洞讲学和闭关40年，修成佛教极为高深的禅定功夫，受到明末蜀王的崇敬，名重一时。世寿七十二，于明崇祯十七年（1644年）二月圆寂，建塔化身于泰安寺左，今犹存。

十五、道士张清湖墓

在天师洞北30米，1986年文物普查时发现，墓高1.8米，坐西向东。墓主是青城山丹台碧洞宗祖师张清湖，葬于清康熙年间。光绪二十三年（1897年）立碑。

十六、清人何先德夫妇合冢墓

1982年在大观镇刘家山（普照寺近旁）发现。

十七、清人杨国祯墓

在原两河乡盐井村西北。为清光禄大夫、闽浙总督、一等昭勇侯杨国祯及夫人之墓。

十八、云松塔

在青城山祖师殿侧。为“龙门派十七代羽化度师上教下顺龙大真人灵骨塔”，有清光绪二十九年（1903年）黄云鹄题记。

十九、普同塔

在普照寺。建于清道光六年（1826年），以青石条板嵌合而成，为已故僧人的骨龛，雕工精美。

二十、清人袁先仲墓

在玉堂镇龙凤村赵公山下。墓主是江西省吉安府泰和县袁家坝人，赐武进士出身，卒于四川任所，清道光八年（1828 年）葬于此。

二十一、彭椿仙墓

在青城山青龙冈，为高 5.2 米的圆锥形塔墓。基碑刻“椿仙彭真人行道碑”，“中华民国三十三年（1944 年）岁次甲申清明节合庙道众立”。

二十二、傅圆天墓

1997 年 7 月 3 日傅圆天羽化于青城山，享年 73 岁，生前为中国道教协会会长。卒葬于青城山青龙冈。

第二节　古祭器

一、唐代龙纹铁炉

原在上皇观，现移至伏龙观。

二、唐代宗玄观铜钟

见《道教灵验记》，今佚。

三、上清宫石鼎

在老君殿前，未著年月。

四、宋代会庆建福宫蜡台及石缸

在建福宫。

五、普照寺钟

在藏经楼左室，原为雪山寺钟，明正统五年（1440 年）造。

六、郭家庵转经石

在青城后山郭家庵。明弘治元年（1488 年）开山祖原洪立，万历三十六年（1608 年）重立。

七、常道观铁磬

在白虎殿，清康熙十七年（1678 年）铸。

八、常道观钟

悬于灵祖楼右角，清雍正四年（1726 年）铸。该钟有《铸钟铭并序》，其中说明末“张贼兵燹常住，钟磬尽毁。幸而国朝升定，于康熙八年（1669 年）开建，稍有复旧”。（印证了青城山《碧洞堂上支谱》言“陈清觉康熙八年入蜀之青城”是正确的。而刘沅《碧洞真人墓碑》及《二仙庵碑记》记陈清觉“于康熙二十六年（1687 年）入蜀”有误）。并记有“钦差大臣、礼部尚书塞尔图捐资修灵祖大殿，道人王阳炳募修三清大殿”及“募化十方，铸钟以镇”的始末。

九、玉清宫铁鼎

原在丈人观，后移至玉清宫正殿，清乾隆十六年（1751 年）铸。

十、玉清宫铁磬

在玉清宫，清乾隆三十八年（1773 年）造。原为丈人观神器。

十一、常道观铁炉

在三清殿前，清乾隆四十一年（1776 年）铸。

十二、祖师殿铁鼎

清乾隆四十一年（1776 年）造，从药王宫移来。

十三、普照寺石灯杆

在山门前，清道光五年（1825 年）铸。

十四、长生宫钟

现存建福宫，清道光十六年（1836 年）铸。

十五、圆明宫铁香炉

在斗姆殿，清道光二十七年（1847 年）铸。

十六、普照寺石缸

在小客堂，清光绪二年（1876 年）青峰山洪鼎和尚造。

十七、常道观铁香炉

在三清殿，清光绪十八年（1892 年）壬戌年仲夏铸。

十八、常道观铜香炉

在三清殿，清光绪三十二年（1906 年）三月初九铸。

附一：青城山文物保护管理所

该所的前身是 1951 年 1 月 9 日成立的“灌县古代文物名胜古迹保护管理委员会青城山分会”。1953 年更名为“灌县文物保护管理所”，兼管青城山。1958 年 12 月 8 日青城山划归成都市金牛区管辖。1961 年又重新划归灌县。1962 年 6 月，灌县人民委员会发布《加强保护风景区林木和文物的几项规定》。“文化大革命”期间，文物保护管理工作受到冲击，一度停顿。1976 年成立“青城山管理所”，文物保管工作由该所兼管，合并办公。1984 年成立“青城山管理处”，文物保管所由该处领导。1990 年成立“青城山管理局”，青城山文物保护管理所归口由都江堰市文物局领导。

其职权范围是根据《中华人民共和国文物法》的规定，依法保护和管理青城山的全部文物，以及都江堰市文物局授予的其他职权。

附二：青城山文物保护单位表

（一）全国重点文物保护单位

名　　称	时　　间	类　　别	地　　址
芒城遗址	新石器时代晚期	古遗址	青城山镇芒城村
玉堂窑址（18 个窑包组成）	唐、宋	古遗址	玉堂镇、中兴镇
青城山古建筑群：			
青城山天师洞	唐、清	古建筑	青城山镇青城村
青城山上清宫	清同治八年（1869 年）	古建筑	青城山镇青城村
青城山真武宫（祖师殿）	清	古建筑	青城山镇青城村
青城山朝阳洞	清	古建筑	青城山镇青城村
青城山建福宫	清	古建筑	青城山镇青城村
青城山圆明宫	清道光二十六年（1846 年）	古建筑	青城山镇青城村
青城山玉清宫	1938 年	古建筑	青城山镇青城村
青城山天然图画坊	清	古建筑	青城山镇青城村
青城山山阴亭	1940 年	近现代重要史迹及代表性建筑	青城山镇青城村
青城山五洞天及接仙桥	清	古建筑	青城山镇青城村
青城山凝翠桥	清	古建筑	青城山镇青城村

（二）四川省文物保护单位

名　　称	时　　间	类　　别	地　　址
青城山摩崖石刻（包括大字岩、观日亭摩崖及林森“三云”题刻）	隋、清、民国	摩崖石刻	青城山镇青城村
普照寺	清	古建筑	大观镇丽江村
三佛洞摩崖石像	唐	石窟寺及石刻	大观镇滨江村

（三）都江堰市文物保护单位

名　　称	时　　间	类　　别	地　　址
青城山太清宫（原名郭家庵）	清	古建筑	青城山镇沙坪村
会庆建福宫遗址	唐、宋	古遗址	青城山镇青城村
四望观墓	明	古墓葬	青城山镇青城村
张清湖墓	清	古墓葬	青城山镇青城村
彭家山墓群	宋、明	古墓葬	青城山镇尖峰村
董家山墓群	明	古墓葬	青城山镇尖峰村
彭椿仙墓	20 世纪 20 年代	近现代重要史迹及代表性建筑	青城山镇青城村
鋆佛岩摩崖造像	明	石窟寺及石刻	青城山镇味江村
佛爷岩摩崖造像	唐	石窟寺及石刻	大观镇滨江村
计家庵墓群	明	古墓葬	大观镇丽江村
仰天窝墓群	清乾隆五年（1740 年）	古墓葬	大观镇滨江村
石城墓（石城村双室墓）	清	古墓葬	大观镇宿仙村
杨国桢夫妇墓	清咸丰八年（1858 年）	古墓葬	大观镇艳景村
艳景杨氏墓群	清	古墓葬	大观镇艳景村
塔子槽墓	明	古墓葬	大观镇桃园村
杨可安墓	清	古墓葬	大观镇艳景村
泰安寺	清	古建筑	青城山镇泰安村
上皇观	清	古建筑	中兴镇两河村

第四篇 宗 教

第一章　道　教

道教是中国土生土长的传统宗教。东汉顺帝时，张陵用“黄老之学”改造古代巴蜀的“五斗米道”为天师道，道教正式建立。青城山是天师道的发祥地，是道教十大洞天中的“第五洞天”，有“神仙都会”之称，为汉代张陵天师修真创教的圣地。

青城山的悠久历史，留下了大量的人文景观。其中也包括道教和佛教的文化遗产，尤以道教文化最富有代表性。青城山的古建筑、古遗址、宗教活动、历史传说和饮食习俗，无不渗透着道教文化的精神，是一座活的“道教博物馆”。

第一节　青城山仙源

五斗米道是古代巴蜀土生土长的宗教，青城支峰左连大面，右接鹤鸣，前临狮子，后枕大隋，是古代道教创生的圣地。五斗米道经张陵用“黄老之学”改造后，创立“正一盟威之道”，正式自称为“正一道”，官方呼为“米巫”“米道”，民间尊奉为“天师道”。

青城山北通湔氐，西达邛僰，是西南夷各族人民经济、文化交流的走廊，所谓“六夷、九氐、七羌”杂居之地。《北史·泉企传》云：“巴俗事道，尤重老子术。”《夔城图经》云：“夷事道，蛮事鬼。”蒙文通《道教史琐谈》记：“五斗叟郝索聚众为乱，叟即西南民族之称，知五斗米教原行于西南少数民族。”① 向达也说：“我疑心张陵在鹤鸣山学道，所学的道即是氐羌的宗教信仰，以此为中心，而缘饰以《老子》之五千文。因为天师道的思想源出氐羌族，所以李雄、苻坚、姚苌以及南诏、大理，才能靡然风从，受从不疑。”② 章太炎《黄巾道士缘起说》云：“神仙之说，汉末或托老子，与其初旨背驰。今之黄巾道士，起于张陵、张鲁之伦。其奸令祭酒，虽主习老子五千言，本非虚无贵胜之道，而亦不事神仙，但为禁解劾治而已，斯乃古之巫师。”③ 王明认为：“原始的五斗米道，大抵从民间流行的巫鬼道演变而来。”④ 王家祐说：“张陵的天师道是黄老儒墨在巴蜀地区的土壤上开放的一枝奇花。是汲取了巴（蜀）族的原始巫术（鬼道）与地区传统民俗而创成的。”⑤ 相传，西陵氏（嫘祖）的男配轩辕黄帝曾在青城山“策大面而礼宁生，命鬼臾（容）蓲占星”（见

① 见《中国哲学》1980年第4辑。
② 见《历史研究》1954年第2期。
③ 见《章太炎全集（三）》《检论》卷三，第447页，上海人民出版社1985年。
④ 见王明为卿希泰主编《中国道教史》所作序，四川人民出版社，1988年。
⑤ 见王家祐：《道教论稿》，第153页，巴蜀书社，1987年。

《路史》)。今大面山所留巴蜀符号文之摩崖题刻，略可见其踪影。《史记·五帝本纪》云：“黄帝居轩辕之丘，而娶于西陵之女，是为嫘祖。”《山海经·大荒西经》所言居于“昆仑之丘”，或称“玉山”，西陵的“西王母”部族正是黄帝族的对偶婚部族。西王母部族中的一支南迁至蜀之西山（即今青城山一带)，为蜀山氏，而黄帝之子昌意又娶蜀山氏之女。故青城山关于黄帝、西王母及玉女的传说特别多。汉代蜀中文学家扬雄在《甘泉赋》中记：“想西王母欣然而上寿兮，屏玉女而却宓妃。”青城山道教学者易心莹大师，在其《道学系统表》中以黄帝为始，追本溯源，数典而不忘祖。

青城山有“龙宫石室”“龙居山”“龙居溪”等古地名，是五龙氏（成侯之国的龙族人）所居地。有“鬼城山”、“誓鬼台”及《鬼界古碑》，是青城山信奉鬼道的土著部族所居地。杜宇蜀国以鸟为图腾（瞿鹰、鸶魋)，开明氏蜀国则以开明兽（白虎）为图腾，但白虎王族的对偶婚部族又是五龙氏的龙族。杜宇并非个人离位，而是斗争失败后，携其部族离开郫邑，“帝归西山隐焉”（隐伏而图再举入郫)。西山即青城山。今青城后山泰安寺过味江，翻过杜宇曾避水的长坪山，可到今汶川县、宝兴县交界处，古为瓦寺土司及穆坪土司辖区，此道即古书所谓“董卜韩胡通华捷径”（按：董卜韩胡，当系嘉绒人的原支，本教墨尔多神山亦距此不远)。杜宇族的一支曾经此道至天全［古称徙(斯）都，亦称“叟”，故有“汉世谓蜀为叟”之说]。杜宇余部与青衣羌联合，对开明王朝造成威胁，这才引起开明三世蜀王保子帝越西山征羌，雄张僰僚。青城山与隶属天全土司的穆坪董卜韩胡宣慰使司自古关系密切，历代天全土司多喜来青城山。清光绪三十年（1904 年）天全六番招讨后裔杨新蓝来山赋诗，题壁于祖师殿。

开明氏崇赤尚五，故青城山古时又名赤城山，是五岳丈人所居的第五大洞天。“五龙”“五显”等地名在青城山特别多。五龙氏的传说既是蜀国“五色帝”的来源，也是道教“三清四辅”的根源之一。彭州市出土的古代祭器“一大四小铜罍”，说明早在殷周之际，蜀人已有祭礼五方的祀典。《廿四治图序》引张天师所谓“五龙布山岳”，以及后来龙蹻飞身的五岳丈人，当本于此。《华阳国志·蜀志》及《后汉书·方术传》载西蜀通晓图谶、占卜及金丹方术者甚多，其中王方平、阴长生、李阿、李意期等人，早在张陵来此之前已到青城山修炼。西汉时，青城方士王谷神、皮玄曜已被汉武帝封为太微、太素先生。青城山这座秦汉时皇帝所定祭祀山川的圣地，为道教的创立奠定了悠久的仙源。

张陵（34—156 年）于东汉汉安二年（143 年）到青城山赤城崖舍，著《老子想尔注》。其事迹正史记载较略。晋人常璩《华阳国志》载：“汉末，沛国张陵，学道于鹤鸣山中，造作道书，自称太清玄元，以惑百姓。”《后汉书·刘焉传》载：“（张）陵顺帝时客于蜀，学道鹤鸣山中，造作符书，以惑百姓，受其道者，辄出米五斗，故谓之‘米贼’。陵传子衡，衡传子鲁。”《三国志·张鲁传》的记载，与此大体相同。只是“鹤鸣山”记为“鹄鸣山”。

晋葛洪《神仙传》卷五载，张道陵“闻蜀民朴素可教化，且多名山，乃将弟子入蜀，于鹤鸣山隐居。既遇老君，遂于隐居之所备药物，依法修炼。……老君寻遣清和玉女，教以吐纳清和之法。……战六天魔鬼，夺二十四治，改为福庭。自六天大魔推伏之后，陵斥其鬼众，与之为誓。今西蜀青城山，有鬼市并天师誓鬼碑，石天地、石日月存焉”。《汉天师世家》云：“第三鹤鸣神山治，治在其上，山与青城、天国相连。”北周《无上秘要》中的《正一炁治品》等早期典籍均载：“鹤鸣神山治在蜀郡临邛县”，而汉末直到两晋南北朝时期，临邛与僰道均在今都江堰市与崇州市相连的山间，青城天国山正处于此山区的核心地域，初期的天师治尚无固定宫观，当指此范围而言。张陵在青城山显道，羊马台、三师坛、誓鬼台等留迹都在青城山，故唐代徐太亨称青城山为“仙都众妙之奥，福地会昌之域，张天师羽化之处焉”（见《青城山丈人祠碑》）。历代龙虎山的天师多次到青城山朝拜祖庭，为汉天师张陵扫墓。青城山留存的巴蜀图文摩崖题刻，1993 年在青城后山出土的“太上五老”道教古印，以及后蜀年间早已出土的“天国老君生万民，治中国外国，人和玺”等古代道教铜印，均证明地处味江中上游的青城天国山正是鹤鸣太上神山治的核心地带。李养正认为五斗米道初建二十四治中的“第三鹤鸣山上治，治在其上山青城天国山”①。王家祐在《鹄鸣神山治考》中说：“张陵所居之神山在天国山右。”② 综上所据，当时鹤鸣神山上治应在天国与青城山之间。今之大邑鹤鸣山疑为鹤鸣神山下治。

汉晋之际，青城山上僚人与賨人较多。特别是涪陵人范长生率巴賨人千余家依青城山，助成汉立国，蜀中一时安定繁荣，道教在青城山得到发展。范长生是“三张”以后，天师道又一重要首领。《华阳国志・李特雄期寿势志》记：“（范）贤名长生，一名延久，又名九重；一曰支，字元。涪陵丹兴（今四川黔江）人也。”范氏为当地大族（黔江土家族苗族自治县联合镇有范公祠）。蜀汉初年，涪陵豪强徐巨谋反，被讨平后，诸葛亮迁当地豪族徐蔺谢范五千家于蜀郡。《晋书・李流载记》载：“涪陵人范长生，率千余家依青城山。”“长生善天文，有术数，民奉之如神”。晋元康初年，秦雍流民集团以李特为首反抗益州刺史罗尚的镇压，遭到围攻。首领李特被杀，李流被围困在郫城，粮秣缺乏，危在旦夕。流民中大部分是天师教徒，后经背叛罗尚的徐舆到青城山向范长生求援，长生慨然资助军粮，李流军威大振。流战死后，李雄继续作战，攻下成都，建立成汉政权。《晋书・李雄载记》又载：“雄以西山侯范长生岩居穴处，求道养志，欲迎立为君而臣之。”“长生固辞，劝雄称尊号。李雄即位，国号‘大成’，加范长生天地太师，封西山侯。”（《华阳国志》称范长生为“四时八节天地太师”，实即“天师”之繁称）。清乾隆《灌县志》云：“湔氏村在治北，李雄筑范贤馆在焉”。《晋书》卷五十八记：“永和初，桓温伐蜀……隗文，邓定等复反，立范贤子贲为帝。”青城山天师道作为成汉政权和蜀民的精神支柱，得到各族人民的崇奉，青城山也因范贤而更为显赫。

第二节　青城山道教教派

一、天师道正一派

自张陵创教，天师道在青城山兴盛。南北朝时，北魏嵩山道士寇谦之创北天师道。其后，南朝庐山道士陆修静“祖述三张，弘衍二葛”，融符箓、丹鼎两派，创南天师道。青城山所传为“南天师道”。唐天宝年间，青城山道士薛昌和宋代青城山道士勾台符均属此派。南宋时虚靖天师张继先到青城，再兴正一道于常道观。“元世祖至元三十一年（1294 年），有龙虎山道士汪集虚以所传正一之秘规，复二十四治以治之，作贞白庵居于青城山，远近人皆知，蜀人谓汉天师所使来者。后赴京，上以汪集虚能以其道宁蜀人，赐号太无贞白静明玄无真人，青城诸山正一宗主。”（见张继禹《天师道史略》转引陈旅《安雅堂集》卷九）。明代以后，正一道逐渐衰落，多流行于民间，成为在家火居道士。

---

① 见李养正《道教概说》，第 26 页，中华书局，1989 年版。

② 见王家祐《鹄鸣神山治考》，载于《四川宗教》1994 年第 5 期。

二、全真道龙门派

全真道亦称全真派或称律宗，与正一道同为元代以后道教两大派。金大定七年（1167 年），王重阳于山东宁海全真庵聚徒讲道创立此派。主张儒、释、道“三教圆融”“知心见性”“独全其真”。在教规上与正一道不同的是：不娶妻室，不茹荤腥，投师住庙为出家道士，养身习静，脱欲界，积功德。全真道分为七派，青城山所传为邱处机（1148—1227 年）所创的龙门派。邱处机曾在陇州龙门山修道，南宋嘉定十二年（元太祖十四年，1219 年），成吉思汗遣使召他，次年邱处机与弟子 18 人同往西域，成吉思汗召见后赐号神仙，爵大宗师，掌管天下道教。至元十五年（1278 年），元朝宣布“川蜀悉平”，由于此前川人（包括正一道士）曾激烈抵抗，元兵占领后多逃亡外乡。至元十七年（1280 年），元世祖命保真太师诸路道教提举李道谦为陕西五路西蜀四川道教提点（见《大元崇道圣训王告》《天乐真人李公道行碑》，存陕西户县重阳万寿宫）。李道谦为著名的全真道士，自号“天乐道人”，赐号“玄明文靖天乐真人”，著有《七真年谱》等书，全真道即于此时开始传入青城山。历经明末战乱，青城山道士又逃走。清康熙八年（1669 年），武当山全真龙门派道士陈清觉（1606—1705 年），字寒松，又号烟霞，到青城山，以此地为神仙都会，于静坐谈玄之余，兼理庙务，使青城山破败的局面焕然一新。西蜀观察使司臬台赵良璧遇陈于青羊宫，特建二仙庵，迎陈住持。康熙四十一年（1702 年）十二月，康熙皇帝因良璧奏闻，钦赐御书“丹台碧洞”并《悟真篇》，封陈氏为“碧洞真人”。从此，青城山道系属全真道龙门派丹台碧洞宗，下传十二代至易理轮（心莹）大师。丹台碧洞宗的传承字派是：“道德通玄静，真常守太清，一阳来复本，合教永元明，至理忠诚信，崇高嗣法兴，世景荣为懋，希微衍自宁。”详见《青城山龙门正宗碧洞堂支谱》，碑文存天师洞三皇殿内。1955 年以后，青城山吸收了各地道士，原有丹台碧洞宗的格局有了很大的改观。

三、历代教派

（一）上清派

此道派起源于东晋，兴宁二年（364 年），杨羲手书《上清经》，陶弘景集其手稿编为《真诰》。此派以存思为主，不主金丹术，宣称修行得道，可升入“上清天”，比旧天师道理想的“太清境”更高，因而自称“上清家”。唐末，著名道士杜光庭到青城山，天师道传统遂与上清道结合。杜光庭在天台山时是陶弘景的七传弟子，他对各派道法都有深刻研究，到青城山后，已能圆融各派。成为一代宗师。元以后此派并入正一道。

（二）北帝派地祇宗

北帝派在唐初由邓紫阳创于江西。北宋时虚靖天师张继先到青城山修习此派并开创地祇宗（见《道法会元》卷二五三）。

（三）清微派

此道派约形成于北宋，流行于元代。《清微师派表》把元君即东晋著名女冠魏华存与张陵、庄旭、许逊同为清微派祖师。实际上，此派之兴当得力于南宋时青城山道士李少微、朱洞元、南毕道、黄舜申等人。此派以行雷法为能事，将宋代盛行的内丹术与符箓咒术相结合。所谓内炼正气，合天神之灵。黄舜申为此派集大成者，得到宋理宗召见，元代又封他为雷渊广福普化真人。其雷部诸神多为三目。其中青城赵公山的赵公明地位甚高，主持三个帅班。该派主张内炼精气神为本，符箓咒术为用，接近于神霄派，但所用符箓不同。

（四）丹鼎派南宗

此派亦称紫阳派。北宋熙宁初年，天台山道士张伯端（号紫阳）入蜀，得青城老仙传授，著《悟真篇》，创立此派。在修炼方法上，主张先“命”后“性”，与北宗不同。元以后并入全真道。

（五）青城派

此道派是清光绪二十四年（1898 年），道士李调阳在青城山上皇观所创，传其徒唐复初，徒孙詹升红、刘升福，即未再传。据现存上皇观的光绪二十七年（1901 年）所铸铁钟铭文云：李调阳，湖南人，光绪十五年（1889 年）游方到青城山，初居天师洞，后携其徒迁往上皇观，光绪二十四年（1898 年）将庙产接买，更名“调阳仙馆”，自立道派，并题诗云：“日升月恒运乾坤，风云雷雨转法轮。海屋添筹回元气，传经衍派镇青城。”

第三节　青城山道教团体和宫观管理

一、道教团体

1936 年，在青城山成立中华道教会灌县分会，由天师洞、上清宫、二王庙的当家道士彭椿仙、龚自良、赵象乾、冯南瑄轮流担任会长。当时灌县全县加入该会的共有 94 座道观、319 名道士。

1957 年 4 月 12 日，成立中国道教协会，青城山道士易心莹出席，被选为副会长。1962 年，青城山当家易心莹被选为四川省道教协会会长，青城山副当家陈理元为常务理事。

1979 年 12 月 21 日，成立灌县青城山道教协会，选举傅圆天为会长，吴元昶、江至霖为副会长，彭鹤年为名誉会长，蒋信平、周诚明、陈兴全为常务理事，李启明为秘书长。会址设青城山天师洞。全山有道士 22 人，平均年龄近 70 岁。

当时道协宗旨是：团结道教徒，继承和发扬道教的优良传统，在人民政府领导下，积极参加祖国社会主义现代化建设，协助政府贯彻宗教信仰自由政策，推动和开展道教研究工作。

1984 年 3 月，增补包至清、唐诚青、吴理冲、萧宗静、尹明道为理事。1985 年，青城山有道士 48 人。

1986 年，在中国道协第四届代表会上，青城山道协会长傅圆天当选为中国道协副会长，吴理冲当选为理事。

1992 年，中国道协第五届代表会上，傅圆天当选为中国道教协会会长，吴理冲当选为常务理事。

1993 年，青城山道协换届，会长仍为傅圆天，副会长为唐诚青、郑明德，常务理事为萧宗静、代宗谦、张明心、吴理冲、文诚俊、杨明坦。当年道士增至 126 人，其中乾道（男）53 人，坤道（女）73 人。

1997 年，傅圆天羽化，青城山道协由唐诚青代会长，当年有道士 129 人。

1998 年，在中国道协第六届代表会上，唐诚青当选为中国道协副会长，张明心当选为常务理事。

2003 年 12 月，第三届青城山道协会长为张明心，副会长为郑明德、吴理冲、伍孝斌、邹理惠，唐诚青为名誉会长。常务理事有商至明、杨明坦、朱常明、文诚俊。2003 年，张明心当选四川省政协常委、成都市政协常委、都江堰市政协常委。

2004 年，张明心当选为成都市道协会长、四川省政协常委、中国道协副秘书长。

二、宫观管理

青城山道教宫观的管理，历有定规，组织严密，分工明确。旧有传统：首称方丈，下设三都、五主、四班、八职以及一十八头。

三都，为都讲、都管、都厨。

五主，为堂主、殿主、经主、化主、静主。

四班，为首座、主观、总理、巡照。

八职，为知客、巡寮、库房、账房、高功、书记、号房、典造。

十八头，为水头、火头，柴头、菜头、饭头、茶头、盏头、仓头、碾头、磨头、擂头、堂头、钟头、鼓头、园头、坡头、门头、圊头。

民国年间，天师洞、上清宫等处共有土地684亩，足以自给。中华人民共和国成立至土地改革时，各庙道士同样分得一份土地，并成立了天师洞庙务管理委员会。

1985年8月，中共四川省委常委、省委统战部部长黄启璪，副部长郭景璞，成都市委副书记龚读纶，灌县县委书记徐振汉及省、市（县）有关部门负责人在青城山举行三级现场办公会议，确定了“政府管山，道士管庙、兴办旅游在庙外”的原则。经批准，将天师洞、祖师殿、上清宫、建福宫、圆明宫、玉清宫等道观，作为开放的宗教活动场所，在人民政府宗教事务部门的领导下，交由道教协会管理。当年即成立青城山道教宫观管理委员会，由傅圆天任主任委员，蒋信平、吴元昶、唐诚青任副主任委员。1988年，青城山道协又根据中国道协《关于道教宫观管理试行办法》的规定，在各宫观完善管理制度，实行独立核算，自负盈亏，各宫观将原传统的“八大执事”（八职）简化为会计、典厨、知客、高功、号房等专职。

青城山道众贯彻清修与劳作并重的传统，发展生产，为旅游服务。在实现自养的基础上，建道家乳酒厂、饮料厂、茶厂。①

第四节　青城山道教活动

一、环境保护

青城山道士有造林护林的优良传统。圆明宫道观刻有对联：“栽竹栽松，竹隐凤凰松隐鹤；培山培水，山藏虎豹水藏龙。”天师洞彭椿仙道长因造林突出，曾于1919年获国民政府四川省长杨庶堪表彰。中华人民共和国成立后至“文化大革命”期间，山上的道士们为护林通宵在林间巡视看守。1984年前后，青城山道协将上清宫前的跑马坪改建为花圃，栽花木数千株，又在青龙冈营造茶林和猕猴桃园。青城山道协每年与当地林业部门合作育苗造林，防治植物病虫害，根治白蚁。青城前山的环境卫生也与有关部门合作，指派专人维护管理。

1995年，世界宗教与环境保护联盟在英国召开首脑会议，中国道教协会代表团参加会议，并联合发表《道教和生态环境宣言》。1996年8月，联盟考察组到青城山。组长为中国道协教务处主任

① 截至2007年，新修宫观建筑面积约两万平方米，新修、维修凉亭35座，整修游山道路10公里、桥梁3座。

袁志鸿，成员有联盟环保专家英国人奥斯沃德·菲立普、荷兰人查林·哈伯兹玛等人。考察组认为：青城山生态环境保护良好，道教界对此贡献大。但建议对旅游资源的开发必须考虑到环境保护第一，要谨慎行事，仔细论证，要认识到生态平衡的容量。同时要提高当地居民和从业人员的环境意识，加强对商业摊点的管理。

二、开展道教研究工作

道教以道、经、师为三宝。宗教经典列为三宝之一，受到重视。青城山道士在保存和发展道教经典上有着优良传统。近代青城山道教学者易心莹大师著作甚多。所著《道学系统表》，概列古今仙道学者600余人，分别为十卷又十三篇。青城山道教协会藏有《正统道藏》《道藏辑要》等典籍数千册。并不定期举办道教知识进修班，深研教理。

三、参加社会主义现代化建设

在青城山道教协会带领下，全山道众发扬道教“以劳作而食为天赋”的优良传统。从事道家特产“洞天乳酒”“洞天贡茶”“道家泡菜”“道家菜肴”等生产；发展旅游服务性企业，尽力满足游人的食宿需要。在实现自养有余的条件后，努力兴办公益事业，整修加宽前山石级道路，维修宫观、桥亭，保护文物和园林建筑。根据国务院发布的《消防管理条例》和文化部、公安部发布的《古建筑消防管理规则》，各个宫观都建立了保卫、消防小组，经常督促检查，以保障宫观和游客的安全。

四、斋醮戒律

戒律是道教约束道士言行的条规。《全真清规》《道门科范大全》等均有详细记载。凡入道者，必先“冠巾”。其仪式为先将簪冠道具安于祖师案上，大众圆座，拜辞俗亲，更换衣服鞋袜，跪于祖师之前，由引度师梳头披道服；赐给法名（详见道藏《冠巾启师全集》）。1986年，青城山道协曾为年轻道徒举行过此仪式。

道士戒律，一般为“老君五戒”，即：“一者不得杀生；二者不得荤酒；三者不得口是心非；四者不得偷盗；五者不得邪淫。”凡初入道者，必先奉持这五戒。言行不苟，恶念尽消，方许受“初真十诫”。并可进一步修“中极戒”，再修“天仙戒”，合称全真丛林“三堂大戒”。

斋醮是道教设坛祭祷的仪式（亦称做法事）。青城山道士平时一般是每月朔、望（即阴历每月十四晚十五晨，三十日晚初一早晨）举行“云集”，做“大科仪”，齐祝国裕民安，并评道士功过。其余日期由值班经士念“早晚课”。1986年5月，中国道协曾在天师洞举办规模较大的“祈祷世界和平大法会”。

斋醮科仪是道教重要法事活动，是道教设坛祭祷的仪式。依内容不同，斋醮科仪有阴阳之分。清醮有祈福谢恩、祛病延寿、祝国迎祥、祈晴祷雨、解厄禳灾、祝寿庆贺等，属于太平醮之类的法事；幽醮有摄召亡魂、沐浴度桥、破狱破湖、炼度施食等，属于济幽度亡斋醮之类的法事。

青城山道教的传统节日及道场安排有：正月初九，玉皇圣诞，祈祥道场；正月十五，天官会（上元会），祈祥道场；正月十九，邱祖会，祈祥道场；二月十五，老君会（又为“三清”中的太清节），设祈祥道场；古代曾经是盛大的庙会，宋人洪迈《夷坚丙志》云：“青城山每岁二月望为道会，四远毕至。”又谓：“青城道会时，会者万计”；“清明”日，度亡道场；四月十四，吕祖圣诞，祈祥道场；夏至日，为“三清”中的上清节，祈祥道场；五月初五，天师会（民间盛行）；七月十五，地官会（中元会），白天祈祥，晚上度亡；九月初九，九皇会，祈祥道场；十月十五，水官会（下元会），祈祥道场；冬至日，为“三清”中的玉清节，祈祥道场；腊月二十二，重阳祖师圣诞，祈祥道场。以上节日时间均为农历。

第五节　青城山道教学院

青城山道教协会鉴于新入会的年轻道士，一般文化较低，缺乏道教知识，迫切需要加强教育，同时也为省内其他道观培养人才，从 1988 年 7 月开始，在天师洞举办为期半年的“道教知识进修班”。到 1993 年已开办 6 期，共培训学员 273 名。1991 年改为青城山道教学校，学制两年，目的是培养出一批拥护中共领导、坚持走社会主义道路、有道德学识的优秀人才。学校以招收青城山道教徒为主，也招收四川省各地的正式道教徒。学校开设政治、时事、古文、书法、经韵等课程，经培训考试合格，发给毕业证书，原则上庙来庙去。教师在道教界和学术界聘请，学校实行校长负责制的教务委员会。校长傅圆天，副校长王家祐、江至霖，教务主任陈朝富。校址设青城山飞仙观（响水洞），第一期招收学员 40 名。在省、市有关部门的积极支持下，青城山道教学校于 1991 年 10 月 14 日正式开学。中国道教协会和中国道教学院的负责人从北京专程前来祝贺。四川省宗教事务局、中共成都市委统战部、市宗教局和都江堰市有关领导均前来祝贺。这是四川省道教界创办的第一所道教学校。

2007 年 4 月，经国家宗教局批准，由四川省道教协会主办，青城山道教协会具体承办，成立青城山道教学院，校址设青城山麓原碧翠山庄。学院院长为青城山道协会长张明心。主要招收全国各道观的学员，开办宫观管理专业乾道班。学院于 9 月 9 日正式开学，教师主要聘请北京大学、四川大学、四川省社科院等高校和科研部门的教授与道教专家，担任专职或兼职教师，并严格按照中国道教学院的教学计划，设制了大学语文、英语、计算机应用等公共课程。在课程安排上，既有道教的经典、神仙、历史、仪范、经韵、武术、医学、膳食、太极拳、建筑等养生文化，又有现代文学、古汉语、管理心理学、写作、书画，还有法律基础、建设中国特色社会主义理论等课程。

青城山道教学院的办学方针是：全面贯彻落实国家教育方针，培养爱国爱教、具备相当于大学本科文化水平、能阐演道教常用科仪、有一定道教造诣、能联系信教群众、懂管理、从事道教事业和道教文化研究的道教教职人员。办学宗旨与目的是：培养与社会主义社会相适应、爱国爱教、道教信仰纯正、有一定文化素质并懂得宫观管理的新型弘道人才。

学院成立以来，先后为中国道教界培养输送了两届宫观管理大专班学员 86 名，并完成一届组织成都市中青年道长就读四川大学宗教学研究生班的辅助教学工作，结业研究生 42 名，三年制“道经科教班”学员 21 名。学院将同时开展多种形式的信众教育，致力于发展和培养一大批诚挚热爱道教，倾心于道德学修的居士信众队伍，继承和弘扬中国优秀道学文化和道教济世利人精神。

第六节　青城山现当代著名道士传略

一、彭椿仙（1883—1942年）

彭椿仙，法名至国，贵州省毕节县人，青年时曾入云南讲武堂求学。见清廷腐败，萌学道之意，到青城山拜常道观道士程明星为师。观主何元清见其朴厚，故拒而折之，以考验其志。至国再三恳求，入观后又勤奋过人，道众识为人才，后被公推为住持。清末，四川劝业道周孝怀提倡蚕桑，椿仙恳请特设方外班，前去就读，毕业后回青城山推广蚕桑；今山道楠、杉多为其栽植，成绩斐然。1919年受到四川省长杨庶堪表彰，颁给“道在养生”题额，以资鼓励。军阀统治时期，在防区内巧聚豪夺，侵吞庙产，他亲赴成都告状，触怒军阀被拘捕。后避地外乡，出省游历，遍涉五岳。至武当山后，念及青城庙观颓败，毅然回山，振兴庙务。自1919年从斋堂建设开始，到1939年建成常道观全部殿堂。1941年采料重修玉皇楼（即今黄帝殿），因积劳成疾，由易心莹接替完成。

彭椿仙兴利革弊，建沿路茅亭，培植风景，广接十方人才，重视诗文刻石。在赤城阁沟对面高家院子创设乡学，名为多级小学。发放无息贷款，救济贫苦。抗战开始，又于本庙每年生产项下提取若干，补助应征壮丁家属。当时成都文艺界抗敌协会领导人杨波（中共地下党员）处境困难，经《华西晚报》记者杨槐（又名车辐）向彭椿仙进言，将杨波转移到祖师殿养病，得以保护安全。椿仙以积劳成疾殁于1942年3月18日，享年60岁，终于灌县道教会会长任内。

二、易心莹（1896—1976年）

中国道教协会前副会长易心莹，法名理轮。少年时原名良德，字宗乾。清光绪二十二年（1896年）九月二十六日生于四川遂宁县老池乡双河口。父名纯翥，母王氏，家庭为中农。8岁入学，在家读私塾，体弱多病，受其老师影响，立下学道的念头。1913年独自到青城山庙里做杂活。1917年拜常道观道士魏至龄（松遐）为师，为全真龙门派丹台碧洞宗第二十二代，派名理轮，正式冠巾皈依道教。最初担任司炉烧水，为游人当向导等。住持彭椿仙为培养道徒文化，将他送往本山朝阳庵吴君可门下学《五经》，通读《云笈七签》。

1926年，著名学者颜楷到青城山，见易心莹勤学好问，将他收入成都崇德书院深造，攻读儒家经史。1928年易心莹回山，担任知客兼文书、记账。他在接待四方名流的同时，撰成《青城指南》、《青城山风景导览》（由常道观藏室刊印）。1931年，彭椿仙为了使易心莹专作道教学术研究，卸去其知客职务。此后他专心致志，广积道书，深入研究，实地考察蜀中道观。并与当时研究道教的知名学者，如西南联合大学化工系教授、《道藏源流考》的作者陈国符，《仙学月刊》和《扬善半月刊》的主编陈撄宁，四川大学教授、著名史学家蒙文通等人交流学术，互相切磋。易心莹以伏案所得先后写成《老子通义》（《读老心解》）、《道学系统表》《道教分宗表》（《论道教宗派》）、《道教养生》等书，并辑集《女子道教丛书》。1941年3月彭椿仙逝世后，道众推选易心莹担任天师洞当家。同年7月，被寇同瞻排挤下台，仍一心从事道学研究，著《道教三字经》等书。

20世纪50年代后，易心莹任数职。1953年被特邀为灌县人民代表会议代表。1954年当选为灌县人民代表大会代表及县政协委员。1955年8月又获选任青城山天师洞住持。1956年任四川省政协委员。1957 年出席中国道教协会，当选为副会长。1962 年又当选为四川省道教协会会长。1962 年去北京为中国道教协会道教徒进修班讲学于白云观。1960 年后受命为《四川省宗教志》撰写“道教”部分，完成《四川省道教史》初稿。

心莹大师一生治学孜孜不倦，讲学以“常道”为纲，参及儒学。其弟子有著名道教研究学者、中国道教文化研究所副所长王家祐研究员等。

“文化大革命”期间，青城山文物基本完好，多赖易心莹等道众的精心保护。他因积劳成疾，心力交瘁，于 1976 年 2 月 7 日（丙辰年正月初二）病逝。骨灰埋青城山白云溪旁问道亭下。

三、傅圆天（1925—1997 年）

傅圆天大师于 1925 年 5 月 26 日（乙丑年四月二十七日）出生在四川省简阳县九龙乡，俗名傅长林，父母务农，全家信奉道教。少时多病，12 岁皈依道教，19 岁遵从母命，在四川省灌县水磨乡（该乡后划归汶川县）黄龙观出家为全真道士，拜张永平真人为师。他刻苦学习道教教理，深悟《道德经》真义，又在深山开荒自食，养成了“清修与劳作并重”的优良传统。

1955 年，傅圆天在青城山常道观拜谒易心莹道长，后被派到上清宫组织道众种茶、种庄稼，积极从事劳作生产。他为人勤奋朴实，事事带头苦干，声誉日著。1964 年被推举为上清宫当家。

“文化大革命”期间，青城山道观受到巨大冲击。在易心莹带领下，傅圆天和全山道众共同努力，得以保全名山精华。

中共十一届三中全会以后，宗教信仰自由政策得到落实。1979 年 12 月 12 日，成立青城山道教协会，傅圆天担任会长。当时青城山面临人才匮乏且严重老化的局面。他一方面尊重本山原有骨干，同时礼请在“文化大革命”中被迫离开道观的老道士如江至霖高功等人到青城山，又重视在先后皈依道教的中青年道士中选拔人才，委以重任。傅圆天大师首先进行的改革措施，是突破道士紧缩于道观内部的自我封闭状态，兴办道教产业。多方筹资，先后兴建了道家乳酒厂，创办道家茶厂、道家矿泉水厂等生产项目。1983 年，洞天乳酒荣获四川省重大科技成果奖。青城山贡茶也走向市场，供不应求。

1986 年，傅圆天大师为青城山道教徒举行“冠巾”仪式。同年，在中国道教协会第四届代表大会上，他被选为中国道协副会长。1988 年 7 月，他创办了青城山道教学校。1989 年 9 月，中国道协在北京召开道教文化研讨会，成立道教文化研究所，他担任名誉会长。同年 11 月 12 日至 12 月 2 日，道教全真派在北京白云观举行传戒活动。他作为传戒的倡导者，被授予大师称号。1992 年 3 月，在中国道教协会第五届全国代表会议上，傅圆天大师被选为中国道教协会会长。同年，在中国人民政治协商会议第八届第一次大会上，当选为全国政协常委。他同时兼任全国政协宗教组副组长、中国道教学院院长。1992 年 1 月 20 日，他与其他宗教领导人接受中共中央总书记江泽民的接见。1993 年 3 月，四川省道教协会恢复工作后，他被推选为四川省道教协会会长。他以坚贞的爱国爱教精神，积极参政议政，在身患多种疾病之后，仍坚持赴全国各地调查研究，为全面落实宗教政策和推动两个文明建设不懈努力。他认真学习并全面贯彻党的宗教政策，经过深思熟虑，撰写成《社会主义条件下宗教要为国家经济建设服务》的文章，初载于《四川宗教》1995 年第 10 期。修订后转载于“中国改革丛书”中的《当代中国领导干部文集》。

经傅圆天大师多年努力，中国道教协会于 1995 年 11 月 1—21 日，在青城山举行中华人民共和国成立以来的全真派第二次传戒法会，他被推举为“全真律坛嗣天仙正宗第二十三代傅宗天大律师”，在常道观举行方丈升座典礼，并在戒坛上主讲《道德经》和道教的修持。任中国道协会长期间，坚持按照自主办教会和“互相尊重，互不干涉，互不隶属”的原则，发展内地道教界与中国香港、中国澳门、中国台湾道教界人士的友好交流。他曾以中国道教协会会长的名义发表《为促进祖国和平统一贡献力量》一文，载于《中国道教》1995 年第 2 期。大师同时又是世界宗教和平委员会副主席。

傅圆天大师因病于 1997 年 7 月 3 日 13 时 45 分在青城山飞仙观羽化，享年 73 岁，卒葬于青城山青龙冈。

四、彭鹤年（1904—1992 年）

全真龙门派丹台碧洞宗第二十三代嗣师彭宗仁，号鹤年，生于清光绪三十年（1904 年）十一月四日，四川省荣昌县（今重庆市荣昌区）双河乡彭家大冲人氏。未及 6 岁，父母双亡，依靠祖父母生活。8 岁入本乡私塾念《三字经》《增广贤文》，习毛笔书法；三年诵完《四书》等古籍。14 岁时祖父逝世，后随二姨母及表兄到成都牛市口经营小店，并收取祖父外放债务。次年返回荣昌在乡人开设的当铺中学习记账，继又在重庆市江合煤炭公司记账，后因病回乡。1926 年，22 岁时从荣昌县步行至青城山天师洞出家学道，当家炼师彭至国（椿仙）安排他做庙内杂务。次年，见他勤劳苦干，为人诚笃，被调到祖师殿守庙兼管山林与种茶。彭鹤年抓紧闲时潜心学习《道德经》及早晚功课。因信仰虔诚，于 1933 年被选送成都二仙庵学戒，于当年传戒大会恭受全真《三坛大戒》。受戒圆满后仍回祖师殿看庙，劳作之余读书习静，喜读《天仙金丹心法》，试炼内丹功。

1941 年，椿仙道长仙逝，继任当家易心莹请彭鹤年到天师洞协理庙内账务。彭鹤年账目清白，有暇即洒扫殿堂。1946 年，胡佐全任天师洞当家，彭鹤年仍管现金。他理财严谨，廉洁自律。1948 年，查出刘和清挪用庙款经营沙金业后，遂决意引退，仍回祖师殿。

1950 年 5 月，全山道士集中在天师洞学习。当年 8 月，灌县名胜区保护管理委员会接管庙务，该会罗辉明调他到青城九龙砖瓦厂负责收款、发货。当时道士生活全靠耕种自给，颇为困难。彭大师将在砖瓦厂所得工资除最低伙食外，全数带回道观供养道友，道众至今仍感念其德行高尚、尊师济众之恩。1955 年回到天师洞，众望所归，推举他助易心莹当家协理庙务。彭鹤年为道教尽心尽力，1957 年被推选为四川道教界的五名代表之一，他同易心莹以及青羊宫的张圆泽、二仙庵的邹崇品、重庆老君洞的彭永久，共同出席当年 4 月中旬在北京前门饭店召开的中国道教界第一次全国代表会议。4 月 12 日。中国道教协会正式成立。沈阳太清宫岳崇岱道长被推选为首任会长，易心莹为副会长。

1958 年，彭鹤年当选为灌县第二届人民代表大会代表。1962 年 9 月 11 日在成都青羊宫召开四川省道教协会筹备会，正式成立四川省道教协会，推选易心莹为会长，彭鹤年、邹崇品（率一）为副会长。

1966 年，彭鹤年上山挖地跌断腰椎致残，同时还有心脏病、高血压等疾病缠身，但大师仍善自调理，尽其衰力，协理教务及财务，鞠躬尽瘁，以其身教德行，为后辈留下高道风范。

自中共十一届三中全会后，宗教政策在青城山得到落实。1979 年 12 月，重新成立青城山道教协会，傅圆天任理事长（后改名为会长），吴元昶任副理事长，彭鹤年任名誉理事长。

彭鹤年大师的仁德，为海内外同仰。1982 年春，著名画家张大千自台北托子女带《老松图》国画一幅赠鹤年真人，并题诗一首：

老松阅世千年寿，人是栽松昔日人。
沧海扬尘陵谷改，仙家岁月自长春。

当年 7 月，彭鹤年大师致书张大千说：“鹤年等拜读画上题诗，语出内心，倍感亲切，知先生不忘青城一草一木，以及衰朽如鹤年等也。而鹤年等讵能忘艰难万里，山海阻深，老病侵寻，年龄八十四岁之先生哉！沧溟南望，何日归来？不胜翘企，即祝旅祺！”

彭鹤年大师晚年曾自撰墓联，其联云：

平平常常一生宗诚信，
浑浑默默百年嗣法兴。
横额为：鹤鸣青城。

彭鹤年大师有继嗣弟子二人。1982 年收唐诚青（忠权）为徒，继又收唐诚一（书田）为徒，正式冠巾并由彭鹤年亲赐道名。两弟子均能克承师教，沿大师重视人才之道心，举拔贤能，潜修仁德，负弘道之重任。

1992 年 4 月 1 日（农历二月二十九日）10 时半（巳时），彭鹤年大师羽化于青城山飞仙观，享年 89 岁。4 月 3 日，由全国道教协会会长傅圆天大师主持悼念，青城山道教学校詹绍成致悼词，江至霖大师主持颂经慰灵法会。省、市宗教局及道协负责人大师弟子和信众 300 余人参加悼念。下午未时下葬于青龙冈仰天槽吉地。

王宗吉（家祐）撰写《彭鹤年大师行传》云：“道家三宝，一慈二俭，三不敢为天下先。彭大师幼沐祖妣慈俭之身教，谦诚恭敬，体‘不敢’之仁德。由仁到仙，净明忠孝正道之仁范。且昊天垂佑，有清、一之嗣子，全真全福，不愧真人大师。入道 67 年中，初为彭至国大师之助手；继辅易理轮大师祖堂之参谋；晚尊老成，作傅圆天大师之顾问。襄赞三大师，弘扬全真道，诚一代之真师，千古之道统。抱朴守一，正法天心，爱国爱教，护育群生。”

五、江至霖（1908—1996 年）

江至霖，道号观吾道人。清光绪三十四年（1908 年）八月二十六日卯时生于四川省彰明县踏水乡（其地后划归安县）。幼孤苦，9 岁至绵竹严仙观学习，19 岁拜师彰明县三清宫龙门派欧明甦真人。次年，在成都二仙庵玄都律坛受戒一年，以天字第一号优秀成绩，留庵任经师，后升任高功。时值川中军阀混战，疫疠流行，他深悯人世苦难，思有拯拔，遂发愤潜修，通晓道经，特长科仪经韵，住成都二仙庵丛林共 24 年，大小坛场，历作主坛。大师一生淡泊名利，1953 年，道友欲推大师担任要职，他闻风退隐绵竹，靠劳作及卖“小人书”为生。1980 年，由青城山道教协会傅圆天大师礼聘，请来常道观任高功，主持道观斋醮科仪。初在青城山道教知识进修班讲授道教科范及音乐。1983 年被推举为青城山道教协会副会长，以年老推辞，改任青城山道教学校副校长，培养学员 200 余人。

江至霖大师较全面地继承了原成都二仙庵十方丛林的经韵音乐传统，直到晚年仍能完整地唱出传统北韵曲目近 50 首。他嗓音洪亮，音质圆润、丰满，有较好的共鸣，演唱上具有朴实、自然、恬淡、虚无的风格；在科仪做功上稳重、自如，有高道风范。工书法尤长于魏隶，每坛场联文青词，均工整自书。十余年来，应法国、美国、德国、日本及东南亚诸国同道或学者的采访和交流，莫不赞叹佩服。1993 年秋，北京白云观、香港青松观、台北指南宫于北京联合举办罗天大醮，四川法坛因得江大师主坛，为同道称颂。

1995 年秋，中国道教协会在青城山举办全真道第二次传戒法会，江真人荣任玄都律坛登箓大师，策划安排坛场仪轨，井然有序；终因年迈积劳，未及圆满而致疾。病中仍坚持教务，可谓以身殉道。真人不轻易收弟子，对生徒要求甚严；但对执经问难者，均竭诚解析，诲人不倦。其徒吴理冲等，承师传授，勤学精研，使道教科仪代有传人。真人以丙子农历正月二十日（1996 年 3 月 9 日）午时羽化于天师洞，享年 89 岁。卒葬青城山青龙冈。

李启明撰写《江大真人至霖墓表》云："总其一生劳瘁，本与人为善之旨，裨益世道人心。以消末劫厄运，尤戮力于道教优良传统之弘扬。呜呼，真人不作矣！非唯宗教之损失，抑亦民族文化之损失也。"

六、吴元昶（1907—1994 年）

全真道龙门正宗第十九代元君吴元昶，清光绪三十三年（1907 年）四月十二日卯时生于四川省灌县（今都江堰市）。父君可，灌邑庠生，治学教书。元君幼从父学，兼读医书。少时逢蜀中军阀混战，灾祸连年，因萌厌世隐遁，遂皈依道教。1947 年，于灌县漩口（其地今划归汶川县）川主庙，拜唐永福真人为师，出家为坤道。1952 年转漩口观音庙。

元君入道后，坚持太上三宝，刻苦自励，颂习道经，闭门清修，不预俗务。其父吴君可曾一度来青城山朝阳庵为道士讲授经文，元君亦曾随侍就读，故在当时坤道中为文化修养较高者。

1956 年 7 月，灌县人民政府鉴于青城山道士较少，将县内各个小道观的道士集中到该山。元君于此时到青城山，初住持上清宫，次年调任建福宫当家。当时，青城山道观统为一个农业生产队，道士均靠农耕为主。元君事必躬亲，带头参加劳动，关心道众生活。她对社会主义竭诚拥护，连年坚持订报，并详细阅读，向道众宣讲。1958 年，元君当选为灌县太平乡（今青城山镇）人民代表，继又当选为灌县第二届人民代表大会代表。1962 年 8 月，四川道教协会筹备会在成都青羊宫召开，正式成立四川省道教协会，元君当选为理事。"文化大革命"中，元君竭力保护道观，顾全大局。中共十一届三中全会后，宗教政策在青城山得到落实。1979 年 12 月，成立青城山道教协会，傅圆天任理事长，吴元昶任副理事长（后改称副会长）。

元君持身勤俭，关心他人胜过关心自己。20 世纪 80 年代初，青城山建福宫新来一批道徒，元君将自家积蓄的 150 元交出作为伙食基金。她一生敬老抚孤，济困救穷，每年都向太平乡敬老院捐赠钱物，或发动坤道做鞋赠送老人。道徒因她年迈，要给她开小灶侍奉，但她一律谢绝，坚持与大家同食。当时青城山道教协会会长傅圆天提出"老者安，少者怀"，把新来的道徒先分给各位老道长。但元君处事大公无私，考虑到傅大师不能无徒，又主动分几位道徒拜傅大师为师。

元君先后培养弟子及皈依弟子 50 余人，均能以言传身教，循循善诱。出其门下者均善继师道，为道门良才，如钟明健、张明飞、易明栋、刘明福、汪明聪等，均能不忘元君教诲，在各个道观中谨勤执事。

元君于 1994 年 4 月 15 日酉时羽化于青城山建福宫，享年 88 岁，按道教仪制，安葬在青龙冈。元君羽化前，将自家多年积蓄的 1400 元捐赠本观维修大殿。

第二章 佛 教

第一节 青城山佛教源流

一、古代寺庙

西汉时期，佛教即已传入中国。西魏、北周之前，青城山就有香积寺和飞赴寺的记载。唐代，佛教云门、曹洞宗在青城山盛极一时，寺庙分布青城前后山，除前山的香积寺、飞赴寺、香林院外，后山更是寺庙林立，如著名的泰安寺、白云寺、崇善寺、龙居寺、红锡庵、锡照庵等古刹及后来的普照寺等，据传仅后山境内就有36座寺庵。

香积寺在青城山镇石桥村，它建于南北朝西魏时期（535—556年），是经由丝绸之路传来的早期佛教寺庙。宋《舆地纪胜》载："香积寺名灵岩寺，在青城县香积山，寺有瀑布，有鸡骨禅师塔。"明曹学佺《蜀中名胜记》转引《永康军志》亦云："香积山寺，即灵岩寺也，有瀑布及鸡骨禅师塔，即《周地图经》之通灵山寺。"（易心莹考证：该寺建于梁武帝时，与西魏亦大致相符）该寺明末被毁，清康熙初年由佛教禅宗临济宗释照泰主持重建。

飞赴寺遗址在青城山镇青景村四组茶山之上。《蜀中名胜记》转引宋代《方舆胜览》云："飞赴寺在青城县飞赴山下，旧名昌圣院。"《蜀中高僧记》载："北周（557—581年），香阇梨主持青城飞赴寺。时俗每三月三日必往山游赏，多将酒肉，争奉肴酒，师随得随尽，到晚张口吐鸡羊出。"该寺在唐代初期，曾与道家因产权纠纷，占据了常道观。开元十二年（724年），玄宗敕令："观还道家，寺依山外旧所。"

二、历代高僧

唐代高僧义静法师所著《大唐西域求法高僧传》记载，明远法师（616？—666？），青城山人，是唐代赴印度求法的56个中外高僧中之一。明远法师幼年出家，在青城山白云洞学习佛教经典。青年时对佛经就有深入的研究。后出三峡到湖北、湖南、江西、浙江一带游学，不断精通佛学。为进一步掌握佛法的真谛，明远法师决定赴印度求法，先取道广州，再到越南，乘船取海路前往印度。途中，他凭着祖国盛大的声望和自己的才华风度，受到了许多国家君主的礼遇和优待，在印度，他梵名"振多提婆"（译为"天朝的僧人"）。明远法师不仅是一位学者，又是一位旅游家、探险家。后圆寂于印度。

唐代神照禅师（776—436年），出生于青城，始出家拜智凝法师，为荷泽神会下四世法嗣，出蜀入洛阳，开坛讲经。中年时，不但佛学高深，琴棋诗画也才华出众。《白氏长庆集》载，曾为诗人白居易的老师。

唐末五代青城高僧澄照禅师，是青源系曹洞宗最早的门人，与当时云门宗并盛于青城山，流传至今。今青城山泰安寺、白云寺等均为曹洞宗。澄照禅师后来还到峨眉山传法。

北宋时曾经盛极一时的云门宗即流行于青城山。首先是香林澄远禅师（908—987年），俗姓上官，四川绵竹人。他在五代前蜀晚期去广东韶州光泰禅院拜云门文偃禅师，尽得真传。回蜀后居于青城县西著名的青城山香林院。《碧岩录》称赞他："云门（禅师）虽接人无数，当代导行者唯（澄远）师法席最高。""四川属云门宗的禅师从香林澄远到南宋乾明永因禅师止，可考的人物共九代四十三人。"① 其中住过青城山的有：罗汉和尚（初参香林澄远禅师，后回峨眉延福院）、香林信禅师、大面山大乘禅师（青神人，初参云门，后回峨眉山住龙池四面峰）、惟凤（北宋太宗雍熙时青城山僧，著有诗集及风雅十翠图）等人。他们夏天常去青城山下大坪香林院和白云洞闭关，并常以青城山水入禅语诗偈，充满智慧和幽默，常常意想不到的开人心扉。如僧问"师唱谁家曲，宗风嗣阿谁?"师曰："青城千丈雪，云外万重山。"僧问："如何是佛?"师曰："踏破草鞋赤足走。"又如僧问："如何是佛法大意?"青城香林信禅师云："青城山水甚分明"问："一等为人，为什么见有深浅?"师云："净云空聚散，来往不知休。"（见《天圣广灯录》）。

明代青城山高僧中有鉴随禅师（1573—1644年），据《五灯全书》《续灯正统》和《锦江禅灯》记载，鉴随是渝州（今重庆市）严氏之子，法嗣燕京（今北京市）休尘和尚，是禅宗六祖下第三十二世。修成了佛教"无碍自在定"这种极为高深的功夫和行为，使他名重一时，隐于青城山白云洞，40年不下山，受到明末蜀藩（内江王府）② 的崇敬和隆重的供养。他的教学是彻底的禅宗风格，不立文字，不著书立说，讲学时也不许记录，但也有弟子秘密地记录了一些付印，书名《白云深意》，惜此书已失传。鉴随禅师世寿72，于崇祯十七年（1644年）二月圆寂，建塔全身于泰安寺左（见《锦江禅灯》）。鉴随禅师还有两名弟子载入了《灯录》，是彭州宝池禅师和邛州了凡刚禅师。了凡刚，普州（今安岳县）人，幼为掾吏，因科税不职，落发参白云洞鉴随和尚，暗机契合，嘱住上方洞，后徙邛州白岩。在去云南鸡足山后又到白云洞。

清初，丈雪通醉禅师是国内著名高僧，四川佛教的第二号人物，曾"名振东南"，并到贵州和陕西传法。丈雪是内江人，5岁时，随父母朝崇州上古寺，他亲叔父是该寺住持，为他落发出家。上古寺与白云洞一山之隔，丈雪常到白云洞去参学，经常受到鉴随禅师的指导和师兄了凡刚禅师的辅导。因此，丈雪20岁时即在白云洞圆具受戒，鉴随禅师为他的戒和尚。这使他后来参礼破山海明，到浙江天童寺参礼当时的禅宗泰斗密云圆悟大师有了基础和声望。由于丈雪禅师与青城山、白云洞的关系极深，以致他80多岁时，还为青城山香林院、崇福寺、光严寺等作记，并有《耆老篇》等著作问世。

---

① 见四川省佛教协会、四川省宗教志办公室冯学成、赵立明等人所编《巴蜀禅灯录》，第19页，成都出版社，1962年6月。

② 青城后山泰安寺一带出土的明代"买地卷"石刻多有"内江王府官山"。查《明一统志》载：正统十一年（1446年）封朱友蟠为内江王。

第二节 现存寺庙

一、泰安寺

泰安寺位于青城后山泰安古镇，是青城山现存佛教寺庙中历史最久者。彭洵《青城山记》载：“（泰安寺）相传唐代初建，逮明复振，楼殿壮丽，甲于青城。明末兵毁，清初重建。”唐杜光庭《谢恩宣示修丈人观功毕表》《谢恩令僧行真修丈人观表》均言及长平山（泰安）惠进大师僧行真。故泰安寺始建于季唐，有据。又据明嘉靖《钟面记》：“始于（元）至正元年（1341 年），建于成化二十一年（1485 年），重建于正德七年（1512 年）。”据清《灌县乡土志》载：明末寺僧了空与蜀王残部一起，抵御张献忠部属；后得土人带路，张部由通灵沟偷袭该寺，获胜；寺在战乱中被焚，僧众溃散，了空触岩而死，留下了“偷营沟”“禅师岩”的传说。

清乾隆年间，重建泰安寺，计有正殿、三霄殿、藏经楼、戏台、灯楼和厢房、斋厨等。民国时，该寺仍有僧人，且有庙产地 5000 余亩（包括荒山）。后逐渐毁坏，仅存正殿和厢房。

1986 年开始由都江堰市人民政府拨款重新整修大雄宝殿，后又新建天王殿、大悲殿（观音殿）、般若楼、僧伽楼、福德楼、念福楼、居士楼、五观堂、山门及僧舍斋房。殿后有明代鉴随禅师灵骨塔，殿内有清代古碑三通。由中国佛教协会会长赵朴初居士手书“古泰安寺”四字镌刻山门。

寺周有古银杏树、红豆树及桢楠数十株。寺侧五溪合流，五峰环聚，形如出水莲花。现有比丘十余人，属佛教禅宗的曹洞正宗，其僧谱（字辈）是：“广崇妙普，洪胜喜昌，继祖续宗，惠证维方，元明净智，德行福祥，澄清觉海，了悟真常。”

泰安寺 1986—1988 年主持（当家）为如愿，有僧人 6 人；1988—1990 年主持（当家）为能圆，有僧人 9 人；1991—2000 年主持（当家）为普能，有僧人 22 人；2000—2003 年主持（当家）为普鉴，有僧人 17 人；2003 年以后主持（当家）为洪法，有僧人 14 人。1991 年成立泰安寺管理委员会，由寺内主持（任主任）、监院、知客及泰安古镇知名人士 2 人参加，共同组成，管理庙务，订立规章制度、财务制度、安全制度等管理条例，并接受都江堰市宗教事务管理部门和市佛协的领导和监督。寺庙的宗教活动，基本为：

早晚“常课”。僧人每晨昏二时集体上殿，敬作“课颂”，诵经念佛，并撞钟、击鼓、鸣磬。

观音会。每年阴历二月十九日（观音诞辰），六月十九日（观音得道）、九月十九日（观音圆寂），寺内都要举办观音盛会。佛事中，乐器齐鸣，课颂从隆，或“供天”“放焰口”，举行消灾祈祷等法事活动。

不定时间的为捐功德的居士举办“供天”“放焰口”消灾祈祷和超度追荐亡人等法事。

二、白云寺

白云寺，原名白云庵，唐代初建，毁于明末清初，重建的寺庙坐落在白云万佛洞的通天洞之上。进入天王殿后，有直上云霄的整齐石阶，中有观音殿。白云寺背靠蓥华山，正殿 7 间，气派恢宏，中塑过去佛（燃灯古佛）、现在佛（释迦牟尼佛）、未来佛（弥勒佛），两旁塑白云祖师及鉴随禅师。背面塑西方三圣。殿宇为重楼四合院，总建筑面积 1800 平方米。住持僧慧严，有比丘十余人，属曹洞宗。每年阴历三月十八日（传为白云祖师升天成佛的日子）为庙会期。白云寺于1988年重建寺庙后，主持为慧严，有僧人不足10人。（详见第二篇第二章第十节“白云万佛洞·白云寺”；宗教活动同泰安寺）

三、普照寺

普照寺为都江堰市河西地区最早开放的佛教徒宗教活动点，属临济宗，现任住持释果证，有比丘尼十余人、比丘2人。（详见第二篇第三章第二节“青峰山·普照寺”）。

四、香积寺

香积寺位于香积山，是都江堰市境内最早记载的佛寺（北周《周地图记》作“灵岩山寺”）。南宋《舆地纪胜》载：“鸡骨禅师，西魏（535—556年）时来青城山，唯嗜食鸡，因号焉……有塔在香积山，号鸡骨禅师塔。”古寺毁于明末。清康熙初，禅宗之临济宗释照来此山，重修殿宇，建成三重大殿及斋寮舍计五院。1951年仍有正殿四重，僧寮客房共38间，寺僧3人，种地数亩。寺有“十景”，即龙门洞、鸡骨池、漏米石、摩云亭、化虎石、点头石、五叠泉、白龙池、大字岩、孤鹤顶。寺外有鸡骨禅师塔。1958年，古寺拆去28间修建太平乡农中，其余于1962年全拆无遗。1993年，该村群众为开展旅游，集资重建大殿5间，并将散处各地的《香积寺碑》《寮院禁碑》等原址竖立，使盛极一时的古寺风景逐步恢复。

第三章　宗教事务

第一节　机构设置

北宋熙宁三年（1070 年），于永康军丈人观置提举官（见《宋会要·宫观使》）。

明洪武十五年（1382 年），灌县设道会司、僧会司，置道会、僧会各 1 人，皆设官，不给禄。清袭明制（见《皇朝文献通考》）。

民国期间，由县政府民政科兼管宗教事务。

1952 年，中共灌县县委设立统一战线工作部（统战部），宗教管理列入统战工作范围。1953 年，灌县人民政府遵照四川省人民政府通知，在县政府文教科设宗教工作专职干部，在统战部办公。1963 年，灌县人民委员会设立宗教科，配备专职干部。1980 年，县委统战部内配备宗教专职干部。1983 年，灌县人民政府设民族宗教事务科。撤县建都江堰市后，设民族宗教事务局。

2006 年，青城山景区内的宗教事务，以及宗教场所和文物，分别由都江堰市委统战部、都江堰市民宗局、都江堰市文物局及青城山道协、佛协管理。

同年，今青城山管委会（青城山风景名胜区管理局）成立宗教事务处。在都江堰市民宗局的领导下，和道、佛协会一起，认真落实党的宗教政策，坚持宗教工作的“四句话”方针，即：全面正确的贯彻宗教信仰自由政策；依法加强对宗教事务的管理；积极引导宗教与社会主义社会相适应；坚持独立自主自办教会的原则。并组织学习中共中央和国务院的政策、法规，贯彻四川省人民政府关于《四川省宗教教职人员管理规定》及成都市人大常委会关于《成都市宗教活动场所管理办法》。贯彻中共的统战方针，维护社会稳定，构建和谐社会，保护和建设好青城山。道协和佛协特别在申报世界遗产和创佳升 A 整治工作中积极配合，全力以赴，做出积极贡献。

第二节　事务管理

为解决青城山的道观管理，1985 年 8 月，由省、市、县有关负责人在青城山举行三级现场办公会议，确定了“政府管山，道士管庙，兴办旅游在庙外”的原则，各道观开展宗教活动，在县政府宗教事务部门的领导下，交由道教协会管理。当年成立青城山道教宫观管理委员会，并制定出管理制度。1988 年又根据中国道教协会《关于道教宫观管理试行办法》的规定，进一步完善各道观管理制度，实行独立核算，自负盈亏。青城山各道观在道协的领导下，继承清修与劳作的传统，发展生产，为旅游服务，实现自养，还新修宫观，整修游道，保护环境，积极参加祖国社会主义建设，受到国家和社会各界的赞誉。

青城山佛教也在各级宗教事务管理部门的领导下，认真贯彻学习《宗教事务条例》等法律法规，寺院成立管委会，制定各种规章制度，开展旅游服务产业，除实现自养外还常向社会大力捐助，受到了政府和社会各界的赞扬。

第五篇　行政建置及保护管理

第一章　建置沿革

第一节　古代行政建置

古代青城的范围，说法不一。北周宇文邕所编道经《无上秘要》在“洞天品”中记：“清城山周回二千里”。唐开元十八年（730 年），徐太亨《青城山丈人祠庙碑》云：“夫丈人山者本青城山，周回二千七百里”，但都无明确的范围。至宋代地理书《舆地纪胜》才明确提出了它的范围：“天国山（即青城山）在永康县，左连大面，右接鹤鸣，前临狮子，后枕大隋，诸山络绎，不一其名，要皆青城山之支峰也。”其范围即都江堰岷江以西，西岷六顶（即岷江与青衣江的分水岭）以东，郫溪河以南，邺江以北，古代蜀人称为“西山”“西岭”的山岳地区。按照近现代行政区划来看，古之青城山地跨都江堰市、崇州市、大邑县及汶川县相邻地区。

该地区内行政建制设置，始于秦。秦时，青城山名为渎山（亦称“岷山”“汶山”）。据《史记·封禅书》及《汉书·郊祀志》的记载，秦并天下后，令负责祭祀的官员，将全国各地的名山大川编排为序，统一规定祭祀级别，以利于从精神文化上体现大一统的国家格局。当时全国共 46 郡，列为国家祭祀的山川只有 18 座，蜀郡独占两座，即渎山与江水祠（江水祠，在今青城山赤城崖上，有古羊马台遗迹，即古江祠遗址），青城山一跃成为皇帝敕封的国家祭祀山川的圣地。秦蜀守李冰修湔堰（即都江堰）时，曾致力于渎山（即青城山）的开发。《华阳国志·蜀志》记李冰：“乃自湔堰上，分穿羊摩江（即青城山下沙沟河早期的引水干渠），灌江西。”《水经·江水注》记：“江水又与文井江合，李冰所导也。自笮道与蒙溪（今青衣江上游）分水，至蜀郡临邛县与布仆水合。”

其时，青城山地区分属临邛县和湔氐道（秦置县，县有蛮夷回道）。湔氐道至汉升为县，改称湔县，不久改湔县为都安县，属汶山郡，郡治在汶川县绵虒乡，《资治通鉴》卷七十三胡三省注：“都安县”湔，即汉之湔氐道，属蜀郡。汶水，即岷江水也。其时，青城山地区分属都安县和江源县。

延至南齐，齐武帝以江源县地大户多，割今崇州市街子、双河，今都江堰市河西诸乡及今汶川县漩口、水磨一带新建齐基县（齐之基业之意）。治所在今青城山镇五里村。至此，青城山核心地区因行政区划而得以基本确定。

北周天和四年（569 年），改齐基县为清城县。

唐开元十八年（730 年），清城县去水作青城，治所在今石羊镇原徐渡乡古城村。

前蜀，设灌州辖青城、导江二县。

北宋，改灌州为永安军，后更为永宁军，旋改为永康军，仍辖青城、导江二县。

南宋，改永康军为寨，后又还军，仍辖青城、导江二县。

元至元十三年（1276 年），改军为州，废青城、导江二县合并为灌州。至此，青城县存在 707 年

(569—1276 年)。

明，降灌州为灌县，隶属于成都府。

清，仍置灌县，隶属成绵龙茂道，后改为川西道，成绵府。

第二节　现当代管理机构

自秦以降，青城山尽管地位崇高，但一直都没有专门的管理机构，青城山的范围（指核心景区范围，下同），也随历朝历代行政建置的不断调整而或小或大。民国期间，仍置灌县，青城山仍隶属灌县管辖。1937 年，四川省政府成立成灌嘉峨风景区管理处，但一年后又撤销。1940 年，四川省政府将灌县列入川西风景区，但没有专门管理青城山的机构。

1949 年中华人民共和国成立之后，青城山仍隶属灌县管辖。

1950 年 8 月 15 日，温江行政区公署根据川西行政公署令，派出邱锦等人组成工作组，会同灌县人民政府清查青城山庙产，制定了《灌县名胜区古代文物建筑保护管理办法》。同年 9 月 8 日，成立灌县名胜区保护管理委员会。

1951 年 1 月 9 日，成立灌县古代文物名胜古迹保护管理委员会青城山分会，规定青城山保护范围为："东起玉堂镇横山堰，下至普照寺，主要包括朝阳观、建福宫、天师洞、祖师殿、朝阳洞、上清宫、雪山寺、普照寺、上皇观、药王庙、长生宫、圆明宫、丈人观和玉清宫等。"

1954 年，青城山旅游风景区及文物保护、行政管理，隶属于灌县文物保护管理所，青城山自身无单独管理机构。1959 年，青城山划归成都市金牛区管辖，至 1961 年又划回灌县中兴区太平乡。在管理上仍属灌县文物保护管理所管理。同年，经灌县县委、县政府批准，全山道士转为菜农，单独成立道教生产队，归当时太平公社领导。青城山的行政管理，门票、住宿的经营由县文管所负责。

1976 年，为适应旅游事业的发展，经灌县县委讨论决定，专门成立青城山管理所，负责管理青城山的各项工作。自此，青城山有了自己的专门管理机构。

1982 年 5 月，经国务院批准，青城山被列为国家级重点风景名胜区。1984 年撤销青城山管理所，成立青城山管理处。

此外，天师洞、祖师殿、圆明宫、玉清宫等宫观庙宇，1984 年以前由当时的青城山管理处管理。从 1984 年 4 月起，交由青城山道教协会管理，并成立了青城山道教宫观管理委员会。1985 年 5 月，又将上清宫、建福宫同时交由青城山道教宫观管理委员会管理。1985 年，根据成都市人民政府办公厅函〔1985〕206 号文，又确定了"政府管山，道士管庙，兴办旅游在庙外"的原则。紧接着，灌县县委、县政府为配合旅游发展，着力进行了青城山后山景区的恢复与发展。1988 年 5 月经国务院批准，撤销灌县，设立都江堰市。同年 6 月，经四川省人民政府批准，设置青城山镇。1990 年 9 月，成立青城山管理局，青城山管理局与青城山镇人民政府实行"两块牌子，一套班子"的管理体制。自此，青城山风景名胜区步入了新的历史阶段。

第三节　青城山镇人民政府

1988年6月，都江堰市人民政府按照四川省人民政府民政〔1988〕20号文件的批复，撤销青城后山的原泰安乡，设置青城山镇。镇辖区范围为：原泰安乡所辖的10个村，原青城山管理处所辖的青城村，青城乡所辖的青景村及桃花村一组，中兴镇的九龙村四组。1999年，经都江堰市人民政府批准，又将中兴镇的和乐村划入青城山镇。至此，青城山镇共有13个行政村和68个村民小组。

2004年9月，经四川省人民政府批准，都江堰市人民政府批文，撤销毗邻的青城镇（原青城乡）后，将所辖9个村和1个场镇居委会及77个村民小组并入青城山镇，政府设在原青城镇场镇（即太平古镇）正中街。

2005年，都江堰市人民政府批准合并行政村，青城山镇将原19个行政村及1个居委会合并为12个行政村，138个村民小组和2个社区、15个居民小组。

2006年6月，都江堰市人民政府批准，与青城山管理局镇局合一，建立青城山管理委员会和中共青城山工作委员会，统筹青城山镇范围内的旅游景区管理和村镇行政事务等工作。内设机构为党办、目标办、行政办、人才资源管理办、管理局办、经济发展办、社会事务与计生办、社会综合治理与安全生产办、宗教事务处、遗产文物保护处、财务管理处、事业管理服务中心（劳保所）、林业与资源保护管理处、产业推进办、规划建设管理办、宣传营销处与旅游信息管理中心、旅游发展处（农家乐管理办）、文艺演出处、综合执法大队（景区执法中队、市容执法中队、规划执法中队）、市容办、后山旅游管理处、前山旅游管理处、后山门票管理处、前山门票管理处。

2007年3月，青城山景区管理局和都江堰市景区管理局合并为青城山—都江堰旅游景区管理局，并统一到市区办公后，青城山镇即和青城山管理局分开，行使镇政府职权，并协助旅游景区工作。

青城山镇人民政府在都江堰市委、市政府领导下开展工作，是市委、市政府的职能部门，设置了四大机构，即中国共产党青城山镇委员会、青城山镇人民政府、青城山镇人民代表大会主席团和中共青城山镇纪律检查委员会。下属机构调整为：党政办公室、共青团委、工会工委、妇女联合会、社会事务和人口与计划生育办公室、经济发展办公室、财政所、社会治安综合治理办公室、劳动保障所、推进城乡一体化办公室、事务服务中心、城镇建设规划管理办公室、国土拆迁办公室、城市管理办公室、司法所、人民来信来访办公室。镇政府迁至青正街办公。

第二章　景区保护与管理

第一节　保护、管理措施

中华人民共和国成立以来，青城山景区逐步建立了一套行之有效的保护管理措施。

一是依法保护。保护管理的主要法律有：《中华人民共和国宪法》《中华人民共和国刑法》《中华人民共和国野生动物保护法》《中华人民共和国环境保护法》《中华人民共和国城市规划法》《中华人民共和国水法》《中华人民共和国水土保持法》《中华人民共和国森林法》等。主要法规有：《中华人民共和国文物保护法实施细则》《中华人民共和国国务院风景名胜区管理条例》《四川省风景名胜区管理条例》，及文化部、建设部、国家文物局等部门联合颁发的《关于加强我国世界文化遗产保护管理工作的意见》。

根据这些法规和联合国《世界文化和自然遗产公约》，青城山景区又建立健全了《青城山风景区旅游资源保护管理规定》等40多项规章制度，使景区管理步入了法制化、规范化轨道，较好地做到了“保护为主，抢救第一，合理利用，加强管理”，保证了景区的真实性和完整性。

二是规划保护和执行ISO 9002质量管理体系和ISO 14001环境管理体系。已制定批准的规划是《青城山—都江堰风景名胜区总体规划》，在此基础上，扩大并明确了景区核心保护区、控制区、周边保护区范围。在核心保护区打桩设界，区内严禁一切建设，对文物古迹的保护做到修旧如旧，保持本来面目；控制区内全部退耕还林；外围保护区适当发展旅游业和生态观光农业。1997年起，景区内基本禁止了木材作燃料。同时，景区与国际接轨，开始运行ISO 9002质量管理体系和ISO 14001环境管理体系，成立了体系管理办公室，并于2002年通过了体系认证。

三是执行措施具体落实。景区工商所、公安派出所、综治办、联防队、执法队、卫生院等机构一应俱全，保护自然景观、生态环境、人文景观的制度具体，措施落实，设备齐全，职责明确。

第二节　青城山风景名胜区管理局

青城山风景名胜区管理局的前身是1976年成立的青城山管理所。1984年撤所成立青城山管理处。

1990年9月5日，中共都江堰市委和市人民政府决定，按照国务院颁布的《风景名胜区管理暂行条例》等法规，成立青城山风景名胜区统一的管理机构——青城山管理局，与青城山镇人民政府实行“两块牌子，一套班子”的管理体制。青城山管理局全面负责青城山国家级风景名胜区的保护、规划、开发、建设和旅游管理。其主要职责范围是：负责青城山的长期、中期及短期的规划设计；景区、景点的开发、建设与维修；自然资源与人文资源的保护；旅游基础设施与旅游项目的管理；开发、建设新景区、景点所需资金的引进与筹措；宣传景区、景点，提高青城山的知名度。景区内的道佛寺庙等宗教场所和文物则由市政府民族宗教事务局、文物局及青城山道教协会、佛教协会管理（参见第四篇宗教）。

青城山管理局设局长 1 人、副局长若干人。

2000 年 11 月，青城山被列入联合国世界文化遗产名录（参见附录《青城山风景名胜区申报世界文化遗产纪略》）。自此，青城山管理局在坚持开发建设与保护资源并重的原则下，切实履行《世界文化和自然遗产公约》，按照“严格保护、科学规划、合理开发、永续利用”的原则，对依法保护和管理青城山作了大量有效工作。

2003 年，经中共都江堰市委和市人民政府批准，青城山管理局更名为都江堰市青城山风景名胜区管理局，职工 300 余人。管理局内设机构有：局办公室、宣传营销处、综合管理处、财务管理处、规划建设处、前山管理处、后山管理处、前山门票管理所、后山门票管理所、建福宫管理所和前山旅游索道管理所。

2007 年 5 月，都江堰市青城山风景名胜区管理局和都江堰市都江堰风景名胜区管理局合并，成立青城山—都江堰旅游景区（风景名胜区）管理局，青城山风景名胜区管理局即迁至都江堰市区和都江堰风景名胜区管理局合并办公，同时挂青城山风景名胜区管理局和都江堰风景名胜区管理局牌子。

青城山—都江堰旅游景区（风景名胜区）管理局主要职责是负责景区规划建设、资源开发与保护、宣传营销和景区日常管理等工作。内设机构为办公室、劳动人事处、市场营销处、规划建设处、财务处、文化演艺处、综合管理处 7 个处室。下设青城山景区前山管理处、青城山景区后山管理处、都江堰景区管理处、游客中心、门票管理处、绿化园林处 6 个事业单位。景区管理局内设机构和下属事业单位均为副局级机构。

景区管理局设局长 1 名（同时兼任青城山风景名胜区管理局和都江堰风景名胜区管理局局长）、常务副局长 1 名、副局长 3 名、纪检组长 1 名、处长 7 名（按副局级实职）。下属事业单位设处长 6 名（按副局级实职）。

第三章　景区规划、建设

第一节　青城前山景区的发展和集镇建设

自20世纪80年代以来，青城山原有景区的前山，发生了很大的变化，新建主要景点工程有7个。

一、月城湖

月城湖原为一山间小盆地，面积百余亩。1985年，青城山管理处在原有的崩毁水坝的基础上重建蓄水坝，使之形成一个群山环抱的山间小湖泊，并于堤坝上建长游廊，湖周增建亭阁、拱桥等游览服务设施，形成青城前山一组具有湖光山色的自然景观。总计投资120万元。

二、金鞭岩三险旅游通道

通道起于前山祖师殿，经天仓山轩皇台、下三险，绕金鞭岩至八卦台止，全长5公里，全用石级铺砌而成。下三险等险要地段设铁链护栏，系沟通青城前后山的步行游览要道，总投资100万元，于1988年6月开通。

三、前后山旅游公路

公路东起前山建福宫，西止后山五龙沟口，总长18公里。该路原系乡村碎石公路，常因泥石流而交通受阻。经整治改造为宽度8米的水泥板块路面，仅一年内青城后山游人就增加了30万人。此项投资600万元，于1993年2月竣工通车。后又改造成为沥青混凝土路面。

四、前山旅游索道

索道下起月城湖，上止四望观，总长1100米，垂直高差约300米。系满足游人登山艰难而建的代步观光循环吊椅式索道，总投资550万元。

五、单轨高空游览车

览车下起青城前山雨亭，上止月城湖大坝，轨道沿青溪沟底河谷修建，总长400米，1993年论证投建，是一项兼具旅游、游乐、代步的新兴游乐设施。2000年申报“双遗产”时拆除。

六、老君阁

老君阁位于青城前山第一峰顶，1994年由青城山道教协会集资修建，外形近于武汉黄鹤楼和昆明大观楼之间。阁高33米，共6层。

七、集镇建设

青城山镇的集镇建设是在1990年青城山管理局建立后，在一片水田中建立起来的。1995年，四川省委、省政府川委发〔1995〕2号文批准青城山镇为全省100个小城镇建设试点镇之一，由省拨给用地指标300亩，农转非指标2000个。成都市委、市政府〔1996〕42号文批准青城山镇为成都市重点旅游集镇，由成都市增拨土地指标100亩，农转非指标1000个，并给予各种税费优惠政策。青城山镇于1994年完成规划，1995年动工。截至1997年底建成青城大道、青正街、双钟街、青龙街等。与其配套有中学、小学、文化馆、医院各1所。有综合市场1个，占地面积7000平方米。1996年被评为成都市集镇建设示范单位。

1999年“双遗产”申报整治后，青城山的集镇建设进入了一个新阶段。截至2003年，引进并建成了东软信息技术学院一座，房地产新区多处，建成“双申”拆迁安置的“青城人家”“巴蜀大观园”及“和乐新区”。至2004年后，青城山镇新集镇更与太平古镇新集镇统一成片规划，规划面积已达6平方公里。一座设施配套、功能齐全的崭新的现代化旅游新集镇已初具规模。

第二节　青城后山景区的开发

青城后山的开发，是整个青城山风景名胜区内的大型建设项目，提高了青城山风景名胜区的自然和人文景观水平。

1981年，泰安乡党委和政府在青城前山建福宫至泰安乡公路全线通车之后，在《泰安乡志》的修志工作和文物普查中，对青城后山的自然景观及人文资源有了更深入的认识，提出恢复和重建后山风景区以兴办旅游使山民致富的设想。党委、政府向市委递交了关于开发青城后山的请示报告。1985年8月，由县委书记徐振汉挂帅，组成旅游开发踏勘队，初步探明了青城后山宝贵的旅游资源。

1986年9月，灌县县委、县政府正式成立青城后山开发指挥部，由县委副书记戴兴泉任总指挥，城建委主任朱云福任副总指挥，成员7名，由宣传部、城建委、外事办、风景办、泰安乡政府抽人组成，下设规划办公室和建设办公室两个具体班子。并组织有关部门再次进行调查、论证，提出具体规划。

开发青城后山，得到省和成都市等有关厅局的支持。拨给开发专款的有：省旅游局20万元、省交通厅和成都市交通局20万元、省建委和成都市建委各10万元、省文化厅9万元、成都市财政局3万元、成都市税务局1万元、成都208厂2万元，成都市青少年宫捐助汽车1辆；原灌县县委、县政府，各部、局、办以及一些公司、工厂和各乡镇，或拨款，或无偿修亭阁或出设备，总投资268万余元。

后山景区建设，不到8个月，首期工程的“两沟一洞”（即飞泉沟、五龙沟、圣母洞）的百余景点即告竣工。计有亭阁门坊77个，碑石摩崖石刻50余通，石级游山道15公里，各式桥梁198道，栈道300余米，游乐设施7项，恢复名胜古迹8处，改造碎石路面20公里，景点初具规模。同时还拥有百余家山民兴办的农家餐馆和拥有1000多个床位的众多旅馆。除五龙沟、飞泉沟及其配套设施工程（如龙隐峡栈道、百米长桥等交通设施及亭阁牌坊）外，还重点整修泰安古镇，建设新街，恢复并扩建泰安古寺。同时建成三个主要食宿点：一是飞泉宾馆，是青城后山早期的主要接待设施之一；二是静园宾馆，位于五龙沟尾又一村，也是青城后山早期开发的主要宾馆设施之一，后改造为桃花溪公园；三是又一村，又名桃源村，是五龙沟上游众山环抱中的民俗村寨。它和白云村同为后山山上的主要食宿地。

青城后山景区于1987年4月5日（清明节）正式剪彩对外开放，当年就接待中外游客30多万人次。上述第一期工程主要完成了五龙沟、飞泉沟、又一村及圣母洞等景点。

1988年青城山建镇后，镇党委和镇政府立即进行青城后山的第二期开发，除对前期初步完成的景点不断完善服务设施外，重点进行了白云群洞的恢复与开发工作。

1988年在“青城山—都江堰总规划论证会”上经都江堰市政府申报，成都市建委转呈，四川省政府批准，报国务院备案，将青城后山正式纳入青城山国家重点风景名胜区范围。从此，青城山的规划建设又有了长足的发展。

1988年，第二期工程开发两沟之间最高的景点白云群洞，并在泰安古镇新建一条200余米长的旅游新街。以后，后山景区不断完善和增建，建成王小波李顺陈列馆，并打通了前山祖师殿至后山八卦台的5公里游山石级道。1991年在飞泉沟中游，还建成占地11亩的“翠映湖”。

青城后山从1992年初进入更加蓬勃发展的第三期开发阶段，面貌有了更大改观。1993年初，铺完前山“天下幽”三角碑至后山五龙沟口18公里的水泥路面公路，并改造和增长了五龙沟内龙隐峡木栈道为仿木钢筋混凝土栈道。同年开放被誉为“川西第一洞”的“三龙水晶溶洞”和神仙洞景点，并建成后山旅游索道、青城娱乐中心、味江冲浪、旅游小火车等游乐设施；白云群洞改建成了“白云万佛洞”，重建了白云寺，还改造了泰安古镇老街等。

1988—1999年，青城后山新建的旅游工程主要有以下10个。

白云万佛洞　白云万佛洞是青城后山两沟尽头的主要景观之一，全长2.5公里，古时有造像及隐士居住。根据神话和民间传说，沿洞重塑佛像金身两千余尊，形成青城后山拜佛朝圣的必经之处，先后总投资500万元。

白云寺　白云寺地处白云洞上环，白云寺系青城后山旅游的最高点，海拔1700米。该寺在原通天洞的白云庵旧址上重建，寺内塑释迦牟尼佛及众菩萨像，计建有大殿及厢房等数十余间，总投资200万元。

白云古寨　由于游路重新规划，白云古寨将原白云村各家民营食宿店，按新规划集中修建在望云亭附近。

神仙洞　神仙洞是青城后山一处砾岩裂隙溶蚀洞，洞中泉瀑连珠，洞深总长达2000余米，洞外青山如画，沿沟飞瀑流泻，沟内怪石嶙峋，开发中增亭设阁，形成一线长达5公里的情景交融的山水泉景观。总投资50万元。

水晶溶洞　水晶溶洞是1992年新发现的一处砾岩裂隙溶洞景观，是中国众多溶洞中成功开发的砾岩裂隙溶蚀洞。洞内钟乳密布，奇特玲珑，俯仰皆景，人游其中，宛若置身龙宫仙境。脚下暗泉流水潺潺，四壁钟乳悬垂。洞内外设施总投资350万元。

泰安旅游古镇老街的恢复　泰安古镇初建于唐代，历尽沧桑。原有街道古朴自然。为恢复旅游古镇的历史风貌，1992年开始规划，1993年根据规划进行恢复改建，街道总长350米，外建石牌坊1通，廊式古桥1座，索桥1座。总投资100万元。

桃花溪公园　公园位于又一村桃花溪。为适应青城后山旅游业的发展，根据1993年都江堰市政府关于青城山开发的现场办公会的决定，于当年开始建设，1994 年 4 月建成开放。

红岩 从 1993 年起，在红岩着手深入调查，进行规划，并提出《青城后山红岩风景区综合经济开发可行性研究报告》，提出以保护和维持生态平衡为宗旨，利用自然资源进行有控制的开放和开发，以自然观光为主，开发温泉资源及配套设施。后陆续修建了古镇至红岩大岩窝的旅游公路，并开发了后山最大的大飞水瀑布。

通灵沟 此沟为 1994 年以后青城山管理局新开辟的一个综合开发区，以通灵沟山谷为主体，开办游乐服务业为主。

青城后山山门 山门建在距泰安古镇 200 米的原河滩地，1995 年年底竣工。山门高 13.55 米，宽 14.40 米；配套长廊长 72 米，宽 3 米；景墙长 49.6 米，配浮雕 24 龛（双面）；旋子金及苏式彩绘 15 幅。附属建筑有彩色喷泉、营业房、茶园、公厕等。前方为 8500 平方米的停车场，可停车 500 余辆；环境绿化面积 300 平方米，建筑面积 1623 平方米，总投资 200 多万元。

第三节　中国道教文化名山建设

2005 年，青城山管理局按照打造“中国道教文化第一名山”“国际旅游精品景区”和建设“道教文化体验和展示之地”的目标，开展了自“双申”以来规模最大的环境综合整治，实施景区环境整治和风貌改造。投入资金 6500 多万元，对青城后山泰安古镇及景区沿线、S106 线青城山段两侧院落和“青城人家”“青城民居”等集中居住区进行了环境综合整治和风貌改造。并在当年投入资金 550 万元，聘请规划专家，编制完成了《大青城概念规划》《青城山镇城镇规划》《青城山—都江堰风景名胜区外围保护带青城山镇区控制性详细规划》《青城山镇产业和城镇发展布局规划》等系列规划，完成了景区和城镇规划区控制性详规。2006 年，又编制完成了《青城后山景区村镇控制性详细规划》，通过了省建设厅组织的专家评审。

围绕打造道教文化的展示与体验之地，建设国家 AAAAA 级旅游景区，启动实施了道教文化博物馆、中国道教学院成都分院、仙源故乡・百草园、青城白鹭洲温泉酒店（即青城国际酒店）及太平古镇改造项目，完成了青城山游客接待中心、前山门楠木林休闲公园、赤城阁至建福宫游山道配套设施和景区内厕所改造等建设项目。加大了“拜水都江堰，问道青城山”品牌宣传力度。承办了青城山纪念邮票首发式和 2006 年全国群众登山健身大会青城山首发式。

2006 年，在开展创佳“升 A”活动中，完成了新山门至建福宫两公里沥青路面铺设，修建了 9800 平方米的 2 号生态停车场，并完善了景区内所有停车场的规范化和特色化建设。市区开通了至青城山建福宫和青城外山的 101、102 路城市区间公共汽车，公路沿线设立有中英文旅游专用交通标识。景区内特色交通工具有索道、电力牵引渡船、环保旅游观光车、滑竿、人力鸡公车。景区投资 200 万元安装了 LED 大屏，在主要点位设置了公共信息图形符号 120 余个，增设中、英、日、韩、德文对照的标志标牌 29 处，增设部分游客公共休息设施和盲道、轮椅、拐杖、童车等特殊人群服务设施，投资 650 万元建成电子商务平台、电子监控系统、电子门禁系统和光纤骨干网络，为游客提供信息和咨询服务。

加强安全生产检查和监控管理，完善应急救助设施。维修景区游山道 9 公里、危亭 30 座、桥 2

座，新建茅亭2座，新开辟了赤城阁—建福宫段近2公里游山步行道，增设和规范了景区旅游公路沿线安全警示路牌16个，切实打造全国“平安景区”品牌。

改修五星级公厕1座、三星级标准公厕6座，分批设置特色分类垃圾箱500个。

增设邮政服务和纪念服务部3处；健全景区通信服务网络，建立移动、电信机站3处，实现景区通信网络无盲区；增设IC卡电话21门，开通了全国直拨和国际长途。

统一制作了具有景区特色的货柜、货架，统一景区内旅游从业人员服装、工牌号，实施准入证，亮证经营。开发了“青城四绝”、青城根雕、道家盖碗茶具、青城老腊肉、乌木挂件、特色书签等特色旅游商品。

健全旅游投诉机制，设置3处投诉处理办公室，安设了29个投诉箱和意见簿；大力推进电子商务建设，扩大服务范围；培训员工和旅游从业人员及宗教人员1000余人：做好客源统计和分析，抓好市场开发；充分发挥电视、报刊、网络媒体的宣传作用，提升青城山的知名度和美誉度。

景区投资64万元建立了大气监测站一处，定期提供环境监测报告，利用LED和网络向游客公布相关的水资源、空气、噪声等数据；对景区古老建筑物进行了测绘，完成了对景区内名木古树的建档工作；完成对前山景区各宫观庙宇污水治理方案；并加强景区绿化和美化，做好补植补绿工作，进一步美化景区环境。

2005年，青城山景区荣获建设部“国家重点风景名胜区优秀标志奖”，并被评为“国家重点风景名胜区综合整治先进单位”“国家重点风景名胜区监管信息系统建设先进单位”，被成都市政府评为“环境管理模范组织”；青城山索道管理所被国家旅游局、共青团中央评为“全国青年文明号”；青城山镇还被评为“国家卫生镇”。

2006年，青城山被联合国世界遗产委员会列入“四川大熊猫栖息地走廊”，获世界自然遗产称号，成为世界自然和文化“双遗产”地。

2007年，青城山景区“升A”成功，荣获国家AAAAA级景区称号。

第六篇　青城文化

第一章　传统文化

第一节　青城丹道

古人炼丹，以丹砂、铅和其他药物为原料，放在炉鼎中烧炼，以求制成“仙丹”，服后益寿延年，羽化成仙。且能把普通金属点化金银，故亦称“黄白术”。20世纪30年代，青城山著名道学者易心莹在《寄玄照楼书——论道教宗派》① 一文中，于“仙宗”之后，首列“金液宗”，并解释说：“金液宗者，讲大丹，辨析金石质量，禀乎二气之精，是乃化学之宗，不可易也。”又在《道学分宗表》内云：“金液宗，上之上，别名神丹，始创者女娲、黄帝。宗法有二十四品，七十二家。其要有四，即九鼎、太清、黄白、九光等法门。”易心莹认为，以道术不同而区分的道派来源甚古，且明确提出天师道与金丹道的联系。金液宗的金丹（后世亦称“外丹”），是先秦方术之一。易心莹以“女娲炼石”“黄帝铸鼎”为发端，形容其古老；将金丹推崇为道教最早的宗派，实为创见。

《史记·货殖列传》记载：“巴（蜀）寡妇清，其先得丹穴，而擅其利数世，家亦不訾。”（意即他家垄断水银矿的开采因而致富）。用丹砂（即硫化汞）治病，早见于《周礼·天官冢宰篇》的疡医论。与此同时，已兴起炼制仙丹以求长生不老的方术。早在张陵于东汉汉安元年（142年）创天师道之前，大约在东汉和帝时（89—105年），青城山已有炼丹术士传习岷山丹法。晋葛洪《抱朴子内篇》卷四《金丹》云：“岷山丹法，道士张盖蹹精思于岷山石室中，得此方也。其法鼓冶黄铜，以作方诸，以承取月中水，以水银复之，致日精火其中，长服之不死。”东汉人魏伯阳（人称“万古丹经王”）于公元2世纪中期所著《周易参同契》，这是中国历史上第一部，也是最重要的一部丹鼎派（即金液宗）道教经典。书中说“惟昔圣贤，怀元抱真，服炼九鼎，化迹隐沦”，“累积长久，变形而仙”。所谓“九鼎”，即东汉时流行于蜀中的《黄帝九鼎神丹经》。葛洪《神仙传》卷五说张陵“本太学书生，博采五经，晚乃叹曰：此无益于年命，遂学长生之道，得《黄帝九鼎丹经》，修炼于繁阳山”，后传弟子王长、赵升，流行蜀中。《黄帝九鼎神丹经》是一部古老的丹经，葛洪在《抱朴子内篇》卷四《金丹》有节引，并略述炼丹的场合及程序（即立坛于名山之中，无人之地，再安炉、置鼎、研磨、升华等）。“《正统道藏》洞神部众术类收有《黄帝九鼎神丹经诀》二十卷，化学家们考证，此书卷一接近张陵所受的原著原文。”②《黄帝九鼎神丹经诀》与《太清金液神丹经》均属青城山古代流传的仙经，后来由安期生传授给马鸣生（蜀青衣帝），再传与阴长生。汉末，长生的门徒又传授给张陵，其传承均在青城山。《神仙传》卷五记汉代阴长生拜马鸣生为师20余年，马鸣

① 该文原发表于当时在上海出版的《扬善半月刊》，后曾收入1991年大连出版社出版的《仙学解秘——道教养生秘库》，台湾自由出版社出版的《道藏精华》也曾于1975年转载。

② 见孟乃昌《中国文化史上西蜀炼丹术的评价》，载于四川大学《宗教学研究》1991年第1、2期合刊。

生“乃将长生入青城山中……以太清神丹经受之”。今《道藏》中该经卷一有张陵序，亦称出自马、阴二君。又《马明生真人传》载，马鸣生于汉灵帝光和三年（180 年）升天。

由于炼丹原料四川充足，故丹道较他处更为盛行。《黄帝九鼎神丹经》和《太清金液神丹经》分别开创了还丹派和金液派（亦称“火法派”“水法派”）。《仙传拾遗》记蜀先主之后裔刘无名，初入雾中山，后入青城山北岩，始得青城真人示以阳炉阴鼎炼化水玉之方、伏汞炼铅朱髓之诀。由于青城山丹道特盛，故被《抱朴子》列入“古之道士，合作神药，必入名山”的天下名山之一。道家追求长生不死，企图从炼丹中加以实现，事实证明，事与愿违。但其执着的追求和大胆实验的精神，却在客观上成了古代化学的先导。在《抱朴子》金丹中已有“丹砂烧之成水银，积变又成丹砂”的化学反应的结论。用现代化学反应式表述，即：

$HgS + O_2 \rightarrow Hg + SO_2$

$Hg + S \rightarrow HgS$（黑色）$\rightarrow HgS$（赤红色）

这在葛洪所处的三世纪晚期，实属难能可贵。他在《黄白篇》中还记载了以武都雄黄作黄金的方法。后来，在炼丹的进一步探求中还产生了伟大的发明——火药。故英国学者李约瑟说：“道教能将理论付诸实践，所以，东亚的化学、矿物学、植物学、动物学和药物学，都发端于道教。”①

《文献通考》载：晋代，青城道士皇甫士安著《养丹诀》一卷。《全唐诗》小传载：李浩，字太素，隐青城山牡丹坪，作《大丹诗》百卷。1989 年出土的宋碑《薛仙洞记》云，唐天宝中，道士薛昌在青城天国山炼丹，以商陆酒成仙。《仙传拾遗》载：“唐开成年间，青城道士刘无名得真人授以《金液九丹之经》三年炼成。”这些都说明青城山的炼丹术在唐代进入又一个鼎盛期。它的科学成就，反映在“西蜀江源人”梅彪于“唐元和丙戌年”（806 年）所撰《石药尔雅》，其中收集炼丹术士常用药物名色有 150 种以上，又将各种药物的隐名均注于该药通名之下。

五代后蜀时，永康军（都江堰市）的彭晓（字秀川，自号真一子）对古代炼丹术很有研究，他对《周易参同契》重新注释，写成《周易参同契分章通真义》三卷，《周易参同契鼎器歌明镜图》一卷。他认为《周易参同契》并非神秘莫测，它不过是“假易显象”“得药忘言”的炼丹实践的记述，大率“以乾坤为鼎器，水火为化机”（即依赖一定的物质条件，以变化升华），“真铅为药祖，互旋八卦，驱役四时”（即创造其变化的时空条件）。

南宋时，西蜀道士孟煦著《金华冲碧丹经秘旨》，介绍炼丹“神室”（即反应器）、“水海”（即冷却器）等先进炼丹容器及丹法。书题“白玉蟾授”，序言中有“时宝庆改元乙酉……孟煦盟”字样，可见其成书于宋理宗宝庆元年，即公元 1225 年。

宋皇祐中期，张随居青城山，著《参同契注》三卷，列数十图于其后（见《郡斋读书志》）。

清代，成都曾刊刻一部炼丹丛书《金火大成》（后修订为《金火集要》）。清末，青城山道士杨至一（彭鹤年的师爷）曾炼外丹。以后即残存丹具，无人再炼外丹了。

1980 年，时年 91 岁的成都中医医院名老专家张觉人著《中国炼丹术与丹药》一书，整理了中国古代炼丹术史、丹药制作和用法，认为现代中医常用丹药是古代炼丹术之衍化（该书 1981 年由四川科学技术出版社出版），它表明炼丹术在某种程度上仍具有“古为今用”的价值。

---

① 见李约瑟《中国科学技术史》第 2 卷第 10 章“道家与道教”，剑桥大学出版社，1956 年版。转引自金正耀著《道教与科学》，第 219 页，中国社会科学出版社，1991 年 7 月。

近世的丹道，更趋向于将金丹术（即外丹）与内丹（即借用外丹理论来炼养自我生命）相结合，也就是陈樱宁所称“仙学”（乃是精神与物质混合团结锻炼以求长生）。青城山的内丹功法详见本章第三节“青城气功”。

第二节 青城易学

《易经》是中国古代的一部占卜之书，同时又是一部伟大的哲学著作。道教文化与反映古代先民智慧结晶的《易经》，有着密切的关系。《易·系辞下传》云：“易之为书也，广大悉备，有天道焉，有人道焉，有地道焉。”班固在《汉书》中称“易学”为“大道之原”。白玉蟾《无极图说》云：“易即道也，道生一，混沌也；一生二，阳奇阴偶；即已二生三矣，纯乾，性也；两乾而成坤，命也。”青城道士易心莹在《论道教宗派》中列有“聚玄宗”，说它是“悟清静，明造化之宗”，“知返还之机，观其覈妙，固守本来，达生生之趣，用期至道”，深合于易理的旨趣。道教南宗创始人张伯端在《悟真篇序》中说：“周易有穷理尽性至命之辞。”《易经》不单是古代方术的重要典籍，也是传统文化的渊薮。

易学是源远流长的巴蜀文化的重要内容之一，故有“易学在蜀”之说。青城山更与蜀易有不解之缘。

严君平是西汉初期蜀学的代表人物，他所著的《老子指归》，被称为“道书之宗”（见《华阳国志·蜀志》）。此书直接影响到张陵入蜀创立天师道时所写的《老子想尔注》，正是他们把《老子》一书从言“天道”与“人道”的哲学变为神学，成为道教的理论基础。

君平之徒扬雄著《太玄经》，亦称《太元经》，它吸收了《老子》一书的思辩性，建立了以“玄”为最高范畴的思想体系。当代著名道学者王家祐在论及“道教教理”时说：“道家哲学是多种哲学思潮在时间发展过程中的复杂综合理论。道教把道家学说神秘化及人格象征化，就更‘玄之又玄’了。”“《老子》为道家宗本祖经，注解者由时间之流迁而存学说之变迁；由地域与族系文化区别而生学说上之派别。如蜀人所传《道德指归》与《太玄经》，以虚玄为宗，又讲治国修身，自是汉末蜀中理论。而所传蜀人《老子想尔注》，显然又有别于《道德指归》，而以巴蜀人原有鬼道注解之。如以‘生’为道之别体，道之至秘即长生之方，血盟乃传；学生即学长生，即学中合之道；其中崇阴、重女、体母等注，明显是巴蜀母系社会的具体反映。”①

《易经》本为占卜之书，带有预测功能，相传周文王演《易》，本有图像，今爻辞实为古代易图的释语。汉代曾隐居青城山的李意期传其术，此即后世所称“革轨卦影”。晋葛洪《神仙传》卷十记李意期事迹：“刘玄德欲东伐吴，报关羽之怨，使人迎意期。意期到，玄德敬礼之。问其伐吴，意期不答而求纸笔，玄德与之。意期画作兵马器杖十数纸，便一一以手裂坏之。曰：‘咄咄’！又画一大人，掘地埋之，乃径还去，玄德不悦。而出军，果大败，十余万众，才数百人得还，器杖军资，一时荡尽。玄德忿耻，发病而卒于永安宫，乃追念其所作大人而埋之。意期少言语，人有所问，略不对答。蜀人有忧患，往问吉凶，自有常候，但占意期颜色。若欢悦，则百事吉；惨戚，则

① 见王家祐《道教论稿》第234页，巴蜀书社，1987年版。

百事恶。”

李意期为蜀中李家道的传人，他的“卦影术”，在青城山代代相传。北宋苏轼《东坡志林》卷三“费孝先卦影”条记载：宋仁宗至和二年（1055 年），成都人费孝先来到苏轼的家乡眉山，说他近日游青城山时见到一位老人，不小心损坏了老人的一张竹床，表示要折价赔偿损失。老人笑着说：“你看这床下有一行字，写的是‘某年某月某日造，到某年某月某日被费孝先损坏’，此有定数，不必赔偿。”费孝先知青城老人有奇术，以师礼事之。青城老人授费孝先《易》及轨革卦影术。五六年后，费孝先即以轨革卦影术名闻天下。王公大人皆不远千里以金钱求其卦影。宋人邢居实《抚掌录》云：“蜀中日者费孝先，筮《易》，以丹青寓吉凶，谓之卦影。”又说：“卦影者，以丹青寓吉凶。画人物不常，鸟或四足，兽或两翼。人或儒冠而僧衣，故为怪以见象。”洪迈《夷坚志》还记有“杨抽马卦影”，写蜀州江原人杨望才善为卦影术，即用寓意画显示卦象。亦即王安石所言：“圣人颐必然之理，寓卦象以示人事，欲人进退以时，不为妄动。”

晋代青城山天师道首领范长生深研易理，辅佐李雄建立“成汉”，受封为天地太师、西山侯。《太平御览》卷一百二十三引《十六国春秋·蜀录》说：“长生善天文，有术数，民奉之如神。”《隋书·经籍志》有《蜀才注〈周易〉》十卷。清同治十年（1871 年），“玉函山房辑佚书”有《周易蜀才注》一卷，为清人马国翰辑，济南皇华馆木刻本。《颜氏家训·书证篇》引《李蜀书》云：“姓范，名长生，自号蜀才。”所谓“卦变”，系指因爻变而由此卦变为另一卦。占者可于互卦之外兼取变卦内的爻辞。三国魏人王弼《周易略例·明象》云：“互体不足，遂及卦变，变又不足，推至五行。”故范长生所主“卦变”，又称为“推步大元五行”。朱熹作《卦变图》，明董守谕因朱说与本义不甚相符，又作《卦变考略》。清代学者顾炎武《日知录》中有专章谈“卦变”。

唐代青城山道教学者杜光庭，通晓《易》理，他在《道德真经广圣义》中，精辟地分析了老子学说中“理、导、通”三者的关系，阐明了“通生万法，变通无壅”的大易之道。

宋代，隐居青城山的张愈、谯定，更是知名的《易》学家。《宋史·隐逸传》言谯定生平说：“谯定，字天授，涪陵人。少喜学佛，析其理归于儒。学《易》于郭曩氏，郭曩氏始祖在汉为严君平师，世传易学。定至汴，闻伊川程颐讲道于洛，弃其学而学焉。归蜀后，爱青城大面之胜，栖遁其中，蜀人指其地曰谯岩，敬定而不敢名，称之曰谯夫子，有绘像祀之者。定易学得之程颐，授之胡宪、刘勉之，蜀人冯时行、张行成皆得定之余意也。陆游诗序称其年百三十余岁犹存，巢径险绝，人不能到，而先生数年辄一出，人亦间见。后不知所终，世传其为仙云。”谯定易学在南宋影响较大，《宋元学案》以谯定为“程门大宗”。胡宪、刘勉之、张浚、张栻均受教于谯定。

五代至宋初的高道陈抟，字图南，号扶摇子，又号希夷，出生于四川普州（今安岳县）崇龛镇。后晋天福年间，他云游武当山返归四川，在青城山附近的邛州天庆观（唐时原名天师观）拜道士何昌一为师。陈抟热爱易学，得易学密旨于麻衣道者。其所著《易龙图序》自题为“西蜀崇龛陈抟”，足见其不忘蜀易的渊源。他打破了儒学传统易学的框架（南宋学者张栻评《正易心法》说：“希夷述其说曰‘学者当于羲皇心地上驰骋，无于周孔脚迹下盘旋’。”），总结贯通了道教用以解释丹法的宇宙生成论，融“老、佛、医、卜诸说”为一体，开创先天易学的新思潮，使宋代易学无论在理义或象数方面，都达到前所未有的高度。

此外，《宋史·艺文志》有《青城山人揲蓍法》一卷，但未著录姓名。

清代，黄云鹄于小朝阳洞，辟讲《易》石室，再兴青城《易》学。

近代，青城山著名道教学者易心莹博通五经，他以道书《阴符经》解释易理。推崇唐人张果的《阴符经注》，认为此经“备载经国大法，闳意博瞻”，其所讲的都是“宇宙及人类社会的一般原则”，所谓“观天之时，察人之事，执人之机”，以洞察《易传》所言“阴阳不测之谓神”的奥秘，使“宇宙之大，不离乎掌领”。反对李筌注中“妄托神圣”大谈神仙不死。特将《阴符经》刻石于天师洞大殿后壁，并自跋以明其义。

当代著名学者刘子华（1899—1992年），四川简阳洛带人。1919年赴法国留学。1940年以《八卦宇宙论与现代天文——一颗新行星的预测》获巴黎大学博士学位。他创立太极中心说，用八卦原理和精确数证预测太阳系存在第十颗行星（即木王星），是将易经八卦原理与现代科学结合并取得重大成果的先驱者。1945年回国。1952年任四川省人民政府参事室参事。他晚年几度至青城山，与同道研习易理。1981年7月，他在天师洞时说：“中华文化博大精深，易学对当今人类文化的发展，仍有着巨大意义。青城山是蜀易的发祥地之一，蜀易对中国易学的发展曾作出过重大的贡献。”

当代学者雍书棣（1910—1996年），原名德友，四川邛崃市人。晚年长住青城山，深研易学并曾为道教进修班学员讲课。1984年，他在武汉召开的全国首次“中国《周易》学术讨论会”上，提交论文《易学在蜀研探》。后来此文曾刊载于台北出版的《中华易学》杂志。国际易经学会会长、美国夏威夷大学成中英教授来信说：“《易学在蜀》一文极具价值，指出在蜀学者从古至今对易学的贡献。若能指出易学在蜀的重大特征，则更有意义。”又说：“易学不可定在一尊，必须作为开拓新知识、创造新价值、展现新用途的动力，才更能为时代与世界所推重。”此后，雍书棣即在青城山倡导易学科学化和进行新开拓。1996年8月，他以80余岁高龄，参加了由都江堰市烁罗古国羌族文化社发起的在青城山下举办的连山易研讨会。

青城易学家吕天津教授，曾受教于刘子华、雍书棣，并受聘河洛易经学院主讲，陈立夫生前曾为之题词“宏毅自强”。

青城山文管所馆员高尚仁，著有多篇研究青城易学的论文，多次在台湾《周易研究》《中华易学》上发表。1998年，他应邀出席第九届周易与现代国际研讨会，发表自己多年的科研成果：《中国易经科学已发展到太极逻辑阶段》《易理与易术从此分离》《易术用于卜筮》《易理用于科研》。台湾中华易学研究会会长赞誉高尚仁为“已握易学本源”，并称蜀易确在青城山。

第三节　青城气功

气功学是研究人体身心锻炼的方法和理论之学，是中国传统的行气、调息、和神等内炼法的总称。它以“气”为其理论和实践的基础，强调精、气、神的保养与锻炼。其渊源甚古，在秦汉时期已达到相当的水平，战国初年（公元前380年左右）的《行气玉铭》，便是物证。“气功”一词在东晋许逊《灵剑子·服气》以及隋唐时期的道教著作《太清调气经》均有记述。故气功典籍，虽散见于道、释、儒、医、武各家学说中，而以道家为主。易心莹在《论道教分宗表》中将其列入长淮（胎息）、健利（修摄）等宗。

近世往往将气功包含于道教的内丹术。它主张以自己的身体为鼎炉，以自己的精气为药物，以元神为火候，经过一定程序的特殊锻炼后，使精气神在体内凝聚不散，这种融合物就叫作“内丹”。

炼丹所在的人体部位称为“丹田”。修炼过程可分为筑基、炼精化气、炼气化神、炼神还虚四个阶段。其主要目的在于延年益寿、开发智慧。它对生命的本质、生命的奥秘、生命的过程、人和宇宙的关系、精神与物质的关系等一系列问题都有独特的见解，故亦有人将气功（内丹）理论，归入生命科学的范畴。内丹是道教炼养功夫的核心，是动功、静功、气功、房中、服食等功夫的综合发展，是一种较高层次的身心炼养术。

巴蜀本为古代道教内丹术的发祥地之一，湖南长沙出土的马王堆汉简《十问》中，有青城山仙人容成公的《容成治气抟精之道》。传为张陵天师所著《老子想尔注》中，提出“道人当自重精神，清静为本”，又提出“结精”“炼气”“养神”“守一”“守戒”等修炼法门。《大道玄指》称青城派内丹创自青城丈人。

唐宋时期，为青城山内丹术的鼎盛期。《十国春秋》载：“申天师，唐玄宗裔也，一名迅，修道青城山，著《怡神论》若干卷，《服气要诀》一卷。”

五代后晋天福年间（936—947 年），高道陈抟曾在邛州天庆观拜何昌一为师，学锁鼻术。可知陈抟的“睡功”亦来自西蜀道观。据陆游《老学庵笔记》载，青城上官道人亦有此术。

道教南派紫阳真人张伯端，北宋初年曾任四川节度制置使安抚司参议，得青城老仙传授，著《悟真篇》及《青华秘文金宝内炼丹诀》等。《神仙通鉴》云：张伯端于熙宁二年（1069 年）在成都天回寺“遇青城真人刘师传金丹药物火候之秘”。其《悟真篇》成书于宗熙宁八年（1075 年），采用诗词形式，阐释道教内丹功法，为宋以来南宗丹法的重要经典，成为大小周天内丹术的奠基人；既继承了东汉魏伯阳《参同契》的丹道奥义，又总结了以后历代的丹法丹诀，被誉为“修丹之金科、养生之玉律”。青城山《南派正脉修真要旨》，流传较久。

南宋时虚靖天师张继先到青城山，著有《心说》《大道歌》等，要人超然物外，但养元气炼金液。又作《金丹诗四十八首》述内丹术，言驭气留形，返神回气，可以长生。

明代高道张三丰曾来西蜀，并曾经翠微山到青城天国山，他基本上继承了内丹南宗法脉，渊源于陈致虚、陈抟，而强调炼己（亦称炼性、修心、存心）、调神。

清初，碧洞真人陈清觉自武当山到青城山，开创丹台碧洞宗，他深研《悟真篇》等内丹功法，兼容南派和北派，主张性命双修、动功与静功兼习，享年百岁。青城山天师洞秘藏抄本《玄门太极长生功》（题为《青城派李道人传述》）曾广为流传。所谓玄门太极长生功，又简称玄功。系道家动静双修功之上乘功法，以却病强身、延年益寿，为超凡成仙之初基。其内容包括气功、柔功、静功、导引、按摩、推拿、槌击、捏弹、扣拍等功夫，与炼精、炼气、炼神、补气、补精、补神等秘诀。

近世以来，许多道教内丹高功大师前往青城山居住，练功养生。欢喜道人李杰亦曾多次到青城山炼养内丹术。

李杰（1876—1960 年），字太清，道号永宏，清光绪二年（1876 年）出生于四川江油县明镜乡。21 岁考中秀才，曾参加由孙中山倡导的民主革命组织同盟会，还曾参加 1907 年同盟会员李实在江油发动的反清秘密起义。这次起义遭到清廷巡防军的残酷镇压，他一气之下，到剑阁县灵验寺拜陈林山为师出家修道。1916 年到剑阁县华山观、青垭观，继续从事道教活动，习武练功，给人治病；书法精妙，尤擅指画。红军长征过剑阁，李杰曾多方帮助。红军转移北上后，李杰避祸移居秀钟山灵隐寺习医，并来青城山习内丹术。1948 年 8 月，李杰收王庆余为徒，传授道家内丹真功及医理、武术。李杰晚年再度到青城山上清官、玉清宫居住。

李杰的弟子王庆余现为世界气功基金会名誉会长、中华气功进修学院专修委员、清华大学气功科学研究部客座教授、四川省文史研究馆馆员、成都道教气功养生研究所所长。著有《秘传道家筋经内丹功》《道医窥秘》等书，通贯古今丹法，熔医疗、气功、武术于一炉。

《气功与环境》杂志社社长兼总编辑李远国潜心研究道教气功，先后发表出版有关著述9种，尤以《气功精华录》（1987年由巴蜀书社出版）、《道教气功养生学》（1988年由四川省社科院出版社出版）流行颇广。

四川省社会科学院道家文化研究中心主任黄海德、四川大学宗教研究所教授李刚合编的《简明道教辞典》（1991年由四川大学出版社出版），成都体育学院副教授郝勤所著《龙虎丹道》（四川人民出版社《中华道学文化系列》之一）等书均有涉及青城山道教内丹、气功等方面的精辟记述。

女丹法，亦称“太阴炼形”，指女性有别于男性的内丹功法。《悟真篇注》：“若女人修仙，则以乳房为生气之所”，集气于膻中穴，“女人修炼先积气于乳房，然后安炉立鼎，行太阴炼形法”。其法云：“女子修炼，以斩赤龙为要也。”1983年10月初，法国“中国道教研究中心”的学者德斯珀女士曾到青城山采访坤道练功修行的实践经验，归国后，于1985年在巴黎出版《中国女丹》一书，引起学界的关注。

第四节　青城医药养生

养生文化是中华传统文化的精华之一。张陵《老子想尔注》云：“能致长生，则副天地。”“生，道之别体也。”《道藏》首经《太上灵宝无量度人上品妙经》载：“仙道贵生，无量度人。”《西升经》载：“我命在我不在天。”英国著名学者李约瑟在《中国科学技术史》第五卷中载：“道家思想从一开始就有长生不死的概念。而世界上其他国家没有这方面的例子。这种不死思想对科学具有难以估计的重要性。幻想追求而至科学探寻。”

道家养生学首重调养心神，强调健全的人格和心理修炼，提倡精神文明和道德自律。张陵《老子想尔注》提倡“重精神清净”“道乐质朴”“道不喜强求尊贵”“奉道戒，积善成功，积精成神，神成仙寿”“致虚极，守静笃”“道人不与俗人争”“道人宁施人，勿为人所施；宁避人，勿为人所避。”唐代青城山申天师著《怡神论》及《服气要诀》，对后世内丹理论起了先导作用，显示出青城山道医的特色。

《云笈七签》卷三十四有青城山《宁先生导引养生法》。

隋唐时期，青城山道家已将药功与养生结合。唐贞观七年（633年），孙思邈入蜀，曾到青城山，著《千金翼方》，辟有专卷论养生。其《养性序第一》中告诫人们，养生长寿首先要“抑情养性”。据《独异论》载：“（孙思邈）于是归蜀青城山，撰《千金方》三十卷，既成，白日冲举。”

唐武宗时，青城道士邢先生，精医术。武宗患心热之疾，众医诊治无效。邢至宫廷，从肘后青囊中取出青丹二粒，绞梨汁进服。武宗疾苦悉去，大喜。欲赐金，拒不受，封以“广济先生”（见许默《紫花梨记》）。

晚唐时，青城道士杜光庭著有《玉函经》。

五代时，道士许寂作《元和纪用经》，用运气说于医学，有创见。

《宋史》列传第一百二十一方技下载有：青城道士皇甫坦善医术。显仁太后苦目疾，国医不能愈，诏募他医。临安寺张称以坦闻，高宗诏见，问“何以治身?”坦曰：“心无为则身安，人主无为则天下治。”引至慈宁殿，治太后目疾，立愈。帝喜，厚赐之，一无所受，令持香祷青城山。皇甫坦羽化于青城山，墓碑今存上清宫。

宋代，青城山丈人观道长康道丰，医术高明，成都知府辛谏议患风疾，众医不效。道丰进煅制云母粉与服，立瘥。此方载入《证类本草》。

在药物栽培上，宋代青城山道士曾致力于名中药川芎、神朴、灵芝、乌梅等药物栽培。

服食，亦称服饵，亦为道家养生术之一。利用药膳（饵松术茯苓等）以辟谷（不食五谷等常用的主粮）、服气、导引轻身（《史记·留侯世家》及《北齐书·方伎传》已载有此术）。青城道士古有食松柏、食栗、食花的习俗。宋代诗人陆游《老学庵笔记》载有“上官道人，居青城山，巢居食松麨，年九十矣。或自语养生曰：卫生使不夭”。

陆游记载有青城山《饵松菊法》。其题跋云：“乾道八年（1172 年）得司马子微《饵松菊法》别本，于蜀青城山之丈人观。”至今，青城道士仍喜欢用瓜果之花，以及白果、板栗、猕猴桃作食品。

道家把饮食卫生融入“斋戒”之中，别有新意。《天隐子·斋戒》说：“斋戒者，非蔬茹饮食而已；澡身者，非汤浴去垢而已。盖其法在乎节食调中，摩擦畅外者也。休粮服炁，是道家之权宜，非永绝食粒之谓也。故食也有斋戒者，斋乃洁净之务，戒乃节约之称，有饥即食，食勿令饱，即所谓调中也。百味未成熟不食，五味太多勿食，腐败闭气之物勿食，此皆宜戒也。”

《青城十段锦》系承袭道家导引行气、揉面驻颜的健身美容术。李约瑟《中国科学技术史》第二册《道家与道教》写道：“值得注意的是 18 世纪时中国的治疗体操传入欧洲，并在现代的卫生和治疗方法上占有头等重要的地位。Jesuit·J·J、M·Amiot 于 1775 年所写的《精心三作》成为沟通中西医疗体操的桥梁，接着出现了瑞典医疗体操的先驱人 P·H·Ling 的著作。”青城易心莹《论道教宗派》时，特设“健利宗”，说它能“强身养神，陶炼虚邪。是以偃仰劳形，通畅关节；导引行气，壮健精神。则至老而不衰，年耄而童颜。询住世之奇术，养生之至宝也”。

在早期天师道正一派养生术中有房中术，旨在讲性卫生、性心理与性修炼，既保精强身，又适性畅情，有利于健康长寿。上述内容见于张陵《老子想尔注》及传为他所著《黄书》（已佚，仅见转引）中。易心莹将其归入《调神宗》，说始倡者系素女、黄帝，以节欲保身，固摄精气；也批判后世对它的曲解、滥用。

道家的“药功”流传到清代以后，已积累了许多用药独特、疗效突出、副作用少的药方和医术，其范围涉及内科、外科、伤科、妇科、儿科等门类，而以骨伤科最为奇功。对活血祛瘀卓有特效的川芎的培育，便是青城山道家对中国药学的一大贡献。王庆余在他所著《秘传道家筋经内丹功》一书，以专章详述“药功”。他说：“秘传道家筋经内丹功熔气功、武术与医疗于一炉”，“我是气功与药物并用，二者互相补充，互相促进，相得益彰，从而使得治疗的效果更加突出”，“一切都以病人的病情为依据，灵活应用。”他与旷文楠教授合著《道医窥秘》（四川人民出版社，1994 年版），有他从医数十年的实践经验和道医秘方。都江堰市中医名家辈出，亦与青城道医传统有关。

道家不但重视生理上的治疗，更重视心理上的导引，将其作为预防医学的重要方面。孙思邈《千金翼方》载：“善养性者，则治未病之病。”故道家以“名利不减、喜怒不除、声色不去、滋味不绝、神虑精散”为“养生五难”。

青城山道医结合的传统，一直流传到近代。1940 年前后，青城山上清宫设有“济贫医社”，以中药及针灸为山民治病，曾得到冯玉祥的称赞，匾题：“医国济民。”

通晓医理的道士刘元常（1893—1975 年），成都东郊大面铺（今属龙泉驿区）人，少年以贩布为生，后去灌县水磨乡黄龙观皈依道教，拜张永平道长为师，成为傅圆天的大师兄。其后，刘元常又与道友慕至强、王翰阳等人参师学医。刘元常精通医理，尤以针灸见长，其品德修养亦为人敬佩。1955 年，他与傅圆天同到青城山，初居玉清宫，后住上清宫。经他医治的人，莫不佩服他高明的医术和高尚的医德。

刘元常的师弟慕至强（1901—1991 年），道号慰元子，四川江津县人，11 岁时父母去世，在重庆市老君洞皈依道教，初拜侯明铮为师。28 岁时至黄龙观，复拜张永平为师，赐名元悌。他长于中医及针灸，在成都、彭县等地修道行医。20 世纪 80 年代曾任成都市道教协会副会长。

曾到过青城山的道士李真果（1880—1984 年），四川安岳县李家区观音场人，后因过嗣给彭家，故人称彭老道。他原名雷风，号廷龙，后又改名泽风，或泽丰。1927 年在成都二仙庵受戒为道士，恢复本姓，道号真果。他曾在青城山圆明宫等处修行，经常云游名山大川，精通药理，亲自炼制“九转还魂丹”“紫金丹”“济世仙丹”等为人治病。所用药物多达 300 余种。他十分关心农村妇女的身体健康，在妇科杂症方面，尤有奇效。他的内丹术及武功也远近闻名。其徒薛永新，继承师道，创建成都恩威世亨制药有限公司并担任总裁，同时兼任四川省道教协会副会长、中华道家文化研究中心名誉理事长、四川省社科院特约研究员、四川大学兼职教授、省政协委员。

青城医学中还有以“正骨八法”为特技的骨伤专科。都江堰市著名骨伤科医师张斌、都江堰市兴开骨科医院院长周兴开（《中国传统医疗绝技大全》副主编）均为中医骨伤科知名人士。

周兴开，全国高等中医院校骨伤专委会副主席，四川省、成都市骨伤专委员会委员，“太极神针”的发明者。1987 年创建该民营医院，擅长治疗各类骨伤、骨病、瘫痪、偏瘫、面瘫、坐骨神经痛，对各类骨折的手法复位经验丰富，被称为医术精湛的“骨伤妙手”“仁心院长”，享誉海内外。他的多种正骨手法，被国外医学界评价为“代表中医学的精髓和脊梁”。

系统展示中华养生文化的《中国长寿文化系列》以及郝勤、杨光文所著《道在养生》（均为四川人民出版社出版），胡孚琛著《道教与仙学》亦有涉及青城山传统养生文化的部分。

为弘扬中华养生文化，1989 年在青城后山耋华峰梯云崖，建立青城山养生院（又名“玄庐”）。该院由帅士平发起自筹经费集资修建，截至 1993 年已建成善元楼、醉仙阁、听松轩、抱一斋等古建筑群，还有药膳为主的餐厅及住宿部。特聘台湾老庄学会理事长杨汝舟为名誉院长，台湾养生学者陈立夫为顾问。玄庐横额及对联由著名宗教学者贾题韬撰句，全国佛教协会会长赵朴初书写。“无何有之乡”横额由前任中国道教协会会长黎遇航书写。其旁有天然洞穴，环境清幽宜人，为养生佳处。

第五节　青城山道教音乐

道教音乐是道教斋醮法事中使用的音乐，它是中国传统音乐文化的一个重要组成部分。

青城山道教音乐，历史悠久。《魏书·释老志》记载：“张陵受道于鹄鸣，因传《天官章本》千有二百，弟子相授，其事大成，斋祠跪拜，各成法道。”可见当时已有道教自身的一套科仪。北周甄鸾《笑道论·戒木枯死二十二》载："又按三张之术，畏鬼科曰：左佩太极章，右佩昆吾铁，指日则停空，拟鬼千里血。又造黄神赵章杀鬼，朱章杀人。或为涂炭斋者，黄土泥面，驴辗泥中，悬头著柱，拍打使熟。今观其文，词义无取，有同俗巫解奏之曲。"可见初期的道教音乐，是继承巴蜀巫师歌舞娱神的传统，具有浓厚的地方特色。

五代时杜光庭《蜀王青城山祈雨醮词》记："天师演教，有章奏之品，有祈醮之科。"他本人曾对道教科仪及其音乐进行过规范整理。唐僖宗命青城山修灵宝道场周天大醮，有醮位2400个。唐代蜀中女诗人薛涛在《试新服裁制初成》诗中写道："长裾本是上清仪，曾逐群仙把玉芝，每到宫中歌舞会，折腰齐唱步虚词。"可见当时的道曲已进入宫廷歌会。北宋蜀人张商英编著《金箓斋三洞赞叹仪》三卷。南宋江原道士吕太素《道门定制》录道曲37首，但无歌词。元代道士马道逸重订《道门通教必用集》，增补了前书空缺的唱词。明末，四川战乱，青城山道教音乐几成绝响。清康熙初年，湖北武当山全真道士陈清觉到青城山主持庙务。至此，青城山各道观通用全真道科仪音乐，并派人学习北京白云观的戒律仪制和经韵音乐，现存青城山的《玄都律坛传戒引礼规则》对此有详细记载。清光绪三十二年（1906年），成都二仙庵将全真道十方丛林通用的《全真正韵》，编入《道藏辑要》的续编之中，刊印问世。该书共收道曲56首，附有打击乐状声谱字。

清代至民国时期，民间出现了许多以道教科仪为业的火居道士。他们分别隶属于成都地区很有影响的两个民间坛门。一为广成坛，其创始人为陈复慧，又名陈仲远。民国《灌县志》记载："陈仲远，别号云峰羽客，青城道士，渊博能文，曾校正《广成仪制》数十种。著有《雅宜集》。清乾隆年间邑人患疫，仲远为建水陆斋醮。会川督巡境临灌，闻于朝，敕赐南台真人。"可见陈复慧是以继承杜光庭（广成先生）科仪传统为职志，在川西最具影响，流传有独具风格的道教歌曲，被誉为以"细腻含蓄"见长的四川"广成韵"（亦称"南韵"）。一为法言坛，亦称"刘门"，创始人为刘沅，又名刘止唐，双流县人，生于清乾隆三十三年（1768年），一生从事学术研究，著有《法言汇纂》《十三经恒解》等书，后集为《槐轩全书》，人称"川西夫子"，卒于清咸丰五年（1855年）。他晚年卜居成都南门纯化街（又称三巷子），该处的延庆寺即为法言坛演习道乐的地方。此外，各地还有许多自设"道坛"（或称"道寓"）。

1950年以后，道教音乐仍在各道观继续发展；民间道坛基本消失，但仍有个别火居道士在农村活动。1979年，青城山道教协会恢复活动，道教音乐又得到继承和繁荣。

青城山道教音乐，可分为声乐和器乐两大类型。

一、声乐

声乐类型主要有以下三种形式：

（一）韵　曲

又称"腔赞"或"赞子"，是一种旋律性强、调式调性明确，音阶形式与曲体完整，采用咏唱形式演唱的道教歌曲。

青城山道教音乐中使用的韵曲，保留了历史上流传下来的北韵和南韵：

北韵，即全真正韵。如青城山各道观晚课仪式中常用的《下水船》韵曲，中元法会常用的《阴小赞》《返魂香》等韵曲。尤其是《下水船》韵曲在句中、句末分别使用多音节衬腔、衬词，听起来铿锵有力，富有气魄。

南韵，即广成韵，多为民间火居道士所习用。青城山道观中常用的有《步虚》《回向赞》《救苦赞》等韵曲。南韵极富四川地方音乐特色，以细腻含蓄见长。

（二）吟诵曲

亦称吟诵调，是一种以语言音调为基础，歌腔风格较弱，其调式调性相对独立或不够独立，但又具有一定的声调起伏和完整的五声音阶的声乐体裁。根据其音调起伏的大小、演唱风格的曲与直、调式调性的独立与不够独立，青城山道教音乐中的吟诵曲又分为“朝韵”和“诰”两种形式：

朝韵，又称“请圣板”，是一种专用于斋醮科仪中道教法师高功禀职时独唱的声乐曲。它的曲调婉转，调式明确，旋律有较强的抒咏性，演唱风格类似于“吟诗”。

诰，是一种专用于课诵仪式中道士们吟唱的声乐曲。它的调式调性不够独立，声调起伏较小，基本按照语调高低的自然形态加以发展，演唱风格较接近朗诵特点，但仍带有歌唱性。道教音乐中的诰曲主要有《早坛功课》和《晚坛功课》中吟唱的《玉清诰》《上清诰》《太清诰》《斗姥诰》《三官诰》《玄天诰》等。

（三）朗诵曲

亦称朗诵调，是一种完全按照语言声调高低，词曲结合紧密，调式调性不鲜明，音阶形式不完整（仅限于四声音列），音调起伏小，结构缺乏独立性，演唱风格具有朗诵特点，介于吟诵和念白之间的一种声乐体裁。四川各地道观“课诵仪式”中念唱的《净心神咒》《净口神咒》《常清常静经》《禳灾度厄真经》《救苦妙经》等均属于朗诵曲。

二、器　乐

器乐类型在青城山道教音乐中又分细乐和大乐两类：

（一）细乐

又称“小乐”，是四川道观中主要采用的一种器乐形式。通常以笛子或铛子、铰子为主奏乐器，配以其他小件乐器组成的乐队所合奏的音乐均属此类，它发音柔和、音量较小。主要包括以下笛子曲牌、法器牌子和铛铰牌子。

笛子曲牌　即以笛子为主奏乐器，并套以铛子、铰子、二星、引磬、小木鱼、堂鼓等打击乐器合奏的器乐曲。全真道观及民间道坛均采用。道观中用的曲牌只有《小开门》《柳青娘》《满江红》《将军令》《汉东山》等七八支。而在民间道坛的行坛音乐中，使用过的笛子曲牌多达160余首，它包括道观常用的上述曲牌；其他常奏的还有《沽美酒》《秋色芙蓉》《普庵咒》等，大都与川剧舞台上的笛子曲牌通用。多在启坛、过坛、下坛演奏。

法器牌子　即一种以报钟、曹鼓为主奏乐器，配以磬、吊铃、大木鱼、二星、铛子、铰子等乐器合奏的打击乐牌子。它的曲目很少，主要用于道观“课诵仪式”中作为启坛、下坛音乐，如《起三落四滚五槌》《老四槌》（又称《油头》）等。

铛铰牌子　即一种以铛子和铰子为主奏乐器，配以二星、引磬、木鱼、引鼓（或堂鼓）等乐器合奏的打击乐牌子。该牌子，无论道观还是民间坛门都使用，多用作韵曲的引子、过门或尾声部分演奏。个别牌子也用于法事的启坛、过坛和下坛时演奏。曲目较少，常见的有《朝山会》《起板》《过板》《收板》等。

（二）大乐

一般是民间道坛主要采用的一种器乐形式。通常指以唢呐或大锣、大鼓（堂鼓）作主奏乐器，配以其他发音刚强、音量较大的乐器组成的乐队所合奏的音乐。包括下述两种：

唢呐曲牌　即一种以唢呐为主奏乐器，并套以大锣、小锣、马锣、大钹、板鼓、堂鼓等打击乐器合奏的器乐曲。主要用于民间坛门的斋醮仪式中，作为各种法事的启坛、过坛和下坛音乐。它与川剧舞台上或民间轿房中所使用的多数曲牌相通或相似。主要曲目有《醉花阴》《千秋序》《懒画眉》《急三枪正板》等。

锣鼓牌子　即一种由大锣、小锣、马锣、大钹、板鼓、堂鼓等乐器合奏的打击乐牌子。在民间道坛的斋醮仪式中常与唢呐曲牌相连并用，作为启坛、过坛和下坛音乐的一个部分。如独立使用时，又常作为法事中的过门音乐。曲目有《三五七》《长槌》《包槌》等。此外，有一些短小的锣鼓牌子，如《单槌》《飞梆子》《溜子》等，通常用于高功担任的念白部分中作为断句音乐，以渲染一种特殊的气氛。锣鼓曲牌总共100余支。

青城山科仪道士的仪职称谓和分工是：

高功　仪式中负责主坛的法师。通常由一位熟悉经、忏、科书的内容和各种仪范程序的练就多种（做、念、唱、奏）功夫的人担任，在法事中负责表演、道白和领腔。

都讲　习称“龙班”，在仪式中辅助高功。在仪式场面上站于高功东侧（即“青龙方”），在《玉帝正朝》科仪中经常手执龙旗，故称为龙班。都讲是仪式中负责提韵、宣关、领白和叫香的角色，通常由一人或二人担任。

表白　称作“虎班”，辅助高功主坛的副手之一。因他在《玉帝正朝》科仪中常手执虎旗，并在仪式场面上站于高功西侧（即“白虎方”），故称为虎班。表白是仪式中负责宣符、对白、和韵的角色，通常由一人或二人担任。

瞻拜　在仪式中为高功端文函、递文书，并引领孝信和善信行三跪九叩礼的副手。

掌坛师　负责承揽斋醮业务的坛门领头人，在全真道观中由方丈或住持担任。

书记师　专门负责为科仪法事书写文书、对联、表文、榜文。

乐师　分为上手师（又称“鼓师”）和下手师。上手师即场面上演奏小鼓的乐师。其余的演奏者统称下手师。一般细乐乐队5人（分奏笛子、铛子、二星、铰子、摇铃），有时亦加川胡等。大乐乐队5人（分奏唢呐、堂鼓、大鼓、小鼓、小锣）。

近代的青城山道教音乐出现过不少著名的科仪道士，其中有著名全真道高功江至霖（详见第四篇第一章第六节）及其徒吴理冲等人。1993年9月，青城山道教协会参加由北京白云观、台北指南宫、香港青松观发起，在北京白云观内举办的祈祷世界和平护国佑民的罗天大醮法会。傅圆天大师任大醮委员会名誉主席。在此之前，青城山道教学校从1993年7月7日开始，举办为时1个月的经韵科仪培训班。由江至霖高功主讲经韵，四川音乐学院副教授甘绍成等辅导器乐演奏，王家祐教授和李启明讲解经文。9月17日，青城山道教经韵团一行23人，设坛场于北京白云观邱祖殿，由江至霖高功主坛。当天来自中国大陆和中国香港、中国台湾地区，以及新加坡、马来西亚、日本、韩国的道教界人士和信众数千人，齐集坛场。大醮历时9天，取得圆满成功。1997年11月，青城山道士19名参加四川道教科仪交流团访问台湾省高雄市等道观。

20世纪80年代之前，杨荫浏、何昌林等曾一度到青城山搜集整理道教音乐。之后比较系统的搜集、整理者有甘绍成、蒋纯勇、王纯五、董阳等人。王纯五、甘绍成合编的《中国道教音乐》（西南交通大学出版社出版）对此有专门叙述。此书行销海内外，曾荣获四川省巴蜀文艺奖。甘绍成编著的《青城山道教音乐研究》由台北新文丰出版公司出版。由黄正和、蒋纯勇、吴理冲、严勇等人录制的《青城山道教音乐》，已在1997年制成音像作品，以供世人领略仙山神韵。

洞经音乐又是道教音乐的另一支流派。青城山洞经音乐，千多年来一直在民间流行，并传到其它省市，是正一教火居道士在民间禳灾祈福时必备的仪轨活动。2002年，新成立的青城山大道演艺团，就是长期活跃在青城山周围的民间音乐家们组成的，它和庙内全真道众组建的“青城山道教仙乐团”，分别被邀请到海内外演奏，受到热烈欢迎，被称为“中国式交响乐”。2002年4月，同为世界文化遗产的云南丽江纳西古乐在宣科带领下到青城山寻根认祖，并成功实现了纳西古乐和青城道乐合璧会演。

青城山道乐，与蜀派古琴亦相互促进。清代著名的蜀派古琴大师张孔山于咸丰年间（1851—1861年）在青城山中皇观当道士，后寓居二王庙、川主宫。他法名合修，自号半髯道人。由他传谱的古琴曲《流水》，创用了“大打圆”及大量“滚拂”与“隐伏复调”，故又称《七十二滚拂流水》。此曲在1977年被美国录入镀金唱片，由太空飞船“旅行者二号”带上太空。他传谱的琴曲还有《高山》《化蝶》《孔子读易》《平沙落雁》《醉渔唱晚》《潇湘夜雨》和《渔樵问答》，渗透着道家的旨趣。他在成都与唐彝铭共同搜集古琴秘谱，合编为《天闻阁琴谱》，共140余曲，为明以来琴曲刊本收曲最多者。青城山长生宫道士龚仰之亦以古琴知名。青城山道观现存古琴两张，常有道士练习琴谱。1990年在成都参加中国古琴艺术国际交流会的中外琴家曾到此瞻仰。

第六节　青城画派

青城画派或曰青城画风，名近而实殊。画派渊源两汉，肇端三唐。唐五代已有相当画家与墨迹规模。抗战前后，青城画家云集，开现当代青城画派之先河。20世纪70年代前期明确提出其文化理念，80年代中后期普遍被画界同仁吸收，90年代掀起创作展览高潮，形成具有相当规模风格的画家群体和一定深度的创作理论体系，在海内外产生了较大影响。

一、古代源头

青城画派者，渊源两汉，肇端三唐。据画史记载：自唐代玄、僖二帝入蜀，礼祷名山，文人画士，云集青城。李升、素卿、寿仪等唐五代名家，皆惠墨洞天，传绪千载。五代十国战乱，前后二蜀偏安。蜀王好艺，设馆迎宾，文士入川，画流雅集。中国第一翰林画院诞于蜀都。文风包孕，黄筌父子、石恪、赵昌、文苏诞生于仙山之下，扬名于天地之间。仅当时入供画院及画史之可考者，计约30余家，其中蜀地画家即达28人，略占当时画坛名流二分之一强。且多遗墨名山，自然辉映，扬名千载。此可允为青城画派之历史源头或前身。

二、近代源头

清末至1937年“七七”事变前后，山河破碎，金瓯不全。烽火焦裂神州，青城残余净土。山中道士，出家不忘爱国，长期以作好后勤抚慰为荣。道长椿仙，延名流于洞府；文人畅兴，留翰墨于仙山。白石、宾虹、大千、悲鸿、君璧、寿平、抱石、俨少、浅予、一峰、山月和右任、无量、炎培、一浮诸海内大家，颜楷、山腴、尧生、沙园、石壶等巴蜀名贤，及国民党政要，皆相继邂逅登临。感慨大好河山，尽抒爱国怀抱。开画坛于上清，设讲筵于玉垒。卖画捐资，支援前线。海内数千里之莘莘学子，青城数百里之堂堂后生，胸怀以文兴邦，以艺报国之宏愿。麻鞋瓢饮，齐聚于黄帝坛下。争叩艺术之门墙，誓窥丹青之堂奥。海霞、君礼、凌飞、建初、世光、致贞、国屏、望之、正壅、永年、锦华，同拜大千之门；启明、启厚，专悟寿平之学。中大移讲筵于陪都，南虹课艺文于蜀府。外围书画学人，犹多引领而发愤图强。一时，巴蜀之文风大盛，仙山之艺韵日浓。仅考抗战期间，大千、寿平在青城之书画创作，即各达千张以上。海内顶级名家，皆各有诗文书画精品，惠赐名山，或被爱家收藏。洞天福地，留下了一篇篇艺林佳话，一段段雅士传奇。更为当代青城画派之诞生，备足了思想文化沃土，种下了健康成长基因。成为当代青城画派的直接源头。

三、当代发展

作为当代青城画派诗书画艺术承上启下之直接传薪者，当推胡望之（胡立）、雷启厚及杨子长、丁献廷、张修平、李启明、王纯嘏诸先生。胡公为大千入室弟子，雷公系寿平衣钵传人。二公皆注重传统，功力深纯；志行高洁，宽厚雅量；倾诚授学，谦谨待人。杨丁诸公，或以书法见长，或以艺文称胜，或艺有一专，或学兼众博。对青城后生学子，均各有显著之影响。就巴蜀与省外名家学者，对青城画派后生学子有直接间接之影响传薪者，当数李琼久、吴一峰、赵蕴玉、岑学恭、苏葆桢、吕林、冯建吾、黄纯尧、宋克君、程漫文、陈子庆及陆俨少、何海霞、王乃壮、姚治华诸先生。青城胡雷一代画人与诸公多朋友交，后生学子与诸公亦各有师承。

一个画派能诞生、发展、成长、壮大，需要有强大的创作队伍，厚实的学问根基，明确的创作目标，和相应的学术带头人。严格意义上讲，青城画派已经历了三代人半个多世纪的不懈努力和执着创造。抗战时期隐住青城之老一辈艺术家，他们是画派的播种者，胡望之、雷启厚等前辈书画家，是画派艺术接力棒的传递者。而作为李代远、廖平、吴浩、刘太宗、刘仁文、张龙晏、张通杰、冯正祥、李柏林、倪垒等20多位中青年书画家及张学渊、汪毅、王纯五、谷宝玉、王永熏、王辉湘、马寿宁等外籍书画家、美评家、作家，应当是青城画派之第三代接力者、弘扬者、倡导者、奔走呼吁和扛大旗者。

清末至抗战时期，青城当地画人之有影响者，不过三五人；至胡望之、雷启厚一代，知名于世者，约略十来人，而青城画派第三代，仅20世纪70年代末即达到20余人，80年代，队伍增扩至四五十人，90年代，已具有六七十人的庞大规模。加上爱艺而未专者，已逾百人。其中20余人，为以艺养艺之专业画家。这在川西或四川之各市（县）中，当是首屈一指的画家队伍，以至社会上流传着“青城三剑客”、都江“四巨头”等关于青城画家的谚语和故事。天津美术学院教授王超和赵树松20世纪80年代曾说：“灌县不仅画人多，而且水平高，某些中青年画家的水平，已远超省级会员以上。”

所以，作为现在所论之青城画派，既不是历史概念，也不是未来概念。而是经过青城三代画人的长期酝酿实践，历时达数十年，并积极为之创造完善和不断对外展示的艺术现实，在省内外乃至海内外都产生了一定影响。

在“解放思想”“改革开放”“百花齐放，推陈出新”等多元文化艺术观的影响下，青城画派20世纪80年代以后逐步受到了各级党政领导的关怀重视和大力支持。1981年，在省委书记杨超和市、县领导的关照下，成立了第一个研究“都江青城画风”的艺术组织都江画院。以后陆续成立了政协灵岩书画社、成都市晚晴书画社都江堰分社、青城山竹画院、都江堰市书画院，1995 年在市文联的领导下又成立了都江堰市美术家协会，1996 年经市委宣传部和市文联批准，成立大观堂古文化艺术综合研究院，1998 年于青城鹤翔山庄成立中国美协巴蜀创作中心，2003 年成立青城画院，后成立青城彩墨画会等美术社团。这些社团都有一个共同宗旨，共创“青城画风”或“青城画派”。大家从不同角度，不同流派，对“青城画风”“青城画派”进行了广泛深入的探索研究，形成了大规模的研究队伍和强大的研究声势。

2007 年 5 月，巴蜀部分著名书画家在青城山下“青城人家”创办了“清都书画院”。画院集展厅、创作、交流、接待于一体。特邀各地著名书画家带来他们的精品，供各界收藏、选择，并配合社会各界单位提供定向笔会和作品。画院为中外书画家和爱好者提供创作交流展示平台，以书画促友谊，以书画陶冶情操，养心怡性。画院还升级了全国联保系统，加盟了画籍备案，注册了成都嘉康利文化传播有限责任公司，成了画籍授权的备案一级机构。让每位书画家的作品有了一张艺术品身份证，使作品有了档案库，有了原创知识产权。使得书画作品标准化、数据化、信息化，让书画爱好者和收藏家买得放心。更能体现书画的价值，让画家扬名，以及书画流通和画价的提升等，更能世代传承。

第七节　青城武术

青城武术，源远流长。上古之世，属巫文化系列支系。有黄老方仙及道教文化后，又属仙道文化系列分支。蜀人尚武，始于狩猎、娱神及求取氏族生存械斗之需要。四川自古及今，族属均较中原复杂得多，地形地貌起伏变化特大，古人类生存之自然条件也较中原复杂而艰辛。原始族群间发展进化不齐，生活认识信仰悬殊，加以诸族杂处，自然环境和社会环境均迫使蜀人不得不尚武、好武、练武，所以蜀人皆以尚武善战而知名。

上古之世，相传黄帝拜宁封为五岳丈人，“统驭川岳百神”。传宁封能作五色烟，有驭云术。他有很高的武功修为，为黄帝统一中原起到重要作用，也从另一个侧面反映了青城古代的武学渊源。到先秦两汉，张陵以 90 余岁高龄到青城悟道阐道，建立教区，以行“明威之法”，展示武功实力。道史载：天师佩雌雄剑，劈三岛石，开掷笔槽，降伏八部鬼帅、六部魔王。从理论和实力上最后使以巫古文化为主的五斗米道彻底慑服而得以改造为二十四治。这是天师及其门人的武功实力展示。汉末著名天师道首领范长生率部族千余家据山隐居，以实力支持李雄、李特建立成汉政权。西晋末年，以孙恩、卢循等天师道徒组织的农民起义，很快就摧毁了西晋王朝。北宋时期，青城山茶农王小波、李顺等人，率领青城山习武山民揭竿而起，转战南北，在成都建立了大蜀王朝。这些史实，说明了青城自古尚武，并进而将武学传播到全国各地，与当地武学武术结合而演变发展的历史。中国武术门派虽多，但始终离不开道佛二教的深刻影响。青城武术源出道家、修炼家，重体道养生，长生久视，修为武德。故特重内功、气功及精神修炼。道门中无论哪种功法器械，都首先为强身健体和自卫防身考虑，故凡修为青城一派道家武功者，皆重无为，重阴柔，重以柔克刚，重无为而无所不为，并非讲先发制人。青城武术，或曰道家武术，至八卦太极而炉火纯青。太极拳抱天地乾坤于一无，至柔之极，而发力至猛之极，可谓无坚不摧。故中国武术与中国之道教源流一样，其根也在青城，其衍化发展最早也在青城。

青城派武术与道家修炼的“外活四体，内活经络，修命强身”的“动功”有关，且吸收了佛门及各派武术的精华，形成海内外公认的门派，与少林、武当、峨眉诸派相互促进，并驾齐驱。

青城派武术中，富有特色的是剑术，被誉为全国四大剑派之一。相传，张陵天师有老君传授的“雌雄剑”，历代青城道士中均有习剑术者。李祯（字昌祺）《剪灯余话》记有元至正年间（1341—1360年）轶事的《青城舞剑录》，从一个侧面记述了青城剑术。原文节录如下：

“至正间，有道士真本无、文固虚，不知何许人。客威顺王门下，通剑术，晓兵，深于智略，号文武才。王虽畜之，未始奇也，唯樊口卫君美重之。二人计曰：竖子不足谋矣！不去，祸且至。于是题诗于黄鹤楼而遁。王思之，百计觅二人，不能得。陈友谅闻其往来光黄间，具书礼请之不至，翩然入蜀。既而明玉珍据四川，素闻二人名，物色不可得。天朝既平群寇，四海一家，君美兄君彦为西充县丞，君美往省候之。回途舟败，同船之人，尽葬鱼腹，独君美负得一板，浪滚及岸，因而不死；然行李盘缠，一时俱尽，急投近岸民家，觅火燎衣，买食充腹。因出纵步，忽二道士前揖曰：‘卫君一寒至此哉！’视之，真文二故人也。告以困苦状，曰无忧也。挟往其家，则青城山也。高墙华屋，深院曲房，苍头数人，列侍左右，俎豆备水陆之珍，歌舞极声容之盛。与君美话旧，欢若平生，饮酣气豪，论议蠭起。因引君美周视其家，锦绮充盈，金玉山积，各有美人掌之。最后至一山岩中，有骷髅百枚，二人指曰：‘此世间不义人也，余得而诛之’君美为之吐舌。明日大设宴，君美首席，两美人捧牙盘，盛明珠十黄金百两为寿。君美不敢却，但唯唯谢，于是剧饮大醉。君美乃制《喜迁莺》一阕，执杯酬谢于二公，自歌以侑焉。词曰：‘乾坤如昨，叹往事凄凉，长才萧索。景物都非，人民俱换，非是旧时城郭。世事恰如棋子，当局方知难著。胜与败，似一场春梦，何须惊愕。　寥落，相见处，萍水异乡，烂熳清宵酌。说到英雄身同梦，涩尽剑锋莲锷。看破浮云变态，休问谁强谁弱。堪叹息，这一番归去，似辽东鹤。’明日求归，二人曰：‘唐有红线，今有碧线，当令送君也。’至则一好女子，其年可十七八，负竹箱随真文同送君美青城道上，顾谓曰：‘后会难得，请为起舞。’碧线开箱，取白丸四，大如鸡卵，乃雌雄剑也。二人引而伸之，飞跃上下，须臾天地晦冥，风云惨淡，唯于尘埃中见电光翕欻，交绕互缠。君美股战，行不成步，回望其居，皆陡壁穹崖，殊无有路。君美乃气不得出，目不得合，常若刃在其颈，心胆俱落。舞罢，失二人所在，独碧线旁君美立，倒皮囊中酒共饮。伺夜，握君美手东南而逝，将三更许抵家，但见金珠在榻，碧线亡去久矣，竟不知其何术也。洪武二十年，君美有婿单公铉为库官，闻为人道妇翁事，亦与此吻合焉。”

青城山还流传一则与剑术有关的野史，据青峰山雪山寺最后一任住持老僧佛腾口述，该寺代代相传有“啸云宝剑”的事：

“普照寺围墙紧北，有一佛寺名雪山寺。始建于明代初。开山祖师号‘啸云竘’。此号既不似僧，亦不类俗，乃从一柄宝剑而来。宝剑是一柄不足二尺，剑鞘和剑柄各嵌有七颗宝石的短剑。剑名就叫‘啸云’。从开山祖师起，历来寺庙传法，不传‘衣钵’，其传法法器便是这柄宝剑及一套称为‘啸云八式’的剑术。代代口传心授。其源流出处说：祖师乃明玉珍手下将领老资格的红巾军头目。明氏政权失败后，这员大将隐居雪山寺为僧，练剑不断。清乾隆年间，雪山寺住持琴脱俗掌事时，忽然宝剑失踪。当时普照寺僧众数十，聘有僧俗武师教练教人习武。其中有个叫周大堆堆的教练曾与琴脱俗比剑论技，故琴脱俗以为法器为周所盗。不久，周大堆堆离去，琴脱俗自卸掌院，追踪失剑。”

近代，青城山还流传有七仙剑、飞剑十三剑、龙虎剑、紫虹剑、二十四剑等。欢喜道人李杰的“阴把八方剑”，善于运用反作用力，巧制对手，有“铁牛耕地”“古树盘根”等套路。青城拳术深受剑术的影响，有“剑拳”之称。

青城派武术常用的器械，除剑器外，还有青龙大刀、乾坤圈、铁鞭等。20世纪30年代，青城山长生宫住持张至清，曾在灌县国术馆任教，人称青城二十四侠之一，他用铁链作裤带，重2.5公斤，运用自如，名为“铁鞭”。

青城拳术，因师承技法不同而有多种，其中尤以青城洪拳（亦称“小洪拳”）较为知名。青城天国山的雪佛庵（在都江堰市原两河乡滥泥村）是青城洪拳的祖坛。

雪佛庵，一名雪伏庵，又叫云开寺。唐宋年间有人在这一带习武炼丹。宋初亦有人在此“铙鼓箫吹，椎牛为会”，许多武士成为王小波、李顺起义军中的骨干。元末明清，明玉珍率红巾军入四川，称帝于重庆，国号“大夏”，天统元年（1362年）他派大将万顺攻占青城山。1371年，大夏兵败降明，其手下将领有人潜来雪伏庵为僧，法名了性，其军中贴心武士，成为僧兵，聚众习武。其后逐渐为明蜀藩内江王府招安，成为对抗张献忠的地方武装，战败后此庙于清初改为武当山入川的龙门派道庙。清代雪佛庵附近大乐观的蟠龙真人，汇总前期诸家绝技，将《剑仙功》《玄秘功》《金丹大道》《万法秘藏》《搬运功》《鬼谷子生死术》等真功秘法，传于青城山人。清道光二十年（1840年）灌县还出现全国武科榜眼（亚军）王万寿。

据《四川武术大全》记载：清雍正年间，少林李金钩禅师（李剑侠）精通武术。乾隆二十三年（1758年）金钩传艺于亲侄子李泰山。李泰山18岁时不愿为僧，到灌县漩口乡，传艺于青城山。① 1986年，在雪佛庵发现一通清咸丰二年（1852年）的墓碑，有“龙门正宗十五代师爷李本忠真人之墓”，本忠是李泰山的道教法名。李泰山传艺于其外孙赵云程（为龙门第十六代），赵云程在雪佛庵修炼习武。92岁时传艺于当地出生的16岁少年周烈光，是为龙门第十七代传人。

周烈光，名炯亮，字烈光，号青城山人。清同治十八年（1892年）生于灌县圆通寺（今都江堰市原两河乡红梅村），随家人迁至雪佛庵。幼时聪慧，秉性豪侠，喜文爱武。16岁时被庵中老武师赵云程看中，传其武艺。又云游西藏、印度等地传法，并研习东西密法。后入岷江书院，清宣统三年（1911年）投笔从戎，参加保路同志军。民国初年以博学多才入重庆陆军西医班，历任二十四军医官。因厌恶军阀混战，弃官回雪佛庵行医。乡人说他早年曾拜蟠龙真人为师，得其真传，在庵旁燕子洞中练功。1949年为土匪所迫，离乡到灌县城。1952年进玉堂乡卫生院。1962年转到大观乡医院，1978年退休后一直住此。1984年，年满91岁的他应邀参加了成都老拳师武术表演赛。1986年又参加“四川省武术拳械技术录像”活动，先后被《四川日报》《成都晚报》载颂。1988年1月3日，周烈光坐化，享年96岁。他还留有诗文作品。周烈光所传“青城洪拳”的风格，亦可用他的诗

① 见四川省体育运动委员会、四川武术遗产挖整组编《四川武术大全》“青城派”条，四川科技出版社，1989年11月版。

句概括："拳似雷霆变多端，腿似风轮肘如鞭；身似绵条步稳固，大开大合全神注；神鬼莫测手眼随，勇疾狠准手无情。"

《四川武术大全》又载：清光绪年间，青城山一位精通武术的冷道人（或叫"洪道人"），在由青城山去武当山往返途中，停留在川东开县，传"青城六合内功""玄门九式""二路洪拳"及"青龙刀"等武艺，其徒有黄开才等人。民国初年，在灌县中兴乡宋尧山研习武术，曾任川军王铭章部队的武术主任教官。后传其侄宋德召（1910—1995年）为黄林派宋家拳掌门人。他与祁玉祥（青城二十四侠之一）俱载入《中国武术人名辞典》。火龙拳为黄林正宗，曾在成都一带流行，它强调："多拳少腿，拳腿结合，走定相配，柔化脆出，快打巧制，借力乘势"。手型多为剑拳、剑指。六合内功中有硬气功技法，能"撞杆击肢"，提倡"默念轻匀意丹田""三吞无形气满身"，有鹞子功、猫子功等。

清雍正年间，江湖豪侠刘忠从北京流落四川（据传是刺杀雍正皇帝，事败流亡），在青城山隐名传艺。他以南拳为主，吸各家之长，创"绿林派"武术于青城大面山（即赵公山）。其动作短小精悍，软硬相兼，以小拳为主，动作紧卷连贯，闪展防击，灵活便捷，善于手上变化，步法多以猿形、箭步、梭步为主。民国年间，四川武林中的"铁人"、曾任四川搏击赛擂主的马宝即属此派，其徒孙金跃三曾荣获四川擂赛银章。

青城山天师洞有秘藏抄本《玄门太极长生功》。青城派尚有玄门太极拳，20世纪30年代由青城山陈琳真人传给余国雄。20世纪80年代在青城山的张至益，原籍四川资中县，1904年生于成都，幼丧父母，随舅父住乐山，16岁患大病，后拜大邑县鹤鸣山道士王明月（青峰）为师。1927年在成都二仙庵受戒。后曾与海灯法师一起拜朱智涵大师学习武艺及骨伤科医术。20世纪40年代，曾任大邑县田庵子住持。1941年3月任成都道教会理事。1979年被礼聘到青城山，传授道教武功。他擅长张三丰所传南派拳术，80余岁仍精神健旺。1987年被请回大邑县鹤鸣山迎仙观担任住持，兼授拳术。1992年仙逝。

青城派武术中有自然门一派，又称"神功""神打""神拳"，属于带自发动功性质的技击术。口诀有"动静无穷，变化无端，虚虚实实，自然而然"。20世纪80年代初尚在华山一带云游的青城派自然门大师郭少蟹，曾经是著名技击家万籁声的师叔。20世纪40年代，其代表人物刘兴武、陈述礼曾获省级武术擂台赛金章。

青城派武术气功，流传着极其古老的黄帝水火神功和风火神功。唐时吕洞宾师父火龙真人所传火龙神功。清代中叶转战南北的名将、一等昭勇侯、太子太傅衔的杨遇春，幼年在此习武，他结发从戎，经历大小数百次战斗，未曾受毫发之伤，被誉为"福将"，其子杨国祯亦习此术，因战功官至兵部尚书兼都察院右都御史，死后归葬青城天国山。

轻功，亦称青城山龙蹻飞腾术，为晋代《抱朴子》书中所记"龙跻、虎跻、鹿跻"之一。始于青城仙人宁封子。《汉天师世家》说张陵"修九真之法，得出入水火之妙及养神轻身之术"，即包括此种轻功。唐代薛中胜所著《集异记》载有青城道士徐佐卿化为仙鹤往返长安，能"欻然矫翰西南而逝"，即轻功功夫极高，能平地腾挪，转瞬而去，并可水上行走。此派练武者亦甚艰辛，多用铜鞋铁履，采取加大自身重力的方法，作长期的抗重力适应性锻炼，经过人为的重力一加一减的长期锻炼，逐步达到减轻人体重力（即抗引力）的能力，再配合内丹修炼，达到轻如飘萍的上乘功夫。都江堰市文物局收藏有古代练习轻功者所用的铜鞋，长38厘米，重14.8公斤，鞋底有防滑的横沟，且有穿用时的磨损痕。

1913 年灌县成立武士会，1939 年建立国术馆，均有青城山道士在其中授徒。著名的有上皇观道士唐复初等人。

1983 年，都江堰市武术协会成立。1985 年筹建青城武馆。为抢救和整理青城派武术，都江堰市体育运动委员会抽调专人进行挖掘，其中的谢正常老师被授予“全国武术挖掘整理工作先进个人”称号。都江堰市武术协会的刘绥滨在继承传统武术中作了许多工作。

1993 年 6 月，国福武术馆迁至青城山寻仙沟口。次年停办。

1995 年 6 月，青城山功夫馆在青城山镇建立。先后易名为“都江堰中华青城派武术馆”“都江堰市青城派武术总馆”，2005 年更名为“都江堰市青城武术馆”。

青城武术馆建馆以来，弟子遍及全国各省市及全球 80 多个国家，全球 600 家媒体超过万次的报道和转载，已成为具有国际影响力的本土文化品牌。武术馆曾策划、组织、参与了海峡两岸中华武术论坛、中国道教文化节、中华养生健康国际论坛、上海世博会、联合国世界旅游组织年会等活动。曾获四川省传统武术比赛集体项目冠军、中国非物质文化遗产武术展演大会金奖、中国武侠文化节武术门派最佳表演金奖、国际非物质文化节最佳表演奖、丽江国际武术节团体亚军、南太行国际武术节团体亚军。

青城武术馆馆长刘绥滨，道名信玄，为都江堰市政协常委、四川省道教协会常务理事、四川省武协青城武术文化研究会会长、中国武术高段位青龙七段。任四川省旅游学校巴蜀武术养生学院院长、兼任邯郸学院（中国唯一发太极本科文凭院校）、中国人民大学健康管理学院、美国国际医药大学（美国唯一发太极硕士文凭院校）、美国高校太极联盟客座教授。出任北京体育大学《中国太极拳标准教学及养生康复功用研究》课题组研究员、科技部“十二五”科技支撑计划国家重点课题“中医预防保健（治未病）规范与技术标准制定”课题组特聘专家。2001 年被中国武协唯一确定的青城派代表人物余国雄授权，成为青城派第三十六代掌门人。先后获中华太极人物三十人、传统武术十大领军人物、全球中华文化艺术薪传奖等殊荣。

青城武术于 2003 年在四川 68 个武术门派中，首家载入《中华武术展现工程》，出版教学光碟 9 套 21 碟。馆长刘绥滨于 2002 年出版中英对照、简体和繁体中文专著《中华绝技——青城武术》《青城太极养生》《青城太极》《跟掌门学养生》和光盘 15 套。

与青城武术馆齐名的青城道君精武馆，位于都江堰市崇义古镇，1992 年由何道君、鲜宗丽共同创办。武馆占地 8 亩，馆内仿古建筑，古朴典雅，绿树成荫，一派中国传统武馆的习武氛围，十八般兵器、石锁、石磨等古老习武器具陈列其中，满足学员不同的习武需求。武馆设立散打搏击班、硬气功班、暑假少儿班等。建馆以来积累了丰富的管理与教学经验，学员遍布全国及英国、美国、西班牙、澳大利亚等国家以及中国港澳台地区，为社会各界输送了数以千计的优秀人才。馆长何道君，自幼习武，酷爱武术，深受中国传统武术的影响；早年游历大江南北，研习少林、武当、峨眉、青城的散打、拳击等内外功夫，艺承百家，圆融各派，并精通技击、硬气功、养生等功夫。何道君曾拜青城山曹明仙大师为师，深得大师密传内家功，为青城山全真龙门派第二十一代嫡传弟子，道号至君，青城功夫掌门人，中国武术金虎六段，国家一级裁判，四川省非物质文化遗产青城武术代表性传承人之一，成都市道教协会理事，成都市道教协会副秘书。又为国际武道联盟武术协会副主席、四川省武术协会委员、四川省武术协会青城功夫研究会会长、四川省武术协会内家拳联合会副主席、四川省巴蜀武术国际交流中心副理事长。在四川省传统武术名人名星争霸赛中获“武术名人”称号，首届峨眉山功夫王争霸赛中获得“金刚”桂冠，被授予四川当代“武术名家”称号，并被收录入《当代四川武术群英榜》《巴蜀武林英豪》（由四川省武术运动管理中心、四川省武术协会审编）。兼任四川省老体协太极拳俱乐部理事、四川省老体协太极拳专业委员会高级教练、成都市武术协会委员、武侯区武术协会副主席、成华区武术协会副秘书长。其世界首创独门绝技“汽车过头”，1988 年在德阳和 1995 年在峨眉朝山大会的表演，震惊各国友人，轰动海内外，被誉为青城第一绝技。

何道君妻子鲜宗丽，青城道君精武馆馆长，都江堰市政协委员，成都市非物质文化遗产青城武术代表性传承人，四川省武术协会青城功夫研究会常务副会长，省武协综合太极拳研究会分会会长，省武协内家拳联合会副秘书长，省武协巴蜀武术研究会副会长，中国武术金虎六段，国家武术一级裁判，高级教练，成都市武术协会常委等职。自幼随父鲜金元和成都市武术协会副主席，中国武术银龙八段，国家级武术裁判邹德发练习中华武术，后拜青城山建福宫当家张明心（省政协常委，省道协副会长，青城山道协会长）为师，练习道家内家功法，练就一身绝技功夫，如“钉床破石”“三绝和一”“双风灌耳”，以及拳术七星拳、燕青拳，器械春秋大刀、九节鞭、青城山清风剑等，被誉为“中华女金刚”。四川省传统武术名人名星争霸赛获得“武术明星”称号，被收录入《当代四川武术群英榜》。

青城道君精武馆还创办有“青城山功夫表演团”和“青城武学研究会”，致力于青城山功夫的挖掘和整理，向国内外推广与弘扬中华青城山功夫，宣传青城山道教文化，受到了武林各派的好评和赞扬。

2005 年，青城山还办有青城王飞武术馆。在青城山景区管理局和青城山政府的支持下，道教武术传人、青年武术家王飞本着“弘扬中华道教传统文化，传承青城道家武术精神”，开班授课，广纳门徒。王飞，祖籍河南永城，武术世家。后于青城山学道，拜四川省道协会长唐诚青门下，学习道教文化，道名信仁。为全真龙门派第二十五代弟子、中国武术协会会员、国家武术金虎六段、四川武协巴蜀武术研究会副会长、四川省武侠文学学会理事、都江堰市道文化产业研究院副院长、都江堰市青少年艺术团武术导师，被授予“巴蜀武术十大名师”等称号和“当代武术名人名家会演金奖”“中华武术传承贡献奖”“传统武术推广贡献奖”。2003 年参加“成都市首届传统武术大赛”一战成名，获得拳术总分第一名，被誉为“醉拳王”。馆长执教多年培养了国内外上千名弟子，其中 40 余人考入国内各大院校，近百人次获国内外各级武术比赛的冠亚军。王飞馆长还继承原中国道教协会会长、已故的傅圆天方丈打造“中国道教二十四治之首阳平治，弘扬道教文化”的遗愿。在省、市各级道协和彭州市委、市政府及阳平观主持郑明果道长等的大力支持下，创办了王飞武术馆道家武术培训阳平观基地，并担任总教练。在都江堰市，王飞武馆响应国家“大力开展武术进校园公益活动，全面提升中小学生身体素质”号召，先后在 14 所小学和幼儿园开展青城武术教学。武馆现致力于道家武术及养生功法研究及推广，以培养更多的青城道家武术人才为己任，传播博大精深的中华道教文化造福社会。

附：青城派当代著名武术家小传

余国雄（1912—2002），蒙古族，四川泸州人。自幼随青城道士陈琳、峨眉拳师易占彪习青峨武术。1937年成都打擂获银章。先后受聘于国民党中央军及黔军武术教官。在台儿庄大战中担任黔军140师大刀队总教练，抗日军功卓著。1946年后归隐家乡行医授武，有弟子3000人。著名者有余凤英、余凤仙、刘绥滨、刘兴全、段文成、周旭川、李浩尧等人。所传青城八仙剑、太极拳被录入《中华武术展现工程》。其武术医术被载入《中国武术人名辞典》等二十多部辞书志书。

金跃三（1911—2011），四川都江堰市人，自幼随青城二十四侠之一谭仲伦习青城绿林派武功。1943年成都青羊宫打擂获一等银章。曾被国民党青海某部骑兵团聘为教官。后辞职回家务农及教武授徒。著名弟子有刘绥滨、高剑等人。其武术被载入《中华武术展现工程》及多种纪录片中。

陈用和（1921—2003），名述礼。四川郫县人。自幼随著名武术家尹鸿年、贺成章、僧洪武习青城少林武功。1943年在成都青羊宫打擂，过关斩将，最后击败四川著名武术家朱仲康（朱掼锤）荣获金章。被誉为“川西武林第一好汉”。曾任国民党四川水上警察总局武术教官，1946年辞职移居灌县。1979年开始授徒，著名弟子有刘绥滨、杨雅军、刘昌元、陈先进等。其事迹载入《中华绝技——青城武术》《郫县志》《龙门阵》等书刊。

第二章　艺文选

第一节　游记选

青城山记

〔唐〕杜光庭

神州之内，有名山五岳，列于五方。《山海经》所谓，五岳各领名山三百六十，凡一千八百。有神仙洞室，福地灵墟，显于仙经，载于方志。其山皆上应列宿，傍系星官，上帝俾正神所居，以司善恶，邦国祥沴，咸所主焉。亦犹太山为角宿之根，咸池为方城之险，嶓冢应于井络，魁首属于井径者也。自方圆肇基，融结定位，众山波属，以镇一隅。则蜀之山近江源者，通谓之岷山，连峰接岫，千里不绝，青城乃第一峰也。按《汉书》及传记言，岷山之下沃野有蹲鸱焉；《灵宝经》亦云，地出美芋，名曰蹲鸱。阚骃《十三郡记》称，蜀郡西尽岷山；《华阳国志》称，蜀郡北接岷山：斯则青城峨眉为坤维之巨镇也。岷山导江，但导其流，非谓江源出于岷山矣。《福地记》云：青城山高三千六百丈，周回五千里，有甘露芝草，天池醴泉。《玉匮经》云：黄帝封为五岳丈人，乃岳渎之上司，尊仙之崇秩。一月之内，群岳再朝；六时洒泉，以代晷漏。一名赤城山，一名青城都，一名天国山，亦为第五大洞宝仙九室之天（按《御览》四十四引文天国作天谷，《说郛》四引记删此四句）。蜀郡之西北，在岷山之南，群峰掩映，亘相连接，灵仙所宅，祥异甚多。任豫《益州记》云：岗峦岩崿，连亘（《御览》作岭）千里，上有仙都。《地理志》云：西徼之外，江水所出，天彭青城，连峰不绝。李膺《记》云：入山七里，至赤石城，有羊马台、三师坛。上五里，至瀑布水涧；二百步有二石梯，有一石笋高三丈。过二石门，绝崖数百丈，下起常道观。高峰下有水，六时洒落。东北有二石室名龙宫，可容百余人。从龙宫过至石室（《御览》石室上无“至”字，下有“至石梯”三字）名龙桥；又有一（《御览》有“石”字）梯，洞穴深浅，莫知所极。西北有石室，宛然见存。又有黄帝坛，石（《御览》有“法”字）天地，上圆下方，阔一丈二尺，有十二角。观东有石日月，各阔五尺，厚一尺二寸，相对，柱上乌兔烁炜，方圆磅礴可睹焉。《五岳真形图》云：洞天所在之处，其下别有日月，分精以照其中。龙桥处，二山相去二（《御览》无“二”字）百余步，其峰危竦相对。桥在峰首，其桥中半，渐渐促小，可六（《御览》有“七”字）寸，长一丈五尺，两边悬崖，俯临不测。山傍有誓石，天师张道陵与鬼兵为誓，朱笔画山，青崖中绝，今崄断（《御览》作

“今验断处”），石并丹色，阔二十丈，深六七丈，望之赩然。《福地记》曰：青城山有赤石，如鹿形，今瞀石多有如野兽之状者。又云：天师居赤城崖舍中，即今石室也。观北上十余里，有亭台孤耸，独秀霞表，名曰轩辕台。下望诸山，如蚁垤焉，连抱之树，有若荠也。此台非得仙之人不可居之。观前有灵灯，斋日必见，或五或三，亦无定数。常因玄宗皇帝敕道士王仙卿就黄帝坛修醮，其灯遍山。僖宗皇帝幸蜀之年，山中修灵宝道场、周天大醮，神灯千余，辉灼林表。其山逸士高人多所憩息。葛稚川《神仙传》云：仙人李阿，朝游成都市，暮宿青城山。宋大明中，道士杨超远、秀才费元规，亦居此山。唐有逸士冯廓、王仙柯，于此修道，皆有感降。玉真公主，肃宗之姑也，筑室丈人观西。尝诣天下道门使萧邈字元裕，受三洞秘法箓，游谒五岳，寓止山中。就拜灵峰于宝室洞前，有仙云五色，玄鹤翔舞焉。此山前号青城峰，后名大面山，其实一耳，同体异名；犹岱之天台，亦谓之桐柏也。东北临皂水（《舆地纪胜》永康军岷江条引杜记云：“大皂江以其过岷山，因名岷江”），西南亘平川，西枕黑溪，北拒洄水，洄水今在蕃界。大面之顶，去平地七十二里，为兹山之主，非常人所到，灵禽异兽，奇花仙草，靡不有焉。其上琼楼仙室，金阙玉堂，得道之人造之乃见，非凡俗所窥也。有七十二小洞，应七十二候；有八洞，应八节：第一太乙洞，第二九仙宝室洞，第三娑罗洞，第四高台玉室洞，第五麻姑洞，第六宝圆洞，第七圣母洞、亦名圣主洞，第八都督洞。亦应八卦，以通八水；其中五大洞，上应五星之宫，乃五行五常所化也。琼林宝树，金沙玉田，水清而甘，草灵而秀。《上清记》云：神仙王方平领仙士万五千人，以镇兹山。又云：洪崖真人隐居其内。昔宁封先生栖于北岩之上，黄帝师焉，请问三一之道。先生曰：吾闻天真皇人被太上敕，近在峨眉，达三一之源，可师而问之也。因以《龙跻经》授黄帝，黄帝受之，能策云龙以游八极；乃筑台其上，拜宁君为五岳丈人，使川岳百神，清都受事。乃入峨眉北岩，受皇人三一之道，周旋海岳，车辙存焉。又有得道仙民，游散未受职者，分居诸洞之中。绝峰之顶，烟云常覆之，每日晴霁，才六七度。四面山峰，各有名字，载于图经矣。

（本文原载上海古籍出版社1990年出版《全唐文》卷九百三十二）

青城行记

〔宋〕范成大

淳熙丁酉岁六月辛未[1]，将至青城，再度绳桥[2]。十五里早顿罗汉院[3]，沿江行山脚，入青城界[4]。道左右多幽居，流水淙琤，修竹弥望，晚渐入山。三十里至青城山，门曰宝仙九室洞天[5]。夜宿丈人观。观在丈人峰下，五峰峻峙如屏；观之台殿，上至岩腹[6]。丈人自唐以来号五岳丈人、储福定命真君，《传记》略云：姓宁名封，与黄帝同时，帝从之问龙蹻飞行之道[7]。本朝增崇祠典，与灊庐皆有宫名，此独号丈人观[8]。先是其徒以为言，余为请之朝，李焘仁父适为礼部侍郎[9]，上议曰：按《河图括地象》：岷山之精，上为井络，帝以会昌，神以建福[10]。注曰：昌即庆也。青城实岷山第一峰，会庆又符诞节之名，乃赐名会庆建福宫。余将入山而敕书适至，乃作醮以祝圣谢恩[11]。真君殿前有大楼曰玉华，翚飞轮奂，极土木之极[12]。殿四壁孙太古画黄帝而下三十二仙真，笔法超妙，气格清逸，此壁冠于西州[13]。两庑古画尚多，半已剥落，惟张果老、孙思邈二像无恙[14]。

壬申，泊青城山，始生之辰也[15]。今春病少城，几殆[16]，仅得更生，因来名山禳祭[17]。夜，道士就殿前作步虚仪[18]，方升坛有火炬出殿后岩上，色洞赤，周旋山顶，有顷变灭[19]。同游者疾趋来观，则无有矣。余默请于丈人：此灯正为仆出者，当复见，使诸人共观之。语脱口，灯复出，分合眩转，若经藏然，食顷乃没。观人云：从来此峰无灯，四年前曾一见。今日山后老人村耆耋妇子辈[20]，闻余至此，皆扶携来观。村去此不远，但过数绳桥[21]，俗称其村曰獠泽，余以为不雅驯，更名老宅[22]。近来盐酪路通，寿亦减[23]。

癸酉[24]，自丈人观西登山，五里至上清宫。在最高峰之顶，以板阁插石作堂殿[25]，下视丈人峰直堵墙耳。岷山数百峰，悉在栏槛下[26]，如翠浪起伏，势皆东倾，一轩正对大面山，一上六十里，有夷坦曰芙蓉坪，道人于彼种芎[27]。非留旬日不可登，且涉入夷界，虽羽衣辈亦罕到[28]。雪山三峰，烂银琢玉，闯出大面后[29]。雪山在西域，去此不知几千里，而了然见之，则其峻极可知。上清之游，真天下伟观哉！夜有灯出四山，以千百数，谓之圣灯。圣灯所至，多有说者，不能坚决。或云古人所藏丹药之光[30]，或谓草木之灵者有光，或又以谓龙神山鬼所作，其深信者，则以为仙圣之所设化也[31]。

甲戌[32]，下山五里，复至丈人观。二里早顿长生观，范长生得道处也[33]。有孙太古画龙虎二君，在殿外两壁上，笔势挥扫，云烟飞动，盖孙笔之尤奇者。殿壁又有孙画味江龙一堵，相传孙欲画龙而不知其真，有丈人过云：君欲识真龙乎？忽变而夭矫，孙谛视画得之，视稍久一目遂眚，即此画也[34]。旧壁宣和间取入京师[35]，临行，道士募名笔摹于新壁，今所存者摹本也[36]。晚宿范氏庄园。

（本文选自范成大《吴船录》）

注释：

〔1〕淳熙，宋孝宗年号；丁酉为干支纪年，辛未为干支纪日。标明作者来游青城山的时间为淳熙四年（1177 年）六月初三日。

〔2〕绳桥，又叫索桥，即都江堰渠首的安澜桥。范成大《吴船录》对此桥作了生动的描绘：“每桥长百二十丈，分为五架。桥之广，十二绳排连之，上布竹笆。攒立大木数十于江沙中，辇石固其根，每数十木作一架，挂桥于半空。大风过之，掀举幡然，大略如渔人晒网、染家晾彩帛之状。又须舍舆疾步，从容则震掉不可立。”当时游青城山的旅游路线，是从灌口出发，过二王庙前的索桥至江对岸，沿外江右侧，经过原玉堂场、上元场到青城山，范成大诗《永康青城道中》有“雨脚背人归玉垒，江声随马入青城，”即指此道。

〔3〕罗汉院，地望不详，从路程推断当在今都江堰市玉堂镇境内横山寺外，神仙洞在其下。

〔4〕青城界，指当时青城县的县界。

〔5〕道教称大地名山间仙人所属著名胜地为十大洞天，青城山称为“宝仙九室洞天”（见北宋张君房《云笈七签》卷二十七）。

〔6〕丈人观，唐代始建，宋名会庆建福宫，今名建福宫。宋时该观的台殿在今建福宫前公路右上侧岩腹。1958 年该处修建挖地基时，陆续发掘出宋代《会庆建福宫飞轮道藏记》碑，以及大石缸、石蜡台等物。1985 年后又发掘出石须弥座，上有浮雕花草及题记。

〔7〕汉刘向《列仙传》云：“宁封子者，黄帝时人也，世传为黄帝陶正”。宋彭乘《五岳真君殿记》云：“赤城洞天，则龙蹻宁（封）先生所治也。先生尝为陶官，通神幽隐，或履蹈烈焰，随烟

上下，黄帝顺风礼问，受《龙蹻经》，得御风云术。遂封五岳丈人。”按：唐僖宗中和元年（881年），封为五岳丈人、希夷真君。北宋元丰三年（1080年）诏加号为九天丈人、储福定命真君。

〔8〕灊，与“潜”字通。道教称所奉道室为庐，潜庐，潜心修道之处，即道观。此处意为：一般道观，都已命名为宫；丈人观仍称观，规格不够，应升“观”为“宫”，以示尊崇。

〔9〕李焘（1115—1184），南宋史学家，字仁甫，眉州丹棱人。

〔10〕中国古代神话认为：地上名山的精灵，应着天上的二十八宿星座，岷山的精灵在井宿附近，象征吉祥幸福。

〔11〕会庆又符诞节之名，指宫名会庆与会庆节相符。按《宋史·礼志》：“孝宗以十月二十二日为会庆节，其上寿称觞之礼，如高宗天申节仪。”范成大先前曾向朝廷请求，皇帝准其所请，亲颁敕书，赐名改丈人观为会庆建福宫，就在他上青城之时，诏书也送到了。作醮，举办道教祭神祈祷的法事。

〔12〕翚飞轮奂，形容玉华楼建筑的壮丽美观。

〔13〕孙太古，唐末宋初四川著名画家。他曾在丈人观大殿作壁画多幅，精美绝伦。

〔14〕张果老，即张果，民间所传“八仙”之一。孙思邈，唐代医药家，民间奉为药王。

〔15〕壬申，干支纪日，即六月初四。洎，到达。范成大生于宋钦宗靖康元年（1126年）六月初四，此次到青城山这天正是他的生日。

〔16〕当年春天，范成大在成都少城患病，曾一度病危。

〔17〕禳祭，祭祷消灾。

〔18〕道教举行法事时，要奏道乐，其中一首常用的乐曲名为步虚声，亦称步虚词。陆修静《太上洞玄灵宝授度仪》云：“礼十方毕，师起巡行，咏步虚词。”

〔19〕此处描述青城山的奇特景观——圣灯，也叫神灯。

〔20〕山后老人村，今属汶川县水磨镇，宋代《方舆胜览》云：“老人村在大面山之北，昔人避难其中，多享年寿，故名。”

〔21〕今青城后山沙坪经泰安寺，再过白云村的古道，即青城去老人村的山路，当时有索桥跨越味江。

〔22〕宋代《方舆纪要》载，僚泽关在灌县西南百里，昔诸葛亮迁群僚于山下，其地即老人村所在地。僚（獠），为四川古代民族名。

〔23〕酪，古为醋的别称。宋人《苕溪渔隐丛话》：“旧说……青城山老人村有五世孙者，道极险远，生不识盐酪，而溪中多枸杞根如龙蛇，饮其水，故寿。”

〔24〕癸酉，六月初五日。

〔25〕从这里的记述看出，宋代上清宫殿的位置在今上清宫殿堂背后的山上。

〔26〕槛，窗户下或长廊旁的栏杆。

〔27〕芎，即川芎，青城山一带出产的著名药材，至今在全国居于首位。

〔28〕宋代吐蕃势力深入松州、威州，故文中说：“涉入夷界”。

〔29〕此处所指雪山，为今四川阿坝藏族羌族自治州境内的大山，如九顶山、四姑娘山等。

〔30〕古代道士用硫化汞类矿物（如朱砂等）在炉中炼丹，企求长生，叫做丹药。此处所言，为人们臆测，认为青城圣灯是道士留在山上的丹药在夜里发光。

〔31〕现代科学证明，青城山夜里的圣灯（神灯），是动植物腐烂后，生成的磷化氢气体放出来的磷光，并不是龙神山鬼所作。

〔32〕甲戌，六月初六日。

〔33〕范长生，晋代天师道的著名首领。李雄在成都建立大成国，封范长生为天地太师、西山侯，其部队及信徒长住青城山一带。

〔34〕眚，眼睛生翳。

〔35〕宣和，宋徽宗年号，徽宗酷爱绘画，在寻求天下名画时，将青城山长生观这幅著名的壁画取入京师（今河南开封）。

〔36〕此言道士请来画师将原有壁画，临摹下来，重新画在壁上。

游青城山记

〔明〕焦维章

成都之西，县有名山水者以十数，而灌为胜；灌之山以百数，而青城尤胜。时嘉靖三载季春三月[1]，予友冯子廷器谂于众曰：青城之秀，甲于益州[2]，天仓诸峰，左右森罗，削壁嵁岩[3]，望之蔚然，其翠欲滴。予田于其下，故能详也，诸君其弗靳于游乎[4]，予将披石穿云，俟君于青山白石间，亦胜事也[5]！予乃偕诸友，刺舟渡江，行平沙中，极目百里，渐及于山下，一时林壑之美，已觉胜绝。取道马桥，掠牛心山，出横山之下[6]，有小溪环崖而东，可用灌溉。以岸善崩，水辄泄，前令绩溪胡公使凿之。因崖为岸，民至今便焉，循良之不负吾民如是也，为之叹羡。过横山，折而西，至石佛湾，田皆膏腴，水四时不竭。又折而西，登小丘，土地坦衍，林谷迤逦，望青城山长生观等处，尚在翠微烟霭间，问诸路人，始得径。

北走里许，有二衲[7]持瓣香道旁迎之，乃罗家庵僧也。庵之所在，中深外曲，路入幽溪，怪石杈枒，两股相合，不可步，跳跃而进始达。少焉阴雨冥濛，作潇潇声矣，急发南下一里余，雨亦霁[8]，比午憩长生观。观久废，惟颓垣[9]败础，与灌莽同伍。大抵物之兴废，自有常数，读东坡桓山之记，不足慨也。由长生观西北行，入山口，皆排闼拥涧，夹路藓篁蓊郁，凡数转抵建福宫。宫亦荒墟不治，其前诸山蒙茸岩峣，望可千仞[10]，惟贫僧数人，茗浆不具。而吾友周子良翰趋谒宫中，自大乐而至，且携酒及殽以进[11]。盖吾诸友自灌县至凡三十里有奇，周子自大乐至行亦三十里有奇，且瞑不可前矣，遂宿焉。迨晚，风雨大作，且饮且怅，以为天师洞陟绝峛崺[12]，而林深泥滑，攀跻尤难。吾友鲜子申宗等复决策曰：不可止也已，其毋首鼠两端，以贻谢灵运之愧[13]！夜分而止，厥明己酉，饭毕出宫，日光苍凉，掩映云际，为之快行。巨壑间，丹壁崚嶒，每划然大啸，类有人在空谷酬和者。西升崇岭，蓦磴如立，仰首俯膺而上。远望有梨花一株，灿如素锦云，即洞之所在也。复过，上数重，道甚湫隘[14]，才可尺许，旁皆邃谷，易于坠陷。凡行四五里，得至洞下。洞在石壁十余丈上，与径迥殊，前令胡公悬为栈道，沿入洞中。中塑道陵像，左塑唐明皇像，或云伪蜀主孟昶也[15]。山之形胜，奇峰清淑，不可殚述[16]。右三十六峰，次第呈露，黛色如螺。左试剑石[17]等山，远近朝拱，若服于洞之中山，而岌然无阿附意。浮岚往来，在我襟袖，以及万汇，揽不盈掌，天下之奇观备矣。然丹灶徒存，白鹤不返，所谓云路咫尺，不可以登者欤[18]！洞下有庵一所，有比丘者，年可近百，不御酒肉[19]，且云牡丹坪、朝阳洞去此尚远。乃各酌数杯下，两腋清风，殊觉有荡胸之势。寻建福宫故道，将谋归路，会冯子廷器延饮其家，诸友亦醉饱。连日则爽气方腾，尘襟又塞矣。大抵吾曹虽铅椠之素业未休，而江湖之壮志尤甚，故太史公必登龙门，探禹穴，而后为文豪宕有奇气〔20〕。朱张二儒，远临衡岳，其时高迈之怀，岂潦倒哗嚣者之能与哉！此予于青城之游，不可以无记也。

（本文选自《古今图书集成·山川典》卷一七二青城山部·艺文类）

注释：

〔1〕嘉靖，明世宗年号。此记作者游青城山的时间为嘉靖三年（1524 年）阴历三月。

〔2〕谂，思念之意。西汉时，今四川地区各郡均属益州刺史部，后世即以益州代指四川省。此句言：青城山风光的秀丽，为四川第一。

〔3〕天仓，指青城三十六峰。宋《舆地纪胜》云："三十六峰在青城山储福观，天仓诸峰屹然三十有六。天气晴明，于储福天仓阁望之，一一可数。其前有十八，谓之阳峰；后有十八，谓之阴峰。"巉岩，削壁陡岩。

〔4〕靳，吝惜。弗靳，不吝惜。

〔5〕俟，等待。

〔6〕掠牛心山，从牛心山旁边经过。牛心山在今都江堰市玉堂镇境内，分为大牛心山和小牛心山。大牛心山上古有明星寺。小牛心山，又名端翠山，上有石室，传为仙人藏剑的地方。

〔7〕衲，指佛教僧徒。罗家庵地望不详，原灌县中兴乡上元村古有乐静庵或即其地。

〔8〕霁，雨止。

〔9〕垣，本为矮墙，也泛指各种墙。颓垣，部分垮坍了的旧墙。

〔10〕岧峣，高远的样子。仞为古代长度单位，周制八尺为仞。千仞，形容其高。

〔11〕殽同肴，肉类菜蔬水果类佐餐的食品。大乐，原灌县乡名，今划入都江堰市安龙镇。

〔12〕峛崺，犹言"逦迤"，绵延不断之意。陟，登山。

〔13〕首鼠两端，成语，形容迟疑不决，动摇不定。谢灵运（385—965）南朝宋诗人，开文学史上的山水诗一派。爱好登山旅游。

〔14〕湫溢，低矮狭窄。

〔15〕道陵，即道教创始人张陵（亦称张道陵）天师。相传他在汉安二年（143 年）来青城山赤城崖舍。唐明皇，即唐玄宗李隆基。开元十二年（724 年），他为了解决天师洞僧道纠纷，亲署诏令，命"观还道家，寺依山外旧所。"伪蜀主孟昶，即五代后蜀末代帝王孟昶（919—965）宋乾德三年（965 年）宋兵入成都，孟昶投降，至开封，被封为秦国公。

〔16〕清淑，清幽秀美。

〔17〕试剑石，又称降魔石、三岛石，传说为张陵天师降魔试剑的遗迹，在青城山天师洞侧。

〔18〕丹灶，古代道士炼丹的炉灶。白鹤，为传说中古代仙人的坐骑。

〔19〕比丘，指佛教徒出家后受过具足戒的男僧。不御酒肉，指奉教素食，不吃酒肉。

〔20〕太史公，指西汉史学家司马迁。他曾漫游全国许多名山大川，登临过山西、陕西交界处的黄河龙门（即禹门口），又曾南至浙江绍兴的禹穴，旅游使他增长见识，增长才气，所以他的作品具有一般人所没有的豪迈奇特的文风。

小朝阳洞记

〔清〕黄云鹄

青城胜概，不可枚举，而余独爱朝阳洞[1]；于西侧一山洞尤爱之，以得朝阳最早故也。题曰“小朝阳洞”，为诗纪事[2]。

越岁余，道士因而屋之，落成，走相告[3]。余是以有三游青城之举。

至之夕，大雷雨，明旦晴霁，景色弥佳，愈爱之，信宿洞中，累日乃去。则未知余之癖嗜欤，抑胜概果甲于青城耶？古今之大，天壤之遥，可爱者何限，而余独倦倦焉于此，隘矣[4]！

夷惠尽贤，后人妄分工拙；施嫱并美，好者各有妍媸[5]。余不致谓此洞果佳胜，然袱被信宿其中，朝晖暮霭，溪月松风，大野平畴，连峰迭巘[6]，实能移人情志，而荡涤秽浊。

姑为文刊洞侧，后之游者，与余同癖，则请袱被信宿其中，一验余言信否？若谓不然，则请一览即行，山中寒气逼人，愿勿久留也。

（本文选自《灌志文征》）

注释：

〔1〕朝阳洞，位于天师洞上方，青城第三峰半岩间。大朝阳洞洞穴开朗，今建有殿堂；小朝阳洞清幽雅致。相传朝阳洞系古代仙人宁封子栖真处。清光绪年间成都知府黄云鹄赞赏此地景色，题联云：天遥红日近，地仄绛宫宽。1943 年著名画家徐悲鸿来青城山，也喜爱朝阳洞，常来此写生，并题联云：空洞亲迎光照耀，苍崖时有凤来仪。

〔2〕黄云鹄在朝阳洞题诗，先后两首。一题为《小朝阳洞》，诗云：

石气接层空，山光醉游客。
平溪藓磴滑，坐岭辨山脉。
朝阳洞旁洞，异景我先获。
何当住数年，参究画前易。

一为《再题小朝阳洞》，诗云：

游人惯说觅仙踪，毕竟谁曾住碧峰。
我爱朝阳洞旁洞，连宵不寐听晨钟。

〔3〕此句意为：过了一年多以后，道士在朝阳洞盖起房舍，特地跑来告诉我。

〔4〕倦倦，同“拳拳”，深切的意思。此句大意是：古往今来，天地间可爱的事物真是无限多啊；但我却独自深深地爱上这里的景色，难道是爱的太狭隘了么！

〔5〕夷、惠指的是中国古代贤者伯夷、柳下惠，他们都是贤人，但后人却主观要分出哪个精明，哪个笨拙。施、嫱指的是古代美女西施、王嫱，后人却主观地区分哪个漂亮，哪个逊色。

〔6〕巘，山峰，山顶。袱被，携带卧具。此句意为：纵然我不提说朝阳洞是青城美景，只要你带上卧具住在这儿，就会观赏到，那早晨的朝阳，晚来的彩霞，溪边的幽月，松间的林涛，极目远望那寥廓的原野，那连绵不断的青翠山峦。

郁郁青城道

黄炎培

我儿方刚，当四川大学教授已四五年，兼教华西大学功课，住华大广益学舍。我到成都，也就宿在那里。独立的一所小楼，四围花木，旁边草地一方，环以竹篱，倒也简朴而幽静，住在中间，很是舒适。

我来川的目标，除了游览山水，总想把整个的四川来研究一下。自从到成都，承当局诸公向我征取对于改进四川的意见，我还没有较详细地观察，较深切地研究，哪里可以乱讲呢？二月二十三日，作孚相约去游灌县[1]，这算是考察四川实际状况破题儿第一遭。

是日下午三时偕纠思、方刚，导游的朱树屏君，或坐滑竿，或坐轿，上青城山，滑竿用两竹络布，人坐在上边，两人抬着走，比竹轿来得舒适。十里玉堂场，二十里长生宫，三十里至青城山下。

青城山为道教区域，与属于佛教的峨眉山相对。读彭洵所辑《青城山记》[2]，所有胜地命名、古人事迹，无一不于道教。吾们到山下，天晚了，于昏黑中舍了滑竿，步行上山。方刚到过这里，且常和道士往来。八时顷导至青城山天师洞，敲门，道士彭椿仙迎入，供食宿。

二十四日天雨，凉得很。开门一望，四山都被封锁在云雾中，不能出游，与椿仙长谈。

天师洞，隋大业间始建[3]，名延庆观。唐改称常道观，宋改称昭庆观，今仍名常道观，俗称天师洞。唐时，为飞赴寺僧侵占，玄宗敕令仍归道士。这一道御敕，勒在石碑上，至今尚存。从魏晋以来，佛道两家纠纷得不了，这也是两家纠纷的一小事件。所以称天师洞，相传张道陵曾宿在这里修炼道术的缘故。天师殿旁还有天师手植的歧茎棕树一株，高三丈余。前殿外还有银杏一株，相传也是汉时物。枝干间结成悬瘤很多，像钟乳倒垂的形状。峭壁下有洞，即是天师洞，椿仙导游藏经阁，建筑尚新。山家多种川芎，每亩一熟可得八九十元，足抵一亩田价，这是椿仙所说。川芎与姜黄、当归、白芍，每年出口都在一百万斤以上[4]，产量在川省药材中名列第一位。著名产地，为灌县石羊场[5]。十八个一斤叫做黄芎，销广帮。三十个一斤叫做芎王，销安南[6]，台湾，及河南帮。六十个一斤，叫做统芎，销汉口帮。见重庆中国银行出版社《四川省之药材》。

雨下个不止，白云一片一片飞入房里。既写诗以赠[7]。更留一联：

经阁如新，从知道道非常道；
山田无恙，但祝年年大有年。

吾友杨叔明曾述椿仙有师，少年为江湖好汉，能飞檐走壁。叔明曾请面谈，年虽七十尚能矫捷越墙垣。问师生平门弟子谁受术最精？答椿仙。后来师因服龙虎丹中毒死。末流的道家分修炼、丹汞、阴阳诸派。叔明，杨遇春裔孙。门客中尚多传授此术，故知道这类事。

作诗一首《青城山》：

既观都江堰，遂趋青城山。
一肩滑竿三十里，禾麻鸡犬居民闲。
范贤故居未及式，但闻流水声潺潺[8]。
一亭引胜瞑烟里，第五洞天不可攀。

炼师何惓惓[9]，笼烛自开径。
侵晨溪月阻游屐，长日瓯茶助谈兴。
我闻老聃三宝首曰慈，无为而为非不为[10]。
阴氏煮金惠穷乏，鸣鹄治病百姓师[11]。
逍遥千家倡自卫，思邈千金方广医[12]。
凡诸求仙者，匪敢以自私。
方今嗷鸿遍海宇，掉头忍与人世辞[13]。
师赞我言非河汉，五千真谛知者罕[14]。
少年愤世求入山，荒荒天职良可叹。
高谈未已云入房，张我军者儿方刚，
诗成各尽酒一觞。
垂乳银杏老生子，大脚玉菇香调羹。
为语飞升今有术，我曾拔宅云中藏。

灌县第四区区长赵管青笼着灯来看我了。赵名宗炜，上海持志大学毕业，精干得很。……我问：修治上下官堰有过计划没有？答有。需钱多少？答三千几百元。能分若干年归还呢？答五年。因告以这事易办，可组织合作社，向银行商借，让我去接洽一下。

廿五日已决定下山了，天忽晴朗。常道观在混元顶第三峰峭壁下，出山门回头见“第五洞天”四字。过遇仙岩、龙居冈，再下有亭名天然阁，额题“西蜀第一山”，过青城桥，遂达平地。沿途每数十步必有亭，联额都还可观。抬眼四望，林木掩映，峰峦苍翠，低头走在修齐治平的磴道上，回想常道观全部收拾整洁，陈设精雅，我虽没有贪图彭炼师的道术，已深深地佩服他的才能了。

下山过长生宫，是范寂故里。问范贤所手植的楠树，早没有了。

题诗一首《过范寂故里》：

郁郁青城道，虢虢鸣泉流[15]。
言寻范贤居，庙貌森清幽。
范贤何如人，古之逸民俦[16]。
当其名未彰，昭烈先旁求[17]。
晋时倏焉衰，李流寇益州[18]。
茕茕千余家，率之遁林丘[19]。
自卫合群力，耰锄胜戈矛[20]。
余事虽弗详，能令遐迩讴。
越千五百年，我来抚松楸。
古楠贤手植，樵斤早见摧[21]。
太平方荐瘥，桑土须绸缪。
谁欤众归往，吾子与同仇。
相传贤已仙，修龄乔松侔。
长生曷足贵，怀德永千秋。

归途过定江桥、通玉桥、玉堂桥、永庆桥、锁龙桥，进灌县城。所经诸水，都是外江流域，各挟大量黄沙，直奔而下，我大惊、大忧，积几十百支流一齐入岷江，等于岷江大的几十百一条齐入长江，每一支流各挟那么多黄沙直下，长江中下游水利上交通上，都得不发生绝大问题呢？

于灌县复见罗县长谈山民种川芎，大受高利贷的苦，每贷一元，十天须纳一吊（一吊等于四五分），山民穷到不贷钱不能种川芎，因想发起川芎运销合作社，须放款四万元，向银行商借，我也就说：让我帮同接洽一下……

这上下官堰利用合作社和芎泽利用合作社[22]，后来也就成立了。

后来还从四川大学学生谈话中得知，青城山有几吊钱便算富人，有一二百吊便算巨富了。

［本文选自黄炎培先生1936年7月所著《蜀道》（该书由上海开明书店印行）。本文标题系该书第四章的原标题。黄炎培先生于1936年1月29日乘民生公司民贵轮启程来川，往返历时近百日，故此书又名《蜀游百日记》。他在灌县和青城山的时间是2月23日至25日。1944年黄炎培先生又在灌县创办都江实用职业学校，开设农技专业课，他对都江堰、青城山感情既深，贡献亦大。］

注释：

〔1〕作孚，即卢作孚（1893—1952），中国著名的爱国实业家。当时他担任民生实业公司总经理，曾亲赴上海欢迎黄炎培先生来川并陪同游览灌县。

〔2〕彭洵，字古香，晚清时灌县人，光绪年间著有《青城山记》。

〔3〕大业，隋炀帝年号（605—617年）。

〔4〕川芎、泽泻、姜黄等均为灌县出产的中药材。

〔5〕石羊场，今为都江堰市石羊镇。

〔6〕安南，即今越南。

〔7〕黄炎培先生赠给彭椿仙的诗，题为《丙子二月宿天师洞》：“拾级来登第五天，山楼夜听洗心泉。彭师好古云房住，老杏一千七百年。万言生事正愁穷，其奈长生道未通。一熟山芎赢地值，马鸣肯为我谈农。”

〔8〕范贤故居，指长生宫。未及式，来不及瞻仰。

〔9〕炼师，指天师洞当家道士彭椿仙，惓惓，情意深切。

〔10〕老聃即老子。引文见于《老子》一书的六十七章：“我有三宝，持而保之。一曰慈，二曰俭，三曰不敢为天下先。”下句是黄炎培对老子无为思想的积极理解。

〔11〕阴氏煮金惠穷乏，事见《神仙传》，传说汉代的阴长生，是汉和帝阴皇后的亲属，他不慕荣华，一心学道。听说马鸣生已得道了，便向他学习。但马鸣生却天天向他谈农田之事，且要他亲自干农活，他坚持十几年，从不懈怠。最后马鸣生告诉他：你已经得道了，可去青城山中，煮土为金，送给天下的穷人。鸣鹄治病，指张天师在鹤鸣山得道，为人治病的传说。

〔12〕逍遥，指范长生，相传刘备曾封他为逍遥公。他有部族千家在青城山结寨自卫。思邈千金方，指唐代医药家孙思邈所著《千金要方》。

〔13〕嗷鸿遍海宇，指天下呻吟于水深火热中的劳苦大众。

〔14〕五千真谛，指《老子》五千言的思想真义。

〔15〕瀌瀌：流水声。

〔16〕俦：伴侣。意谓范长生不过是古代隐逸之类的人物。

〔17〕昭烈，指蜀汉先帝刘备，相传刘备求蜀中贤才，欲征用范长生，但为范所婉谢。

〔18〕这里说的是晋代李流、李特举兵在川西起义。

〔19〕《晋书·李流载记》说：“范长生率千余家依青城山”，自卫自保，丰衣足食。

〔20〕耰，古代农具名。

〔21〕意谓范长生亲手所栽的楠树，也不知在古代哪个樵夫手中摧毁了。

〔22〕泽，指灌县所产中药泽泻。

青城山游记（节选）

易君左

山如翠浪尽东倾

〔宋〕陆游

楼观参差倚晚晴，偶然信步得闲行。
欲求灵药换凡骨，先挽天河洗俗情。
云作玉峰时北起，山如翠浪尽东倾。
何因从此横空去，笙鹤飘然过洛城。

青城山有两大特征：一是山色最美，一是山势最奇。能将这两大特征用妙笔法完全传达出来的，是陆放翁的一句诗：山如翠浪尽东倾！

第一是山的颜色。翠得像碧玉一般，像翡翠一般，像初经雨的芭蕉一般。此其所以号称“青”城。其所以青翠的原因，自然是由于林木茂盛。我到上清宫，张大千先生就问我对于青城山的印象，我说：“只这一点子山色就太好了！”大千问：“你看这山有点像哪座山？”我说：“有点像终南山。”大千大笑说：“一点不错！”又说：“能领悟这青城像终南山的，恐怕只有你和我。”我说：“像终南山的一个原因，是树木多。”大千说：“对呀！所以终南山终年是苍翠的，青城更不消说了。”

自来青城以青色称著，苍翠的山色令人越看越爱：远看苍翠横眉宇，近看苍翠沁心脾。兹略举古人咏青城诗中之有青色字眼者如次：

玉垒之关宝唐山，丹崖翠巘不可攀（晋·张景阳）。清冬宾御去，蜀道翠微间……霜潭浮紫菜，云栈绕青山（唐·耿伟）。青城嵚岑倚空碧，远压岷峨吞剑壁。……日落猿声连玉笛，晴来山翠傍旌旗（钱起）。丈人祠西佳气浓，绿云拟住最高峰（杜甫）。五岳之丈人，西望青瞢瞢（岑参）。万岑深积翠，路向此中难（贾岛）。苔铺翠点仙桥滑，松织香梢古道寒（唐求）。双溪夜月澄寒玉，众岭秋空敛翠烟（杜光庭）。烟锁翠岚迷旧隐，池凝寒镜贮秋光（杜光庭）。绿藓封茶树，清霜折药花（宋·陆游）。黄金篆书榜朱门，夹道巨竹屯苍云（陆游）。须臾苍云合，但恐白雨翻（陆游）。台殿压平青嶂顶，松杉插破白云根（孙知微）。静见门庭紫气生，前山岚霭入楼青（楚鸾）。群峰垂碧花，下拥岷仙家（文同）。群峰削琼瑶，老藓抹古绿（文同）。天峰夜半剪冰花，三十六峰如玉立（晁公遡）。天峰三十六，寒拥翠微宫（吕大防）。碧玉参天是蜀山（元・虞集）。青城回首青嵯峨（明・杨慎）。青城近接岷山南，层巘垒嶂浮苍岚……上矗天仓三十六峰青，峰峰插云多奇形（清・查礼）。玉宇凌丹壑，神骞下碧霄（王士祯）。四围佐浓荫，数点漏初旭（蔡时田）。入山森耳目，苍深天地失。……老作青城游，咳唾成点碧（蔡时田）。苍茫老人村，指点绿云里（陆玑）。浮空拂飞旗，彩翠摇轻扇（蒋若采）。曲折绿苍岩，迢递穿丛筱（许如龙）。我今暂住山，古洞挹朝翠（黄云鹄）。微雨亦已歇，群峰相向青（黄云鹄）。平林日射青如黛，大野云铺白似绵（黄云鹄）。群峦滴翠回头认，万树凝烟觌面迎（黄云鹄）。危梯凿险层层出，积翠凌虚面面来（沈棠）。空青莽回合，三十六芙蓉（李惺）。青城山，山在翠微烟霭间（胡兴仁）。

放翁还有一阕游青城山，夜登玉华楼木兰花慢词，写青城山色更多，如“对翠凤披云，青鸾溯月，宫阙萧森!”我觉得这“萧森”二字，用在杜工部的咏巫峡好，同样用在放翁的咏青城山也好。蔡时田的“入山森耳目，苍深天地失”与“老作青城游，咳唾成点碧。”确是名句！非身历其境，心与境合者道不出来。

第二是山的姿态。山势向东倾的，最有趣味，看青城山的人，最不要忽略这一点！普通的山，都是直立的，也许有一个两个峰头倾斜，也许山内的岩壁削倚，以连峰叠巘层峦复岫整个的形态，像翠浪起伏般的向东倾，恐怕全中国只有这一个青城山吧！

古人咏青城山，除放翁外，没有第二个人能指出这一个“东倾”的特点。杨鼎夫的“青城峭出江水寒”，晁公溯的“三十六峰如玉立”，文同的“群峰削琼瑶”，赵抃的“三十六峰峻”，钱起的“青城嵚岑倚空碧”，王士祯的“玉宇凌丹壑”，查礼的“上矗天仓三十六峰青”，许如龙的“连峰忽中开，奔峭已亦了”，孙天宁的“峰峦矗矗势高低”，马光型的“一峰独起如张盖”，史致康的“久慕青城山岝崿”，都没有把青城山势的特点说出来。只有范成大同放翁一样说过青城山“如翠浪起伏，势皆东倾”的一句话。

青城山不“左倾”，不“右倾”，为什么单独“东倾”呢？这就不能不从根本上来研究。我们要知道：青城山是岷山走到灌县附近最重要一个集团。要知道青城山的姿势，自不能不研究岷山的姿势。杜光庭说过：“岷山连峰接岫，千里不绝，（灌县）青城乃第一峰也。”刘昫说：“岷山连岭而西，不知纪极，北望陇山，积雪如玉；南望成都，若在井底。”薛氏说：“西蜀之山，皆岷山也。今自岷洮松叠以南，其大山峻岭，班班可考者，皆岷山之随地易名者耳。”这些话，都说明岷山来源很远，连续不断。但还不能证明青城山为什么东倾。考岷有东西二山，大江在其中。江以内是东岷，延袤九百余里同西域鼻浪架岭绵亘千余里入川，为松之雪兰，茂之铁豹，汶之玉垒，灌之雪崖，彭之丹景，什之蓥华，绵之武都等，随地易名，总名曰岷山；江以外是西岷，出皂以西，众山延蔓诸番，千里未极，其入内地者，青城、峨眉、蔡蒙、临邛等，总名曰崃山。西岷南下出峡，结为衡山。所以《禹贡》称：“岷山之阳，至于衡山。”山以南曰阳，可见西岷是以南下东趋姿态透过四川而迈进。青城是西岷的中段一个主要集团，南下而成峨眉，东趋而成衡山。从山脉和地形上说，湖南人同四川人可算是一家了。青城山为什么东倾，即因岷山经过灌县的这一段要出峡，自然而然成了东倾的形势。李銮宣说得很清楚：“蜀西北隅岷山如屏障，大江流其中。江以外西岷为崃山，即天赦、青城、玉垒、蔡蒙，以南皆是；江以内东岷为岷山，则九龙蓥华、天彭阙至灌口而止。”知道岷山分东西的原故，就知道青城所以东倾的原理。

“东倾”两字，一字不能放松。青城山为什么“东”？已如上述。至于为什么“倾”？尚须进一步的补充说明。“倾”即倾斜之意。从整个的四川地形上说，四川地势，周围高峻，中间低平。以地层论，四周为较古地层所环绕，中部则为较新之地层。环绕于四周之地层大部向内倾斜，中部地层多成水平，这就是我们所知道的“四川盆地”。岷山山脉在四川西北，高至三千至五千公尺，北与甘肃、青海交界处为岷山山地，中部则为邛崃山地。岷山之东，为嘉陵江上流白龙江所发源。岷山东南，邛崃山之东，则为岷江所经行，沿岸有松潘、茂县、理番、汶川四县址，过灌县乃入于低下之盆地。所以四川的地势，西北边区成一极高耸的高原，一直到灌县才入于成都大平原，其倾斜的程度也就可以想见。四川的地形既然是整个的倾斜，四川境内的山当然也逃不了这一个自然的支配。此所以青城山既“东”且“倾”了。

一部神仙、隐逸、帝王、美人的合传

〔唐〕杜甫

自为青城客，不唾青城地。
为爱丈人山，丹梯近幽意。
丈人祠西佳气浓，缘云拟住最高峰。
扫除白发黄精在，君看他时冰雪容。

其中包含许多奇奇怪怪事迹。

中国每座名山，大概都有一种神话。青城是中国名山之一，自然难免，青城山是被称为道家仙山的。于是这家的神话，充满在这山中。

这家祖述黄帝，是我们民族的始祖。据说，在黄帝时代，有一位真人叫做宁封的住在青城山，黄帝向他问龙跻飞行之道，封封宁为五岳丈人。所以青城山一名丈人山，他是五岳之岳，这是一个最老的典故。请看《玉匮经》所记：“黄帝破山通道，遍历五岳，封青城山为五岳丈人，乃岳渎之上司，尊仙之崇秩。一月之内，群岳再朝，六时洒泉，以代晷漏。灵仙所宅，神异甚多。”

其次就要算张天师了。

张天师道陵是道教的创始者。据说张天师在青城山斩草除溷，讲授丹经，白日冲举，在这山上的遗迹很多。考《神仙传》：“张道陵入蜀，居鸣鹄山，著道书，精思炼志。”鸣鹄山即青城山，山上的誓鬼台、天师池等，都是张道陵先生的遗迹。

有了这两个最重要的典故，加上老君也曾在青城山上跑马的传说，《录异记》：“青城县西北二里有老君观，东门上有一泉，号马跑泉，水味甘美，四时不绝，春夏如冰，秋冬返温。昔老君与天皇尊人会真之所，其泉是老君所乘马跑成，即冲妙观也。”于是乎青城遂注定了这家仙山的命运。

我们读《山海经》：“西南黑水之间，有广都之野。”郭璞注云：“其城方三百里，盖天下之中，素女所出也。”黑水、广都，即今之成都。素女在青城天谷，今名玉女洞。天谷也就是青城。按杨升庵集：“青城山一名天谷，今作天国，非。”

青城山既是如郭璞所说的素女所出的圣地，当然就是道家所称的洞天福地了。《名山记》虽认青城山为诸灵书所藏，但怀疑此山“不知当是第几洞天？”答复这个疑问是《玉匮经》：“青城山为第五大洞宝仙九室之天。”《福地记》也说：“中国名山以青城、峨眉为西岳佐理，又主佐命山及十大

洞天，皆有青城之名。”可见青城至少是在十大洞天之列，不过《福地记》把青城山的地位降低，从五岳的丈人降到西岳的佐理，未免遗憾！青城既是有名的洞天，究竟在这山中共有多少洞？关于此点，也有考究。《五岳图》说：“青城山七十二小洞，应七十二候，八大洞应八节，玉女其一也。”最妙的是洞又有孔。《元中记》说：“青城洞穴分三孔，西北通昆仑。”

这样看来，青城山被认为道家的福地洞天，由来已久。自从我们的民族始祖问道以来，神话流传，不胜列举……

……

群峰及诸道观之鸟瞰

〔宋〕范成大

万里清游不暇慵，双旌换得一枝筇。
来从井络直西路，上到江源第一峰。
海内闲身输我佚，山中佳气为人浓。
题诗试剑崖前石，付于他年藓晕重。

特别介绍这美丽的赵公山。

青城山在四川灌县西北约三十里，究竟有多高？多大？从来的记录不尽可。《玉匮经》说：“山一名赤城山，对蜀郡之西北，在岷山之南。”杜光庭的《青城山记》：“岷山连峰接岫，千里不绝，青城乃第一峰也。……高三千六百丈，周回五千里。”《洞天福地记》说：“青城周回二千余里。”据我们的观测，青城山最高不过三千尺左右，（第一峰顶高海面二千尺，夷华顶高海面二千五百尺，大面山即赵公山绝峰高海面三千尺。）周围也不过二百五十余里。青城山的四至，据《青城山记》所载：“西至大面山，南至太安山，东至香积寺，北到山麓数十里属平畴。”

青城山就是岷山山脉走到灌县的一个集团，其苍翠美丽而最著名的有所谓三十六峰。赵雄诗：“三十六峰如不到，青城还似不曾游。”杜光庭的《记》也说有三十六峰，并且说前十八峰曰阳峰，后十八峰曰阴峰。《舆地纪胜》还说每峰各有一洞。宋吕大防诗：“天峰三十六，山拥翠微间。”因为三十六峰即古之天仓山，据说是神仙的三十六个仓库，密藏金石异宝，还有米盐杂货呢。《舆地纪胜》晁公溯诗：“天风夜半剪冰花，三十六峰如玉立。”巫山十二峰，每峰都有专名，青城三十六峰则不可遍考了。

在这三十六峰中，有几个最著名的峰，连同其著名的道观，一并介绍如次：

最高而最上的一峰为大面山。大面山一名赵公山，因赵昱隐此而名。赴昱是一位志士，同时是民间信奉的一位水神。他的一生，读《龙城录》便知：“隋赵昱，字仲明。与兄冕俱隐青城，师事李珏（道士）。隋炀闻其贤，徵召不起，督让益州太守臧胜强起之。至京师，帝縻以上爵，不就，乞为守，帝从之，拜嘉州太守。时犍为潭中蛟害久，蜀人患之，会昱使人往青城，渡江溺使者，没舟七百艘。昱大怒，率甲士千人，州属万人，夹岸鼓噪。昱持刀没水，顷刻江尽赤，石崩吼声若雷。昱左执蛟首，右持刀，奋波出。州人戴为神。隋乱，潜隐不知所终。时嘉陵涨溢，水势汹然，蜀人思之。俄见昱雾中骑白马，从数猎者于波面，扬鞭而过，水遂息。太宗封神勇大将军，庙食灌口。岁时民疾病祷之辄应。上皇幸蜀，加封赤城王，又封显应侯，宋封靖川主清源妙道真君。珏传仙去，亦封佑应保慈先生。”

关于大面山本身，据《潜确类书》：“大面山为七十二福地之一，罗真人所居。”《舆地纪胜》说大面山在“三溪之北，高七十二里。”《青城山记》：“盖其地山势陡峻，云雾时隐，下视群峰，儿孙罗列。每春冬积雪封径如银海玉山，人踪罕到，惟虎豹之迹时出入耳。凡游山者皆以盛夏新秋，天清气暖，方可登陟瞻眺。”

……

我这次游青城，凝望赵公山一次，回望赵公山一次。张大千先生带我们绕上清宫，及巡查他植的二百株梅花，到他所修的一个亭子，就叫做“大千亭”，去眺望赵公山。这亭正与山对，山容端凝碧，如展开一幅绝大屏风。下上清宫，从红的山茶白的梨花丛里回望赵公山巅上积雪，银一般的灿烂，使我不知回头了多少次。

赵公山一年四季一天到晚，被雪呀云呀缠绕不清，山色的变幻离奇美妙端严，无论何方看去都是再美丽没有了！尤妙的就是他的两侧和背后，衬着许多终年积雪的山峰，更显出他的美丽。

上清宫所在的一峰是次于赵公山最高的一峰，即名第一峰，为古高台山。高峰秀出，襟带诸山，水村山郭，一览无际。据《青城山记》，此“山有圣灯，每晴霁，光焰熊熊，飞行各岭，仍还旧处而灭。”《吴船录》也说：“夜有灯出四山，以千百数，谓之圣灯，说者多不决。或云古人藏丹之光，或云草木之灵亦有光，或又谓神龙山鬼所作，其深信者则谓仙圣所设化也。”都是一些虚无缥缈的话，与峨眉山的灯光同一道理，不外乎一种光线作用罢了。王叔瞻诗：“神灯点点光可烛，星斗荧荧低欲扪”即此。后来我在山上连看了两回，很显然地是居民的灯光与火把，也觉得没有什么希奇了。但黑夜乱山中的明灯闪耀，确系美观，也有人说确是神光的，这就“待考”了。

可是这上清宫真不坏！《吴船录》说“上清宫在最高峰之顶，以板阁插石作堂殿，下视丈人峰，直墙堵耳！岷山数百峰悉在栏槛下，如翠浪起伏，势皆东倾。”孙知微诗：“台殿压平青峰顶，松杉插破白云根。”写上清宫最切！上清宫何时建？共有三说：一、据《舆地纪胜》“高台山在丈人祠之西，晋立上清宫于上”是建于晋；二、据《青城山记》“上清宫、上皇殿、延庆宫皆明皇幸蜀时造”是建于唐；三、据《青箱杂记》“王衍造上清宫成，塑元元皇帝及唐诸帝像”是建于前蜀。总之，是一个富有历史性的道观。

……

这次我们到上清宫已近天暮，在张大千先生处遇见胡次威、张清源、王思忠诸先生，即同在大千处晚膳，菜肴精美。掌灯时，次威诸人都下山去了，我们和大千一家围炉，摆“龙门阵”，大千谈他少年时代被匪绑一段可歌可泣的故事。

据《益州名画录》记，画家与青城山发生关系的有两个人：一是简州人张素卿，落拓为道士，居青城山常道观，蜀先主修丈人观，请画五岳四渎十二溪女及岳渎曹吏，诡怪生于笔端，观者恐惧；一是陕西人杜龟，避安史乱居蜀，工杂画，尤妙于佛像罗汉，尝为蜀后画王子晋及唐诸帝像于上清宫，授翰林学士。大千可以说是鼎足而三了。上山时，特口占两绝句赠大千：

张家兄弟世传名，落腕云烟动巨卿。
画尽黄山千百态，更余万态画青城。

小亭正对峰头雪，彩笔平分岭外霞。
一派诗情兼酒意，沿岩辟路种梅花。

这晚，上清宫一个最大的空楼，黑黢黢地，楼板走起来呷吱地响，只住了我们三人——我和秋慧及星桥——和一个惯打奇鼾的胖子。半夜的风雨夹着这胖子的牛鸣，一夜未曾交眼，六神不安。次晨起来一望，日色融融，山光如沐，我们也就下山了。

在上清宫，不能不买点茶叶。青城山茶，清香无比，但价钱也就可观，顶好的一斤四元八角。最好的茶叶采自沙坪山即宝唐山，毛文锡《茶谱》说宝唐山的茶树悬崖而生，笋长三寸五寸，始得一叶两叶。晋张景阳《成都白兔楼》诗，所谓“芳茶冠六清，逸味播九区”即指此。

……

在第一峰下面的有一座名峰叫做丈人山。范成大说“至上清宫，下视丈人峰，直墙堵耳”即指此。《续博物志》：“青城县岁春秋以蔬馔享丈人山，令躬行山，盖蜀之望山也。有丈人观在青城北二十里。”可见这一峰是青城的主峰。丈人观在丈人山之阴，自宋以来即为建福宫。但据青城旧志“青城山有丈人观、丈人行宫。”据此，则今之建福宫乃古丈人观，今之丈人观乃丈人行宫。所谓丈人，自然是指五岳丈人的宁封。杜甫的诗中只说丈人山、丈人祠，直以此山代表青城。

……

在天师洞有一座有名的道观即常道观。当家彭道人对客亲切，知客彬彬有礼。上清宫设备简单，有冯道人为人朴直，一视同仁。常道观则气象堂皇，绀宫琳宇，陈设精洁，招待殷勤，当家彭道人是全山闻名的一人。常道观为隋大业间置，始名延庆，唐改常道，宋名昭庆，今则概言天师洞。

……

最可纪念的是五十年前我父亲摩崖题诗。到成都不久，即听见朋友说：青城山天师洞有我父亲的诗。此次游青城第一志愿亦在此。彭道人导观，并且说：原刻损坏，此是前年翻刻的，就嵌在大殿石阶前面。瞻读后，彭道人椿仙请我题诗，立步原韵敬和。父诗是：

少年游屐遍峨岷，只负江山不负身。
难学仙人忘甲子，尚怜骚客降庚寅。
扫除白发三千丈，消受黄精五百春。
我与石湖同一笑，青城峰上过生辰。

落款为：“光绪乙酉季秋五日宿常道观，范石湖亦以是日宿丈人观，故云。易顺鼎题自识。”

我的诗是：

天涯踏遍几青岷，安得虚玄化此身。
蜀舍清才同杜甫，吴船小技笑唐寅。
座唯独一无双客，洞有三千六万春。
片石镌岩余痛哭，牛榷马鬣望沅辰。

自题款：“民国二十八年春，余游天师洞，彭炼师椿仙寻观先人摩岩，立步原韵题识，不禁泫然。”

彭道人复导观一周，值得提出的是一大块嵯峨削立的天师降魔石，和一大株笼葱古老的银杏树。按降魔石即试剑石，《青城山记》上说：“相传青城多妖魅，天师欲诛之，甫运法，轰雷烁电中，忽大石当路，天师挥剑一掷，石遂中分，南一片复裂为二。”一古银杏，青城旧志上说“侧围一丈六尺，高十余丈，枝间钟乳侧垂，状如玉笋，长短参差，雅若图画。”试剑石值得一个“奇”字。银杏树值得一个“古”字，可以一观。

又有一个小阁，三面在绿阴中，群峰秀立如美髯，假如在这里写文章，读书，诚幽幽地一人坐着看山，尤其是看月，是再雅没有的事了。

龙跻仙踪，唐玉真公主修炼处，六时泉等，都在常道观的后面。

在山麓有一个著名而甚荒凉的道观，名长生宫，即汉之碧落观。一名范贤观。《云谷杂抄》又谓范仙观，即晋范寂隐居地，已如前述。这一个道观，现有一个中学校在那里，已经面目一新了。

《方舆胜览》云：“长生观有古柏，高数十寻，围三十尺，世传长生手植。”胡叔豹诗：“更斫盘根藏大药，也令嘉树得长生”即此。观有赤城阁，临眺甚远。《外史》云：“唐明皇登青城，于长生观驻辇。故《志》谓，长生观是玄宗别殿。虽就倾圮，遗砌俨然。”我过长生宫，看见一带黄墙围着极其茂盛树木。那黄墙上写着最大的红字，说明这里即是长生宫，是范长生隐居地，最富吸力。而一个总暗示是叫人进香。我呢，香是没有进，却献了一首诗：

过长生观怀范寂

天外浮云任卷舒，名山只合大贤居。
无官亦足垂千古，不死终须保一隅。
赤阁嵯峨传玉匮，苍岩葱郁醉金壶。
从来史论真难解，识得先生用意无？
……

[本文选自易君左1939年版《青城山游记》。易君左（1899—1972），今湖南汉寿市人，北大文学士、日本早稻田大学硕士，长年在国民党军政界檀从报业文化。1949年到台湾大学任教，兼任中华诗社社长。一生有文著60余种，是中国现代史上一位有影响的文学家和新闻记者。1939年夏在成都担任《新四川月刊》主编时，陪母亲来青城山小住，与彭椿仙道长和寓居青城的张大千交情甚厚。期间，编著了《青城山游记》，以成都《华西日报》社印刷的巾箱版《琴意楼丛书蜀刊本》十种之一传世。该书因印刷较少而难寻，今从都江堰市挡案馆处觅得原版旧书，全书共四章，本文从前三章中节选。由于原书印刷质量等原因，本志对个别文字和标点作了校勘。]

青城游记（节选）

冯玉祥

我们要去的青城山就在眼前了，过了长生宫、赤城阁，一片大树林子里，有座庙宇，便是建福宫。以上就是山路，车子不能通行，于是就住在这里。

院中的天井里，有两棵大茶树，正开着鲜艳的花朵，树干有两丈多高，油绿的叶子，火红的花，异常悦目。

大殿上门窗一律没有，也无什么香桌幔帐、蒲团等等的陈设，只是沿墙有一转台子，上面站着的坐着的有几尊菩萨，或者是什么祖师之流。地是三合土的，光亮明洁，进到这里，呼吸都觉得痛快。有些庙子，一进去阴森晦暗，烟熏火燎，气都喘不过来的样子，这里一点也没有。

正中的两个佛像，都是一块整石头刻成的，老道对冯先生说："这是由别处庙里搬来的，一百多人抬一个，才抬了来。"

冯先生又问："这里有几位老道？"

回答说："有3个人。"

冯先生说："庙大人少，又怎么能行事呢？"

老道说："从前不止这几个人，去年林主席来了以后，他们因为赌钱闹事，主席先劝他们不要赌，他们不听，后来才把他们送到县里关起来了。如今有一个坐监都坐死了。"

说着，便到前边去参观，前殿祀广成子。在神龛前设了一个牌位，写着"抗战阵亡将士之灵位"。

据说，这里林主席来才改制的。从前这牌子上是刻着"皇帝万岁万万岁"几个字。

大门外，古树参天，一道清泉正从门前流过。这里已是黄昏，几个樵子背着杈杈椏椏的紫红色的柴束，由山道上归来：这真是一幅美妙的图画。

山里岩石，多为小石子磊集而成，冯先生曾为此作了一首诗《小石子》。

晚来，寺院里更显得寂静的，只有自己读英文的声音，这种声音刚刚停歇，又听到要提关于水利议案的谈话。话音一了，踢踢踏踏打拳的声音又起来了。——虽是旅途，休息仍是在十时以后。

第二天清晨，冯先生起来便写了封信给委员长，报告行程及各地物价情形。

这天早饭后，我们便缓步登山，路是石板砌成的，有三尺宽，两旁都是大树参天，景物的确很幽美。

在转弯抹角的地方，常常有一座很别致的亭子，三角的、六角的、八角的，都有。顶上是树皮盖的，梁上都缠着枯藤，匾额也多是树根等，就原来的形状，刮了刮皮制成的，古奥雅致，比雕梁画栋要自然朴实得多。——后来，听到天师洞彭老道谈，这些亭子都是他一手设计建筑的，用的都是盖正式房子时剩下来的木料，皮也不用刮，够盖个什么样的，就盖个什么样的，一个亭子从前盖的时候，只化几块钱就成了。

十点钟左右到了天师洞，门前一棵很大的银杏树，树干上垂着钟乳，这是前所未见。

走进庙门，上了一层台阶，看见有但懋辛的集句联一副，是"五岳寻仙不辞远，万方多难此登临"。后一句也正是今日的写照。

冯先生说："但先生是革命党，黄花岗七十二烈士以外还有他及邹鲁、熊克武两先生，都是好样的！"

当家彭椿仙老道引导冯先生到左边一间极精致的客所里。这房子是接在一间房子之外的，下面是幽邃的山谷，三面都开着窗子，窗外近处只有些楠木的枝头向里面探望；对面远处一个悬崖峭壁的大山，山上都是葱茏的古木，鲜艳的野花。室内是窗明几净，还有两盆本山生长的兰草，正怒放着花朵，幽香四溢，令人欲醉。彭老道拿出一本纪念册来请冯先生题字，冯先生马上提起笔来很兴奋地题了下面一段歌谣——《青城颂》：

真雄奇，是宝地，
子子孙孙保守你；

诚幽秀，要固守，
不使强盗抢了走。

又写了副对子，两副匾额，便出来各处看了看。

大殿建筑的很宏伟敞亮，供奉的是三清的塑像。后面上去有座天师殿，上面一块匾，写着“忠孝神仙”四个大字，是冯先生的老朋友王铁珊先生任灌县知事的时候写的。

冯先生一见这字，便像见到那再也难见的故人一样，激动得几乎落下泪来。不往地道：“看这个笨劲，就知道是铁珊先生写的。”

彭老道是见过铁珊先生的，他说了些他的故事：“王老先生常到庙里来，一切都很简单，吃锅盔，煮豆腐，就是一顿饭。有一次，一家牛被人偷走了，来衙门报告，派差役去怎么也找不回来。王老先生急了说‘牛就是农人的本钱，这无论如何不能丢的，我得亲自去找，作官就是给老百姓看管事的，怎么把老百姓的牛都看丢了，这像话吗’于是自己去私访，终于把牛访回来了。可是，并没有很重的惩罚这偷牛的人。被偷的这家来要求，王老先生却说‘不必打他、罚他，我要让他成好人。’”

（听了后，冯先生写诗）《偷牛》——记王铁珊先生轶事：

铁珊坐灌县，人民称圣贤。
有人偷耕牛，失主告衙前。
差人四处找，多日找不见。
铁珊去私访，才把牛找还。
失主得了牛，还要把贼办。
铁老告他说，你且不要管。
他因太贫苦，故作此下贱。
我要教训他，改过为好汉。
经此大感化，不再胡蛮干。
人民称圣智，至今尚思念。
可见贤明宰，芬芳留万年。

冯先生也说了一段铁珊先生的轶事：“庚子年灌县的民众也发生打教堂的事，当时成都总督派差役来抓人。抓了以后，预备带到成都去。铁老不以为然，过堂的时候，他就说：‘打了教堂以后怎么不跑呢？’老百姓就回道：‘人家砸的都跑了，我们是看热闹的，还没有跑掉，就让抓来了。’铁老便说：‘你们再跑跑我看。’于是都一哄跑散了。后来铁老因此被参，一参到底。”

再记铁珊先生轶事——《放人》：

光绪念六年，铁珊坐灌县。
处处打教堂，灌县亦照样。
人民闹的凶，洋人财物空。
省城来弹压，果然把民抓。
抓得一二十，要带省城去。
铁珊说不可，有案未办妥。

且把人留下，一切交给我。
带回衙门前，假作问根源。
为何打教堂，国法不能容。
齐说未有打，来看忽被抓。
铁说既未打，为何不快跑。
齐言抓的快，未能跑的脱。
铁说若如此，你们应再跑；
谁若跑的快，官司就完了；
若再不能跑，只可带去了。
话方说完结，大家一齐跑。
飞步若云烟，再也无处找。
后来天主教，很是不愿意。
铁说愿丢官，不愿违民意。
光绪念七年，一参参到底。
至今灌县人，此事未忘记。
真心爱人民，芳香留万纪。

冯先生又说："铁老这'忠孝神仙'四个大字，他绝不是迷信真有神仙。他是说为国尽忠，为民族尽孝，就心安理得，等于所谓神仙。回想我在察哈尔抗日的时候，铁老当时在北平，听到我们抗日的旗帜一树起，便不管姑娘女婿怎么拦阻，马上来了，一见到我就说：'我虽然老了，没有用了，可是还可以让我站在最前线，让那些士兵看看这一个白胡子老头还要抗日，还要打鬼子，他们好意思不打吗？'你们看，这样的老头子，真是国家民族的忠臣孝子，我们应当把他老先生当着神仙看待。"

再往上去，就是天师洞，相传汉张道陵就在这里修道。听谓"洞"就是就着山壁凿了个龛子，里面放了一尊天师的塑像。冯先生说："天师真是有先见之明，早早就躲在防空洞里了。"

再往右拐，上了几步板梯，又是一个龛子，名叫三皇殿。座旁有石碑，因为保存得好，字迹仍然可识。所以保存得特别好的原因，也是因为这块碑是皇帝处理这道观所有权的敕文，所以他们特加爱护。

由此过去三皇殿，祀伏羲、神农、轩辕，亦有谓天皇、地皇、人皇，塑像围着兽皮，披着树叶的样子，还充分保留着初民的生活样式，很值得研考。

过此依山筑一个阁子，叫白云阁，冯先生在这里小憩，看壁上有沈钧儒先生书联一副，词为"银杏千年徵道性，青城一洞试幽探。"

由此由原路回到大殿后面，经斋堂去看降魔石等古迹。

出偏门，有一条小石板路通到降魔石，据说是张天师降伏木魅山魈的地方。其实就是—块大石头崩裂了，倒插在这里，上合下分，高有数丈。

由石脚下又修了一条石磴，可以下去，那里还有一座亭子，领着另一条石板路，又可在降魔石的另一方钻出来。

再走数十步便是洗心池，是一汪极清的泉水由这池中流过。水花四溅，一点脏污的东西都没有，真是使人徘徊不忍离去。

归来已是午餐了，彭当家预备了很洁美的饭菜，大家饱餐了一顿。

饭后，也没有休息，便往登朝阳洞及上清宫。

朝阳洞就是一个大山穴，中间放着几尊神像，空阔清洁，看了倒还令人畅快。

据说这里就是古代宁封的栖真之处，黄帝便是亲自到此拜他为师尊——这种传说当然不可信以为真，可是古代这里也许是先民穴居之所，倒是可能的。

清人黄云鹄有《宿朝阳洞晓望》的诗，前半为："夜雨空山枕石眠，起来揩眼盼遥天。平林日射青如黛，大野云铺白似绵。……"

名字叫朝阳洞，正是因为这里见日最早，所以洞中也极干燥。

转折登山，高峰下一块平坦的地方，盖着许多房舍，那便是上清宫。

大殿旁有张大千新作《麻姑像》刻石。

右边厨房，道士设了一个"济贫医社"。虽是中医，在此山中有此设备，已是难得。据这里的道士说：他们都学习医术。并且说："来我们这里看病的，有钱的就随便布施一点。干人呢，连药都施舍。"

冯先生问道："什么叫做干人呢？"

道士笑着说："穷人就叫干人，身上干干的。"

冯先生认为这个叫法很好，比"穷人"二字更来得具体，道士这种办法也很好，每个人都要学会行医，这比念经有意义得多了。在自己来说，是学会一种专门技能；在为人来说，是医治了许多人的疾病，为国家保存了许多人力。

一位老道师夸耀他的针灸技术非常好。他说："不久冯钦哉将军来，他的腰痛十几年都没有治好。经我用针灸的办法来医治，一夜就好了。"他并且拿出冯钦哉将军给他写的字来作证明，并请冯先生也写几个字送他。

冯先生便为他写了"医国济民"四个大字。又为南煊老道写"革命安有息肩日，抗倭方为绝顶人"楹联一副。又为医社主任宾阳老道写"爱人如己"四字。旁边有人说："冯先生为什么老写这个呢？"

冯先生答："我自抗战后立定决心，不是抗日的事我不作，不是抗日的对联我不写。"

写了以后，便在客堂里稍稍休息。由天师洞来的一位知客易道士，这时以学者的姿态，天南地北地谈了起来，手舞足蹈，真是"龙门阵"中的一位健将。

他首先说他自己是先研究佛学，后研究哲学书，又研究科学书、化学书……然后才读道书，而道书实在高出其它各种书籍。

又说到道家的信仰，出于自由，并非强迫，像和尚的受戒，是一种"鼓"倒他跑不了的办法，是不为道家所采取的。

后来从旁询问，才知道这位易道士在青城山道教徒里是一位数一数二的博学之士。他著了一本《道教三字经》成了一般道士的课本。

冯先生游罢归来，说："这青城山虽然不高，却很雄奇幽秀。道观都是异常整洁，道士也都吃苦耐劳，并且作些与公众有益的事情（如备宿舍、办学校、立医社），实在不错。从前在城市中看见的道士，多为好吃懒做，抽大烟，打麻将的酒肉道士，而这里却不然。尤其是天师洞的彭老道，听说他现在虽是当家的，还是一样的到山上去打柴背柴。这种苦干的精神，真值得人佩服。再者，道观里办的宿舍、斋堂，都有一定的规矩，不乱敲人竹杠，这是很好的办法。

晚间，冯先生又写了一封信给委员长，是建议大兴水利，以固国本的事。(原函从略)

三月五号这天，冯先生早起便打听这附近有什么场期，道士说："今天是赶太平场"。

太平场离建福宫约有五里地的样子。冯先生走在途中，看见前面有一位银发如丝的老者，扛着一只破桌子，大约是往场上去卖。冯先生赶上了他，一看他眉毛胡须也都满是白的，便问他道："老先生多大年岁了?"

他喘吁吁的扬着耳朵，似乎没有听见。冯先生又大声问他一句，他说："年纪不大，80 多岁，造孽呀!"

冯先生于是很伤感地对我们大家说道："……这位老先生已 80 多了，还负载于道路，这还不是我们作仆人的罪恶吗?守土吧，把土守得这样支离破碎；保民吧，把民保得 80 多岁扛破桌子去卖了喂肚子。我们对此，真该愧死。"冯先生说了这一番话，便马上向这老头说："我替你扛吧!"

老头看了冯先生这样大个子，后面还有些穿二尺半的人，无论如何，不敢松下那双紧握着桌腿的干柴似的手。看他那恐惧的样子，只好算了。

走到场上，最先看到的，就是木头市横竖倒放着许多，冯先生看到有些小的树木便道："森林也不培植，也没有计划的砍伐，现在因为木料贵，于是不成材的树料，也都砍了来卖，这样砍个几年，青城山也就变成黄城山了。若是地方官管事，一定有个好的办法来管制，不能这样无政府的任人砍伐。"

在途中看见有学生推着满车的菜蔬，也往长生宫这个方向走，冯先生问他们哪个学校的，他们说是荫唐中学的学生。冯先生认为："这样办法好得很，一般学校都是在造'双料少爷'，而这个学校能让学生推车买菜，真是好教育。一般学校，学生的事都是工人来作，到了人来参观的时候，才用白白的手拿着锄头，摆作什么生产劳作的架子，真是自欺欺人。"冯先生又向我们说道："现在的洋学出身的学生，多半是文不能测字，武不能杀鸡。所以他们一入社会，便想往高处爬，戴着六亲不认的帽子，穿着斯文扫地的裤子，尽想作不劳而获的事。旧的已经腐朽，新的又在发酵，社会怎么能弄得好?"

走到长生宫，看到荫唐中学就在这里，这是一个私人办的学校，从成都疏散来的。创办人为叶价人，是纪念他的父亲叶荫堂先生而办的。现任校长王元辉先生，是成都保安处的副处长。

3 月 6 日 8 点以前，荫唐中学的教务主任及各班学生代表来请冯先生。走到学校，听见里面一声号响，大家都就地立正，严肃整齐，鸦雀无声，从二门里跑出一位军事教官，冯先生以为他要报告什么，结果半晌无言。冯先生立着等了一会，便又向前走到休息室。

学生很快就集合到院中，冯先生连水也没喝，擦了擦汗便走到廊沿台上对他们讲话，因为他觉得青年们时间太宝贵了。

讲的题目是：《青年如何爱国》。首先说：大家很辛苦，自己推车买菜，这种吃苦耐劳的精神，很令人佩服。第二说：各位晓得何以能在这里读书，就是因为有三百多万忠勇战士在前方用他们的血肉筑成一条新的长城，挡住日本鬼不来的缘故。第三，冯先生把自己著的不忘国难问答读了一遍。最后，谈到教育，冯先生说：双料的少爷教育是要不得的，一定要实行吃苦教育，俭朴教育。他说，以前见过陶行知先生一篇文章，上面写着一位农家姑娘，上了学校以后，看别人都穿着高跟鞋，自己没有，觉得很难看，于是，就回家逼着母亲买。家里没有钱，又经不住姑娘三哭两闹，只好暗地里把老牛卖了，给她买了双高跟鞋。放假了姑娘回家，看见田里掌着犁的是爸爸，前面拉着犁的是妈妈。这位姑娘很惊奇地问道："我们的牛呢？"他爸爸妈妈不答应。后来问急了，她妈妈才说："你脚上穿的不就是我们的牛吗？"（学生们听到这里哄然大笑）冯先生又继续说道："像这种教育，怎能谈到爱国救国，诸位都是青年主人翁，在今天非咬牙吃苦不可，锻炼身心，学习打鬼子的方法，一切为了抗战，才能把中国从次殖民地的地位上解放出来，只有这样才能算是爱国的青年。"

[本文选自冯玉祥《青峨游记》。他在1941年2月24日因"脑疼，请假一月"，离开重庆，经成渝、成灌公路于27日抵灌县。3月3日至6日游青城山。返回灌县城后，曾由此赴峨眉山，后又返回灌县。3月26日离灌县回重庆。本书是根据冯玉祥的日记和诗文手稿，由一位记者代为整理，故文中有些地方用"第三人称"。该书当年8月在重庆写毕付印。]

幽禽山珍

王冶秋

青城山，在一阵大雷雨之后，更加幽秀了。可是正当我在天师洞前俯看都江的时候，两个滑竿夫，却在不远的山路边吵打起来了。我走近前一看，他两个扭打在一起，争夺一个干黑的果子，有苹果那样大。我很奇怪，这样一个吃不得、玩不得的东西，值得那样拼命吗？

他们看来了人，就暂时停止下来，用着此地很浊滞的山音，告诉我争打的原因。两个人争着说，使我好不容易才弄清是怎么回事。

正在大雷雨的时候，他们躲在这棵楠木树下避雨，其中的一个忽然听到脚旁边的土里有"呜呜"的声音，他就告诉另一个年岁较大的，说那一定是"雷震子"[1]这东西一打雷，它就在里面"的溜溜"的转，就发出"呜呜"的声音。这是一种珍贵的药品，可以卖许多钱的。于是两人就动手来挖。果然找到了这个东西。最初拿到的，是年轻的一个，可是他并认不出就是所要找的；还是年岁大的告诉他：就是这玩意儿叫"雷震子"。可是经他一看，就不打算还了，两人最后只有诉诸拳头。

我劝解了一番，让他们卖了平分，这样才了结了。

待他们气都喘平了以后，我问一问这东西有什么用呢？他们一个说，可真是宝物了，可以治"块"[2]；可以通经血，可以治噎食病；和着什么吃，就是打药；又和着什么吃就是补药；又怎么样，便能起死回生……

我一直望着他们的后影，消失在山径弯曲的地方。正像一个外国人来到中国一样。觉得是个神秘的国度。实际上这山里真是有些神秘，这样一种药物就会有这么一个神话样的故事。而方才的两个轿夫，岂不就是山中神话的人物么。

李白诗云："相看两不厌，惟有敬亭山。"敬亭山没有到过，不敢说看常了，会不会厌烦；青城山却只住了两个礼拜[3]，就觉得有些寂寞了。幸而还有报更鸟，使我留恋。

这个可爱的鸟儿，我始终没有见到它的面目，因为它从来没有在白日叫过。它又被称为"知更鸟"，在外国的诗句中称为Robin，或Red breast，说是它的胸脯有着红色的羽毛。而我们对它的"爱称”是“小梆子鸟”——这是同游的老舍兄为它起的，我们时常亲昵的这样叫着。

每当这常道观（即天师洞）的暮鼓的尾声已经向山前山后爬得远远的时候，初来的人就会完全不加置疑的听到巡夜的道士敲起梆子来了：“梆，梆梆”“梆，梆梆”，那样清脆而幽静——尤其是月色清明的夜里，远远地、渐近的，响着这使人既清醒、又沉迷的声音。仿佛可以看到在寺观的外面、山径下、树木的筛影里，行着一两位银发的、伛偻的道士，在敲着满浴着乳白月色的竹梆。这已经就够“诗”的了，何况它根本是个在白昼就见不着形迹的鸟儿，那简直就是一个活的诗篇了。

据老年道士的说法，这可爱的鸟儿只有一对，是“单传”，所以许久许久了，多少代，成千成百的岁月，就是它们两个，而且是因为这青城山“灵秀”的关系，永不飞去，别处再也没有这种鸟了。——我不知道这是不是事实，可是听来仿佛不止一对似的。

我们常常为着这响亮的“小梆子”，在殿前的阶沿上一直坐到夜深，它敲打着旅人的心，它也静化了旅人灵魂。

当我们要离开常道观的前一天，忽然来了一群采集标本的人，刚到观中安置了行囊以后，有的就拿着枪出去了。一会儿就听到枪声，过一会儿就会看到有人送回血淋淋的松鼠，我们的心紧张而忧惧——“小梆子鸟”要是被他们打得稀烂，血淋淋的提回来，是如何伤心的事呢？

直到现在，每一想起它们来，还怀着不安的心绪，但愿它们永远的健在。

一天的清晨，山顶上道观里的道士提着篮子下来了，这年老的道士，有着健壮雄伟的身躯，笑眯眯的眼睛，望着篮子，又望着殿上的“易当家”。他紧走了几步，把篮子举得高高地向他说：“捡着了一支莲花菌，好多年没看见这样好的菌子了。”

“易当家”伸手去接，我也就走进去端详了一下。

它的确像朵莲花，层层的花瓣，乳白中带点微红，菌子像这个样子的，还是第一次见到。它的组织非常细密而娇嫩，似乎手一碰就会萎谢了的。

老年道士，像一位献宝的矮人，说着这菌子的珍贵，照他的说法，就是“肉芝”一类的东西，不但味道鲜美无比，而且吃了可以延年益寿的。甚至于多吃几个，就可以“飞升”[4]，也说不定。

得着这样珍贵的东西，他是不敢自私的，所以特别送给“易当家”，再转送给观中的贵客，就不定这东西就为着有贵客来，才假手奉献的；没有福分的人吃了也许会遭殃。“易当家”马上就提着他的篮子，向殿后看客厅，奉献给“贵客”去了。许多观看的人，只好想着那老道末尾的话，而咂咂嘴巴。

在山外的峭壁下，看看金鞭岩上的“金鞭”，也许是去晚了罢，太阳已经失了光彩，所以我也没有见到“金鞭”发出“万道金光”。

回来想抄个近路，便由峭壁旁一条只有樵子、猎人才走的鸟道，爬回山里来。其实，哪里算是道路？简直除了树草，就是荆棘，要不就是“一失足成千古恨”的陡壁。身上、手膀子、腿上都出了血，才翻回可以听到人声的山里。

“路”在那里才觉得可贵，当我们钻到山顶，发现一条路的时候，我们都变成像小孩子一样的喜悦了。

顺着这路，我们竟走到了祖师殿，这里是静寂、朴素得可爱的。

当我们喝了道士现烧的“甜茶”，恢复的精力又可使我们打听些事迹了。

我们首先就发现殿前的院子里，有两株长着肥大而润泽的叶子的树，那像是枇杷的叶子，但却更宽厚，枝干苍老而遒劲，我们正想不出是什么，道士却以荣耀的神色来回答了：

“看不出吧，全山只有这里才有呢！别小看它，怕有千年的寿数了。”

“武则天有回得了怪病，非这叶子治不好，可是往那里去找呢！忽然天上飞来十二只燕子，落在地下，就变成了十二匹这样的树叶，后来煮了水给她吃，病就一下子医好了！”

“到底是叫着什么名字呢？你说得这样神？”

老道士得意地说着：

“是厚朴树〔5〕，你们只在药铺里看见那些假树皮，没有看过这真的呢？”

我们摇了摇头，那的确是过去没有见着的。

“像痰喘啦，痨病啦……它都可以治的。”老道士抬头看着那圆盖似叶丛，从他的脸上正表露着对它的珍惜和热爱，像是看到自己的孩子长大了一样，天真地笑着。

［本文选自王冶秋所写《灌游外记》，1943 年 10 月 15 日发表于上海《东方杂志》第 39 卷，第 15 号。标题为选注者所加。］

注释：

〔1〕雷震子，一种青城山特产的野菌。

〔2〕块，指肿瘤包块。

〔3〕两个礼拜，即两周时间。

〔4〕道家仙话谓仙人登天为“飞升”。

〔5〕厚朴，中药材之一，为木兰科木兰属落叶乔木，药用其干燥树皮，叶甚大，簇生于枝端，呈长椭圆形。青城山现为全国厚朴基地之一。

忆青城旧游

王元辉

出灌县城西门，过索桥，约三十里，至青城山的“长生宫”。相传这是蜀汉时范长生隐居之地。抗战期间，成都的私立荫唐中学曾疏散于此。

复前进，入山，沿溪行三四里至建福宫……

过建福宫，山势突然陡峭，丈人峰高耸天空，这是青城三十六峰的奇峰之一，峰顶佳木葱茏，峰下赤岩壁立，状如城墙，青城山古称赤城山，可能是因此之故。

过溪左行，上坡，道旁麦吊杉大可盈抱，浓荫蔽天。上岭，突现牌坊一座，上书“天然图画”四字。过此，入青城山谷。如果要把山谷比成一座城，这就算进入城门了。虽然烈日当空，谷内却十分清凉。满山茂林，遍地疏影。石梯上的败叶枯枝扫除得干干净净。幽静得使人不忍高声谈笑。

“天师洞”是青城山最大而能供最多游客食宿的庙子。庙上的道士吃素，招待游客却用荤菜。他们自酿的果子酒，很香，略甜，也能使人醺醺。人们习于早睡。入夜，万籁俱寂，只间或听到东一点西一点知更鸟的叫声。人们说它们是在打更，通夜都打三更，“邦、邦邦”；其实，它们的叫声毋宁说是更像敲木鱼，“波、波波”。到青城山游玩的人们，流连三五天是常事，甚至于有泡到一两个月的。有一位姓李的长髯道士说：“你要我说青城山有些什么好处我说不出来，只是来了就不想走。”所以他终于在天师洞当了道士，呆十几年。彭当家（椿仙）本是贵州道士，云游到此，舍不得走；后来他又去过很多名山，最后还是回到天师洞来主持庙务三四十年。终老于此。彭当家对于青城山的贡献最大，笔者特以另文略记其事，兹不赘。

出天师洞山门，累累右行十数步，有银杏两株，大可数围，气根垂垂，云已千岁以上。不知何故，银杏树被人看做“送子观音”，常有人在此许愿“求子”，香火甚旺。再下坡，面对红岩你如试叫一声“红岩”，那回声的红岩二字非常清晰，如果你找到适当的立脚点，清晰的回声可能有三个字乃至五个字。天师洞东边的侧门是通往朝阳洞、上清宫的大路。门前不远，有四五块破岩，高可三四丈，竖立着，好像是轻轻松松地互相依靠着，“磊”于平地上：似非人力所能为，相传这是张天师与妖魔斗法时砍破的“试剑石”，亦称“降魔石”。过此，山势更陡，树林更密，路凿岩而上，树木翳着岩，岩盖着人，幽暗难见天日。行至掷笔槽，更感阴森。掷笔槽亦称刷笔槽，是从深深的谷底一直裂到山顶的一条岩缝，黑瓮瓮的，不知其深浅；据说这也是张天师一笔刷成的神迹。

回忆民国四年（1915年）春天，我参加我们小学校的旅行，第一次上青城山。当时，我还不曾读过杜甫“自为青城客，不唾青城地”那两句诗；更不会知道后来吴稚晖先生会有“青城天下幽”的品题。我对青城山的初步印象是“干净”“清幽”。整齐的石梯路上，很少败叶枯枝；茂密的树林，苍翠欲滴。虽鸟声人语也可使山鸣谷应。

我们住扎在天师洞，是青城山住客最多的一座庙子。出乎意料，这吃素的庙子竟用荤菜招待客人。第一个晚餐我们吃到“腊味干盘”和豆豉炒回锅肉，以及雪山大豆炖腊猪蹄。有一位教师，喝几杯茅梨酒（天师洞自酿的果子酒之一种）以后醺醺然称道天师洞的彭当家“了不起”，据他说，用荤菜招待客人是彭当家发明的。

彭当家号椿仙，贵州人，自幼出家作道士。宣统元年（1909年），他云游到青城山，住天师洞，他对于庙中事务多所论列，致使当时的当家和好些道众，对这位年轻多嘴的游方道士颇为不满，彭椿仙只好悄然云游到别处去。此后，他到过武当山、普陀山、华山及玉门关等处，但他总忘不了青城，他说好些名山都不如青城，所以后来又回到青城。他回来看见天师洞的庙务更见窳败，全靠抵押庙产过日子，甚至有砍伐森林之议。但他已不想多嘴了。他觉得住在天师洞易酿是非，乃独自住在附近的朝阳洞去。天师洞的道众们，这时候，对彭椿仙已有相当的认识，相信他有方法可以把天师洞振兴起来，于是设法推翻当时的当家，欢迎彭椿仙主持庙务。不数年间，彭当家竟将从前抵押出去的庙产全部赎回，而逐渐从事更新的修建，使得天师洞的庙貌焕然一新。

彭当家认定青城之胜，胜在树木。他不遗余力地培植树林。麦吊杉是他首先大量种植在青城山的。到民国三十六七年间，他逝世的时候，道路旁边他所手植的麦吊杉已经大可盈抱了。青城山的树林，自来就不准人打柴的，彭当家只准那些樵人带钩带绳，不准他们带刀带锯。如果出现有带刀锯的，便要受到驱逐出境的处分。庙上的道士们没有固定的执事的，都被派扫路，扫路的道士就是彭当家的森林警察。彭当家不准带刀锯进树林的口头禁令，居然能够生效。据说，多年来只有一个老头子不遵约束。这老头已近花甲之年，偏要带刀锯进林子，一次又一次地被捉获，一次又一次地被驱逐，但他仍然一次又一次地带刀锯进林子来。彭当家的把他没奈何，只好刻薄地骂他一句“希望你再活二十年。”

彭当家认定吸引香客游客是繁荣青城山不二法门。他锐意整修道路，增建客房，用荤菜待客，保障客人的安全，他夸口说：“如果天师洞的客人被抢劫，天师洞愿担负赔偿责任。”民国元年(1912年)以来，青城附近的匪风甚为猖獗，但不曾有游客被抢劫的传说，这似乎很神秘，人们便指彭当家与匪类相通。对于这件事，彭当家解释得非常坦白而轻松。他说：“我不敢说我们的庙上没有匪人来过。来我们庙上的人都是我们的客人，我们不能问我们的客人是否匪人，我们对所有的客人都有招待的义务，所有的客人都应该对我们的庙子有维持的热心。所以纵然是匪人，作了我们的客人，他还能抢劫其他的客人吗?”尽管彭当家如此解释，大家还是相信他认识不少匪人而且知道匪人的行踪；但有若干次，负责治安的人员要想从他口里打听匪人消息，全没结果。有一次客人的手表被窃，彭当家对那客人说：“你不要提说你失掉手表的事，尤其是你不要说那只表很值钱。”隔几天，彭当家居然派人把那只表送到客人家里。但那位客人多方设法，再也打听不出彭当家是如何把那只表寻获的。这样守口如瓶的精神，也许就是彭当家能够博得匪人信赖感激不在青城道上抢劫的原因。若干年来，彭当家不知接触过多少人，他那一副微带笑容的面孔，似乎终日终年无所变化。他看见达官贵人，没有过多的恭敬；对贩夫走卒，他毫不倨傲。因为他把每个人都一样看待，所以每个人都一样看待他，说他是很好打交道的朋友；但不肯欺负他，也似乎不敢欺负他。

每当夏季，客人们来如潮涌，彭当家总是率领一群各有执事的道众，笑眯眯地站在山门附近，招呼接待所有的客人，指挥道众处理一切，毫无忙碌之状。彭当家就是这样不动声色地维持着青城山的繁荣数十年。

步出天师洞，沿着山道向峰顶走去，峰回路转，过朝阳洞。洞内是一小庙，只供一尊神，住一个道士。洞前临悬岩，有一道圆门。从洞里看出去，那圆门好像一柄团扇，扇面绘着天然图画——青翠的峰，遍地黄花的原野，蔚蓝的天罩。

复前行，登上长长的一道陡坡而到上清宫，风景突变。吴稚晖先生曾为天师洞题了“青城天下幽”五个字。上清宫虽也擅林泉之胜，却不属于“幽”的那一派风景。这是青城第一峰的阳面，一望宽远，纵横百里的锦绣平畴映入眼底。抗战初期，张大千先生曾设画楼于此，撷取此间四时景色揉注于其作品中。第一峰是青城三十六峰的最高峰，峰顶环望，山岳绵连。峰阴是很深的悬岩，称舍身岩。夏秋之夜，崖下有无数的、沉沉浮浮的所谓神灯。一般游客到了上清宫，再上第一峰顶，就从山阳直路打道下山了；但是，要看青城全貌，还得到金鞭岩一游。

离开上清宫，由原路从天师洞下山至建福宫，过溪，越岭，到红岩背后，你会发现一连串壁立千仞的悬岩，岩顶都满盖着青枝绿叶的树林；这是所谓“青城山阴十八峰”，青城之名可能因此而得。十八峰中的第十三峰称“金鞭岩”。那悬岩上有一方洞，看起来长宽约二尺，洞口竖着三条石楞，阳光斜射，很像金鞭。在这里你可以看得清楚，青城山不应该只限于那三十六峰，对面巍然高耸的“赵公山”也应该在青城范围之内，而且应该推尊他为青城第一峰。

赵公山一称大面山，隋朝时尚称大面山，后来因为纪念赵昱，故称赵公山。据说：蜀人赵昱与其兄冕隐居青城山，昱被隋炀帝拜为嘉州太守，曾斩潭中老蛟为民除害，唐太宗封为神勇大将军。庙祀灌口，后代又追封为王，一般人称为镇江王爷。赵公山是灌县境内最高最大的山，因山脚到山顶可能有三四十里坡路。山顶每年可能三个月下雪，人迹罕至，但是那里的视野比第一峰上所见宽远得多，苏东坡诗有云：“我家岷蜀最高峰，梦里犹惊翠扫空。五岭莫悉千嶂外，九华今在一壶中。天池水落层层见，玉女窗明处处通……”赵公山足以当之。这是离灌县城七十里，离成都也不到两百里的高山，应该开发成为美丽的游览区和避暑胜地……

[本文选自2014年《古堰春秋》。王元辉（1899—1992），现代著名教育家、革命家。四川都江堰人。毕业于黄埔军校第五期。曾任蔚唐中学校长、复兴社四川分社干事、四川省保安处副处长、少将处长、中国国民党四川省党部执行委员等职。1949年去台，后被授于中将，1992年逝世于台湾。1928年，王元辉受中央研究院历史语言研究所派遣，和黎光明一起到川西北考察民俗，完成了川西地区最早的民俗研究文本《川康民俗调查报告》。另著有随笔《近西游副记》，台北市川康渝文物馆出版其作品集《神禹乡邦九十回顾》。]

上青城

黄　裳

一九五六年十月二十六日

从灌县到青城有30里。公路在田野里穿行，一路上几乎在山麓一带都看到了大片的楠木林，这是一种极为漂亮的珍贵植物，不论是大木或幼树，都毫无例外地挺着笔直的躯干向天空长去，那么秀气，那么挺拔，真是可爱极了。楠木，一直被认为是一种珍贵的木材，但在这里却并不稀罕。前两天李劼人的“菱窠”里看到他家里的家具几乎都是用楠木做的，不施油彩，有一种特异的素朴的美。我们在半路的中兴场停下来休息，吃茶。下午五时到山脚。乘滑竿上山。刚进山，觉得有些像杭州的九溪十八涧的样子；再深入，林深就越来越茂密，天色也越来越暗了。山路铺着很好的石级，两侧都是冲天而起的古老楠木和松杉。到这里就能开始深切领会那个“幽”字了。越向上走天色越暗，微雨开始降落不时还听到鸟声。有一种好像小孩子玩的木制机关枪似的连续的声响，清脆得很，不知道是否就是啄木鸟在工作。“青城”实在是个非常恰切的名字，简直一望无际，莫非青绿。

到天师洞时，天色全黑了。这是一所很大的道观，门外石刻很多，都是历代名人兼雅人的留题。不过也并无很旧的遗迹。走进去，有道士出来迎客。请我吃了带有一种野香的青城茶。吃晚饭，也不过是野蔬数品而已。不慎，咬了一口辣椒，真是辣极了。

吃完饭雨又下起来了，就和易当家（即观主）吃茶闲话。杂七杂八地谈着有关道观的事情。我对道教一无所知，不过知道道家也有许多派别，小心地不去发表外行的冒昧的意见。谈到八时左右，就被招待到楼上的客房里休息。这是一间阴暗、深邃的楼屋，门、板壁、窗棂……全是木制的。那两扇门就足有半尺厚。不但说明了古朴，也显示了这里木料的丰足。在暗淡的油灯下面，格外感到一种阴森的情调。坐在油灯下面记日记，听着窗外萧萧的雨声，所谓山居的清寂，算是领略尽了。同时发现，过去从古代作品中认识的那种闲适、淡远的山水诗的情趣，都是隔了很远的一层的。像这样的地方，我怕不能安心地住到一天以上。而道士们居然一住就是数十寒暑，仅此一点也实在大可佩服。

写完了日记上床，这床也是极厚实的木料所制，大而古朴。床上铺了两张棕席，又垫了一床棉被。身上盖了两条极厚的棉被，但却像铁一样的硬。不过睡得是很安适的。入睡时听到窗外的雨声又大起来了。

十月二十七日

晨六时许就为晨钟和擂鼓声惊醒，起来洗漱，早餐。依旧是野蔬四品，不过另添了一枚鸡蛋，吃了一碗饭。饭后饮茶一杯，即离院。易当家相陪，遍历诸胜。

首先看了灵官殿侧的那株古银杏。树身周围有一丈六尺，高十余丈，枝干繁密，有些枝条倒垂下来有如石钟乳。据说是张天师手植的。这当然是查无实据，但确是可以算得极古了。有一株旁枝，因为碰到一座小房子的檐角，被砍去了。其实是应该拆房而不应该砍树的。接着去看“六时泉”，那是在一座峭壁上，并没有泉水，不过还可以看到水痕，据说从前山中没有时计，看了这泉，可以知道时刻。为看泉而建的一座小阁实在是一个很好的所在。就在这旁边有一座新建的木楼，里面藏着唐雕的三皇石像（伏羲、神农、燧人）。像有二尺来高，形制凡近，好像不是唐代的遗物。另外有一通新翻刻的开元御敕碑。更走进去，在石洞里就藏着真的唐碑。碑很小，也很旧，字迹也漫漶了。不过开元正是唐的极盛时代，远在李隆基逃难到四川来之前，“御碑”是不会如此小气的，那么也许是后来的翻刻也说不定。

出了道观的后门，沿石级下去，就落入了万重深山里面。杂树丛生，奇峰叠起，天色又阴沉得很，走到这里，简直要产生一种恐怖可畏的心情。到处都是古木，奇怪的岩石，好像这里是终古无人到过似的。有一片高绝的山顶中间有一道断崖。这就是所谓“掷笔槽”。关于这“槽”，又有许多神话。据说张天师和鬼兵立下誓约，用朱笔画山为限，青崖就中断了。那断处的石远望是朱丹色的。这种传说，在王象之《碑目》和《五岳真形图》里都有记载。显然是道士们制造出来的鬼话。不过那深涧的险恶，确是久住平原的人不易想象的。

一路上虽然走得很慢，还是不免要气急。那石磴实在是太陡、也太滑了。雨后的石级上，布满了青苔和浅浅的一层黄泥浆。穿了皮鞋走在这上面，实在是一种苦事。

这地方就是“上天梯”，真是名副其实。杜甫有一句“丹梯近幽意”的诗，就是在这里作的。

满山都是红叶，这实在是青城最美之处。红叶都是野漆树和五倍子树的叶子。有极艳丽的鲜红色，也有带着微黄的丹红色。“四周山色中”，也就是四面的青山屏障之中。点缀了这错落的红色，实在是美极了。

走到了“朝阳洞”有一座木亭，这原是看朝日的地方，可是我却为它前面的一株奇古的银杏迷住了。这棵树大约也要七八人才围得拢。它挺立冲霄，但婆娑地张开了一顶满缀了黄璎珞的宝伞。在这里，红叶是不稀见的，但黄叶则只此一树，而且又黄得如此妖艳。我们从这里又走到壮观台，回头一望，它依然在那里，舍不得不住眼地看了它许久。

在壮观台上望丈人峰，是一大片墨绿。我想，山水画家即使画的是北宗的青绿山水，画到丈人峰也一定要用浓墨涂它一笔的。是这峰上有测量队插上去的一枝标杆。丈人峰下有一片树木的青幛，正好围在它的半腰。峰后，是淡青以至给白云笼罩得似有如无的远山。易当家告诉我说，青城山上树木一共有二百多个品种，这是学校里植物系的师生们调查后所得的结论。

走到上清宫时正好是十一时。走近上清宫时，先看到了“青城第一峰”五个摩崖大字，总算不虚此行，登临了绝顶。

我们走进去吃茶。这里虽然不及天师洞的崇丽，但却明朗清疏。今天晚上要宿在这里，住起来大概也会舒服一些。据旧记，这是明皇“幸蜀”以后起造的。这一组建筑起造在一片平坦的高台山上，刚才走过的丈人峰就俨然是它的一堵墙垣。前人说，“岷山数百峰悉在栏槛，如翠浪起伏，势皆东倾。”说得是不错的。

在这宫里走了一转，有几块石碑，是据张大千住在这里时所画的画本抚刻的。刻工相当精致。其中有一幅是花蕊夫人像，画得最好；另外两幅则是麻姑和西王母。花蕊夫人据说就是灌县人，也就是徐妃。画上有林山腴题的一首七绝，款属“清寂翁”[1]：

青城辇道尽荒烟，环佩归来夜袅然[2]。
差胜南唐小周后[3]，宋宫犹得祀张仙[4]。

徐妃是后蜀后主孟昶的贵妃。后蜀亡于宋，她也一起被俘到了宋太祖的后宫。但据说她还忘不了孟昶，画了他的小像私下奉祀。问起时就说这是张仙的画像，张仙则是可以保佑人们“多生贵子”的神仙。这样看来，她的日子比起李后主的小周后来可能过得太平一些。

午饭吃了一样用本山的白果炖鸡，二元五角。约易当家同饮，吃酒半两。饭后又与易当家杂谈道家的源流，知道他是属于北宗的全真教派的，讲究的是清净无为，也没有妻子。至于一般的烧符捉妖之流则是张天师的嫡系正一教，和他原非一系。此外还谈道家中采补、辟谷、炼丹等种种派别，颇获得了一些常识。

向道士买了一双草鞋，又和易当家一起下山，去看那块唐代以前的摩崖大字。字径三尺，现在只剩下了山字和城字的左半，青字没有了。可能是山上的古树树根逐渐发展，使崖石崩裂了。

我们来到上清宫的山门。在外面的石条凳上小坐。仔细地观赏了山门两侧的两株银杏，也是十分高大的古树。最妙的是从根部又新生出来的小干，也同样从地面上直立起来，和母体平行，也亭亭地有丈许高了。

石凳上极凉，汗透重衣之后坐在这里，的确感到了山气的微寒。山中人之所以多吃辣椒，大约也有辟寒的用意。

易当家告辞回天师洞去了。我就拿了日记本到山门背后的过街楼上写日记。高坐在“上清宫”那块横匾的后面。这里有一套楼厅、长廊。坐在这里可以望见后山的红叶和门外的银杏，一伸手，就能摸到银杏的树冠。

在一起的只有两位火工道人在磨辣椒粉，一位老人在为道士们缝棉衣，清静极了。

傍晚时，我就坐在厨房灶前的小板凳上，看火工道人烧火、煮饭、向火。很有趣，想起了《水浒传》描写鲁智深在瓦官寺里的情景。

吃晚饭时，这里的刘当家回来了。吃豆花饭，我又添叫了一盘腊肉，与他们对酌，又吃了一小杯酒。

七时就睡了。他们为我泡了一壶青城茶来，极美。又送来了一只“虎子”，这东西也已经好久没有看见、使用过了。

十月二十八日

昨夜睡得极安适，一直到晨七时才醒。吃完早饭还是到山门后面的楼上去写通讯，写到中午，写完了第一节。这时，日光忽然穿过云隙透出，立即下楼，吃饭，赶到山顶的呼应台上。这时，日光又已隐没在一片茫茫云海里，什么都看不见了。只为丈人峰拍了一张照片，随即下来。

刘当家陪了我从青龙岭下山，走的是一条小山路，极陡，不过很近，二时半就到了五洞天的门口。路上看到黄云鹄所写的摩崖“天下第五名山”。

有一些少先队员在天师洞里耍。洗完脸后，我又携“贡茶”一壶到“白云阁”上小坐，续写游记，为对山的“六时泉”摄一影。翠柏苍松，红叶满山。就在石雕的棋桌上记日记。

在观里散步，遍观题壁诗文，佳作极少。看见刘成禺有几首诗，就写在吴敬恒题字的上面，痛斥吴的荒谬，倒是非常有趣的“笔战”。旧题中只有乾隆中顾光旭的一诗比较有趣。此外就是赵尧生所录的前人诗，字写得还算飘逸而已。

今天的天师洞大不寂寞。除了附近小学来了几十个小学生外，还有男女青年六七人，因此也就不再像前天投宿时那样的清寂。入夜，雨声又大作，檐溜不绝。秋日山中的天气往往就是这样地变幻无常。

夜秉烛续写文章，只写了四五百字，倦极，即睡。

十月二十九日

六时许就起来，天尚昏黑。洗完脸，看那大殿时，依旧是暗黑的。到山门口的亭子里站了一会。破晓时山中的景色，简直阴森得和黄昏时一样。回到观里，易当家刚刚在洗脸。他今天也要进城去开会，本拟等他一起下山，可是后来终于先走了。一路下山，在幽峭的涧谷里独行，不一会就出了汗。下山到一大半时，才遇到滑竿，这时已经可以看到一缕朝霞从山口那面升起，想不到今天倒是好天气。

到长生宫后上黄包车。一路进城，晓雾在一片片长林树梢头飘浮，恰似一幅幅婉转的轻绡，想起“平林漠漠烟如织”的句子。这种白描的句子都是从生活中来的，因此也常常可以从生活中遇见，而这就正是它的生命力所在。这七个字写得也真好，真恰切，想更换一个字都不行。

在中兴场吃茶，吃糕。到灌县城里时不过十时。车子十一时开出，车行甚慢，回到成都时已是下午一时半了。

（本文选自黄裳《过去的足迹》，人民文学出版社，1984 年 8 月版）

注释：

〔1〕林山腴（1884—1953），原名思进，别号清寂翁，四川华阳（今属双流县）人，著名国学家，四川大学教授，著有《清寂堂诗集》等。

〔2〕此处的“青城辇道”，指当年后蜀皇帝孟昶和花蕊夫人游青城山时途中所乘车骑。环珮归来，形容纵情游乐，归来已是夜晚了，花蕊夫人衣带飘拂、佩玉摇曳。

〔3〕此句与前两句游乐的场面恰成鲜明对比，时过境迁，孟昶成了亡国之君，花蕊夫人也被带到汴京，过着与南唐后主李煜的小周后那样的屈辱生涯。或许比小周后略微好些。

〔4〕相传，花蕊夫人被俘到宋宫以后，还暗自挂着孟昶的画像，有人追问：“此像是谁？”花蕊夫人遮掩说：“这是张仙。”

长生宫之忆

碧　野

几十年来，长生宫不时萦绕在我心中。

抗战中期，我在青城山脚荫唐中学教书。校址设在长生宫。

长生宫是为纪念范长生而建，位于楠木林中，构造雄伟。内有三清殿，方砖铺地，石砌大院，廊柱环立。气势庄严，壮丽非凡。

长生宫环境清幽。白昼，只有教师讲课声夹杂着山鸟的鸣唱；夜里，传来宫门前山溪的流水声。

走过宫前的一片土场，就是日夜流淌的山溪。水石激起朵朵浪花，欢欢奔流。山溪两岸，生长着丛丛簇簇的野花，野海棠、野杜鹃、野石榴，给山溪镶上了绚丽的花边。这条山溪清清亮亮，可以看见溪底的彩色卵石，在折射的阳光下闪闪烁烁。这山溪是从青城山的千沟万壑流出来的，喝它一口，甜在心里。

假日，我喜欢独自在溪边的一个用树皮搭盖的亭子里读书，一边听流水清音，一边遐想人生。

这时，我当然会想起在烽烟烈火中的祖国。我是被迫离开了中原战场，刚从前线来到后方的。我的战友有的离散，有的被投进了监狱。我之所以来到僻处青城山，只是暂时栖身，舔舔伤口。待到伤愈恢复体力，我仍将奋飞，搏击长空。

我的居室临近学校粮仓。凌晨，开仓打米做饭的响声，常常使我在梦中惊醒，前来求学的多是山区农村子弟，自负稻谷来校，仓廪充实，升斗方圆，使人感到山林生活的富足和安宁。

使人念念不忘的是，四川省，尤其是成都平原特别富饶。青城山在川西边上，山清水秀，物产丰富。学校供饭，对教师优厚相待，早、中、晚三餐，虽无海味，却有山珍。川西气候温暖，长生宫林地湿润，挖个莲花菌，比海碗大，雪白、肉厚、柔嫩，分作两桌鲜汤，清甜可口。

教师中有笑我进餐时用的是一个破旧的搪瓷碗，我笑笑地说：“铁饭碗，游五湖，荡四海，吃八方。”

我故意啸傲山林，有时独个上青城山。一条大路，平坡到达建福宫。因为长生宫为初高中教室，所以辟这两里之遥的建福宫为学生宿舍。学生们早晨下山去长生宫上课，傍晚上山回建福宫歇息。入夜，灯火凝红，夜读之声如潮，鸦雀远飞，山林寂寂。建福宫周围楠木高耸，宫内花木扶疏，月明之夜，枝叶映窗，给年轻人做一个好梦。

路过建福宫盘旋上山，山林翠绿，空气清新，百鸟争鸣，悦耳赏心。因为每年学校给宫观一笔香火钱，凡是荫唐中学的教师上山，可以免费招待。半山有茶亭，我口渴饮茶，休息解乏，然后继续前行；山腰上的天师洞有斋饭，我可以吃饱肚子壮腿力；山顶的上清宫月色迷人，可以借宿一宵，沐满山的清风，赏游动的神灯，其乐无穷。

有一天，老作家老舍突然来访，他是陪爱国将领冯玉祥来到青城山的。他下山访我的这一天，正值星期日，我逛乡场去了。他虽扑空，却和传达室老头聊了半天，异乡遇故知。原来老舍和传达室老头都是清朝的八旗子弟。而他和我，可说是师生关系。一位前辈老作家专程下山访一个后辈青年作家，这正说明老舍的风格平易可亲。

第二天，我上山回访老舍，却在半山茶亭碰见一位彪形大汉，大汉孔武有力，但却彬彬有礼。经道士介绍，他知道我是山下的中学教员，立即起身向我鞠躬。我熟视片刻，才惊喜地看出他的照片是经常在报刊上出现的冯玉祥将军。

老舍和冯玉祥联袂来游青城，名山自有龙吟凤翔。

青城山确实迷人。单说长生宫，秋夜明月，天庭如水，坐在三清殿前，静悄悄，仰望楠木林稍闪着绿光，顿觉一片清虚，万念俱消。

雨水淅沥的晨昏，我站立阶前，看雨中山茶花开放，厚厚的绿叶，鲜丽的红花，缀满了晶莹的雨珠，传来暗香，给人一种宁静的喜悦。

夜深沉，四周寂寂，青城山上传来了鸟鸣，这正是挑灯夜读的好时辰。一灯荧荧，史籍在手，上可以追溯千年，历史的行舟荡过千波万浪，使人醒悟此身来到了人间。

山居有时也感寂寞，我萌生去志。最使我感动的是，一天清晨，忽然校长手拿扫帚走进我的房间："先生，我给你扫地来啦！"恳求我不要离校。人间哪有这么忠厚的校长?！

教务主任是一位历史学家，学识渊博，为人淳朴，即使后来我已离校多年，不论在成都还是在重庆，他仍然给我写信，友情不断，从黑夜到黎明，人事变迁，临风思念，不知我的这位学者老友今天健在否?

青城山下荫唐中学有这样的良师，受到教育的成千上万学生，正如撒落大地的种子，粒粒饱满成熟。据我所知，他们很多都成了国家栋梁之材。

1981 年，当我第一次回到青城山的时候，我看到的是被大火烧毁的长生宫，宏伟的三清殿哪里去了?宽敞整洁的教室哪里去了?幽静的后院哪里去了?颓壁残存，野草蔓生，满目荒凉，我心凄怆！

如今，好友王纯五一纸信笺飞来，知长生宫以崭新的面貌重新耸立于青城山下，使我欢欣。如果今生有幸，我将再沐青城山清风，重赏长生宫明月。

[本文选自《青城文荟》1991 年 3 期，是老作家碧野为该刊所写专稿。寄托了他对青城山的怀念之情。]

青城后山秀

张大成

凌晨，我们乘车出成都西门，直抵新近正式开放的灌县青城后山风景区五龙沟口。我们跳下车，深深呼吸着清新而湿润的空气，满目披青滴翠，泉声、鸟声、风声盈耳，顿觉心旷神怡。

我们说笑着跨过颤巍巍的铁索桥，踏着石板路溯味江而上，不一会儿便到了三潭雾泉。抬头望，银瀑凌空直下，溅玉飞珠，水雾濛濛，潭水在阳光照射下幻出七彩，远看似有金童嬉水，故当地老乡叫它"金娃娃沱"。登上龙宝岩环望五座山峰像五条苍龙俯首下冲，团团围住龙宝岩，这一奇观，恰似五龙抢宝。

前面是龙隐峡，传说有巨龙隐入峡中。穿越长达 300 余米的龙隐峡栈道，有惊无险，十分惬意。

峡中两山对峙，相距咫尺，晦暗而又潮湿。架设得十分牢固的栈道，或经沟底，或绕山腰，像一条黄龙蜿蜒爬行在奇峰怪石之间。我站上横跨深涧的木桥，俯看脚下的味江如银龙狂奔出峡，仰望头上蓝天一线，古木苍苔垂挂岩壁，林涛水声响成一片，使人既有几分惊怕，又贪赏景致流连忘返。

导游老罗是当地人，人称“活字典”，一路绘声绘色给我们介绍情况，一路还采摘着鲜嫩的野菜。当我们钻出密林之际，忽然前面豁然开朗，原来到了“柳暗花明”的“又一村”。这里住着十多户人家，山里的花事比平坝晚，灼灼桃花掩映着茅亭、竹篱、瓦舍，一家家装修一新的木屋门上，挂着“云海旅店”、“麻哥酒家”等招牌，喜气热闹。我们进太和客栈午餐，品尝着别有风味的山鲜：拌鲜笋、嫩豆花、老腊肉，再加上老罗自采的那盘凉拌野菜，也品尝着山村那浓浓乡情。

告别又一村，我们便拐入了飞泉沟。此沟长约10公里，由高而低，形成无数跌水、飞瀑、寒潭，令人目不暇接。我们站在悬空的天桥上，俯看双泉水帘十分壮观：前瀑如十丈银帘，后瀑似银色巨龙，两瀑在阳光下叠映生辉，构成“双声泉溅玉，长笑我开襟”的意境。

沟中的百丈长桥，特别引人入胜。它不是搭在河岸上，而是一座水中桥；十步九折，长逾百米。我们爬山钻沟累了，此时走在这曲折而平坦的木板桥上，俨如走在水中，夹岸是芳草野花、古藤松萝，时闻翠鸟鸣幽，真是秀色可餐呵！

走出飞泉沟口，许多骑驴的、乘坐仿古马车、古轿和滑竿的游人，正悠哉游哉地进沟来，想必他们今夜要歇在山上了。我们恋恋不舍地登上回成都的汽车，相约以后还要再来领略领略骑驴游览青城后山的风味哩！

（本文选自1987年4月11日《成都晚报》）

拜山记

（青城山踏查实录）

杨蕤林

前山代序

山名青城，神仙都会；堰号都江，紧与毗邻。地无千里，包含元化；岩多洞窟，莫测幽深。八百里困困盘盘；五洞天赤城结穴。背倚大面[1]，赵公元帅为家；怀拥“成都”，杜宇蜀王立国。灵奇神异，广记简编；墨客骚人，所至留咏。山幽且深，苍堆翠积；高而不险，耄耋堪登。峡逼峰回，卵天云淡；泻崖渊聚，练水秋澄。冈峦层列，凤起龙游；溪涧弯环，绳萦带绕。绝壁千丈，数里连峰。仰入青暝，俯映江表。更苍藤老棘，妙手铺成；紫罩红遮，入目皆画。弯弯山道，时现时隐；攘攘人流，绺来续去。伛偻扶筇，红裙黄口；或彳亍在水榭山亭，或凝竚于栏边潭曲。遐想风起云飞，麻姑[2]面罩轻；神灯夜走，玉女朝天就道。虽涉荒唐，究竟千载流传；莫道今朝，人皆不以为有。真真假假，付与历史长河；蹊蹊跷跷，来人各抒妙解。

原注：

〔1〕大面山名，从未见其源起记载，近发现大隋山乃先民祭坛。因悟，大面即大隋之面山。记

此以商读者。

〔2〕麻姑：予不从《神仙传》，因为先民之绩麻采葛女人神化。这里与“芋女”（玉女）对举。则“青城山下有蹲鸱（芋）”之记录可解矣。

五月十一日访后山圣母洞

岁值丙寅，时当麦熟。乘车就道，访胜味江。身摇脚晃，盘山道东簸西颠；骇目惊心，金鞭岩巉崖如削。沙坪新镇，来迎入目；古河味水，语笑相招。一路尘飞，顷刻八里。山名卦口，有洞朝阳。仰瞻孤鹤[1]，背负天涯[2]。洞称圣母，未闻圣公有迹；境由心造，罔记杜撰传闻。其洞出入有门，长短半里；虽云洞府，颇类隙罅。匆匆一览，回程细索金鞭；历历可数，长崖阴峰十八。

原注：

〔1〕孤鹤：用指代香积山，山在圣母洞东，逼洞面峭峙，而孤鹤顶尚在更东。

〔2〕天涯：圣母洞背后有洗脚河，河上有天国山寺、天涯石古迹。

神仙洞

寻仙沟口，铁索为桥；神仙洞下，牡丹作被。登临最宜上午，山蔽骄阳；过午阳光返照，人山减色。本是有意寻仙，奈何洞还高远；无心访庙，谬逢古寺天台。其侧滩名百丈，紧连石号关门。滩有上下之分，门乃巨石品垒。极其目力，所见大石纵横；步践履经，无非荆榛棘莽。风弄籁响，曲涧荫浓；云作絮飞，罊陈幽暗。藏神敛秘，恍兮惚兮；神仙乐洞，奇乎幻乎！

余霞散绮，旅邸听涛；古道新邨[1]，聊题塞责。贤主人姓汤、姓廖，合伙经营；同游者慕文、书海，予共德源。新房八间，截棕为柱；客舍十二，新置铺陈。泡出沙坪茶，壶光器洁；烹来味水鲶[2]，独具色香。落肚三盅，主客皆大欢喜；阑干银汉，恋恋枕席始新。

原注：

〔1〕古道新邨：应主人嘱题店名。一行有志编组杨慕文、县志办刘德源、泰安乡政府罗书海。

〔2〕味江鲶：水名味江，江中产一种肋骨无分枝的细甲鱼（丙穴鱼，在雅安青衣江则称雅鱼），其味殊于别样佳鲶。味江之名早载于南宋地理总志《舆地纪胜》。

泰安寺

泰安古场，半绕破寺。僧伽云散，残宇犹存。言：始于唐，盛于明之概，老树或可为证；说：大和尚、小和尚上万，实难追摹其情。远望红岩，赤光犹耀；近寻黄鹤，影杳无形。

飞泉沟

沟号飞泉，原名冷凝[1]之涧；岩名罗汉，以其正对观音。石激泉飞，过耳碍人评说；风掀竹舞，入目尽见婆娑。百步数折，景换形移；地陷天高，崖悬涧窄。木栈新联，多以铁线为束；石梯才凿，尚赖履底磋磨。峡叫“峰回”，湾名“放胆”，无非因势题拟；“九曲潭”名，“百丈桥”称，悉皆就物取义。洞挂水帘，疑是猴王别业；泉飞双瀑，任尔清浊皆容。神女梳妆，或有仙郎可待；天桥难渡，当愧俗子无缘。

原注：

〔1〕此沟原名冷凝沟。

白云洞

多雨之山，赖有茅亭列道；生云之洞，遮没对镜神姬。传闻："白云生处洞难寻，闻道岩崩数十春。为有巫人周不敬，贪心欲盗法书去。洞有灵官护法书，一鞭高举阻归途。巫周恐惧匆匆出，岩崩洞塌寻无着。巫死且埋此岩前，宿老人人尽此传。岩似弯弓分数层，层层多列干岩坑。坑坑堪供山人住，遗憾不见壁题诗①。白云尚自岩边起，但惜山精已谢人。"

原注：

〔1〕《青城近记》《青城指南》载：光绪中，靳人黄云鹄任成都知府时，访白云洞，见有诗题岩壁，署名"代虚子"。今已不见。

从白云洞越岭出五龙溪

冈说"马鞍"，不见死马活马；山称"熊耳"，未识人熊狗熊。岩生石笋，憾不当途，有待诛茅辟径；水向倒流，山形所迫，到底终向东去。银帘高挂，七彩含光；山梁聚涧，五龙竞搏。程计百里，天景尽是"悦来"；日过有三，兴趣都由天造。俚语微言，聊当落泥爪迹；浮光掠影，强为敝帚自珍。江山打扮，拭目将来；无缘有份，再睹应惊。

十四日去赵公山

2434 米，赵公山高；1986 年，《青城山志》纂。踏药农之脚迹；步猎夫之后尘。同往者：志编组王纯五、杨慕文和我；向导者：玉堂镇翁志山、晏长松、汤明。写生则城建委李代远；摄影者文化馆张爱钦。

万里无云，气象台曾先咨询；一朝践约，汤家沟结队登山。鹰过长空，笑咱们担衣捋裤；鱼沉潭底，瞋我辈手拄杖藜。伏牛山半，崖悬钟乳如林；平石坂中，泉溅五彩光泛。双峰对峙，兀立千寻；倒竖牛心，山分大小。

山家新貌，电视天线为标；万里欢歌，都来山乡瓦舍。书声琅琅，掩却暮鼓晨钟；仙话悠悠，已忘牛年马月。渡壑穿林，丁丁到处遍逢伐木；寻蹊拔草，杀杀全是觅笋排箐。

越飞水岩，度土地岭。看三溪以上，顿失巍峨；顾两山之间，都云磅礴。难怪赵公名大面，真真面大如朋；上皇于此筑行宫，确确封树尚有。低眉则黍秀畇畇；抬头则葱林漫漫。

石佛庵至龙凤岩，干沟一段；青苔沟上朝天寺，碧水一溪。漫说干沟水渗入青苔，只缘水性趋下；也算造物者低能失策，何故里底不牢？

且放遐思，但问今晚，足歇何处？向导答言：不必忧虑，早报王家（王全发）。

龙凤岩村，地属玉堂。此地数户，尽数姓王。追溯历史，三百年长。有"三多祠"石屋为证；更风水树桢楠其旁。石屋刻清初，古木也随长。无心仔细推求，只为心力难旺。几砣腊肉，一碗琼浆，梦周公横眠顺躺；无话即短，有话即长，迷惚惚迎出曙光。

攀藤附葛，登山增至九人；喘作不支，勉强徒增众累。行至朝天寺，无可奈何矣！听王全发劝，只索神往而已。想杜光庭说：此山有琼楼金阙、蕙圃芝田。彭古香信之不疑，爰采入《志》。王象之说有灵竹肖龙；李芳则云：洞窥仙侣！予今觌面，难获观矣。迨至近人，文才王氏始云：神仙家言，张皇灵异。文士取作谈资；羽流奉为圣证。虽然抱恨，转亦释然。而“赵公柴”、“盘子花”闻而未目；三霄坟、迷魂凼，未得身临。只好抱憾终天；羞说缘悭一面。诸君夜返，狼狈不堪。杨慕文说摔了三百六十跤，纯五君身量九回地；一个摔失了上海手表，一个还叫着腰杆酸疼。并言周遭不下百里，全是鸟道羊肠。所谓琼楼金阙，已化虎狼之居；蕙圃芝田，都付野猪拱乱。赵公有庙，早被火焚；三霄无坟，夷诸风雨。庆云只剩台基；朝天徒余寺名。

去上皇观

去秀峰山，访上皇观。杉说唐朝所植；庙乃雍正重修。石梯五百级（实为6阶505级）端挂观前；殿阁六十间，飘摇山曲。前瞰登龙山、看花山；后负八卦台、神仙洞。左有山王、文昌遗址；右是真武、洪都旧迹。山深土不良，已辟作药圃；人文依稀在，竟自晦迹韬光。

龙居、寮叶、青苔三溪汇聚；天宫、老君、王婆一概神仙。神仙广好占山，好生难解；溪水清澄明净，饮浴皆宜。江名石定，或自沿江多石；水叫黑水，初义颇费猜疑。四日行程，所获甚富；一段择录，片爪只鳞。

天国山

改革开放，到处旅游业起；风推浪举，势迫天国山乡。天国其名，典籍悉载；人文胜迹，久没无闻。

乡府承头，组集调查小队。四月十日，首发后笋之峰。一石擎天，高愈二丈。天设华表，以示从谏如流；地出青峰，或斩尘间烦恼。

下视石人岩，石人登山佝偻。襟带石锣鼓，几时锣鼓镗锵?

北望五龙溪，五龙抢宝；南揖大隋岭，六顶遥临。胸怀顿豁，不由放眼江山；尘虑全消，始信人间仙境。

辗转于翠峰山，考一把麻、洪坡岩，找洪真洞。钟音天池尚在，碧水方塘；嶙峋乱石参差，龟充首领〔1〕。

天涯无际，茶花坪塞野山茶；有典有籍，大乐观丈人旧庙。观凿六井迹尚存，想见当年盛况；柱础依稀排九列，足证宫殿辉煌。

石生四脚，洞以猪名。

三佛洞摩岩凿窟，“普查”定唐时所造，九仙台人工砌筑，近出南宋留碑。

唐求故里，唐王坪下，历有记籍，不类传闻。

三日周回，访得佳境六组〔2〕；一朝开发，必致远近知名。

原注：

〔1〕龟充首领：一把麻仙境侧，虎头岩下。小地名，上河坪有一片石林，最下方一巨石，长数

丈，高丈余，形似爬动的龟，当地人叫乌龟石。

〔2〕六组：以撮箕窝、石笋峰为中心，包括天涯石、石人崖、天国寺、麻岩、石锣、石鼓为一组；以一把麻流砂坡为首，飞水岩、虎头岩、鸡公山、石磷岣、石关门为一组；以融照寺、钟音天池为中心，以碓窝坪、碧凤岩、洪坡岩、月亮沟、茶花坪为一组；以大乐观为首，云开寺、滥泥坝古窑遗址、白塔冈为一组；以四脚石、母猪洞为中心，包括杨国桢墓、川王冈明墓、洗脚河摩岩、圆通寺、盐井沟为一组；以三佛洞为主，包括唐求故里、薛仙洞、古井、大安寺、白雀寺、鸳鸯沱、高涧漕摩岩为一组。

青峰山

青峰山，七头山。山在天国六顶前，川西坝子最西沿。横遮味江谷，纵切岷水干。地涌“金莲”，佛坐其间。今又建公园。二十顷苍林古木，冬夏春秋无大变。原来五行缺水，近来已把味水引山巅。交通畅，食宿也方便。香火复兴伊始，十年。车如流水人如潮，芸芸，尽都是自觉自愿。

香积山
（一作通灵山寺）

丙寅二月间，冒雪访灵山。入景已杳，只剩龙门刻石卧路边。断井颓垣皆不见，有一二残碑，已作了刘家养猪地圈。旧日山门处，两只石狮子，相对默默尚谴绻。访故老，无可谈，只好浑身戴雪抱憾还。

香积山即香积寺，在青城乡石桥村香积寺沟山顶间。乃初建于西魏佛寺，原有八景奇观。寺林竹修木茂，近年庙拆作农业中学用材，树竹尽伐。庙基已恳作耕地，四周山间植被亦破坏快完。访问居民说古迹，多不知其所以然。盖老年人已多故世，六十岁以上老者亦少见。

天生桥

神仙游遨，青城山上天生桥。《志》载文传已数遭，欲穷其处访老道。老道摇头，但说今人知应少。无非都是：从书上，说名号。

护林员李大爷，见问对着我们笑。他言道：这地方荒栏棘阻路也遥，看见了也只能逗客笑。

阿弥陀佛！这奇迹总算有回消。与他约了，六月二十四，请他引路去瞧瞧。王总编牵头，高尚仁作东讲定了。

二十四日天气好，沐朝阳自灌乘车就道。至山门王总编东寻西找，总不见杨慕文人影分毫。这要怪他听话太毛糙，竟然将集合地点听错了。没奈何打起精神往上登高，牌坊冈有人叫：来了，来了！只见李大爷、高尚仁，还有杨慕文远远在把手招。

李大爷带来了几个小伙，小伙们都肩扛板斧、手提刀。不多时，人齐了。扎裤捋裙，轻装就道。过小溪，访“朝阳”遗址正好顺梢。

绕红蕖冈过偏桥，拔丛箐，踏茨茅。鸡鸣犬吠远相招，有一户人家姓廖。廖家早把开水烧，小休憩，南访寨门先计较。寨门紧接白石碥，是金鞭长崖越岭汽车道。寨门很像门，巉崖陡削，中破一痕。单身可过，并走不行。只须一人守，千军万马也难过道。

看罢寨门方知晓，乾元山也叫寨子，别一番故事称古老。事在前朝，有一支义军占此把兵招。

山大王心坏，早被世人忘淡了，乾元山名被“寨子”代替到今朝。吊罢寨门日已高，五脏殿咕噜发信号。返廖家，喝烧烧。山葱野荠玉米糊，风卷残云，一股脑儿捞。胜过那十盘九盏，美味佳肴。

再登程爬拢道道庙（遗址），李大爷发令施号：前途没路了，小伙们赶快抡斧挥刀，斩棘诛茅！真正是逢山开路，遇水造桥。神仙瞧见了，也该吓他一跳！

金鞭岩，十八峰。鸡公、甑子相连处，天生一阙宽丈余。切开两峰，桥在当中。《志》云：悬崖万仞乾元山，片石插于削壁间。无依倚，长丈许，仙人游戏常到此。地望尺寸似不差，“无依倚”太虚夸，

天生桥实非一道桥，三条片石卡岩槽。一外二内，距不等高。藤遮树罩，积腐满桥。果有神仙常嬉遨，这绿叶腐土，为何不损半分毫？说是桥，不如说他有点像梯道，这梯梯间距又嫌太远了。天生得其要，总之得其要，总之不是人工造。

访完奇迹该回庙，抄近道。李大爷说：近道本无道，我们是天天巡查走惯了，各位如何尚不晓。我们说：赵公山都爬过了，你们能行，我们跟在后面跑。

石关门，听龙吟，黑虎塘下栗子林。人笑语，钟磬闻。此崖正对刷笔槽，檐牙翘角对山横。

谁料悬崖阻，崖虽不算高，但是不可跳。最麻烦是光光一片，伸手没抓捞。子母岩松散构造，踏重了它便哗啦哗啦往下掉。护林人沿崖斜着用刀掏，掏出一行站脚窝儿也稀稀落落。有个小伙带上刀，去把野麻紫葛山藤找。藤子栓牢树根梢，胆大的前头开路，胆小的后面跟踪踏迹像踩跷。

哗！是谁将坑儿踩崩？老夫子脸都吓青。李大爷喊：喂喂！穿皮鞋不行！光脚板才有精神。没奈何先将提包扔，再脱皮鞋丢岩根。战战兢兢，吊胆提心，手儿抓藤紧紧，脚儿踏地轻轻，谁也没有抱怨声。似乎岩也瞪眼，树也呻吟，鸟儿敛翅也担心。下到溪底，足足费了两个时辰。

庙中正设坛建醮，祈祷和平。叮叮咚咚，鼓乐齐鸣；申文上表，昭告天庭。神仙也管人间事？快关门，写我的访山问水小品文。

踏查青城后山是：1986 年 5 月 11 至 13 日；
赵公山是：1986 年 5 月 14 至 17 日；
天国山是：1987 年 4 月 10 日至 15 日。
笑神 1993 年 9 月 18 日最后定稿

[本文选自笑神（杨蕤林）《拜山记稿·乙种文本》。杨蕤林（1930—2006），笔名塞翁、高桐、蕤生、山民及笑神等。都江堰市大观镇人。曾为中国民间文艺家协会四川分会、四川省史志学会等会员。古文学功底较深，毕生从事民间文学的研究和搜集整理，也擅长书法。曾参与编写《灌县民间文学集成》《青城山志》《大观乡志》等志书。2002 年著有考证普照寺的《青峰山志》，并参与大观镇政府《青城外山》志书的编撰。]

第二节　传统诗词选

丈人山

〔唐〕杜　甫

自为青城客，不唾青城地。
为爱丈人山，丹梯近幽意。
丈人祠西佳气浓，缘云拟住最高峰。
扫除白发黄精在，君看他时冰雪容。

访戴天山道士不遇

〔唐〕李　白

犬吠水声中，桃花带雨浓。
树深时见鹿，溪午不闻钟。
野竹分青霭，飞泉挂碧峰。
无人知所去，愁倚两三松。

寄青城龙溪奂道人

〔唐〕岑　参

五岳之丈人，西望青瞢瞢。
云开露崖峤，百里见石棱。
龙溪盘中峰，上有莲花僧。
绝顶小兰若，四时岚气凝。
身同云虚无，心与溪清澄。
诵戒龙每听，赋诗人则称。
杉风吹袈裟，石壁悬孤灯。
久欲谢微禄，誓将归大乘。
愿闻开士说，庶以心相应。

赋得青城山歌送杨杜二郎中赴蜀军

〔唐〕钱　起

蜀山西南千万重，仙经最说青城峰。
青城嵚崟倚空碧，远压峨眉吞剑壁。
锦屏云起易成霞，玉洞花明不知夕。

星台二妙逐王师，阮瑀军书王粲诗。
日落猿声连玉笛，晴来山翠傍旌旗。
绿萝春月营门近，知军对酒遥相思。

试新服裁制初成

〔唐〕薛　涛

长裙本是上清仪，曾逐群仙把玉芝。
每到宫中歌舞会，折腰齐唱步虚词。

送灵应上人

〔唐〕贾　岛

遍参尊宿游方久，名岳奇峰问此公。
五月半间看瀑布，青城山里白云中。

题上皇观

〔唐〕章孝标

烟霞星盖七星坛，想像先朝驻禁銮。
辇路已平栽药地，皇风犹在步虚寒。
楼台瑞气晴萧索，杉桧龙身老屈蟠。
翻感惠休并李郭，剑门空处望长安。

长生观

〔唐〕唐　球

数里缘山不厌难，为寻真诀问黄冠。
苔铺翠点仙桥滑，松织香梢古道寒。
昼傍绿畦薅嫩玉，夜开红灶捻新丹。
钟声已断泉声在，风动瑶花月满坛。

题丈人观

〔唐〕徐太妃

获陪翠辇喜殊常，同涉仙坛岂厌长。
不羡乘鸾入烟雾，此中便是五云乡。

白云庵

〔宋〕石安期

白云寂寂水潺潺，云出无心水自闲。
云水不知人换世，至今依旧满溪山。

吟杜鹃

〔宋〕张　俞

夏园无杂英，灼灼山榴开。
落日杜鹃苦，花仍萋苍苔。

游青城山谒丈人祠

〔宋〕赵　抃

三十六峰峻，维岷在蜀奇。
方行刺史部，重款丈人祠。
冻雪诸蕃隔，晴云六面披。
访山穷宝洞，敕鬼觇丰碑。
泉落寒崖响，萝依古木垂。
良工存旧笔，老叟琢新诗。
陟险齐双屐，逢幽鼓七丝。
盘桓不忍去，还作更来期。

题上清宫

〔宋〕张　震

青城山绕上清宫，面面看成第一峰。
午夜林峦衔斗柄，半天楼观锁春容。

登上清小阁

〔宋〕陆　游

楼观参差倚晚晴，偶然信步得闲行。
欲求灵药换凡骨，先挽天河洗俗情。
云作玉峰时北起，山如翠浪尽东倾。
何因徙此横空去，笙鹤飘然过洛城。

宿上清宫

〔宋〕陆　游

永夜寥寥憩上清，下听万壑度松声。
星辰顿觉去人近，风雨何曾败月明。
早岁文辞妨至道，中年忧患博虚名。
一庵傥许西峰住，常就巢仙问养生。

长生观观月

〔宋〕陆　游

碧天万里月正中，清夜弭节长生宫。
广寒忽坠人间世，但怪步虚声散瑶台空。
四山沉沉万籁寂，夭矫髯龙舞娱客。
弭貂老仙期不来，独倚阑干吹玉笛。
道人不怕九霄寒，银阙冰壶处处看。
天台四万八千丈，明年照我扶藜杖。

题丈人观道院壁

〔宋〕陆　游

断云浮月磬声残，木影如龙布石坛。
偶驾青鸾尘世窄，闲吹玉笛洞天寒。
奇香满院晨炊药，异气穿岩夜浴丹。
却笑飞仙未忘俗，金貂犹著侍中冠。

上清宫

〔宋〕范成大

历井扪参兴未阑，丹梯通处更跻攀。
冥蒙蜀道一云气，破碎岷山千髻鬟。
但觉星辰垂地上，不知风雨满人间。
蜗牛两角犹如梦，更说纷纷触与蛮。

最高峰望雪山

〔宋〕范成大

大面峰头六月寒，神灯收罢晓云班。
浮空忽涌三银阙，云是西天雪岭山。

送运判朱朝奉入蜀

〔宋〕苏　轼

蔼蔼青城云，娟娟峨眉月；
随我西北来，照我光不灭。
我在尘土中，白云呼我归；
我游江湖上，明月湿我衣。
岷峨天一方，云月在我侧；
谓是山中人，相望了不隔。

张道士蜀山图

〔元〕虞　集

碧玉参天是蜀山，旧曾飞度历孱颜。
松风上接空歌外，萝月长悬合景间。
试剑丹崖秋隼疾，濯缨清涧夜龙闲。
君家虚靖归来日，冉冉蓬壶为忆还。

送福上人还青城

〔明〕杨升庵

青城三十六高峰，寺在青峰第几重。
飞锡曾闻经雪岭，结茅常爱住云松。
花飘香界诸天雨，金吼霜林半夜钟。
传语禅关休上锁，虎溪他日会相从。

天师洞

〔明〕杨升庵

天师古洞门，飚埃从此分。
两嵌岩半雨，万重山一云。
眼界上清近，足音空谷闻。
汉代遗幢在，苔侵转宿文。

鹧鸪天·以茉莉沙坪茶遗少岷

〔明〕杨升庵

灌口沙坪摘小春，素馨茉莉荐香尘。要知贮月金波味，只有餐霞玉洞人。　云叶嫩，乳花新，冰瓯雪碗却杯巡。清风两腋诗千首，舌有悬河笔有神。

题钱舜举折枝牡丹

〔明〕释悟光

三月江南媚景天，姚黄魏紫竞争妍。
那知十丈将军树，却在青城古洞前。

望青城山

〔清〕王士祯

云气连西域，名山作汉标。
千秋轩帝迹，每夜岳灵朝。
玉宇凌丹壑，神灯下碧霄。
丈人一招手，天路应未遥。

忆青城天师洞旧游

〔清〕李　惺

十二楼高接玉京，四无人影静无声。
炉边斜倚柏灯坐，醉后倒拖藜杖行。
大雪封山惟一白，寒潭受月恰双清。
茫茫此境何由再，梦入松关路亦生。

游青城山

〔清〕李调元

昨日辞丹景，今朝登青城。
名山游既遍，渐觉芒鞋轻。
飘飘从东来，恍若御风行。
举衣凌青霄，丈人远相迎。
遂至轩皇台，古洞声泠泠。
云昔张道陵，炼性门常扃。
人骑黄鹤去，空留芝草青。
至今六时水，犹刻符篆铭。
咄哉试剑石，想见驱风霆。
离立何年劈，尚使魑魅惊。
邪氛世岂罕，何必皆山精。
我欲持此剑，尽扫诸有凭。
区区宁与范，枯坐求长生。
冲飞竟何益，要皆归杳冥。
菖蒲果可服，吾欲诛九茎。

青城洞天

（灌阳十景诗之一）

〔清〕马　矶

寻芳览胜会群仙，几度层峦几度巅。
翠壁连云蒸澍雨，赤城带日起祥烟。
峰尖簇立空尘扰，洞口清幽绝外缘。
霁后从客频眺望，千重碣石挂流泉。

题鸳鸯井

〔清〕高　溥

盈盈双井小廊西，锡号鸳鸯费品题。
地面相离刚咫尺，泉源歧出异高低。
水原清静无澜起，理有雌雄莫浪迷。
寄语栖真诸羽客，盈虚消息即玄机。

游青城山

〔清〕顾光旭

子美游青城，题诗作五字。
五字何足多，青城觉灵异。
我来游青城，白云暂留憩。
未暇更题诗，恐复碍云意。
偶然咳唾落九天，不曾点著青城地。

游上清宫

〔清〕黄云鹄

壮游兴到不知远，直上青城第一峰。
绝顶仰看红日近，平畴极望白云封。
千层雪岭中原抱，万斛岷江大壑冲。
借问鸳鸯池上水，如何出世尚情浓。

宿朝阳洞晓望

〔清〕黄云鹄

夜雨空山枕石眠，晓来聘眼吩遥天。
平林日射青如黛，大野云铺白似绵。

妙境静观殊有味，良游重续又何年。
生机乐意人间满，肯羡蓬莱顶上仙。

常道观至朝阳洞望上清宫

〔清〕宋育仁

洞天九室入云峰，磴道千岩万壑重。
丹道碧传黄帝箓，翠微半隐上清钟。
笔槽石气惊山鬼，黝涧松身伏蛰龙。
不道丈人监五岳，欲凭真宰与天通。

宿常道观

〔清〕易顺鼎

少年游屐遍峨岷，只负江山不负身。
难学仙人忘甲子，尚怜骚客降庚寅。
扫除白发三千丈，消受黄精五百春。
我与石湖同一笑，青城峰上过生辰。

夜雨宿普照庵

〔清〕徐　昱

光阴弹指问前缘，杖策重游十七年。
老干骄撑槐树古，飞涛高泻味江悬。
根尘未净休逃世，衰病还思暂坐禅。
到眼青葱真画本，好将着色付黄荃。

望常道观

〔日本〕僧松涛

西影夕阳明，担经拨绿行。
涧断疑无路，桥通忽有情。
树鼯攀枝视，山蛙隐石鸣。
洞天如逼近，一磬落空声。

问道台

〔日本〕僧松涛

问道石栏前，何书一卷传？

丈人能建福，黄帝始开山。
碧叶重无地，丹崖别有天。
六时泉水响，洗耳心自玄。

题天师洞

谢无量

只为青城返故乡，九株松下问行藏。
远游便拟乘龙跻，群鬼真堪试剑铓。
窘步怯登危栈石，安心胜乞上清方。
寒崖已透春消息，天半孤花照夕阳。

青城纪事诗（四首选二）

于右任

翠浪东倾接混茫，眼前忧患讵能忘。
空山叫断栁栁鸟，一夜惊心似战场。

大面山前云万重，西来无计觅仙踪。
今朝黄帝祠前拜，始识飞行有宁封。

游青城山

李济深

久闻青城天下幽，到来方信言非谬。
可怜烽火遍神州，未许征人多消受。

青城山

沈钧儒

幼读黄庭经，晚入青城山。
星辰接上界，峦壑穷幽攀。
杉翠扑我衣，奔忙恕俗颜。
倘非羁绊深，扣关不肯还。

天师洞

颜　楷

悬崖密洞接天庭，上相玄都启玉扃。

三十六峰山似蕊，千七百岁树如屏。
降魔提剑今何世，宿鸟敲鱼应早醒。
又说下山山雾起，东西南北正冥冥。

题张大千画花蕊夫人像

林思进

青城辇道尽荒烟，环珮归来夜袅然。
差胜南唐小周后，宋宫犹得祀张仙。

宿马祖寺

王梦庚

十里钟声隔树闻，丛林蓊郁绿云生。
沿堤香气芎苗接，入座潮音松盖分。
杰阁灯青绝尘垢，空亭塔古认苔纹。
日斜授我蒲团供，一榻禅关梦不纷。

游青城山

王梦庚

杰阁崔巍倚上清，清宵余味步虚声。
峰围仙磬深难散，月避神灯眼愈明。
坐久风前添鹤氅，更残天上听鸡鸣。
何当绝顶凌霄汉，来试缑山子晋笙。

友人归自青城却赠

赵　熙

射的峰前月在家，青城一路照青霞。
桃源不外人间世，第五名山一洞花。

送杨昀谷太守之蜀六十首（选一）

赵　熙

天师古洞艳山名，第一江源了上清。
仙迹试寻银杏古，白云红叶画青城。

青城率占三绝

居　正

直上青城第一峰，置身如在白云中。
天龙八部相呼应，恰好披襟当快风。

天梯石栈早勾连，曲径通幽别有天。
天下名师都到此，洞中鸡犬也成仙。

三山五岳都神话，惟有青城话入神。
一剑削平三岛石，降魔毕竟有其人。

游青城山口占

叶圣陶

愤慨岂因好景平，八·一三日入青城，
高树低树相俯仰，下泉上泉迭送迎。
古内海于望中证，天下幽非浪得名。
药坞丹房常道观，避灾人集沸市声。

初到青城

顾颉刚

投宿名山证旧闻，参天松柏识斜曛。
我从绝顶一长啸，唤起千岩万壑云。

青城山道遇雨

黄宾虹

泼墨山前远近峰，米家难点万千重。
青城坐雨乾坤大，入蜀方知画意浓。

上清借居

张大千

自诩名山足此生，携家犹得住青城。
小儿捕蝶知宜画，中妇调琴与辨声。
食栗不谋腰足健，酿梨长令肺肝清。
揭来百事都堪慰，待挽天河洗甲兵。

青城山张道陵掷笔处

张大千

沫水犹然作乱流，味江难望蜀醪投。
平生梦结青城宅，掷笔还羞与君同。

青城第一峰

张大千

百劫归来谢世氛，自支残梦挂秋云。
树连霄汉高台迥，衣染烟霞宝殿薰。
万派争流来足底，一身孤置绝人群。
诸天自罢声闻想，謦咳何教下界闻。

青城泼墨山水题诗

张大千

寰海风光笔底春，看山还是故乡青。
平生结梦青城宅，蜡屐苔痕画里情。

绿荫深处

黄君璧

依依云影恋青山，谷隐忘饥意自闲。
喜听泉声和鸟语，寻幽竟日不知还。

戊寅夏宿青城天师洞

黄稚荃

百灵争拥古烟霞，信宿应忘世与家。
大树临阶栖鹳鹤，虚窗幽梦远龙蛇。
三清携手今谁者，九转成丹愿已赊。
新月入帘寒意重，山泉静夜响筝琶。

丙寅仲夏与颜雍耆同年重游青城十首（选一）

罗骏声

逶迤不断众山青，突兀神霄入杳冥。
建福发祥云外寺，悬空飞沫水心亭。

岩泉有韵锵环珮，林岫无端到画屏。
石笋披张龙跻远，丈人风度肃泠泠。

青城山

方　毅

青城多奇峰，何处接青天？
一朝云雾起，山与天相连。

游青城怀郭老及蜀中诸友

唐　弢

好是成都放晚晴，卅年一梦到青城。
幽篁犹滴秋来翠，山鸟长如涧底鸣。
难得离堆传六字，几人卖卜学君平。
我来天府登高望，碧树江村无限情。

忆江南·访青城山

赵朴初

滑竿上，树杪望飞云。穴守丹田腾虎子，祠参黄帝护龙孙。灵气满青城。
青城好，一绝洞天茶。别后余香留舌本，携归清味发心花。仙茗自仙家。
青城好，一绝是甘泉。润口涤胸堪益智，清心舒气可延年。能饮即能仙。
青城好，泡菜冠全川。清脆芥姜夸一绝，芬甘乳酒比双贤。吾独取椒盘。
青城好，银杏二千年。久已参天归众望，不辞落子助人餐。功德绝尘寰。

再访青城

吴丈蜀

期年两度访青城，万树离披一望青。
喜听高枝禽鸟唱，多逢断涧出泉鸣。
缓循古道天宫近，偶触苍苔石藓凝。
胜景无尘幽也甚，紫烟炭火不关情。

梳妆台

易心莹

水月山花万种愁，镜妆高处晓云收。
迷离蝴蝶传喜粉，宛转娥眉想玉钩。

香草有情台畔绿，溪光无语庙门秋。
红颜寂寞知多少，不及荒寒一墓丘。

过圆明宫

潘子农

青城秋已重，夜过圆明宫。
香雾萦宵殿，岫云抑晚钟。
桐栖桐花凤，雁泣雁来红。
道本无常道，悟彻在其中。

青城武学歌并序

李代远

丙子春，青城武术馆主绥滨索画于余。畅叙之间，知其有振兴青城武学之志。因作“尚武精神图”并题“青城武学歌”勉之。

青城武学溯渊源，蜀郡原基远尧年；
龙溪黑水人文地，仙真剑客早流传。
宁封积火北岩间，烧陶积火策云烟；
轩辕礼问龙蹻道，清都受事掌岳川。
容成养气白发青，太始元天妙道真；
黄帝拜授延年术，事载仙传与内经。
天师阐道渎山前，伏鬼降魔得九还；
身佩日月雌雄剑，正一明威百魅寒。
王赵七试寻仙梦，白日飞升辅道坛；
神功武学传天下，五岳三山仰道源。
李阿布道隐岷山，夜去朝还瞬息间；
意期占断刘先帝，彝陵烽火命归天。
长生隐逸赐逍遥，部曲千家武艺超；
资流征战开成汉，范贤青史姓名高。
赵昱斩蛟江水寒，佐卿化鹤寄箴言；
平仲无功归大面，药王千金济倒悬。
陈抟演易传太极，虚靖朝宗拜祖坛；
吕仙驾鹤留诗话，三丰锁鼻悟真禅。
青城舞剑名千古，八方六合铸洪拳；
霹雳飞云踏水去，动静虚空体自然。
修文修武先修德，立功立言贵立格；

高才大德传宗远，古圣先贤时鞭策。
绥滨年少发宏愿，承亡继绝探密诠；
医易丹武原一气，融通百学证真元。
武少青峨多门派，共振神州挽狂澜；
乃文乃武开新派，汉新唐风万万年。

附：青城山诗词书目

《青城诗文集》1945 年青城山常道经书社刊印。

《陆游咏青城》青城山管理所 1977 年编印。

《青城诗选》（第一集）政协灌县委员会 1985 年 5 月编印。编注者：刘襄遵、魏尚闻、刘同德、李士廉、徐腾贵、谢山丁。审定：粟建奎、张开钦。

《青城山都江堰诗词选》王纯五注释，四川人民出版社 1984 年 10 月编定，1986 年 6 月出版。

《当代诗人情系青城山》青城山管理局、玉垒诗社 1992 年 7 月编印。主编：陈道谟。

《青城百咏》傅承烈著，玉垒诗社 1993 年编印。

《古人游历青城山都江堰诗词精选》蒋永海选编，四川民族出版社 2002 年出版。

第三节　楹联选

一、青城前山景区

青城山道教学院门联

天清地宁生万物；
道高德厚育英才。

任法融　撰书

赤城阁联

古迹壮新观，赤壁如城，扶藜阁上瞻崖舍；
名山留胜景，丹梯有路，蹑屐云中觅洞天。

适　园　撰　王维西　书

西蜀第一山坊联

看三十六峰，雨晴浓淡元章画；
有百零八景，行吟顾步少陵诗。

冯健吾　撰

建福宫山门联

吹笛天寒，玉华更控青鸾住；
缘云路近，杜老倩除白发来。

李启明　集　董寿平　书

丈人殿联

晓钟历历，晚磬泠泠，细参个里机关，凡处境无非梦境；
岚气重重，云峰乙乙，饱看天然图画，不学仙也是真仙。

佚　名

道阐龙跻经，尊崇五岳轩皇拜；
名高麟德殿，著述千秋士庶师。

李启明　撰书

五千言括人天混合，自然驾诸子而上；
八百春考长寿神通，妙应显大道之行。

洪志存　撰书

一楼和气看山笑；
半塌禅心印月圆。

颜　楷　题

水心亭联

草庭闲坐看花笑；
竹院敲诗待月归。

汉阳　关山月　题

青城山长联

（挂于建福宫后殿）

溯禹迹莫岷阜以还，南接衡湘，北连秦陇，西通藏卫，东峙夔巫。葱葱郁郁，纵横八百里舆图。试蹑屐登上清绝顶，看雪岭光腾，红吞沧海；锦江春涨，绿到瀛洲；历井扪参，须臾踏蜗牛两角。争奈路隔蚕丛，何处寻神仙帑库。丈人峰直墙堵耳！回思峨眉秋月、玉垒浮云、剑门细雨，尚依稀绕襟袖间。况乃夜朝群岳，圣灯先列宿柴天；泉喷六时，灵液疑真君唾地。读书台犹存芳躅，飞赴寺安敢跳梁！且逍遥陟箸蔔冈，渡芙蓉岛，都露出庐山面目，难遽追攀。楼观互玲珑，今幸青崖径达，问当初华渚姚墟，铜铸明皇应宛在？（上联）

自轩坛拜宁封而后，汉标李意，晋著范贤，唐隐薛昌，宋征张愈。烈烈轰轰，上下四千年文物。

漫借瓻考前代遗徽，记官临内品，墨敕亲颁；曲和甘州，霓裳同咏；鸾章翠辇，不过留鸿爪一痕。可怜林深杜宇，几番唤望帝归魂。高士传岂欺予哉！莫道赵昱斩蛟、佐卿化鹤、平仲驰骡，悉缥缈若遐荒事。兼之花蕊宫词，巾帼共谯岩竞秀；貂蝉画像，侍中与太古齐名。携孤琴御史曾游，吹长笛放翁再住。休提说王柯丹鼎，谭峭靸鞋，那堪他沫水洪波，无端淘尽。英雄多寄寓，我亦碧落暂栖，待异日龙吟虎啸，铁船贾郁定重来！（下联）

通江　李善济　撰书

怡乐窠联

小憩自然凉，何幸今生来福地；
登临莫畏苦，会当绝顶看朝阳。

佚　名

“天然图画”坊联

溪壑奔腾，百川东去通千派；
云霞缥缈，万里西来第一山。

向绍昆　撰　公孙长子　书

天然阁联

烟霞怀旧侣；
山月盼游人。

集清人黄云鹄青城山诗句

驻鹤庄联

松桧隐栖三岛鹤；
楼台闲锁九霄云。

清人来宁裕青城山诗句

山阴亭联

苔深不雨山常湿；
林静无风暑自消。

清人陈桂林游青城诗句

月城湖联

松声竹韵吟仙境；
山色湖光映月城。

夏　游　撰

五洞天联

府以清虚，嫏嬛居福地；
天然城郭，龙虎拟仙山。

彭至国　题

开张天岸马；
奇逸人中龙。

陈　抟　题

古常道观山门联

胜地冠两川，放眼岷峨千派绕；
大名尊五岳，惊心风雨百灵朝。

蜀州　李世瑛　撰书

青城道当千世守；
灵岩月与五洲同。

邵阳　萧天石　撰书

三清大殿联

一生二，二生三，三生万物；
地法天，天法道，道法自然。

陈芷轩　集　王伯乔　书

洞天第五群仙窟；
太极含三众妙门。

颜　楷　题

卅六峰天外飞来，宛然图画。绝顶处一横览，雪岭失其高，峨眉失其秀，剑阁失其雄，咳唾落云霄，谁谓上清还在上；

二三日洞中小住，辜负烟霞。古名士半勾留，少陵曾此游，宾圣曾此居，放翁曾此憩，栖迟尚城市，我亦山人愧不山。

不山山人　贾思徽　撰书

玄重为道德所宗，太上总三清，信有丈人尊五岳；
正一授明威之箓，宝仙题九室，别传真宰领诸天。

宋育仁　撰书

事在人为，休言万般都是命；
境由心造，退后一步自然宽。

黄齐生　集　谢仲谋　书

眺高台宝室仙都，真日月分精，蹑屐快寻三岛石；
读琳崖玉霄好句，信云霞难画，扪萝欲觅五符幢。

罗元黻　撰书

西客堂联

一帘花影交鸾尾；
满地香芝幻鹿胎。

张问陶　题

万壑遍疏钟，闻道欲来相问讯；
千山啼杜宇，何如此处学长生。

高凌霄　撰书

迎曦楼联

青苍滴秀万千树；
突兀争奇卅六峰。

顾颉刚　撰书

银杏阁联

银杏千年徵道性；
青城一洞试幽探。

沈钧儒　撰书

客堂联

半岭天风闻剑啸；
一春梦雨茁芝芽。

谢无量　撰书

扫来竹叶烹茶叶；
劈碎松根煮菜根。

郑板桥　题

黄帝祠联

启草昧而兴，有四百兆儿孙，飞腾世界；
问龙跻何道，是五千年文化，翊卫神州。

于右任　撰书

斋堂联

福地证因缘，萍水相逢，谁是主人谁是客；
名山推管领，蒲团静坐，半成隐士半成仙。

杨乃文　撰　雷音溥　书

神仙都会周秦汉；
道德根源天地人。

罗骏声　题

天师殿联

洞府何奇，从来多古意；
明德不远，只在此山中。

第六十一代天师　张仁晸　撰书

东斋堂联

诗思竹间得；
道心尘外逢。

汝　南　题

室有山林乐；
人同天地春。

戴传贤　题

烛剪西窗，梅开东阁；
樽飞北海，月满南楼。

卓秉恬　题

溪上玉楼楼上月；
城外云林林外山。

袁昌暖　撰书

视不见，听不闻，妙哉希夷，合玉清、上清、太清之旨；
知其几，观其窍，湛然澄静，为天道、地道、人道之宗。

杨益豫　撰书

四面云山谁作主；
一帘花雨我归来。

佚　名

灵祖堂联

两君子皆风月主人，号素券、饭青精，同仿留侯寻辟谷；
五洞天本神仙福地，去三尸，食六气，共偕范老学长生。

岳少琪等　撰书

道通天地有形外；
山在虚无缥缈间。

李远吾　撰书

煦物如春，永锡难老；
与道大适，复归于婴。

黄云鹄　题

听寒亭联

泉落寒崖响；
萝依古木垂。

宋人赵抃青城山诗句

朝阳洞联

天遥红日近；
地仄绛宫宽。

黄云鹄　撰书

空洞亲迎光照耀；
苍崖时有凤来仪。

徐悲鸿　撰书

祖师殿山门联

石磴阴深盘曲道；
琳宫孤峭入鸿蒙。

佚 名

真武殿联

树红树碧高低影；
烟淡烟浓远近秋。

佚 名

壮观台联

腾空双屐云中插；
隔岭一峰天外来。

佚 名

观日亭联

试从平旦时观我；
直到最高处昂头。

宜宾 谢翕如 题

上清宫山门联

于今百草承元化；
自古名山待圣人。

于右任 题

上德无为，行不言之教；
大成若缺，天得一以清。

冯玉祥 集并书

内山门联

钟敲月上，磬歇云归，非仙岛莫非仙岛；
鸟送春来，风吹花去，是人间不是人间。

张星楼 撰 高志元 书

经堂联

阴符三百字；
道德五千言。

寒道人　书

麻姑池联

月到风来诗意静；
水澄云在道心闲。

许肇鼎　撰书

东华帝君殿联

位列晨宫，大道全真崇五祖；
洞名紫府，延年不老拜三清。

冯修齐　撰

老君阁联

阆苑奇观，东来紫气无双阁；
人间仙境，直上青城第一峰。

马萧萧　撰书

瑞凝碧洞，云拥丹台，玄道又来新禹甸；
光耀金书，香飘玉箓，青城重见老君楼。

钱来忠　撰

仙山遍翠微，尽多耆宿高真，积德累功，留传得名区胜迹；
人事归青史，余此马坪仇谷，孤恩泯怨，都付与衰草寒烟。

李启明　撰

寡欲清心求道统；
无为自在嗣全真。

崔万铸　撰　张宗品　书

大面凌空辉井络；
高台拔地俯乾坤。

王纯五　撰

玄哲五千言，竹简磨穿，深知可道非常道；
青城三百转，铁鞋踏破，不愧仙山是此山。

张绍诚　撰

云海茫茫，乾坤早铸老霄顶；
川原历历，日月重开五洞天。

冯广宏　撰

四海苍茫呼太极；
一篇道德应玄机。

张开钦　撰

绝顶向元玄，南去银涛千里没；
灵峰观众妙，东倾翠浪一栏收。

李士廉　撰

呼应亭联

绝顶望秋波，奔腾玉垒趋三峡；
名山宏道德，管领青城第一峰。

谢翕如　撰书

圆明宫内山门联

栽竹栽松，竹隐凤凰松隐鹤；
培山培水，山藏虎豹水藏龙。

周宗濂　题

大殿联

福地岂寻常，蓬莱大道春光远；
仙人居阆苑，吕祖遗风瑞气长。

佚　名

玉清宫联

打不破羁网千重，六根皆是冤孽；
参得透玄关一点，三宝总属秕糠。

新繁　杨益豫　撰书

二、青城后山景区

大门联

览胜且入长坪。问小波义旗，献忠佚史，唐球隐迹，杜宇遗踪。往事动高吟，千古豪情添绝唱；
探奇须登大面。看泰安佛殿，宋明墓群，灵谷飞泉，丹岩云洞。风光宜细赏，一山幽意论平分。

李士廉　撰　李半黎　书

青城西来，任览胜寻幽，钟敲客梦；
味水东去，赏山光云影，景献诗情。

梁正达　撰　王晋康　书

古镇泰安，迎来游客超城市；
味江流韵，别有桃源赛武陵。

李启明　撰书

王小波、李顺陈列馆联

味水东流，遥思应运雄军威飏四镇；
天仓北峙，喜看逢春壮馆名播九州。

王纯五　撰　汪　犁　书

江水滔滔洗甲兵，首义沙坪，雪刃揭竿除众恶；
战旗赫赫均贫富，迎师蜀郡，壶浆箪食助雄军。

张少成　撰　王维西　书

壮志千秋兴虎旅；
悲歌一曲慑龙廷。

（广元）张敬朴　撰　（北京）马萧萧　书

日暖味江茶岭白；
旗开川峡阵云红。

张开钦　撰书

浩气长存，且听味水奔腾，云中激浪疑征鼓；
雄风宛在，试看天仓呼啸，岭上摇青若义旗。

魏尚闻　让　泉　撰　钱来忠　书

泰安古镇牌坊联

万佛禅光，朗照大唐古镇；
千岩秀色，同辉赤城洞天。

李代远　撰书

泰安寺山门联

梵宇重辉，铎韵钟声传味水；
名山小憩，松风月色净禅心。

李士廉　撰

古黄鹤桥联

古寺鸣钟，钟响黄坪惊鹤梦；
彩虹踏浪，浪飞味水动诗魂。

杨慕文　撰　湔　江　书

飞泉沟牌坊联

泰安寺前，欲观溅玉探灵谷；
梅花岭上，喜见飞泉入味江。

士　廉　撰　行　百　书

飞泉沟亭联

叠嶂亭

叠嶂层峦好吟山水；
茂林修竹快写兰亭。

李启明　撰书

幽谷飞泉

曲径通幽，四围乔木参天秀；
飞泉泻玉，万丈银河接地雄。

万天银　撰　韩宗贵　书

鸳鸯岛

宁为岛石长为伴；
愿作鸳鸯不作仙。

郭定乾　撰　郑世强　书

古壑亭

随缘芳草团圞绕；
得意藤萝上下牵。

梁俊臣　撰　蓝寿云　书

双泉水帘洞

双声泉落涧；
长啸我开襟。

丁季鹤　撰　汪　犁　书

五龙沟牌坊联

铁索横空，四围黛色浓千岭；
雾泉何处，一路江声问五龙。

李士廉　撰　侯开嘉　书

五龙沟亭联

问龙亭

五龙何在千峰隐，
一水依然万壑归。

梁正辉　撰书

蓬莱阁

集天下山川清气；
汇世间云壑奇观。

刘统杰　撰　陈红果　书

桃源别洞

柳暗花明，欣入桃源别洞；
春风澍雨，讴歌锦绣青城。

马非白　撰　蓝寿云　书

桃花溪公园联

熊耳山前，丹楼紫阁环青霭；
桃花溪畔，飞瀑流泉挂碧峰。

李士廉　撰　王维西　书

白云寺门联

登临极壮观，卅六峰、百八景、巍然长卷。堪忆金壁擎云、龙峡探险、桃源问津、玉女穿潭、翠湖映碧、灵瀑涌泉。最难忘：云洞通天、红尘界断，天上人间一孔联。名山我幸览，东海云、西岭雪、蓥华雨、红岩月、盘龙霞、鹿顶夕，岁月半生风云误，重游阆苑聆仙乐；（上联）

凭虚恣遐想，九万里、五千年、浩渺无边。细考轩台问道、楼观传经、灵鹫证佛、鲁殿删书、师坛戒鬼、曹溪布法。终悟得：壮马参禅、铁瓦磨穿，性海迷津两昧缘。青史谁铸就，昌黎骨、屈原魂、太白诗、史迁文、东坡赋、放翁情，英灵自古河山孕，漫向蓬壶认爪痕。（下联）

李代远　撰书

白云群洞亭联

礼佛亭

一点诚心惟礼佛；
十分幽兴是朝山。

佚　名　撰　陈红果　书

浮云亭

万缕烟霞玄庐外；
数声鸡犬白云间。

曾先佑　撰书

望云亭

人间桃源洞；
天外白云乡。

李代远　撰　郑世强　书

水晶溶洞门联

佳景在山林，看万树葱茏千峰滴翠；
诗情溶画稿，喜一泓潋滟几度流霞。

江村叟　撰书

一穴休言小，世界沉浮留马迹；
万象莫谓空，宇宙玄黄辩齿痕。

笑　禅　撰书

九天阁联

洞水汇奇观，洞中溶洞水中水；

山楼叠美景，山外青山楼外楼。

江村叟　撰　张龙万　书

三、二王庙联

恢拓禹功名父子；
创开天府古神仙。

彭　洵　撰

东流不尽秦时水；
西望长陪太守祠。

佚　名

数千年犹是肸蚃也；
亿万世其免为鱼乎。

张仁叒　撰

万顷波光归稼穑；
四山云气栗蛟龙。

王昌龄　撰

深淘滩，低作堰，懿训昭垂，为准为则；
湾截角，正抽心，仪型足式，无颇无偏。

张　沅　撰书

大隐始著书，有文字五千言，独存精髓；
百家纷踵迹，譬江流一万里，要溯源头。

佚　名

开物凿离堆，深低诀六字相传，庙宇重新隆血食；
溉田导汶水，内外江万年乐利，桑麻依旧答神庥。

但懋辛　撰

朔画经于秦时，沟渠初放，阡陌初开，贤太守始立规模，遂以启后时文廉之绩；
兴利济于蜀郡，井野分疆，离堆分石，都人士馨香俎豆，直可追先朝丛望之祠。

骆秉章　撰

生身继大禹治水神功，闵昏垫，去怀襄，淘滩作堰，与疏瀹后先辉映，千百年猛兽并驱除，天下有溺犹已溺；

主座经祝融秉火焚焕，勤朴斲，涂丹雘，革故鼎新，俾人民远迩讴歌，十四县全川重坐镇，蜀道多难又何难。

陈星云　撰

四十载新天，文明培胜地。望雪岭莹空，翠叠屏峦。青城合秀，琳宫相映辉煌。绮栋珠帘，焜耀远阡近壑。遥空落照，沙渚识归舟。紫气满都江，咸来入画离堆。更铜铸金堤，承先拓后，扩修钢闸弘渠。看泱泱千派，绿绕西南。天府沃腴，而今何止成都。杖屦共登临，极目苍茫。唱大江东去，万里烟霞昭海外；

三千年芳躅，草昧破天荒。翼石犀镇水，波穿摩灌。赤壁伏龙，神话凭传点染。湔堋磊堰，横潴逆浪汹涛。护岸峻崖，鳞皴遗凿迹。英雄悉剑履，费尽移山心力。乃旌彰徽烈，饮水怀源，经始灵台丽馆。庋历历丰碑，荫留日月。平原沾溉，况昔曾称陆海。昆山同仰止，余情浩渺。独亘古功奇，九隅天地树雄风。

周蹈之　撰

四、普照寺联

果证菩提，普遍无漏；
秀依味水，照见皆空。

黄云鹄　撰

庙貌巍峨，声灵赫濯昭灌水；
神光普照，恩威广济护岷山。

杨国祯　撰

即此是灵山，地接青城开鹿苑；
从兹宏觉路，灯传白社续鸡园。

高　溥　撰

杨柳枝头，妙趣有天皆法雨；
莲花朵内，浮生无处不慈风。

童岁宽　撰

退一步，看利海名场，奔走出许多魔障；
进三宝，听晨钟暮鼓，打破了无限机关。

佚　名

从色界天，放出一道光明，处处都归普照；
把味江水，洗却浑身垢浊，人人得见如来。

强望泰　撰

到这里，他就是铜肝铁胆，也要回头向善；
入此门，任随你紫袍金带，亦须合掌皈依。

童君选　撰

于卅六峰之外，别夸岩壑灵奇，天为青城增胜迹；
历百余年以来，始得庄严灿备，碑题赤字播禅功。

钱　璋　撰

贝阙回凌霄，后赤城，前漓水，左天仓，右圣母，昙云溥世界三千，讵必稽首须弥，法相见珠璎宝珞；

灵经开觉路，九根净，六贼清，七心悟，八垢除，化雨证阿罗五百，但使回头彼岸，慈航渡苦海迷津。

史致信　撰

鸟返深山啼自在；
人留古寺悟前因。

流沙河　撰

智慧归真，心存物外；
文明向善，佛在人间。

何　洁　撰

附：青城山楹联书籍要目

《青城诸山道观楹联集》1945年青城山常道经书社刊印。

《青城山楹联集》1977年青城山管理所编印。

《青城第一长联》刘同德、何斌注释，载1980年《青城文艺》第6期。

《影印精拓青城山宫观楹联选注》青城山道教协会1986年2月编印，李启明、刘襄遵注释。

《青城山都江堰名胜楹联选注》四川人民出版社1986年出版，陈家铨、阙宗仁编注。

《成都名胜楹联》1990年6月四川人民出版社出版，四川省楹联学会、成都市楹联学会、成都市群众艺术馆编，青城山部分由王纯五注释。

《王小波李顺陈列馆楹联选集》1990年7月由都江堰市文物局、都江堰市政协文史委员会、都江堰市楹联协会编印，李士廉主编。

《青城山楹联选集》1991年7月由都江堰市青城山管理局、市政协文史文化委员会、都江堰市楹联协会编印，主编李士廉、李启明、王纯五，编辑：张楷梯、王晋康。

《巴蜀名胜楹联大全》1992年四川人民出版社出版，收青城山联304副（编委：杨慕文、高尚仁）。

《青城藏宝·楹联篇》2005年12月四川美术出版社出版，青城山风景名胜区管理局、青城山道教协会主编，精印青城山楹联拓片72副，由编辑杨慕文等注释。

第四节　绘画及雕刻

一、壁画艺术

青城山的壁画艺术以唐宋时期最负盛名。

宋人黄休复《益州名画录》云："李升者，成都人也。年才弱冠，志攻山水。心思造化，意出先贤。数年之中，创一家之能，俱尽山水之妙。每含毫就素，必有新奇。曾作《青城山图》《二十四化山图》等。后学得之，以为无言师。明皇朝有李将军（按：指李思训），擅名山水，蜀人皆呼升为小李将军。"

五代时，青城山丈人观有张素卿绘《五岳四渎、十二溪女、山林、溪沼、树木诸神及岳渎曹吏》。《蜀中名画录》赞此画"诡怪之质，生于笔端。上殿观者，无不恐惧"。张素卿是善画道教仙尊人物的能手。《蜀中名画录》记其身世云："道士张素卿者，简州人也（按：即今四川简阳市）。少孤贫，性好画，在州主谯国夏侯公孜宅，多见隋唐名画。艺成之后，落拓无羁束，遂衣道士服。唯画道门尊像，豪贵之家，少得其画者。乾符中（按：即874—879年），居青城山常道观焚修。"①成为道教绘画的一代宗师。绘有《老子过流沙图》《五岳朝真图》《二十四化真人像》等。

后蜀广政十五年（952年），张素卿所绘《五岳四渎诸神》壁画被山洪冲损数堵。蜀主孟昶命翰林待诏、著名画师蒲思训按照原作补壁。

后蜀时邛州人李寿仪，初以画墨龙见长，人称"李水墨"，中年入道门，专画神像。据宋郭若虚《图画见闻志》载："道士李八师（按：即寿仪）邛州依政人，于本县崇圣观披挂，工画道门尊像，青城丈人观亦有壁画。"

唐末五代时，著名画师孙太古曾在青城山丈人观真君殿，绘制《三十二仙真》壁画。据南宋范成大《吴船录》载："真君殿四壁，孙太古画黄帝而下三十二仙真，笔法超妙，气格清逸；此壁画冠于西川。"北宋诗人文同《题孙知微画》云："卓哉青城笔，绝妙冠天下。"

《吴船录》又云："青城山长生观殿壁有孙太古所绘《味江龙》壁画。"并载："相传孙欲画龙而不知其真。有丈夫过云：君欲识真龙乎？忽变而夭矫，孙谛视画得之，视稍久一目遂眚，即此画也。旧壁宣和间取入京师。临行道士慕名笔摹于新壁，今所存者摹本也。"

孙太古在长生观大殿画《范长生像》，宋代《舆地纪胜》"永康军（即今都江堰市）古迹"条云："孙太古画《范长生像》。该像南宋时犹存。陆游《剑南诗稿》云：青城山中有孙太古画碧落侍中范长生，举手整貂蝉像，特妙。"

孙太古又曾在丈人观画《龙虎二君神像》。《吴船录》云："有孙太古画龙虎二君，在殿外两壁，笔势挥扫，云烟飞动，盖孙笔之尤奇者。"关于孙太古的身世，黄休复《茅亭客话》记载如下："孙处士，名知微，字太古，彭山人。画道释尊像，则精心作意，虚神静思，经冬夏方就。爱青城白侯坝赵村，水竹重深，嚣尘不入，冀绝外虑，得专艺学。尝问导江女巫鬼神情状，欲资其画。"

---

① 见〔宋〕黄休复撰，何韫若、林孔翼注《益州名画录》，第24页，四川人民出版社，1982年版。

可惜上述珍贵壁画在宋末元初的战乱中，荡然无存。青城山仅余天师洞三清大殿后壁1928年所绘《青城山图》，以及上清宫文武殿1937年所绘“二十四孝”及“关羽故事”组画，为民间艺人所绘，作者不详。

著名国画大师张大千在青城山绘有《张天师像》《王母像》《麻姑像》《三丰祖师像》《玉女像》。徐悲鸿的《紫气东来》（即老子骑青牛过函谷关图），赵蕴玉的《吕祖像》《邱祖像》，均堪称存世的青城山仙道人物绘画精品。

二、石刻艺术

青城山出产优良石材，故道佛二教历来重视石刻造像。现存隋代天师造像、唐代三皇石像及三佛洞造像、宋代会庆建福宫石刻遗物、清代普照寺普同塔石刻、飞马灵官石刻、上清宫九龙浮雕、上皇观哪吒闹海石刻均为世上珍品。

青城山的寺庙宫观，多用雕工精美的石柱、石坊、石础，上刻飞禽走兽及仙佛人物栩栩如生。

近代以来，青城山造就了一批民间石刻工艺家，最著名者为杨星佑等人。

石雕名师杨星佑，清咸丰七年（1857年）出生于青城山区灌县两河乡盐井村猛追洞。以雕刻宗教神佛石像驰名，又因他排行老四，人称“杨四菩萨”。其先辈即以石雕闻名，普照寺藏经楼石刻为其父辈掌墨。星佑师承家法，而又勤学苦钻，刻意创新。1924年，受青城山天师洞当家彭椿仙礼聘，担任新修三清大殿石工掌墨。该殿石柱楹联石刻、石撑弓花鸟人物、石兽柱础、石栏杆“天籁婴灵”、海漫“十二生肖”石刻等精品，由他和陈星南设计施工。特别是石栏杆柱子上的人物石雕，径不盈尺，却生动传神，妙趣横生，堪称灌县石雕的佳作。他留下的石雕作品还有：《白蛇传》，人物浅平雕石刻（高约1.5米，宽约1米），共12幅（存原两河乡盐井村杨宅6幅，茶坪村彭宅6幅）。其外孙高吉廷，继承外公技艺，亦为灌县著名石匠。杨星佑卒于1932年，安葬于原两河乡盐井村四脚石，享年七十有五。

三、木雕艺术

青城山的木雕艺术品种类甚多，琳琅满目。尤以天师洞三清大殿楼上无极殿的8扇木雕屏花，令人叫绝。栩栩如生的荷花、芙蓉花、孔雀等，全系镂空雕刻，造型活泼生动，着色典雅明快，传为明代木雕珍品。

近代以来，青城山也造就了一批民间木雕工艺家，最著名者为张云衡等人。

木雕名师张云衡，清光绪十六年（1890年）出生于太平乡（今青城山镇）一户书香门第，其父张宗禄曾中秀才。云衡早年丧父，拜师学艺。曾去西安、北京等地学习。1919年，他应天师洞道长彭椿仙之请，担任三清大殿、灵官楼、西客堂木工掌墨师。后又参加玉清宫等宫观的修建，均受到各方赞誉，留下了许多木雕精品。

四、青城画风

青城山幽甲天下，是国家重点风景名胜区，也是一座绘画艺术的宝库。每当人们提起中国的山水画，也往往会想起青城山。

青城山自唐宋以来，画家辈出，李升、张素卿、孙太古等名流众多。二十世纪三四十年代以来，全国一些很有影响的国画家张大千、徐悲鸿、黄宾虹、陆俨少、黄君璧、董寿平、关山月、陈子庄、吴一峰、岑学恭、赵蕴玉等人云集青城山，他们的艺术思想和作品对当代的青城画风起着重要的影响；他们播撒的艺术种子在青城山所在的都江堰市开花结果，培育出以都江画院、政协灵岩书画研究会、晚晴书画社、青城山竹院画室等美术社团和众多的画家，在海内外产生了很大影响。

山水画首先要揭示的是自然美。画家以其敏锐的艺术观察力，在表现自然美时，尤为注重其特有的“物趣”和神韵。著名画家陆俨少先生，在《青城胜景图》中深有体会地写道：“青城之胜，则草树葱茏郁茂，故写青城当以林木为主。惜此传统犹古未备，故应创新。如或有得，则已探骊龙之珠，他皆胜物矣。”可谓一语中的。故有人说：青城画派就是西蜀湿润环境中的山林画派，具有“幽甲天下”的独特意境。时人评价青城山的自然美时曾说：“顾青城在亦雄亦奇亦秀外，而其幽邃曲深，似剑阁、三峡、峨眉，皆无逊色。”故诸大师在表现“青城天下幽”这一特色时，除共有的青城山审美情趣外，又各有不同的艺术个性。1991 年 5 月 15 日，都江堰市政协灵岩书画研究会邀请本市部分绘画界人士，开展了一次“青城画风”的讨论。画家对青城独特艺术规律的深刻把握，对青城画风的进一步提高和创新，起到促进作用。集众多画家的世代努力，“青城画派”终将扬旗于中国山水画坛，使名山与名画相得益彰。

第五节　神话传说要目

《张天师》《鬼谷子肉身》　见 1921 年灌县董虞琴编《大陆蹄涔》。

《护花鸟》　王纯五搜集整理，1959 年 3 月发表于四川省文联《草地》杂志。1960 年收入四川人民出版社《四川民间故事选》，1984 年收入四川少儿出版社《中国民间故事选》以及《成都市民间文学集成》等书。

《天师降魔》　黄大钰撰文，载于 1980 年《青城文艺》第六、七两期。

《摸鱼哥哥》（民间传说唱词），杨慕文编词，载于 1979 年《灌县文艺创作选》。

《轩辕学道》　周正、黄大钰撰写，载于 1979 年《青城文艺》第 4 期。

《鸳鸯井》《知更鸟》（诗体故事），周正、黄大钰撰写，载于 1979 年《青城文艺》第 3 期，1980 年《青城文艺》第 5 期。

《偷营沟》　王纯五搜集整理，载于 1979 年《青城文艺》第 4 期。1981 年 7 月 1 日在第一届四川省优秀文艺作品评选中获三等奖。

《赵公伏牛》　王纯五搜集整理，载于 1980 年《青城文艺》第 5 期。

《都江堰青城山的传说》　王纯五、邓欤选编，四川文艺出版社 1985 年出版。其中青城山部分有刘西源、樊际昌的《大禹治青城山》，邓欤、汪犁的《金鞭岩》，崔万铸、刘西源的《龙桥栈道》，叶频的《灵芝草》，刘西源的《巧盖宝顶》，邓欤、王纯五的《摸鱼哥哥》《佐卿化鹤》，邓欤的《天师洞·降魔石》，王纯五的《药王青城识川芎》《护花鸟》《旗杆石》和《宁封丈人》，其中《宁封丈人》被节载于袁珂、周明所编《中国神话资料萃编》（四川社科院出版社出版）。袁珂所著《中国神话史》在第六章“仙话”中曾加评介。

《成都的传说》　成都市艺术馆主编，其中收录有上述《大禹治青城山》《龙桥栈道》《天师洞》，以及刘绣的《镇西川三上青城山》等篇。该书 1987 年由上海文艺出版社出版。

《青城山歌》 杨慕文搜集整理，曾选载于四川人民出版社《龙门阵》杂志 1981 年第 2 辑。

《中国民间文学集成·灌县卷》 王纯五主编，该书获四川省民间文学资料卷一等奖。其中青城山部分新增有杨慕文的《杜鹃仙子》《赵公印》《猫猫踩庙基》，王纯五的《神农吃茶》《孤鹤顶》，杨蕤林的《飞鹅坝》。杨慕根、杨蕤林的《滥泥坝与宁封》。青城山歌部分有杨慕文搜集的《泰安情歌》（小调）共 33 首，杨慕根搜集的《两河山歌》（采花调）及《情歌》7 首。杨蕤林搜集的《大观乡情歌》3 首。其中的《宁封丈人》《天师降魔》《杜鹃仙子》《神农吃茶》等 8 篇，1993 年由日本内藤利信译为日文，编入《四川盆地之民话》。

《青城后山风物传说》 王纯五、杨慕文编，1987 年为青城后山正式开放所编。故事有《金娃娃沱》《白云洞》《蛮河口》等。

《成都市民间文学集成》 主编陈浩东，执行主编张思勇，副主编廖友陶、王纯五、崔显昌，1991 年 9 月由四川人民出版社出版。其中新增加的青城山故事，有兰字尧的《青城茶》、王纯五的《神农吃茶》、龙缓华的《赵公山上的隐庙》、刘西源的《息心亭》。此书曾获巴蜀文学奖一等奖。

《刺客上青城》（电视故事），马瑛、红雨编，1992 年在《四川广播电视报》连载。

《神仙洞的传说》 杨慕文编写，载于《青城山报》1993 年第 1 期。

《三龙水晶溶洞传说》 无玉编写，载于《青城山报》1993 年第 4 期。

《青城山的神话传说》 杨瑞文撰文，载于《青城文艺》1981 年第 6 期。

《五斗米道对巴蜀民间文化的影响》 王纯五撰文，载于中国民间文艺家协会《民间文学论坛》1989 年第 6 期。

《天师道对四川傩戏的影响》 王纯五撰文，载于台北施合郑民俗文化基金会《中国傩文化与民间信仰》，1993 年 3 月出版。

《试论青城山的仙话》 王纯五撰文，载于四川省民间文艺家协会《民间文学论丛》第 3 辑。

《都江堰民间故事精选》 黄能秀选编，四川民族出版社 2002 年 9 月出版，载有其中选登青城山故事 17 篇。

《青城山传奇》 兰字尧编纂整理，中国文联出版社 2003 年 7 月出版，载有青城山神话和民间传奇故事 30 余篇。

第七篇　名人与青城

第一章　古代名人

张道陵（34—156 年）　原名张陵，字辅汉。东汉沛国丰邑（今江苏丰县）人。传为西汉张良的后裔。曾入太学，博通儒学五经，举为“贤良方正直言极谏科”。明帝时任巴蜀江州（今重庆市）令，后辞官隐居，学长生之道，朝廷数诏做官，皆不从命。后携弟子入蜀青城修作道书，著《老子想尔注》，自称太上老君授以“三天正法”，号为“三天法师正一真人”，改造五斗米道，称正一道，又称天师道，为中国道教的创始人。历代相传都以天师自称。张道陵以 122 岁高龄羽化和安葬在青城山。

皇甫谧（215—282 年）　魏晋间医学家、史学家，安定朝那（今甘肃省灵台县朝那镇）人，字士安，号玄晏先生。初从席坦学儒，中年患风痹，又发愤习医，著有《甲乙经》，是中国针灸医学的名著。曾长住青城山，著有《青城山记》。另有记述神仙隐逸的《高士传》及《玄晏春秋》等。

常　璩（约 291—361 年）　字道将，蜀郡江原人（今四川省崇州市），晋代史学家。约生于西晋惠帝初年（291 年），成汉时任散骑常侍，晋穆帝永和三年（347 年），桓温伐蜀，常璩等劝李势降，桓温以常璩为参军，入仕东晋，至建康（今南京）从事著述。他所著《华阳国志》系我国现存地方志的第一部完备之作，其中记有青城山。

李　膺（生卒年不详）　益州涪城（今绵阳市）人。梁时（503—589 年）为益州主簿升任别驾，史学家。著有《益州记》。其中记载梁时青城山的名胜：“入山七里，至赤石城，有羊马台、三师坛。上五里，至瀑布水涧，二百步有二石梯，有一石笋高三丈，过二石门，绝崖数百丈，下起常道观高峰下，有水六时洒落。东北有二石室，名龙宫，可容百余人。从龙宫过石室至石梯，名龙桥。又有一石梯，洞穴深邃，莫知所极。西北有石室，宛然见存。又有黄帝坛。石法天地，上圆下方，阔一丈二尺，有十二角。观东石刻日月，各阔五尺，厚一尺二寸。……。”

孙思邈（581—682 年）京兆华原（今陕西耀县）人。唐代道士，著名医药学家。他博通百家之学，尤好老庄，长期隐居修炼、行医，朝廷诏书赐官不就。他将道教的养生理论与医学相结合，广搜民间验方、秘方，总结前人医学理论和医学实践，加以分类记载，在医学和药物学方面做出很大贡献，被后世尊为“药王”。他一生著作很多，主要有《千金要方》《千金翼方》《保生铭》等医著，《千金翼方》是他在晚年时期在青城山所著。他还在青城山发现和培育了著名的川芎中药。羽化后葬于青城山。青城山人将他所住山改为药王山，并建庙永远祭祀，尊为药王真人，至今香火极旺。

罗公远（618—758 年）　唐时道士，彭州九陇（今四川彭州市）人。唐开元中游鄂州，刺史表其仙术，上荐朝廷。后归青城山，传有隐形术，于天国山九仙台羽化。杜光庭《道教灵验记》云：“罗真人修道于青城之南，今号罗家山。”

唐明皇（685—762 年）　即唐玄宗李隆基。据《新唐书》本纪第五“玄宗”条记载：玄宗于

“天宝十五载（按756年）七月庚辰，次蜀郡以避安史之乱。至德二载（按757年）十二月，自蜀郡回京，居于兴庆宫。”玄宗住成都期间曾经由新津老君山、修觉山，并经蜀州到青城山。明《蜀中名胜记》引前代《志》云：“（新津县）南一里，修觉山，神秀禅师结庐于此，唐明皇驻跸，为题修觉山三字。”清乾隆《增修崇庆州志》“忙城”条云：“相传，明皇入蜀，往青城山，驻跸于此。”（按此志所言为“下忙城”，在今崇州市原双河乡）《蜀中名胜记》引《外史》云：“唐明皇登青城，于长生宫驻辇。故《志》谓长生宫为玄宗别殿。”又引宋范仲立《青城乙记》云：“上清宫、上皇观、延庆宫，皆明皇幸蜀时造。”（查《舆地纪胜》：“清都观在延庆上二三里。”则明皇所造之延庆宫在金华宫、清都观之下，约为今都江堰市中兴镇两河口处。此为延庆宫，并非天师洞的古名“延庆观”。）宋《舆地纪胜》云：“玉真公主入蜀，居天仓山，其后羽化，葬于山侧。明皇幸蜀，开冢视之，仅存冠履。”再证唐代诗人薛逢《青城山上皇观》诗：“狂寇穷兵犯帝畿，上皇曾此振戎衣。”章孝标《上皇观》诗：“烟霞星盖七星坛，想像先朝驻禁銮。辇路已平栽药地，皇风犹在步虚寒。楼台瑞气晴萧索，杉桧龙身老屈蟠。翻感惠休与李郭，剑门空处望长安”。诗人李白曾作《上皇西巡南京歌》（按：唐时以成都为南京），有“谁道君王行路难？六龙西幸万人欢。地转锦江成渭水，天回玉垒作长安。”唐末，青城道士杜光庭《道教灵验记》及《录异记》云：青城山六时水崖下“石龛刻玄宗皇帝御容”。

玉真公主（692—762年）　唐睿宗的女儿。据《新唐书》列传第七“诸帝公主”条云：“玉贞公主、金仙公主皆唐睿宗女，太极元年（712年）度为道士，筑观京师。玉贞号上清玄都大洞三景师，诣天下道门使肖邈受三洞秘箓，游谒五岳，入蜀天仓山，筑室丈人观西，就拜灵峰于宝室洞前，有仙云五色，玄鹤翔舞，其后羽化，葬于山侧。”岑仲勉《隋唐史》云：“睿玄二宗皆偏向道教，景元元年，第八女西宁公主、九女昌隆公主入道，均为立观，以金仙、玉贞为名，西宁公主封金仙，昌隆公主封玉贞。”宋《舆地纪胜》云：“储福观在天仓峰山，有唐睿宗女玉真公主及明皇像。有天仓阁，望三十六峰于后，如列屏焉。”《方舆胜览》云：“储福宫有玉真公主像。”陆游《剑南诗稿》云：“唐玉真公主修真之地”，均不言“金仙公主”。可见，入青城山修道者仅玉真公主一人，说她们两人都到青城山，是清人徐昱《青城山金华宫记》之误。

李　白（701—762年）　字太白，别号青莲居士。唐代著名诗人。祖籍陇西成纪。一说出生于中亚西域，开元初迁居于绵州昌隆县（今四川江油市）；一说出生于四川江油市青莲乡。天才英特，喜纵横术。好读书击剑任侠。20岁曾与东岩子（梓州赵蕤）隐岷山（青城）数年，养奇禽以千计，广汉太守荐之不就。25岁后“仗剑去国，辞亲远游”。从其诗著中，可窥觅其曾隐居青城之行踪：“惜别愁窥玉女窗，归来笑把洪崖手。”“缅思洪崖术，愿住沧海隔。”“地转锦江成渭水，天回玉垒作长安。”事见游国恩著《中国文学史》，王瑶著《李白》，裴斐著《论李白的隐逸》。

杜　甫（712—770年）　字子美，自称少陵野老，唐代著名诗人。生于河南巩县，少年漫游齐鲁吴越，中年困顿长安。安史之乱后，冒死至凤翔谒见肃宗，被任命为左拾遗（谏官）；因救房事被贬华州，后弃官居秦州。乾元二年（759年）岁末到成都，曾任剑南节度使严武的幕僚、检校工部员外郎。上元二年（761年）秋，首次游青城山，留有多首咏青城山诗。

岑　参（715—770年）　唐代诗人，祖籍南阳，生于江陵。天宝进士，曾任安西、北庭节度判官，后升任嘉州（今四川乐山）刺史，人称“岑嘉州”，卒于成都。有《岑嘉州诗集》。唐大历元年（766年）到青城山，有咏青城山诗。

钱　起（722—780年）　唐代诗人。字仲文，吴兴（今属浙江）人。天宝十年进士，历任蓝田尉、翰林学士、考功郎中。大历十才子之一，著有《钱考功集》，其中有咏青城山诗。

贾　岛（779—843年）　唐代诗人。字浪仙，范阳（今属北京）人。家贫，曾一度为僧，后还俗，官任遂州长江（今四川遂宁市蓬溪县）主簿，普州（今四川安岳县）司仓参军。有《长江集》十卷，《诗格》一卷存世，有咏青城诗。

杜光庭（850—933年）　字宾圣，道号东瀛子，浙江括苍人（一说缙云人）。原本儒生，唐咸通年间应九经举落第，入天台山学道，师从应夷节，为陶弘景七传弟子，成为上清派著名道士。乾符初（约875年）经官居翰林学士的好友郑畋推荐，得僖宗召见，授麟德殿文章应制，为上都太清宫内供奉，出入禁中，成为“道门领袖”，人称“扶宗立教海内一人而已”。

中和元年（881年），黄巢攻占长安，僖宗入蜀，召光庭至成都，赐号“广成先生”。杜光庭以青城山为中心重振道教。中和元年（887年）七月，皇帝敕封青城丈人山为希夷公，宋陈舜余《青城山记》云：“僖宗幸蜀之年，山中修灵宝道场，周天大醮，神灯千余，辉灼林表。”后来，唐僖宗返京，光庭辞官隐居青城山白云溪，潜心研究道学。后梁天平元年（907年），前蜀王建称帝。邀杜光庭为皇子师，封光禄大夫、户部侍郎。光天二年（919年），王衍即位，授道箓于苑中，赐号“传真天师”、崇真馆大学生。蜀相徐光溥向杜执弟子礼，遇事到山请教。他辅佐前蜀王氏父子，使蜀中社会相对安定；但他不居城中，仍结庐青城山白云溪畔。宋人陶谷《清异录》载：“广成先生手拄跻龙杖，红如腥肉，重若玉石，似非藤竹所为，行走于白云溪之间。”长兴四年（933年）十一月，“一旦，披法服，作礼辞天，升堂趺坐而化”（见《仙鉴》），享年84岁。卒葬青城山清都观。（其墓至今未发现确址）

杜光庭居青城山近50年，在此著作甚丰，共30部250多卷，在中国道教典籍中，占有重要地位。大约可分为以下六个方面：一是教理研究的论著，如《道德真经广圣义》《太上老君常说清净经注》等；二是搜集整理因战乱而散佚的道经3000卷，编成《三洞藏》，为此他曾去平都山等胜地请经；三是对道教斋醮仪注和音乐的整理规范。他认为道教音乐能调和心志，使人接近于道，曾说：“礼以导其志，乐以和其心，政以一其行，刑以防其奸。声音之道与政通矣。”为此特编《道门科范大全》87卷；四是致力于名山方志，编《青城山记》《武夷山记》《洞天福地岳渎名山记》等；五是创作仙话及传奇，如写38位优美女仙故事的《墉城集仙录》10卷，写古仙人王乔的《王氏神仙传》及《虬髯客传》等；六是科技杂著，如写道教医学的《玉函经》、李冰修堰的《治水记》，以及记述自然灾害及奇闻怪事的《录异记》等。出于维护道教的目的，杜光庭在著述中经常引用许多光怪陆离的故事，又借用佛经的编撰方法，为道教完善神系及理论体系。他人视之为虚妄不实，戏之为“杜光庭撰”，简称“杜撰”。今杜撰一词表示凭空捏造或虚构（《现代汉语词典》解释为：“没有根据地编造；虚构。”）。

李　珣（约855—930年）　字德润，晚唐时家居梓州（今四川三台县）。据陈垣考证，其先辈是波斯（今伊朗）商人李苏沙之后，兄妹共五人，均曾游青城山。其四弟李玄，字廷仪，随僖宗入蜀，在成都售香药，“好摄养，以炉鼎破家，唯余道书药囊。尝得尔朱先生与青城南六郎书，每焚香熏之”。（见《五代史补》）其小妹李舜弦，工诗能画，前蜀王衍立为昭仪，有《随驾游青城》诗。李珣晚年写成《海药本草》，其后经三峡到广州。

王　衍（899—926年）　前蜀皇帝王建之子，前蜀光天元年（918年）为皇帝，曾与其母徐太后及太妃游青城山。《新五代史·前蜀世家》云：“（衍）尝与太后、太妃游青城山。宫人衣服皆画云霞，飘然望之若仙。”《蜀祷杌》载：“咸康元年（按：即925年）九月，王衍与母同祷青城山。宫人毕从。衍至青城住旬日，设醮祈福，太后太妃谒（王）建铸像。”王衍曾在青城山建行宫，今青城山上清宫后遗有柱础。徐太后、徐太妃（即前蜀花蕊夫人）均在青城留有诗作。

章孝标（791—873年）　唐代诗人，浙江桐庐人。元和中进士，初任秘书省正字，后任大理评事。曾游青城山作《上皇观诗》。

唐　球（约906年前后—？）　唐末五代诗人，蜀州青城县味江山人。至性纯悫，笃好雅道，放旷疏逸，几乎方外之士。隐居青城味江河畔，自号味江山人。一说曾为青城令。王建帅蜀时召为参谋不就，人称唐隐居。每日吟咏，捻稿为丸，置大瓢中，二十余年，莫知其数。老年卧病，索瓢置江中，漂至新渠口，人识为唐山人诗瓢，得之十存二三。《全唐诗》编为一卷，计三十五首。故时人称唐球为“一瓢诗人”。

吕　岩（约906年前后—？）　唐末五代著名道士。字洞宾，号纯阳子。河中永乐（今山西永济县）人。少习儒墨，举进士不第，改学道，擅内丹及剑术，后世道教徒尊为“吕祖”，为全真道北五祖之一。《全唐诗》收其诗作，内有《自青城过平都山》。

后蜀花蕊夫人费氏（约926—965年）　青城人，入宫为后蜀后主孟昶的贵妃。她才华出众，能诗善字，又能歌舞，有《宫词》百首传世，其中有关于道教斋仪的诗篇。

张令问（生卒年不详）　唐代诗人，隐居青城天国山，自号天国山人。有《寄杜光庭》诗，云：“试问朝中为宰相，何如林下作神仙。”

孙知微（生卒年不详）　字太古，自号彭山处士。唐末五代时成都著名的画家，晚年居青城山。

张　咏（946—1015年）　北宋诗人兼政治家，字复之，鄄城（今山东省）人，淳化五年（994年）知益州。为官清廉刚正，两住益州，均有政绩。擅诗文，有《乖崖先生集》，其《游青城》诗有“好峰须到顶”句。

宋　祁（998—1061年）　北宋文学家、史学家。字子京，湖北安陆人，后迁开封雍丘（今河南杞县）。天圣进士，官翰林学士、史馆修撰，与欧阳修等合修《新唐书》，书成，进工部尚书。卒谥景文。有《宋景文集》，其中的《益部方物略纪》中，记载了他游青城山所获知的奇产异物，如川芎、天师栗、护花鸟等。

范　镇（1007—1087年）　字景仁，四川华阳（今双流）人，宋仁宗时举进士第一，后为翰林院学士，与青城山道士仇宗正友好，曾到青城山。据范镇《崇道观道藏记》载：“宋英宗治平元年（按：即1064年），郫县崇道观道士姚若谷、青城山道士仇宗正等列言于府，谓释氏书遍刊州县，而道家所录，独散落不全。愿得京师官本，凡得五百帙，四千五百卷，溢于唐者又一千九百二十二卷。若谷、宗正益其书为五本。崇道观外分藏成都天庆观、青城山丈人观、梓州洞灵观、绵州洪德观。到神宗时，又诏令把建隆观所藏《宝藏》官本，分藏于青城丈人观。”

赵　抃（1008—1084年）　北宋时浙江衢州人，字阅道。景佑进士，为殿中侍御使，弹劾不避权贵，人称“铁面御史”，曾任青城县令、蜀州（今崇庆）知州、成都知府等职，著有《赵清献集》。

文　同（1018—1079年）　字与可，号笑笑先生，北宋诗人兼画家。开中国墨竹画之先河。梓州永泰（今四川盐亭）人，历官邛州、洋州知州。《丹渊集》诗中有游青城山诗。

陆　游（1125—1210 年）　字务观，号放翁，山阴（今浙江绍兴）人。南宋诗人，曾历任四川宣抚使幕僚、蜀州通判、成都制置使司参议官等职。著有《剑南诗稿》《老学庵笔记》等。淳熙元年（1174 年）陆游初到青城山，登上清宫。此后又多次游，留有多首咏青城山诗作。

范成大（1126—1193 年）　字致能，号石湖居士，吴县（今江苏苏州）人，南宋著名文学家。宋孝宗淳熙元年（1174 年），他任敷文阁待制，知成都府、四川置制使。淳熙四年（1177 年），任满回朝，他在办完交接公务后，于五月二十九日在成都合江亭上船，先把家属送到彭山县停泊，然后返回成都，再去向他一直喜爱的青城山告别。此行详记于他的游记《吴船录》，并称“上清之游，真天下伟观哉”。

吕大防（1027—1097 年）　字仲微，京兆蓝田人。宋仁宗时进士，以著作郎知青城县。熙宁四年（1071 年）进学士，后知成都府事。宋元祐年间，官至尚书左仆射，与范纯仁、刘挚等同时辅政。哲宗亲政后，贬舒州团练副使。游青城留有诗作。

张继先（1092—1128 年）　第三十代天师。字嘉闻，又字道正，号翛然子，父处仁曾任临川知县。继先 9 岁嗣教。宋徽宗召见时，他告以道体法用，体用一源，劝其勿嗜丹药，当清静治国。又于汴京建醮传授经箓道法，徽宗赐号虚靖先生，视秩中散大夫。曾到青城山朝祖，在此修道，并开创北帝派地祇宗。钦宗时又奉召进京，行至泗州解化。著有《虚靖真君语录》和《明真破妄章颂》《心说》《大道歌》等。

魏了翁（1178—1237 年）　字华父，号鹤山，邛州蒲江（今四川蒲江）人，进士，诗人和学者，著名易学家，曾任校书郎、端明殿大学士、浙东宣抚史等职。嘉定五年（1212 年）知眉州时游青城山。

张　俞（生卒年不详）　字少愚，北宋诗人，生于四川郫县。游学四方，屡举不第。仁宗时写《攻取十策》论边防，朝廷委任他做校书郎，用非其志，遂隐居青城山白云溪，自号“白云居士”，有诗集名《白云集》。其妻蒲芝，亦为诗人。

勾台符（生卒年不详）　北宋时青城山道士，青城县人，与张俞为诗友，自号岷山遗老。曾自题诗云：“左执范贤袂，右拍薛昌肩，举头傲白日，长啸揭青天。嚣嚣者安知华夏之内有此逸乐乎！不知岷山之遗老于我乎？抑我之遗老于岷山乎？”著有《青城方物志》5 卷、《卧云篇》3 卷、《岷山异事》3 卷、《岷山集》若干卷（见《宋史・艺文志》）。

安世通（生卒年不详）　青城道士，其先世本西域人，于南宋绍熙年间（1190—1194 年）到青城山隐居。宋开熹三年（1207 年），宋叛将吴曦遣将利吉引金兵入凤州（今陕西凤县东北），吴曦以兴州（今陕西略阳）为行宫，自称蜀王。公然投金叛宋，并遣将董镇到成都兴治宫殿。安世通闻讯，大义凛然地致书成都帅杨辅，力主讨逆。蜀士大夫多劝以举义，辅不能决，后，江陵吴猎举兵讨曦，乱平，吴猎使蜀，荐士以世通为首。虞刚简知永康军，建评事桥（即今都江堰安澜索桥），魏了翁为记，也称赞安世通。《宋史・隐逸传》中，有《安世通传》。

虞　集（1272—1348 年）　字伯仁，人称邵庵先生，四川仁寿县人。元代诗人。成宗大德初年到京任国子助教。泰定时升任翰林学士兼国子祭酒。有《道园集》，其中有对青城牡丹坪高山杜鹃花的咏赞。

杨升庵（1488—1559 年）　名慎，字用修。四川新都人，博学多才，24 岁中状元，任翰林院修撰和经筵讲习。明嘉靖三年（1524 年），因议大礼，触怒明世宗，被贬谪到云南永昌卫。他在长期流放中仍坚持著述，曾多次到青城山，有诗文记述其事。

谢 榛（1495—1575 年）字茂泰，号四溟山人，明代文学家。山东临清人。明代文学界后七子之一。初与李攀龙、王世贞等人结诗社，倡导效法盛唐诗风。诗集有《四溟山人集》，内有游青城山诗。

焦维章（生卒年不详） 号雪山，灌县金马乡（今都江堰市天马镇）人。明嘉靖五年（1526 年）进士，曾任翰林院编修、河南参政，后升任山东巡抚。著有《雪山诗文全集》30 卷，有青城游记。

陈清觉（1606—1705 年） 湖北武昌人，明末清初道士，道号寒松，又名烟霞。少年登第入庶常，后辞官隐居，在武当拜全真教龙门派道士为师，出家修道。清康熙八年（1669 年），他入蜀访道，至青城山天师洞见山川奇秀，殿宇荒废，于是留居此地，奋力整修。康熙四十一年（1702 年）康熙皇帝召见，敕封为“碧洞真人”，御书赐给“丹台碧洞”匾额。自此，蜀中开创全真教龙门派碧洞宗，青城山归属此派，承传至今。

王士祯（1634—1711 年） 字子真，号阮亭，自号渔洋山人。山东新城人。清代文学家，曾任明史纂修官，著有《渔阳山人精华录》，内有咏青城山诗。

顾光旭（1731—1797 年） 字华阳，号晴沙，江苏无锡人。乾隆进士，曾任甘肃甘凉道道台。有诗文集《响泉集》《梁溪诗钞》，内有游青城山诗。

李调元（1734—约 1802 年） 四川罗江（今德阳市）人，号雨村，别号童山。乾隆进士，授翰林院编修，清代文学家。两次督学广东，升任直隶通永道，因清廉刚正，被人陷害充军伊犁，得释回家，从事著述，有《函海》及《童山诗集》。有《游青城山》诗。

杨遇春（1761—1837 年） 字时斋，四川省崇庆州（今四川崇州市）城郊白碾村人，其先世为“仇池杨氏”。遇春出身贫寒，少年时曾在青城天国山雪佛庵等地学习青城派武功，据老拳师周烈光传言，杨遇春的启蒙老师刘纯斋系青城派武林高手，杨军营中的骨干亦深习此术。乾隆三十四年（1779 年）杨遇春考中武举，从此开始军事生涯，成为清代中叶的名将，历乾隆、嘉庆、道光三朝，身经百战，均身先士卒而无大伤，称为“福将”，曾任陕甘总督，一等昭勇侯，死后赠太子太傅，谥号“忠武”。他的次子杨国桢，亦著名武将、曾任兵部尚书等职，世袭一等侯，卒后归葬青城天国山。

塞尔图（生卒年不详） 满洲正黄旗人，康熙雍正年间任礼部尚书，曾作为钦差大臣来到四川，游青城山，捐资修天师洞灵祖大殿，并撰联悬挂于张陵天师石像前，以表示对道教的虔敬。

李 惺（1787—1864 年） 字伯子，号西沤。四川垫江县人。清嘉庆二十三年（1818 年）进士。曾任翰林院编修，后主讲锦江书院。著有《西沤集》，有《忆青城天师洞旧游》诗。

高 溥（1794—1875 年） 原名文溥，号约斋，青城山麓人。道光进士，被学者称为“城南先生”。曾任广东崖州（今海南岛）知州。晚年居青城故居，卒葬白云庵。

何绍基（1799—1873 年） 湖南道州人，字子贞，号东洲，晚号蝯叟。道光进士。曾任翰林院编修、四川学政，擅书法，著有《东洲草堂诗集》，收有游青城山诗。

顾复初（1812—1894 年） 江苏吴县人。曾任四川总督丁宝桢的幕僚，工诗善画，书法楹联亦佳，有《青城雅集图》长诗。

黄云鹄（1819—1898 年） 字祥人，号芸谷，湖北蕲春人，清咸丰三年（1853 年）进士。历任兵部郎中、成都知府、四川按察使等职。后回乡主讲江汉书院。他在成都期间，曾一度主持编修光绪增补《灌县志》，并在青城留下十余篇诗文。

张之洞（1837—1909 年）　直隶（今河北省）南皮人，字孝达，号香涛，晚号抱冰。清同治进士，曾任内阁学士。同治十二年（1873 年）授四川学政，奏设尊经书院。是年，游青城山，作《望青城山诗》，收入《广雅堂诗集》。后历任山西、两广、湖广总督，倡导洋务运动，开办实业，提倡新学，著有《张文襄公全集》。

僧松涛（生卒年不详）　日本和尚。清末旅游青城山、峨眉山等地。《灌志文征》收有他游青城的诗篇，其汉诗造诣颇深。

张仁晸（？—1903 年）　第六十一代天师，字炳样，号清严。清同治元年（1862 年）袭教职，后到上海。同治九年（1870 年）省祖墓，到青城山，留有遗墨。

骆公啸（1865—1928 年）　清末状元，四川资中人，原名成骧，曾任翰林院编修，广西提学使，有《和青城题壁诗》。

蔡时田（生卒年不详）　清代翰林院编作，四川崇宁（今属郫县）人。有诗集《蜀雅》，内有《青城杂诗》。

第二章　近、现代名人

宋育仁（1857—1931年）　字芸子，四川富顺人。清光绪进士，授翰林院检讨。光绪二十年（1894年）任中国驻英、法、意、比四国公使参赞。1896年回四川办理商务、矿务。在重庆设商务局，又发起组织“蜀学会”，创办《渝报》。1898年兼成都尊经书院山长，创办《蜀学报》。1916年任成都国学院院长兼四川通志局总纂，著有《问琴阁丛书》。在青城山留有诗词。

黄宾虹（1865—1955年）　现代著名画家，名质，字朴存，别署予向、虹庐、虹叟。祖籍安徽歙县，生于浙江金华。早年拥护辛亥革命，后在京、沪、杭等地美术院校任教。中华人民共和国成立后任中国美术家协会华东分会副主席。著有《黄山画家源流考》《虹庐画谈》《中国画学史大纲》等。1932年游青城山，绘《青城烟雨图册》多幅。有诗文论述青城风光及其表现方法。

张　笏（1866—1934年）　字搢簪，别署墨君道人。四川都江堰人，能书善画，长于博古，善写水墨兰竹。青城山都江堰均有其兰竹木刻和碑石传世。其传记被编入《中国美术家人名辞典》。

吴稚晖（1866—1953年）　原名敬恒，江苏武进人。清末举人，曾参加同盟会。1938年游青城山，留有题词，时任国民党中央监察委员等职。

林　森（1867—1943年）　字子超，号长仁，福建闽侯人。1942年夏到青城山，住建福宫，时任国民政府主席。他酷爱山水林云，曾为青城山书写了“云居”“云巢”“云根”，分别刻于第一峰、滴水岩及建福宫溪岩边。是年秋，与次子林正同游沙坪和龙居寺（郭家庵），题写“太清宫”匾额；并为青城山学董杨德成的纪念碑书“一乡矜式”题刻；还为万钟青城《百蝶图画册》题词。

赵　熙（1867—1948年）　字尧生，号香宋，四川荣县人。清光绪十六年（1890年）进士，翰林院庶吉士，转任江西道监察御史，后辞官回荣县任凤鸣书院山长。1906年游青城山，有《寄刻天师洞》等诗。

李善济（1870—1921年）　字筱康，四川通江人，晚清廪生，考入四川高等学堂毕业，曾任武胜县、通江县视学。宣统二年（1910年）到青城山，创作青城第一长联（上下联共394字）及青城山《古银杏歌》等。

罗骏声（1873—1950年）　字德舆，号伯济。四川都江堰人。曾受知于吴之奂、郭沫若。一生从事教育工作。长诗词，善治史，诗学少陵。晚年主编《灌县志》十余册，时称卓识。遗著有《说文郭首训诂》《国学综述》《春秋释义》《中国法制史》《教育箴言》《静远斋文抄》《静远斋骈文抄》及《雄风集》《北征集》《青城集》诗著。其写青城诗歌尤为人传颂。

沈钧儒（1875—1963年）　字衡山，浙江嘉兴人。清光绪进士，曾留学日本法政学堂。回国后参加辛亥革命及反对北洋军阀的斗争，并参加新文化运动。1926年北伐时一度任浙江省临时政府政务委员兼秘书长。1928年任上海法科大学（后名上海法学院）教务长兼律师。1935年与邹韬奋等人共同组织救国会。1941 年创议组织中国民主政团同盟，后改组为中国民主同盟，并担任中央常务委员。中华人民共和国成立后历任中央人民政府委员、最高人民法院院长、全国人民代表大会常委会副委员长、政协全国委员会副主席、中国民主同盟主席等职。他于 1939 年 3 月 27 日到青城山，并留有诗作。

颜　楷（1877—1927 年）　字雍耆，号拔室，四川华阳（今双流县）人，近代著名学者，清代光绪进士，入翰林院。辛亥革命期间，任四川保路同志会干事长。民国初年任四川法政学堂教授。1926 年到青城山，收道士易心莹为徒，入他所主办的成都崇德书院深造，在青城山留有诗词、楹联、书法作品。

黄炎培（1878—1965 年）　字任之，川沙（今属上海市）人，清末举人，同盟会会员。辛亥革命后任江苏教育司司长。1917 年赴美考察，回国后在上海创立中华职业教育社。抗战期间曾任国民参政员。1940 年底参与筹组中国民主政团同盟，同年底发起筹组中国民主建国会。中华人民共和国成立后，他历任中央人民政府委员、政务院副总理兼轻工业部部长、全国人大常委会副委员长、政协全国委员会副主席等职。1936 年 2 月游青城山，有游记。

于右任（1879—1965 年）　陕西三原人。近代著名的爱国诗人和书法家。早年参加辛亥革命，是南社诗人之一。抗日战争期间任国民政府监察院院长等职。在青城山留下诗词、楹联、书法珍品。1943 年 4 月在上清宫所书《阴符经》条屏，为草书中不可多得的大部头作品。

公孙长子（1880—1942 年）　姓余名兰陔，又名余彻、余培初，因参加辛亥革命，改用黄帝之姓——公孙，四川内江人，近代民主革命先行者和书法家。1933 年到青城山，留有楹联墨迹。

余苍一（1880—1939 年）　原名舒，别号沙园居士，原籍浙江省，其父辈定居四川成都。光绪癸卯科举人，受维新思想影响，东渡日本中央大学学习，入同盟会。投身辛亥革命，反袁护国，曾任四川督军署秘书长。后从事教育，任四川大学、华西大学等校教授，深研佛学，尤精于唯识论。书法造诣较高，在青城山留有作品。

冯玉祥（1882—1948 年）　原籍安徽巢县，爱国将领、军事家和政治家。抗日战争期间，冯玉祥将军于 1941 年到灌县，前后近一个月。1942 年和 1945 年先后两次重游青城山。抗战胜利的喜讯传来，将军喜极泪流，亲自撰写闻胜亭碑文，刻石立于青城山祖师殿侧。时任重庆国民政府军事委员会副委员长。

谢无量（1883—1964 年）　原名大澄，字仲清，四川乐至人，近代文学家和书法家。光绪末年主讲成都存古学堂，1924 年被孙中山任命为大元帅府秘书。后在广州、重庆等处任教。著有《中国大文学史》《啬庵诗录》等。中华人民共和国成立后曾任川西博物馆馆长、中央文史研究馆副馆长。早年游青城山，有《山居杂题》诗集。

林思进（1884—1953 年）　字山腴，号清寂翁，四川华阳人。著名学者，四川大学教授，著有《清寂堂诗集》。1928 年到青城山，留有诗作。

章嘉活佛（1890—1957 年）　原内蒙古宣化总督署委员长章嘉呼图克图，1942 年来到青城山。曾为天师洞撰联云："宝露凝芳，霏为泛彩；仲钟簇韵，法教扬音。"并游香积山等处。

顾颉刚（1893—1980 年）　原名诵坤，字铭坚，江苏吴县人，近代著名史学家。曾任中山大学、厦门大学、复旦大学、重庆中央大学教授，上海商务印书馆编辑，著有《古史辨》等书，主编《中国历史地图集》。中华人民共和国成立后曾任中国社会科学院历史研究所研究员、民进中央委员，曾当选全国政协委员、全国人大代表。1940 年 1 月游青城山，题词赋诗，时任成都齐鲁大学教授。

叶圣陶（1894—1988 年）　原名叶绍钧，江苏苏州人。现代文学家。曾主编《小说月报》等刊物，1921 年与茅盾等人发起组织文学研究会，著有长篇小说《倪焕之》、童话《稻草人》、新诗集《雪朝》、散文集《脚步集》等。曾任商务印书馆及开明书店编辑。中华人民共和国成立后历任教育部副部长，出版总署副署长等职。1939 年 8 月游青城山，有诗作。

徐悲鸿（1895—1953 年）　江苏宜兴人，当代杰出的画家和美术教育家，五四运动以来中国新美术的奠基者之一。逝世前担任中央美术学院院长和中国美术家协会主席。他出生于贫寒的画师家庭，随父习画。1919 年 3 月，他以复兴中国美术为己任的决心，赴法国巴黎国立高等美术学校深造，后又赴日、英、德、比、意、瑞士、印度观摩交流，成为洋为中用、古为今用的典范。1943 年 7 月，徐悲鸿带领中国美术学院同人到青城山写生。徐悲鸿独居天师洞“小住为佳”客房，画室分别设在西客堂前的朝晖楼和“别一洞天”大客厅，一直住到 8 月将终。廖静文（夫人）回忆说“悲鸿先生在这里独居一室作画。先后画了屈原《九歌》中的插图：《国殇》《山鬼》《湘君》《湘夫人》《东皇太一》《云中君》等，且将《国殇》及《山鬼》两幅画成大幅国画。《国殇》是诗人歌颂那些为国牺牲的战士，《山鬼》则是诗人借一位美丽的山神怀念一位公子，象征诗人怀念故国的心情。也正是这种热爱祖国的感情，支持徐先生从事这些创作。”“我和徐悲鸿先生常常沿着一条幽静的小溪而行，到一座小木桥上，坐在那里，听山涧清泉潺潺流过时发出的音乐般美妙的鸣奏。在浓密的夜色中，萤火虫闪着绿色的亮光，轻轻地从我们头上飞过。凉爽的晚风将树木的阵阵芳香吹来，有时远处还有啄木鸟的叫声。这是多么美丽、宁静、迷人的夜晚啊！”徐悲鸿还喜欢去庙后的朝阳洞写生。后来，他们去到上清宫，同行的还有郁风、康寿山和李瑞年。在山上曾遇到作家吴祖光、漫画家丁聪和话剧演员吕恩。临行时，徐先生画了七幅画，分送七位道士。并提名留念，以表谢意。

1993 年 9 月 21 日，北京徐悲鸿纪念馆馆长廖静文，趁中国四川成都 1993 国际熊猫节期间，参加“徐悲鸿艺术大展”的机会，重登青城山天师洞，旧地重游，触景伤情，热泪盈眶。去时留言：“廖静文，1993 年 9 月 21 日，悲鸿逝世 40 周年之际，再游青城山天师洞。时隔 50 年，睹物思人，涕泣不能自抑！”

杨子长（1893—1988 年）　字向荣，四川都江堰人。著名书法家。曾任灌县副县长、政协副主席。书法从《龙藏寺碑》入手，60 岁后融汉魏碑石与两晋行草于一炉，书法自成风貌，在川西书法界产生了巨大影响。今青城、都江堰景区有其碑匾楹联墨迹多处。对青城画派书风有着显著影响。

刘咸炘（1896—1932 年）　字鉴泉，号宥斋。祖籍四川双流，系清代著名学者刘沅之孙，勤奋好学，毕生从事教育，为著名的史学家，著述宏富。蒙文通曾说：“刘著《道教征略》博大精深”。其文化巨著《推十书》（共 200 多万字，1996 年由成都古籍书店影印发行），被海内外学者赞誉为“沉珠再现耀中华”。他于 1930 年游青城山，题写：“奥宜亭”三字，并书“刘栋文诗”（现刻常道观斋堂）。

余定夫（1898—1957）名时中，字子善，号定夫。四川都江堰市人。一生勤学精进，以诗文书法知名于世。长期从事教育工作。深于“说文解字”、“说文部首”研究，被誉为活字典。曾任民国《灌县志》编修。1947 年组织玉屏学会，任会长。为弘扬地方文化贡献显著。曾任灌县第一届政协副主席。为人耿介，不苟言行，坚持真理。1957 年蒙冤逝世，后得昭雪。遗著有《蛾术山房诗集》《蛾术山房文集》《蛾术山房联语》及《今方言》等。著有有关青城诗文楹联。今青城山山荫亭有其遗墨。

张大千（1899—1983年） 原名张正权，后改名爰、字季爰，别号大千居士。画室名“大风堂”。四川内江人，被誉为“世界第一大画家”。青城山是张大千喜爱的地方，“以青城为魂”，先后寓居四年多。1938年秋到青城，后举家住在上清宫文武殿；1941年去敦煌，返川后再次住青城两年多；1948年秋又旧地重游。青城的古迹与美景，激发了他的诗情画意，曾在此作画千余幅，作诗亦颇多。且自刻图章二方——“青城客”和“上清寄居”。张大千旅居国外及中国台湾时，常眷念青城。曾将友人在美国所开餐厅取名“青城山”并自画“青城第一峰图”挂于中堂。1981年他托去美探亲的女儿带回手书“青城山上清宫”几个大字；次年又赠画两幅。

黄君璧（1899—1991年） 当代著名画家，广东南海西樵人。1938年来四川重庆市，在国立中央大学艺术系任教授，名其画室为“白云堂”。他素与张大千友善，闻大千寄居青城山，便于1938年12月来山结伴而游。作青城山图多幅，曾作银杏图悬于其香港白云堂。

李寿民（1902—1960年） 笔名还珠楼主，四川长寿人。武侠小说家和戏曲作家。曾任天津《天风报》记者，1930年创作武侠小说《蜀山剑侠传》。1935年到青城山，1936年创作武侠小说《青城十九侠》，他在该书“前引”中说：“青城山群峰环卫，叠翠萦青。……名山胜域，多为仙灵窟宅。风尚所归，奇人辈出，尤以峨眉、青城两派，殊途同源，为个中巨擘。本书所记，便是这两派剑侠的轶闻奇迹。”该书1938年又曾再版，传诵一时。1939年冬，他在天津被日军逮捕，出狱后避祸到上海，同时为8家报社写8部连载小说，如《大漠英雄》《女侠夜明珠》等，被誉为“现代武侠小说之王”。中华人民共和国成立后，曾任上海天蟾京剧团及总政京剧团编导，创作剧本《李岩之死》等，以及长篇小说《岳飞传》等。

黄汲清（1904—1995年） 四川仁寿人，当代著名地质学家，中国科学院院士，中国地质科学院名誉院长。1952年到青城山考察，从县城徒步登上青城第一峰，对青城山情有独钟。

李广田（1906—1968年） 号洗岑，曾用笔名黎地、曦晨等名，山东邹平人。著名作家、教育家。1937年抗日战争爆发，他随济南中学流亡学生，跋涉来川，在原国立一中任国文教员。1940年4月1日到青城山，有《青城日记》(见《李广田文集》)。中华人民共和国成立后，任清华大学中文系主任、云南大学校长、全国文联理事等。

赵朴初（1907—2000年） 安徽太湖人。早年从事佛学研究和社会救济工作。1936年参加抗日救亡活动。1939年参加宪政促进运动。1945年发起组织中国民主促进会。中华人民共和国成立后历任政协全国委员会副主席、中国佛教协会会长、中国民主促进会中央副主席、中国红十字会副会长等职。1960年11月和1988年6月两度到青城山旅游及考察工作，留有咏青城山的诗词墨迹。

吴一峰（1907—1998年） 浙江平湖人。1926年毕业于上海美术专科学校首届国画系。书画家、篆刻家，中国美术家协会会员，四川省诗书画院顾问、成都画院顾问。1932年随黄宾虹入川，定居成都，多次游青城山，其作品《青城幽邃》，为人喜爱。

黄稚荃（1908—1993年） 当代女诗人，书法家。四川江安人，曾任四川大学文学院教授、四川省文史馆馆员、四川诗词学会名誉会长。1938年以来几次游青城山，有《宿青城旧作》诗，遗著有《杜邻诗存》《杜邻存稿》。

何海霞（1908—1998年） 当代著名画家，生于北京，满族人。1935年入“大风堂”，拜张大千为师，曾一度随师住青城山上清宫。中华人民共和国成立后，他住西安，与赵望云、石鲁同为“长安画派”创始人。号称“天下幽”的青城山令他“爱怜、神往”，1980年他又重来都江堰，建议成立都江画院，与张心瑞、肖建初、胡立等人同游青城山。他创作了许多以青城为题材的山水画，如《幽幽青城》《青城秋色》《云迷青城》等，均为传世力作。

王冶秋（1909—1987 年） 现代文学家，安徽霍丘县人。1932 年曾加入左翼作家联盟。抗战期间从事“文协”工作，1942 年与冯玉祥、老舍等一同来青城山；1943 年他出版了小说集《青城山上》。

萧天石（1909—1986 年） 湖南邵阳人，清宣统元年生于湖南龙山之文山村，故晚年自署文山遁叟。黄埔军校毕业后，在南京创办《国防半月刊》及兴华书店。1945 年 11 月 16 日调任灌县县长，青城山即在县内，他常到山中向著名道士易心莹请教，翻阅藏经楼之道藏秘籍及手抄珍本。1948 年 3 月调任奉节县县长，不半年即辞职去南京任和平日报社副社长。1949 年夏天去台湾，潜心主编《道藏精华》，选录古籍 600 余种。

陆俨少（1909—1993 年） 字宛若，当代著名画家，江苏嘉定（今属上海市）人，其作品以“书法为骨，诗文为魂”，被誉为诗、书、画三绝。1942 年夏游青城山，住上清宫。1984 年他与夫人朱燕因、二子陆亨重游青城山。作陪者有四川画家吴一峰及谭天仁、刘仁文等，在天师洞受到傅圆天、蒋信平道长热情接待，其代表作有《青城第一峰》《青城山图》《青城晓霭》《青城胜景图》等。

关山月（1912—2000 年） 当代著名画家，广东阳江人。原名泽霈，山月是他的老师高剑父（岭南画派宗师）为他取的艺名。1941 年夏天，关山月游青城山，曾作《竹鸟图》赠天师洞彭椿仙炼师。1981 年他重游青城山。都江画院老画家胡立、郭贵臻及叶文雅、刘仁文等人陪同登山。他曾作《梅花图》赠都江画院及青城山文物保管所。

万 钟（1914—?） 四川荣县人，著名蝴蝶画家。1936 年毕业于四川艺专，1939 年任灌县民众教育馆馆长。他酷爱青城蝴蝶，自号“蝶痴居士”，所绘《百蝶图》赢得当代大师齐白石、张大千的称赞，冯玉祥、林森为其题词赞许。1986 年，北京人民美术出版社出版了精印的青城《百蝶图》，李苦禅为其题署《百蝶竞艳图》。1983 年又曾在成都百花潭公园举办《蝴蝶花卉画展》。

赵蕴玉（1916—2003 年） 四川阆中人，书画家。从事美术教育及省博物馆古字画鉴定工作，能作金碧山水，兼擅人物、花鸟画，又长于诗词、古琴、舞剑和戏剧。曾多次出国展览及出版画册。多次游青城山，所绘《吕祖像》《邱祖像》，刻石立碑于天师洞三皇殿内。

岑学恭（1917—2009）呼和浩特人，满族，书画家。巴蜀诗书画社社长，四川省文史馆馆员，成都市政协常委，美协四川分会理事，省诗书画院及成都画院顾问，天府书画会会长。多次游青城山。他认为：山水画所要揭示的首先是自然美，青城是个充满画意的仙山。他所绘《观日亭》《五洞天》等画深受人们喜爱。他曾多次在海内外举办画展及出版画册。1988 年获汉城奥运会美展金牌奖。

朱畅中（1921—1998 年） 清华大学建筑学院教授，建设部风景名胜专家顾问，中国规划学会风景环境学委会主任。作品有《黄山风景名胜区规划》等。1996 年 10 月 20 日游青城山，在上清宫题字“人间仙境”。他认为：青城山道家建筑，处处体现“道法自然”，尤其对奥宜亭、壮观亭等定点及造型十分赞赏，认为值得当今规划师、建筑师借鉴。

胡 立（1921—2002）名梦痕，号望之。四川都江堰人。著名山水画家。四川美协会员，张大千、徐悲鸿书画研究院顾问，都江堰市二至六届政协委员、常委，都江堰市第五届人大代表。早年毕业于南虹艺专。1943 年拜张大千为师，系大风堂入室弟子。专攻山水画，毕生以画青城都江为能事。早年学宋元画风，后以浅绛青绿见长。一生创作青城都江山水上千幅。作品曾参加“十三个社会主义国家造型艺术展”以及国家、省、市美展。许多著名作品被国家和国外友人收藏，并入编《天安门珍藏书画集》《中国当代国画家辞典》《中国当代美术家人名录》《二十世纪中华画苑掇英大画册》《中国老年书画家大辞典》。1980 年参加四川省第二届文化艺术代表大会，在金牛宾馆作画，受到邓小平接见，并合影留念。曾作《青城六十景图》。对青城画派形成有着巨大影响。系青城画派前辈主要名家之一。其夫人雷良玉同系张大千弟子，擅长工笔，尤以画猫、蝶、魚有深厚的造诣。子作廊、女竹茗、儿媳碧莲也潜心专攻工笔画，学有所成。

雷启厚（1917—2007 年）　四川都江堰人。著名画家、篆刻家。四川美协会员，董寿平书画艺术研究会理事。毕业于南虹艺专。抗战中拜董寿平先生入室学画，擅长山水花鸟梅花。1999 年在中国美术馆举办个人画展，取得轰动性效应，被誉为“董梅传人。”一生从事教育工作。对青城画派形成有显著影响。系青城画派前辈主要名家之一。

李启明（1918—2012 年）　号江村叟、青城山叟。四川都江堰人。著名书法家、诗词家、道学家。青年时代常与董寿平、张大千、于右任、庞石帚、林山腴、谢无量、向仙樵、赵少昂等文化名流往来，获益匪浅。书学二王，飘逸飞动，青城有其撰书碑石，楹联匾额 30 余件。主要著作有《青城山叟诗文存》四卷；《影印精拓青城山宫观楹联选注手书辑本》、《道教志》等。曾任四川省诗词学会顾问、四川省书法家协会会员、四川省楹联学会顾问、青城山道教协会秘书长、都江堰市楹联学会会长、书法家协会副主席。对青城画派书学有着显著影响。

王纯五（1932—2001 年）　四川阆中人。笔名玉山，道号纯真子。著名民间文学家、史志学家、宗教学者。四川都江堰市群艺馆副研究馆员。曾任《灌县志》副主编、《成都民间文学集成》副主编、《中国民间文学集成·四川灌县卷》主编。著有《天师道二十四治考》《五斗米道与巴蜀文化》《天师道与四川傩戏》《灌口二郎神探源》《道家的治水思想与 21 世纪的生态水利》《袍哥探秘》《飘萍心语》，主编《青城山志》第一、二、三版，合著《中国道教音乐》，对弘扬青城都江堰历史文化做出了卓越贡献。

蜂屋邦夫（1938 年—）　日本国东京大学东洋文化研究所教授，1988 年 10 月 23 日至 27 日与同行的教授、学者一行人，由四川省社会科学院李远国副研究员陪同，来青城山访问。傅圆天大师、江至霖大师及道教学者、四川省博物馆研究员王家祐先生等人与来访的日本友人进行学术交流。该访问团回国后于 1989 年 11 月将对青城山道教的采访报告编入《中国道教之现状》一书，1990 年 2 月由汲古书院出版。

傅承烈（1926—2010 年）　四川都江堰市人。著名诗词楹联学家。中华诗词学会会员，中国楹联学会会员、四川省诗词学会常务理事。长期从事文学教育工作。著有《望云楼文学杂论》《青城百咏》诗集和《青城山诗话》等。

傅海呐（**Heiner Fruehauf**）(1961 年—)　出生于德国法兰克福医学世家。担任美国国家自然医科大学中国传统医学系主任、传统医学院科研部主任，世界传统文化科学总会创始人之一，哲学博士、教授。他曾在美国芝加哥大学、中国上海复旦大学、四川成都中医药大学研究哲学、比较文学和中医药学；又拜王庆余为师，学习道教医学及内丹术，造诣颇深。他的夫人白雪蓉曾在华西医科大学任教。从 1983 年以来，他们单独或组团访问青城山已达 10 余次。他曾在美国波特兰出版的《当代中国道学》杂志上发表《青城山的过去和现在》等文章。他热爱中国传统文化，尤喜深研道学和医学，并愿为其研究和译介而努力。

第八篇　旅　游

第一章　旅游交通

第一节　公路及客运

青城山景区旅游交通十分便捷，成都市茶店子汽车站、新南门汽车站、金沙汽车站及成都火车北站等，每天都有定时或不定时的班车和高速公路连接，开往都江堰市客运中心站中转，或直接开往青城前后山。由雅安市、邛州市、大邑县、崇州市等经省道106线公路来的客车，也可以到青城山新山门至前后山景区。

2006年，都江堰市开通了与青城山景区和青城外山101、102路区间公共汽车，并完成了沙两路（后山沙坪至两河）的水泥路面铺设。

2007年，成青旅游快速通道通车，使成都至青城山景区的距离缩短了半个小时的车程。

景区内公路四通八达，非常便利。都江堰市至青城山新山门14公里，至老山门（建福宫）16公里，均为沥青混凝土路面；青城山老山门至后山沙坪8公里，至泰安古镇14.5公里，均为沥青混凝土路面；泰安古镇至五龙沟口1.5公里，至红岩大飞水2.5公里，均为沥青混凝土路面；沙坪至圣母洞3.5公里，为沥青混凝土路面；金壁天仓（八卦台）至太清宫（郭家庵）6公里，为水泥路面；青城山新山门至青城山镇（太平古镇）2公里，至大观镇（场）4公里，至两河口10公里，至圣母洞11.5公里，至泰安古镇15公里，均为沥青混凝土路面；大观镇（场）至街子古镇4公里，至沿味江至圣母洞16公里，均为沥青混凝土路面；青城山前、后山景区内各山庄、农家乐均有乡村水泥公路相通。

第二节　游山步行道

一、青城前山

建福宫至怡乐窝1公里，至天师洞（古常道观）2.5公里，至朝阳洞3公里，至上清宫4.5公里，至老君阁5公里；天师洞至祖师殿（真武宫）1.5公里，至轩皇台、三险（磴口）2.5公里，至金壁天仓（公路、八卦台）5公里；怡乐窝至月城湖0.5公里，至慈云阁3公里，至上清宫3.5公里；慈云阁至玉清宫2公里，至圆明宫3公里。

二、青城后山

泰安古镇（泰安寺）至飞泉沟落雁潭2公里，至翠映湖3公里，至水帘洞（天桥）5公里，至白云古寨6.5公里，至白云万佛洞左山门（大悲殿）7.5公里，至白云寺9公里；泰安古镇至五龙沟口1.5公里，至金娃娃沱3.5公里，至又一村6.5公里，至白云寺万佛洞右山门（九僧洞）9公里，至白云寺10.5公里；泰安古镇至蓥华山（蓥华庙）10公里；红岩大岩窝至大飞水0.5公里；三龙吐水（公路旁）至水晶溶洞2公里；寻仙沟口（公路旁）至神仙洞3公里；沙坪过桥至太清宫（郭家庵）2公里。

第三节 索道及小火车

一、青城前山索道

下站设在月城湖畔，上站设在青城第一峰慈云阁前。全长980米，采用舒适安全的循环吊椅。

二、青城后山金骊索道

下站设在飞泉沟口右畔黄鹤坪，上站设在观音岩上大坪，全长1372米，吊厢为全封闭铝合金玻璃钢结构，线路运行由微机自动控制加减速度，是单线固定间歇循环吊厢式索道。

三、青城后山白云索道

下站设在又一村头，上站设在白云古寨，全长1400米，线路高差200余米。由瑞士引进钢索，为单线双向循环吊篮式（双人座）索道，单向运行时间为25分钟。

四、青城后山水晶溶洞缆车

位于“三龙吐水”上之溶洞管理所旁至溶洞口，全长470米，上下垂直高差162米。为地面双轨电动牵引的游览车，设上下车厢两个，各乘游客30人。

五、旅游小火车

下站设在青城后山山门内，上站在泰安古镇街口，全长1公里。

第四节 滑 竿

滑竿是用两根竹竿套布，撑有篷布遮阳避雨，头有靠枕，下有搭脚，人仰卧其中，由前后两人抬着走，为游人代步。

青城前后山景区都有滑竿为游客服务。前山滑竿站设在前山门内“怡乐窝”，后山站分别设在后山飞泉沟口和五龙沟口。

第五节　古游山道

一、成都至青城山古道

成都至青城山古道有二：一从成都西门经茶店子、郫县城、灌县聚源场（新场），过岷江王家船（渡口）、中兴场至青城山麓双钟寺（今青城山新山门）约60公里；二是从成都经郫县城直达灌县城后，过马家渡（今青城大桥）、中兴场弯弯桥至双钟寺，约75公里。

二、灌县城至青城山境内古道

由灌县城东门外过锁龙桥（今蒲柏桥）、马家渡、中兴场至双钟寺，约15公里；由灌县城出西门经玉垒关、二王庙过安澜桥（俗称上索桥、夫妻桥），傍山脚经长乐桥、玉堂场到马家渡汇合至双钟寺，约20公里；由马家渡右走，过会仙桥至迎仙观（即沈家庵），经南华山、苏家山、小牛心山、大牛心山（即挖断山）、卧牛山（又名伏牛山）、登龙山（即古龙门山、看花山），下通裕桥、横山寺、凤凰山、回龙庵、定江桥、上元宫、青山寺、马家店子（另有支路上圆明宫、上清宫）、九龙庵、九泉庵至双钟寺，共约25公里；由双钟寺经长生宫（今鹤翔山庄），过引胜桥、赤城阁、迎师台至建福宫，约2公里；玉堂场进山经大牛心山下土地岭，沿青苔沟而上，经庆云寺至大面山（赵公山顶峰赵公庙）；中兴场进山，沿石定江，经上元宫（上元场）、龙洞子、王婆岩、两河口、青皇观、中皇观、上皇观、麻姑洞至八卦台；道官场（今大观镇）入山，经方碑、马家顶、下索桥，沿味江上行，经两河口至沙坪，全长约18公里；街子场（宋代永康县城，今崇州市街子镇）沿味江上行，经龙潭寺（铁杆桥）、灯盏窝、草庙子、石板滩、两河口（民国时两河乡公所驻地）至沙坪，全长20公里；石板滩经盐井沟、麻岩子至撮箕窝（天国寺）和一把麻或红岩；街子场经龙潭寺过索桥至古寺（古光严寺）。

第六节　古入金川驿道

清《灌县乡土志》载："由太平场至太安寺，登熊耳山，下古冲冈……山高路远，最为险要。漩口三险之地未开，金川往来，均由此道。今熊耳山犹有铁香炉塘、海子塘务古迹。国朝（按指清朝）既开漩口之道，此路遂废。"古时，青城山是成都平原附近州县西入金川的必经之路，古称"花坪老泽路"。古道有二：

由灌县城经双钟寺、太平场（今青城山镇），右行药王山麓止水庙、干五里、禅师台、楠木树、白石碥、凉风顶、八卦台、梅子坡、马跃沟，过味江铁杆桥至花坪（即今沙坪），溯江经双灶孔、陡溜子、三道水、塔子坪、泰安寺，过铁杆桥经黄鹤坪、煤炭厂、关门石、上观音岩右路、何家厂（今又一村）、鸡心包、关门三角石（宋代石刻）、迷魂凼、白椿树、海子塘，下冈至汶川县水磨沟（即兴仁场、今水磨镇），全长约50公里。

从上观音岩左路经花碑、红纸厂、三弯九倒拐、板厂沟、大火地、猫儿塘过冈下山，经偏桥、黄龙冈、老人村，过郫江索桥至水磨沟。里程从灌县城起亦约50公里。

以上路线至水磨沟越鹞子山入瓦寺土司境（今汶川县），西行即达金川县境。均为古代西入金川之驿道。青城后山境内之海子塘、猫塘等均为古代塘务。清光绪《灌县志》云："泰安场为西入金川驿路冲要。自漩口道开，遂行寂寞。"

第二章　宾馆及服务设施

第一节　青城山核心景区

一、青城前山范围

青城前山建福宫及山门内，道教有宫观8座，均设有食宿、小卖部，向游客提供服务。

山门外有星级宾馆8家，分别为：青城豪生国际酒店（五星级）、鹤翔山庄（四星级）、青青园宾馆（四星级）、青城山庄（三星级）、鸿雁山庄（二星级）、岷江山庄（二星级）、青城山大酒店（二星级）、玉带山庄（二星级）。

二、青城后山范围

青城后山有寺庙泰安寺和白云寺，均设有食宿和小卖部，向游客提供服务。

后山有星级宾馆3家，分别为：泰安度假村（二星级）、电信度假村（二星级）、成飞度假村（二星级），以及非星级宾馆10余家。

三、青城山农家乐服务

青城山前后山景区及旅游沿线，均匀地分布有农家乐近800家。尤以前山“青城人家”（大观苑）、太平古镇和后山泰安古镇、又一村、红岩村最集中。

青城前后山被成都市评为星级农家乐共41家，其中三星级乡村酒店1家，四星级农家乐3家、三星级9家、二星级22家、一星级7家。著名的农家乐有前山的青茂山庄（四星级）、隐秀苑（四星级）、长寿山庄（四星级）、罗鸡肉餐馆（二星级）、白果园（二星级）等，后山有飞龙山庄（成都市三星级乡村酒店）、园艺宾馆（三星级）、月季餐馆（二星级）、金三角餐馆等，以及分布在金鞭岩、又一村、白云古寨、红岩村等各具特色的农家乐。

青城山农家乐在20世纪80年代即已兴起。后山早在1986年，飞泉沟和五龙沟内就有多家农户为游客开办食宿服务，后逐成规模，设施齐全，各具特色，被誉为中国农家乐的最早发源地。由于青城山丰富的旅游资源，良好的生态环境，诱人的长寿资源和地道特色的农家菜肴，消费又便宜、合理，吸引了大批的游客旅游观光，特别是城市离退休老人，他们纷纷前来度假、消夏、疗养、保健，每年最高峰时，青城全山日接待游客可达到2万多人次。

第二节 青城山周边景区

一、青城外山（大观镇）范围

青城外山有西南地区最大的青城高尔夫球场，有集娱乐、休闲、刺激为一体的青城峡谷漂流，有泰逸五星级酒店和天下青城、青城两河山庄、青城高尔夫山庄、高山流水、青城新丽江等十余家山庄、宾馆。

境内有农家乐近 100 家，其中评为星级的 2 家，即天悦生态苑休闲庄和天福源山庄。著名的农家乐有百亩枇杷苑、慕根山居、麻岩山寨、烂泥坝山庄、陡柳子农家院等。“农家乐”美食尤以跑山猪肉、跑山鸡、金竹笋和乡村老酒最著名。

境内有川西名刹普照寺和天国寺等庙宇，均有食宿和小卖部服务游人。

二、中兴镇景区范围

中兴镇紧靠青城山镇，境内有王婆岩、三溪等景区与青城山景区相连。

境内有山庄和农家乐近 200 家，其中评为星级的农家乐有 47 家，均分布在景区内的九龙、上元、三溪、两河等村，以及都江堰市区至中兴古镇沿线的村落。农家乐主要向游客提供旅游度假、休闲娱乐、避暑养生等特色服务。

第三章　旅游经济

第一节　宣传营销

青城山管理局自2005年以来，以打造“中国道教第一山”和“建国际精品旅游景区”为目标，着眼大青城、大市场、大产业、大发展，结合青城山景区实际，深化青城山“幽甲天下”的道教发源地品牌形象，强力打造青城山“道教圣地、避暑天堂、世界遗产”三大主打旅游产品。

一、制定出台团队游客奖励办法

创造以景区让利旅行社，而旅行社又让利游客的市场局面。于2005年开始实施并取得了良好的效果，使青城山“一日游”市场稳步攀升。当年团队客人在上年的基础上增长了40%，为青城山景区客源结构逐步改变作了有益的尝试。同时还实施了对“九黄”（即九寨沟、黄龙景区）线团队实行六免一或赠送团队餐的优惠政策。

二、建立促销网络

青城山管理局从2005年起，针对目标市场，建立营销网络。先后参加了长三角旅交会、桂林国际旅交会、北京—四川合作周活动、重庆川渝市场旅交会，针对华东市场，在上海186辆公交车上，投放了青城山30秒的景区宣传广告。

针对华南市场，在南方卫视粤语频道，投放了景区30秒广告3个月；围绕珠江三角洲和南方客源市场，积极参与“四川冬季旅游启动系列活动”，进一步建立了珠三角客源市场营销网络。还与省内其他景区联合促销。青城山管理局还积极开展遗产之旅系列宣传活动，面向华北市场，先后和华北10个城市召开系列旅行社行业推广会。并参加了国家旅游局主办的2005年昆明国际旅交会，增强了在国际旅游市场的知名度和影响力。针对周边二级城市客源，青城山管理局还组织了40多人的“大篷车”巡游推介活动，先后途经省内11个城市，为时15天，行程6000公里，为景区客源持续发展起到了良好的效果。并针对“九黄”线客源，向“九黄”旅游大包车发放景区光盘；针对自驾车和川渝客人设计和制作了专用的“宣传自助宝典”。

三、对外宣传促销

青城山景区多年来，按照相关要求充分结合自身实际，积极加强各种媒体的合作。曾参与了中央电视台体育频道《全明星猜想》的拍摄，邀请了美国ESPN电视台和DISCOVERY频道，对青城山自然和文化进行了新视角的拍摄。还先后与中央和全国各地的地方电视台、广播电台以及全国各地报纸杂志、网站等媒体广泛开展合作，针对目标市场，结合季节等特点和活动内容，发布各类文字报道、电视报道、电台现场直播等。同时，并利用青城山景区自己的网站和向广大游客赠阅内印的《青城山报》，随时发布和刊登景区信息、新闻，随时刷新图片。

第二节 旅游收入

青城山核心景区于1988年建立青城山镇，1990年成立青城山风景名胜区统一的管理机构——青城山管理局，与青城山镇人民政府实行“两块牌子，一套班子”的管理体制。

1988—1992年的5年间，为大力开发青城后山新景区，完善前山老景区，着力建设旅游基础设施的阶段。1993—1997年的5年间，为深入开发和完善配套、强化管理、提高质量的阶段。这10年间，与1987年相比，旅游综合收入达到15845万元，增长了8.4倍，旅游者总人次与1988年的不足50万人次上升到111余万人次。以后，随着景区旅游不断的发展和完善，特别是青城山景区被列入世界文化和自然双遗产后，旅游人次逐年上升，旅游经济收入逐年稳步提高。2006年，接待游客人次达到150万以上，旅游综合收入猛增到32000万元；当年前后山的农家乐达到近800家，有床位1.5万以上，接待游客60万人次，仅农家乐的旅游综合收入就达到近2000万元。

1995—2006年青城山景区旅游接待情况统计表

表8-1

时间（年）	接待人次（万人次）			门票收入（万元）			旅游综合收入（万元）
	前山	后山	合计	前山	后山	合计	
1995	70.08	38.40	108.48	583.94	455.00	1038.94	10635.32
1996	72.63	31.11	103.47	563.10	478.40	1041.50	15479.33
1997	74.01	37.98	111.99	528.59	541.80	1069.49	15845.98
1998	43.09	27.54	70.63	487.33	550.08	1037.41	14117.43
1999	42.55	29.10	64.46	851.12	428.61	1279.73	11046.63
2000	43.03	26.51	69.54	1204.50	467.36	1641.86	11970.05
2001	47.48	29.60	77.08	1428.72	435.28	1864.00	13348.96
2002	60.40	37.10	97.50	1481.88	440.95	1922.73	14274.77
2003	42.99	28.33	71.32	1697.67	431.14	2128.81	13093.54
2004	56.94	36.66	93.60	2465.85	572.90	3038.75	15516.70
2005	62.30	40.63	102.93	2894.82	559.68	3454.40	16014.18
2006	88.20	62.20	150.40	4474.84	734.33	5209.17	32000.50

第四章　旅游活动

第一节　节假日活动

青城山管理局在每年的节假日、黄金周以及旅游旺季，都要在景区举行各种形式的特色活动。特别是自2000年以后的黄金周活动，更是别出心裁，吸引了省内外众多游客，影响广泛。2005年，启动了以“今年避暑青城山”为主题的“四川·青城山第三届消夏避暑节”，推出了六大主题活动、五大特色活动和十大趣味游戏。把“避暑休闲”打造成青城山的又一主打旅游产品。还围绕“后山古镇改造”为主题，举办了“福、禄、寿”三星巡游，民间绝活、民间小吃大展示，“中国第一龙”铜梁火龙激情表演、古镇巡游，泰安古镇快乐大巡游，即旱船巡游、青城剑客巡游、鸡公车花车巡游、游客假面具巡游，游泰安古寺赠开光纪念品，祈福放河灯，参加啤酒竞饮大赛，青城制茶表演、学习制茶秘技、品青城贡茶，游泰安古镇，观青城演艺：青城琴、剑合壁表演，以及青城洞经音乐表演等10项主题为“三星六艺闹青城”的黄金周活动。

青城山景区2002年开始，每年都要举办“消夏避暑节”和“仙山对弈”围棋比赛，并将“仙山对弈”打造成了青城山又一旅游品牌。

青城山景区内的道教宫观还利用一年一度的农历二月十五老君节和各时期的道教节日，在各宫观内举行道教醮仪活动，展示道教独特的道场法事和道教音乐，吸引了众多的旅游朝庙观光者。

2005年，青城山管理局围绕道教文化在景区召开了“中国道教养生文化与当代世界国际学术研讨会”，邀请了海内外著名专家学者80余人参与，就道教养生文化进行了深入的探讨和交流，进一步提升了青城山作为道教文化发源地的地位和知名度。

第二节　登山活动

青城山管理局于1990年12月26日举办首届“青城山杯登山运动会”，之后每年都要举办各种形式的登山活动。2003年，正式定名为“青城山登山节”，时间定在每年夏季举行。2005年第三届登山节中，还举办了多种类型的登山活动，有“共产党员争先赛”“和谐家庭温馨登山赛”“游客登山争霸赛”等登山活动。

青城山管理局以“用绿色青城，做红色文章”作为办节理念，每年都把登山节办成规模大、创意新、影响广的活动，组织各地单位和游客近万人参加，使登山活动成为富有浓郁的青城山文化特色盛会。

第三节 全国农业田园风光游

2003年，青城山镇调整农业产业结构，引进了都江堰金色阳光农业科技发展有限公司，在当时的五里、香花、大田等村建立起1020亩红阳猕猴桃基地，后又引进了成都江之源科技有限公司，在飞龙村建成了300余亩绿茶基地。2004年，以上基地被都江堰市委、市政府列入创建全国农业旅游示范点。按照国家农业旅游示范点的创建标准，在市旅游局的指导下，积极开展了创建工作。聘请了西南民族大学旅游学院专家教授到青城山镇作旅游调查，完成了青城山镇农业生态旅游规划文本。当年，对镇内主要旅游景点、旅游设施、旅游线路进行了完善。在青茂山庄设立都江堰市青城红阳猕猴桃、绿茶观光基地旅客接待中心。同时，对农业旅游资源、旅游市场、旅游产品进行了认真的分析和整理，拍摄制作了专题宣传光碟《长寿之乡——青城山镇》和青城红阳猕猴桃、绿茶观光基地农业旅游示范点宣传折页。先后参加了四川省、成都市“百姓生活游”和“五一”“十一”黄金周宣传促销活动，扩大了青城红阳猕猴桃、绿茶观光基地和青城长寿之乡的影响。

2004年4月，都江堰青城红阳猕猴桃、绿茶观光基地，通过了国家旅游局全国农业旅游点检查验收，成为成都市首批4个全国农业旅游示范点。2005年，青城山镇共投入资金300多万元，用于农业生态旅游基地建设，使基地参观点初具规模。2005年，猕猴桃基地开展农业田园风光旅游，吸引了广大游客观光旅游的兴趣，带动了相关产业，对农村劳动力的转移、使农业增效和农民增收，推进了城乡一体化进程，加快了社会主义新农村的建设。

附　录

一、领导名录

都江堰市青城山—都江堰风景名胜区管理局历任领导名录

表附－1

机构名称	姓名	职务	任职时间	级别	备注
青城山管理处（1984—1990年）	邓佳贵	处　长	1984—1990	正局级	
	韩大光	副处长	1988—1995	副局级	
	邓家福	副处长	1988—1995	副局级	
	文学敏	副处长	1988—1991	副局级	
	陈孝全	副处长	1988—1995	副局级	
	周道春	副处长	1988—1991	副局级	
	肖光鉴	副处长	1988—1991	副局级	
	吴述清	副处长	1988—1991	副局级	
青城山管理局（1990—1994年）	刘仕洪	局　长	1992—1995	正局级	
	韩大光	副局长	1988—1992	副局级	
	黄　建	副局长	1990—1994	副局级	
	陈玉林	副局长	1992—1994	副局级	
青城山管理局（1994—2007年）	陈玉林	局　长	1994—2001	正局级	
	刘　刚	局　长	2001—2003	正局级	
	彭继富	局　长	2003—2006	正局级	
	李晓明	局　长	2006	正局级	
	林中理	副局长	1994.1—2004.8	副局级	
	刘　伟	副局长	2001—2007	副局级	
	郑继承	副局长	1994.1—2004.8	副局级	
	艾　明	副局长	1998—2006	副局级	

机构名称	姓名	职务	任职时间	级别	备注
青城山管理局（1994—2007 年）	汪小光	副局长	1994—1998	副局级	
	张中贵	副局长	1994—1998	副局级	
	王迩铭	副局长	2003—2006	副局级	
	王　晋	副局长	2003—2004	副局级	
	李建华	副局长	2004—2006	副局级	
	张中贵	副局长	2004—2006	副局级	
	高尔君	副局长	2004—2006	副局级	
	黄　科	副局长	2004—2005	正局级	
	陈洪兵	副局长	2005—2006	副局级	
	雷志宏	副局长	2006—2007	副局级	
	曲永国	副局长	2006—2007	副局级	
	罗　建	副局长	2006—2007	副局级	
青城山—都江堰风景名胜区管理局（2007. 3—）	许兴国	局　长	2007. 3—2009. 5	正局级	
	罗洪亮	局　长	2009. 5—2009. 10	正局级	
	鲁洪斌	局　长	2009. 10—2012. 3	正局级	
	马远见	局　长	2012. 4—2018. 7	正局级	
	竹　柯	局　长	2018. 8—2019. 2	正局级	
	高　尚	局　长	2019. 3 至今	正局级	

二、大事记

清光绪九年（1883 年）

七月初六 灌县知事陆葆德在天师洞立示禁碑，通告：“凡在庙寄食应照数给钱”“严禁砍伐古木”。

清光绪十三年（1887 年）

5 月 彭洵《青城山记》完稿。

清光绪二十一年（1895 年）

春 整修天师洞龙桥栈道险路。

10 月 杨松如、龚仰之主持重建的上清宫落成。

清光绪三十三年（1907 年）

冬 天师洞当家道士何元清卒。

清光绪三十四年（1908 年）

6 月 16 日 被誉为“世界园艺之父”的著名植物学家、摄影家英国尔尼斯特·亨利·威尔逊，受“英国皇家园艺协会”委派，到中国四川考察“南方丝绸之路”，在考察青城山时，拍摄了长生宫全景照片。

清宣统二年（1910 年）

春 李善济撰《青城山长联》。

1919 年

10 月 天师洞当家彭椿仙始建斋堂，设床位 60 张。

同月 国民政府四川省长杨庶堪为天师洞题赠“道在养生”碑，并颁布《寺庙管理条例》。

1921 年

冬 彭椿仙建成天师洞西廊。

1923 年

冬 建成天师洞饮霞山舍及银杏阁。

1924 年

冬 彭椿仙主持重建天师洞三清大殿，至 1927 年完工。

1926 年

6 月 近代著名学者颜楷与著名方志学家罗伯济（灌县人）同游青城山。颜楷收道士易心莹入崇德书院。

1928 年

10 月 重修天师洞灵祖殿，至 1930 年完工。

同年 培修香积寺。

1931 年

夏 新建天师洞长啸楼。

1932 年

9 月 现代著名画家黄宾虹游青城山，绘《青城烟雨图册》多幅。

1933 年

8 月 25 日 叠溪大地震，青城第一峰巅现裂痕。
10 月 29 日 青城第一峰崩塌，峰巅崩溜数丈。
冬 彭椿仙修建天师洞大客堂。

1935 年

冬 重建古常道观山门。

1936 年

2 月 教育家黄炎培和实业家、民生公司总经理卢作孚一起同游青城山。
5 月 在青城山成立中华全国道教会灌县分会。

1938 年

夏 成都私立荫唐中学迁至青城山麓长生宫。
秋 白露节，近代著名民主革命家、国民政府司法院院长居正游青城山。
冬 著名国画大师张大千到青城山。次年春，举家迁住上清宫文武殿居住。
同年 天真观重建落成，改名玉清宫。

1939 年

3 月 全国各界救国联合会执行委员兼常务委员、国民参政会参政员沈钧儒游青城山。

4 月 著名作家萧军、四川省戏剧教育实验学校校长熊佛西游青城山，会见张大千。

8 月 13 日 现代文学家叶圣陶游青城山，作诗云："愤慨岂因好景平，八一三日入青城。"

同年 在玉皇楼旧址动工修建黄帝祠。

1940 年

1 月 著名史学家顾颉刚游青城山，题诗撰联。

2 月 抢修灌县城至青城山的土公路。

4 月上旬 国民政府监察院院长于右任到青城山。

4 月 30 日 国民政府军事委员会委员长蒋介石偕夫人宋美龄，由张治中、邓锡侯、潘文华、孙德操陪同游青城山。蒋介石在天师洞题写"无极而太极"，次日下午离山。7 月，蒋介石再游青城山，在上清宫题写宫名（后刻于山门）。

6 月 国民政府主席林森到青城山，住建福宫。

7 月 18 日 桂系军政府主席李济深游青城山，并题诗留念。

夏 青城山天师池附近土崩，发现"宋知宫皇甫先生墓碣"。

同年 国民四川省政府将灌县列入西川风景区。

1941 年

2 月 平陵知常子（彭昭旷）著《新青城记》（又名《青城近记》）。

3 月 7 日 国民政府军事委员会副委员长冯玉祥到青城山，题词："要想着收复咱失地，别忘了还我河山"。

夏 近代文学家和书法家谢无量到青城山，撰《山居杂题》诗。

7 月 著名散文家、诗人朱自清与夫人陈竹隐游青城山。

1942 年

7 月 天师洞当家彭椿仙卒，由易心莹继任，续修黄帝祠。

秋 冯玉祥在著名作家老舍陪同下到青城山，住常道观。

1943 年

夏 著名国画大师徐悲鸿率中央美术学院筹备处人员、学生到青城山写生，住天师洞。

夏 青城后山泰安场失火，烧毁半条街。

夏 于右任再访青城山，并题写楹联、匾额。

12 月 张大千敦煌归来，携眷再住上清宫，将所带 10 只天水红爪玉嘴鸦放养山中，并种植梅花，开辟梅园。

1945 年

8 月初 冯玉祥再上青城山住真武宫（祖师殿）。11 日，闻日本投降，在祖师殿侧修建闻胜亭，并作碑记。

1948 年

秋 张大千前往青城山雪山寺察看明代壁画。

1950 年

8 月 15 日 温江专署教育科派邱锦等人组成工作组到青城山清查庙产，登记文物。

9 月 8 日 灌县人民政府颁布《灌县名胜区古代文物建筑保护管理办法》，成立天师洞庙务管理委员会，由易心莹等 3 人负责。

1951 年

5 月 灌县古代文物名胜古迹保护管理委员会青城山分会成立，规定东起玉堂镇横山堰，西至大观乡普照寺为青城山保护范围，包括天师洞、朝阳庵、建福宫、祖师殿、朝阳洞、上清宫、圆明宫、玉清宫、长生宫、普照寺、雪山寺、上皇观、丈人观、药王宫等，并对上述范围内的文物古迹登记造册，进行管理。

8 月 16 日 建福宫后殿因年久失修垮坍，灌县文物保护管理委员会青城山分会立即动工重建，同时重修天师洞三皇殿。

1952 年

4 月 玉堂乡迎仙观珍藏的《道藏》计 129 函、1120 册全部上调川西图书馆。

1953 年

5 月 天师洞当家易心莹被特邀为灌县人民代表会议代表。

6 月 灌县文物保护管理所成立，兼管青城山。

7 月 青城后山味江发生大洪水，冲毁沿河七座古桥。

9 月 中共灌县县委统战部派人到青城山检查土地改革中宗教政策落实情况。易心莹担任县政协委员。

1955 年

5 月 5 日 国务院总理周恩来及国务院副总理陈毅，团中央书记处书记、全国青联主席廖承志，外交部部长助理乔冠华等同游青城山，归途视察青城小学校（现石笋堂）。

1956 年

春 灌县县城至青城山的公路拓宽新铺碎石。

冬 在建福宫出土宋代《青城山会庆建福宫飞轮道藏记碑》。

1957 年

春 易心莹赴北京参加中国道教协会成立大会，当选为副会长。同年又当选为四川道教协会会长。

1958 年

3 月 19 日 在中共中央成都会议期间，中共中央政治局委员、中华人民共和国政务院副总理兼财政经济委员会主任陈云，与部分省市委书记同游青城山。

6月 集中全县94名道士在天师洞进行为期一个半月的社会主义教育运动，开展鸣放辩论。

12月8日 青城山连同太平乡一并划归成都市金牛区管辖。

1959年

9月 青城山天师洞等6个道观组成一个农业生产队，易心莹任队长，由太平乡青景大队管辖。

同年 拆香积寺房28间修建太平乡农业中学校舍。

1961年

5月 青城山连同太平乡重新划归灌县。

1962年

春 易心莹到北京白云观讲学，潜心著述。

6月 灌县人民委员会将青城山道士全部转为居民户口，并制发《加强保护风景区林木和文物的几项规定》。

1963年

3月 中共中央副主席、国家副主席朱德偕夫人康克清，在中共四川省委书记杨超陪同下同游青城山。

1965年

春 青城大桥建成通车。

1969年

夏 长生宫失火，大殿被毁。

1971 年

冬 灌县革命委员会决定将普照寺拆去修铁厂，计拆毁大雄宝殿、蓥华殿、弥勒殿及厢房共304 间。

1974 年

5 月 青城山新架设的高压输电线路开始通电。

1975 年

冬 灌县城区通往青城山的公路进行双层油路处治。路基宽 5 米，油面宽 4 米。

1976 年

2 月 7 日 易心莹道长病逝，骨灰埋问道亭下。

3 月 为适应旅游事业的发展，成立青城山管理所。

同年 天师洞新建白云阁前住宿楼。

同年 四川大学历史系与灌县文物保护管理所在青城后山对北宋王小波起义史迹进行考察。1978 年，《王小波李顺起义考述》及《资料汇编》两书由四川人民出版社出版。

1977 年

11 月 四川省博物馆与灌县文物保护管理所对玉堂乡岐山古瓷窑遗址进行试掘考察，历时20 天。

同年 新建的青城山至沙坪公路通车。

1978 年

春 省财政拨款 20 余万元维修青城山宫观，新修山门及建福宫旅游设施。

1979 年

3 月 17 日 灌县革命委员会发布《保护青城山风景区林木》的布告，落实护林措施。

12 月 青城山成立灌县青城山道教协会，傅圆天任会长，吴元昶、江至霖任副会长，彭鹤年为名誉会长，蒋信平、周诚明、陈兴全为常务理事，李启明为秘书长。全山有道士 22 人。

1980 年

7 月 四川省人民政府批准青城山天师洞大殿及唐碑为省级重点文物保护单位。

10 月 青城后山被列入大熊猫重点保护区。

1981 年

4 月 天师洞三清大殿重塑神像，并举行开光典礼。

春 张大千在台北摩耶精舍题书“青城山上清宫”，托女儿张心瑞、女婿萧建初带回大陆并赠青城山。

5 月 28 日 中共灌县县委批转《改进青城山管理工作，进一步落实宗教政策座谈会纪要》。为保护管理青城山，将青城公社青城大队 6 个生产队划归青城山管理所。

9 月 20 日 中共中央书记处书记习仲勋和四川省人民政府省长鲁大东雨后陪同瑞典国王卡尔十六世·古斯塔夫和王后西尔维娅游青城山。

1982 年

1 月 青城山外山道观坟上侧，发现清嘉庆八年（1803 年）灌口安澜桥（夫妻桥）倡建人何先德及妻子杨氏合冢墓，并发掘出清嘉庆二十二年（1817 年）镌刻墓碑。据碑阴文字，纠正了旧志有关何先德事迹的一些记载。

5 月 灌县有关部门组织本县宗教界人士到天师洞，学习中共中央《关于我国社会主义时期宗教问题的基本观点和基本政策》。青城山道教协会吸收自愿出家当道士的青年为学徒。

11 月 8 日 国务院批准青城山—都江堰风景名胜区为第一批国家重点风景名胜区。

同年 张大千在台北赠送国画两幅给青城山道士。

同年 在青城山傅圆天当家主持下，恢复道家洞天乳酒生产。洞天乳酒获四川省科技成果奖。

同年 灌县人民政府开始拨款维修普照寺藏经楼，并将该庙作为灌县河西佛教徒活动寺庙。

1983 年

3 月 19 日 青城后山泰安乡与汶川县交界处发生里氏 4 级地震。

10 月初 法国“中国道教研究中心”学者德斯珀专程来青城山访问坤道。

1984 年

4 月 天师洞、祖师殿、圆明宫、玉清宫交由青城山道教协会管理。青城山道教宫观管理委员会成立，并筹备修建上茅庵住宿楼，共 2650 平方米。

7 月 2 日 法中友协全国委员会委员、艺术委员会负责人让·皮埃尔·吉来姆率团访问青城山，采访道教音乐。

同年 全国政协落实宗教政策调查组到青城山，了解宗教政策落实情况。

同年 为加强领导，青城山管理所改为青城山管理处。

1985 年

6 月 根据国务院指示，由灌县城乡建设委员会主管风景名胜区。

同年 上清宫、建福宫均交由青城山道教协会管理。整修山道，并在天师洞新建两个大型蓄水池。

同年 中国道教协会会长黎遇航访问青城山。

同年 灌县人民政府拨款维修青城后山泰安寺。

1986 年

2 月 27 日（农历正月十九日） 青城山举行新道徒冠巾仪式。

4 月 四川省风景名胜区规划工作会议在灌县召开，讨论青城山—都江堰风景名胜区规划方案。

夏 中共中央政治局委员、中共四川省委书记杨汝岱视察青城后山“农家乐”。

9 月 8 日 中国道教协会第四次全国代表大会召开，傅圆天当选为副会长，吴理冲当选为理事。

9 月 灌县风景名胜区开发建设领导小组成立，并在泰安乡成立青城后山开发建设办公室，着手开发青城后山。

10 月 中共中央政治局委员、中共中央军委副主席杨尚昆游青城山。

同月 灌县文化局在青城山开展文物普查。

同年 灌县文管所在沙坪动工修建王小波李顺陈列馆。

1987 年

4 月 5 日 青城后山新开发的风景片区举行正式开放剪彩仪式，省、市领导莅会。

8 月 18 日 四川省民族器乐集成编辑部赴青城山搜集道教音乐，对江至霖大师和八名经师、乐师，在三清大殿内举行了“供天”和“天曹”两场法事进行录音、录像。

11 月 2 日 美国亚利桑那州中孚道院主持人凯蒂，办公室主任戴维·菲尔德，中孚研究所长冀朝理到青城山参观访问。

同年 灌县两河乡人民政府对天国山古迹进行考察。

1988 年

5 月 7 日 普照寺动工新建山门。

5 月 香港园玄学院参观团访问青城山道教协会。

6 月 13 日 都江堰市设置青城山镇。将原青城山管理处辖区，原泰安乡全境及青城乡青景村、桃花村一组，中兴乡九龙村四组划归青城山镇管辖。

7 月 14 日 在青城山天师洞举办为期半年的“道教知识进修班”开班。

12 月 23 日 青城山天师洞举行新道徒冠巾仪式，由傅圆天任巾师，江至霖主坛。

同年 全国政协副主席、中国佛教协会会长赵朴初游青城山天师洞及普照寺，并为两处赋诗题词。

同年 都江堰市城建委和青城山镇新辟金鞭岩三险旅游通道。

1989 年

4 月 15—19 日 中国道教协会在青城山天师洞召开全真派传戒筹备会。来自泰山、华山、武当山等名山宫观的 20 余名道长参加会议。

4 月 24 日 在青城后山原两河乡石城村的“七仙洞”中，出土南宋绍定六年（1228 年）镌刻的《薛仙洞记》石碑。

4 月底 新编《青城山志》（王纯五主编，李代远、杨慕文、杨蕤林协修），由四川人民出版社出版。

5 月 1 日 都江堰市文物局在青城后山沙坪附近新建的王小波李顺陈列馆建成，并正式开放。

6 月 4 日 以日本山梨县中巨摩郡竜王町町长、中巨摩郡都江堰市友好协会会长神泽净为团长的友好代表团一行 25 人，访问青城山。

8 月 25 日 以日本泛亚细亚文化交流中心专门委员会日本金刚院住持山田一真为团长的佛教考察团访问青城山。

8 月 台湾桃园道院代表团访问青城山。

1990 年

4 月 中国台湾天师府秘书长、《道教文化》杂志创办人龚群，中国香港专业出版社社长、《大道》杂志创办人陈达强，美国加州三藩市紫根阁阁长谢满根，应中国道教协会邀请，由该会副秘书长张继禹陪同到青城山访问。

9 月 5 日 青城山管理局成立。

12 月初 中国社会科学院考古研究所会同成都市文物管理委员会及都江堰市文物局，对青城山芒城古遗址再次进行探测。

12 月 26 日 青城山管理局举办首届“青城山杯”登山运动会。

12 月 中国社会科学院考古研究所与都江堰市文物局联合发掘“会庆建福宫”遗址。

1991 年

3 月 台北三清慈善会参拜团到青城山道庙举行参拜活动。

10 月 14 日 青城山道教学校在飞仙观正式开学。校长由傅圆天大师担任。中国道教协会、四川省宗教局、中共成都市委统战部、成都市宗教局有关领导到会祝贺。

1992 年

7 月 26 日 青城后山连降暴雨，山洪猛涨，冲毁五龙沟、飞泉沟内全部木栈道，交通一度受阻。

7 月 青城山管理局主办的《青城山报》创刊。

9 月 6 日 风光艺术片《青城天下幽》在中央电视台 1 套（综合频道）连续播放两次。

9 月 16 日 青城山新建自来水厂落成。

1993 年

1 月 12 日 1993 年青城山民间武术散打擂台赛举办。

2 月 18 日 青城山镇新建二级混凝土公路通车。新建公路从三角碑到五龙沟口，全长 18 公里。

4 月 30 日 青城后山水晶溶洞景点正式向游客开放。

5 月 3 日 台湾省屏东县内埔德修堂当家宋继雄等一行 30 人，到青城后山圣母洞寻根参拜。

6 月 28 日 青城后山神仙洞景区举行建成剪彩仪式。

7 月 14—16 日 青城山连降 3 天大雨，味江河水猛涨，环山渠溃决 15 米，淹没农田 300 亩，30 户农民受灾。后山公路冲垮 20 余处，景区木栈道基本冲毁，神仙洞跨江铁索桥被毁。

8 月 9 日 都江堰市邮电局开通青城后山的国内外直拨电话。

8 月 11 日 台湾女演员林青霞捐赠人民币 50 万元用于修建青城小学，经都江堰市人民政府批准，将该校更名为“青霞小学”。

9 月 1 日 日本产业株式社社长、全日本气功联合会会长林义贡，针灸师张玉明到青城山，与中国道教协会会长傅圆天及道教学校师生进行文化交流。

9 月 8 日 青城后山索道举行建成剪彩仪式。

9 月 16—26 日 青城山道教音乐演奏团，在北京白云观与海内外道友联合举行规模盛大的“罗天大醮”。

9 月 都江堰市大观乡青峰山下，由四川光大金联实业有限公司投资开发的“美国乐园”进入整体规划。加紧建设青城外山公园。

10 月 25 日 青城山管理局获得“成都市创建国家卫生城市先进单位”称号。

12 月 青城山镇人民政府及青城山管理局被中共成都市委、成都市人民政府命名为“成都市文明单位”。

同年 青城山道教协会换届，傅圆天连任会长，唐诚青、郑明德任副会长。

1994 年

11 月 10—19 日 四川省首届道教执事培训班在青城山举办。

1995 年

2 月 28 日 青城山名列巴蜀旅游五十强之一。

4 月 18 日（农历三月十八日） 青城后山白云寺举办首届白云万佛节。

6 月 18 日 青城功夫馆开馆。

7 月 11 日 第五届中国道教协会第六次常务理事会在青城山常道观召开。

10 月 29 日 常道观举行中国道教全真道二十三代方丈大律师傅宗天（傅圆天）升座大典。

10 月 财政部授予青城山财政所“全国财政系统文明财政所”称号。

11 月 1—21 日 中国道教协会在青城山举行中华人民共和国成立以来全真道第二次传戒法会。

1996 年

1 月　青城后山红岩风景区旅游公路通车。

6 月 30 日　海峡两岸道教科范交流会在青城山召开。

8 月　世界宗教与环境保护联盟考察团到青城山考察。

10 月　日本考古学家梅原猛一行到青城山进行访问。

11 月　成都市文物考古工作队与都江堰市文物局联合对芒城遗址进行为期半月的考古试掘调查。

1997 年

3 月 23 日（农历二月十五日）　青城山举办首届老君会。

4 月 20 日　四川省通俗文艺研究会第二次会员代表大会在青城山召开。

7 月 3 日　全国政协常委、中国道教协会会长傅圆天大师在飞仙观羽化。李瑞环、王兆国等中央领导发来唁电。

7 月 7 日　在建福宫举行傅圆天大师悼念仪式。

8 月 1 日　青城山新山门奠基。

9 月　四川省作家协会在青城山举办作家夏令营。

12 月 28 日　中国第一条常导低速磁悬浮列车工程在青城山奠基。国家科委、铁道部及成都市、都江堰市领导出席奠基仪式。

1998 年

2 月 16 日　中共都江堰市第十届代表大会决定，向联合国申报青城山—都江堰列入《世界自然文化遗产名录》。年底，申报文本初稿完成，并报经四川省人民政府批准，向建设部提出申请。

10 月　经国家文物局批准，成都市文物考古队与日本早稻田大学长江流域文化调查队到青城山镇芒城遗址进行考古调查和发掘。

1999 年

1 月 8 日　都江堰市被国家旅游局授予“中国优秀旅游城市”称号。

3 月　国家文物局、建设部批准将青城山—都江堰列入 1999 年向联合国提出申报世界自然和文化遗产的预备名单。

5月12日　《都江堰—青城山风景名胜区总体规划》通过国家、四川省、成都市规划专家评审。

7月2日　国务院总理朱镕基，副总理李岚清、钱其琛、温家宝分别在教育部、建设部、外交部、文化部《关于推荐青城山—都江堰等列入〈世界遗产名录〉的请示》上签字，同意向联合国推荐青城山—都江堰列入世界自然和文化遗产名录。

9月1日　中共都江堰市委、都江堰市人民政府召开青城山—都江堰申报世界遗产环境整治誓师动员大会，下达整治命令。整治期间，全市拆除了与景观不协调的建筑28万平方米，搬迁景区住户1200户、单位61家、学校1所；电力、通信、光纤电缆埋入地下或改道；关闭矿山企业17家、石灰窑18家，恢复植被8万平方米，共投入整治资金2.06亿元。

2000年

2月27日至3月2日　联合国教科文组织IUCN专家莱斯·莫洛伊抵达都江堰市，对青城山、都江堰和龙溪—虹口自然保护区进行实地考察。

8月13—14日　联合国教科文组织主席亨利对青城山—都江堰申报世界遗产进行实地考察。

11月29日　在澳大利亚凯恩斯召开的联合国第24届世界遗产委员会上，青城山—都江堰被列入《世界文化遗产名录》。

2001年

5月26日　四川省人民政府“青城山—都江堰成功名列世界遗产名录表彰大会”暨“山幽水长”大型文艺晚会在都江堰市南桥广场举行。

12月28日　都江堰市获建设部“中国人居环境范例奖”。

同年　青城山景区被评为国家AAAA级旅游景区。

2002年

2月14—18日　青城山管理局副局长高尔君、青城山功夫馆馆长刘绥滨率青城武术团赴云南丽江会晤纳西奇人宣科，探讨并促成纳西古乐向道教洞经音乐回归事宜，并在丽江古城与世界文化遗产丽江纳西古乐进行合璧会演的尝试。

3月　青城山景区和都江堰全市旅游景区开展了继双申整治后又一次大规模旅游环境综合大整治工作。

4月底　旅游环境综合大整治工作初见成效后，国内35家新闻媒体记者聚集都江堰市，参加青城山—都江堰“走进青山，走近绿水”大型采访活动。

4 月 26—29 日 宣科率丽江纳西古乐团全体人员专程到青城山寻祖归宗，并和青城道乐、青城武术成功实现合璧会演。

7 月 9 日 联合国教科文组织世界遗产中心主任巴达林考察青城山—都江堰景区。

2003 年

2 月起 重症急性呼吸综合征（非典型肺炎）疫情爆发，青城山景区严防死守，未出现一例感染者，但旅游业受到巨大影响。

3 月 17 日 新建的上清宫三清大殿落成，举行开光仪式暨老君节活动。

6 月 28 日 《中华武术展现工程——青城武术系列》光盘正式发行，在青城山开展武林八大门派聚青城活动。

6 月 "非典型肺炎"疫情基本得到控制，青城山适时启动旅游，倡导"登山健身游"。

12 月 张明心当选为第三届青城山道教协会会长，郑明德、吴理冲、伍孝斌、周理惠为副会长，唐诚青为名誉会长。

2004 年

4 月 天师洞古银杏被四川省林业厅评为四川省"十大树王"之一。

6 月 5—10 日 经国家宗教局批准，由中国道教协会、四川省道教协会、成都市道教协会主办，青城山道教协会承办的首届中国道教文化节在青城山举行。

9 月 12 日 按成都市乡镇撤并要求，将原青城山镇人民政府与青城山管理局分撤，成立青城山风景名胜区管理局。原行政区域不变，由青城山管理局代管。

9 月 22 日 香港著名作家金庸游览青城山。

2005 年

5 月 23 日 中央电视台和青城山管理局经筹备，在央视 3 套栏目《魅力 12》中，专题介绍青城山茶文化的综艺节目《青城魅力茶》，在央视星光演播厅录制完毕。

8 月 25 日 中共四川省委书记张学忠，四川省人民政府省长张中伟，中共成都市委及中共都江堰市委、市人民政府领导一行，到青城后山景区考察。

10 月 9 日 全国最佳魅力城市代表和中央电视台编导一行，到青城后山又一村考察。

10 月 19 日 全国世界遗产地政协第九次研讨会在都江堰市举行，出席会议的 20 个省（市）的 200 余名代表，考察参观了青城山景区。

三、文献辑存

国务院批转城乡建设环境保护部等部门关于审定第一批国家重点风景名胜区的请示的通知

国发〔1982〕136号

各省、市、自治区人民政府，国务院部委，各直属机构：

国务院同意城乡建设环境保护部、文化部和国家旅游局《关于审定第一批国家重点风景名胜区的请示》，现发给你们，望遵照执行。各地区、各部门要按照《国务院批转国家城建总局等部门关于加强风景名胜保护管理工作报告的通知》，(国发〔1981〕38号文）和本通知的要求，切实做好风景名胜的保护和管理工作。

国务院

1982年11月8日

关于审定第一批国家重点风景名胜区的请示

国务院：

根据《国务院批转国家城建总局等部门关于加强风景名胜保护管理工作报告和通知》（国发〔1981〕38号文）的要求，各省、市、自治区对重点风景名胜区进行了调查、评价和鉴定，已有二十二个省、市、自治区提出了五十五处，要求列为国家重点风景名胜区。

今年三月到四月期间，全国政协城建组、文化组和原城建总局分别邀请部分在京政协委员和有关园林、建筑、城市规划、地理、美术、文物、旅游、环保等方面的专家学者开会，讨论加强风景名胜的保护问题并评议了国家重点风景名胜区名单。大家一致认为。我国山河壮丽，历史悠久，自然风景和名胜古迹遍布全国。一些年来由于各种原因，许多重要风景名胜遭到不同程度的破坏，近年来一些风景区的开发建设缺乏统一规划，加强风景名胜区的保护和管理工作已刻不容缓，应尽早确定国家重点风景名胜区名单，制订保护管理办法，明确管理体制，使我国一些世所罕见的壮丽自然景观和名胜古迹切实得到保护。经过讨论和评定，提出了四十四处风景名胜区（名单附后），作为第一批国家重点风景名胜区（台湾省的风景名胜区待台湾回归祖国后另定），请审定。

当前，各地要继续按照国务院〔1981〕38 号文件的要求，做好风景名胜区的保护和管理工作。

一、抓紧编制国家重点风景名胜区的规划，划定范围。各地城乡建设环境保护部门要组织科技力量，深入调查研究，认真编制国家重点风景名胜区的规划，提出保护和管理范围。风景名胜区的规划和管理范围要从保持景区自然和人文景观的完整，有利于保护，便于管理和组织旅游出发，不应受行政区划的限制。为了保持国家重点风景名胜区的特色，维护生态平衡，避免环境污染，还要在风景名胜区外围划出一定的保护地带，国家重点风景名胜区的规划和范围经城乡建设环境保护部审查后，报国务院批准，并立碑标明区界，建立档案。

二、加强领导，实行统一管理。国家重点风景名胜区的管理机构要在省、市、自治区人民政府的领导下，全面安排风景名胜区内各方面的工作，其主要任务是采取有效措施，保证风景名胜不再受到破坏和污染，保持和发扬景观原有特色，按照合理的环境容量和现有的物质、技术条件安排好旅游。使风景名胜区环境优美，秩序良好，成为有益于人民群众身心健康，进行科普教育，激发爱国主义热情，建设社会主义精神文明的游览胜地。

三、严格保护景区植被和地形地貌，维护自然生态。在风景名胜区规划范围内，严禁砍伐林木，破坏植被和进行开山取石、挖沙取土、围湖造田等破坏地形地貌的活动。

四、积极稳妥地做好风景名胜区的开发建设工作。风景名胜区的一切建设均要按照规划要求有计划地进行，重要建设项目要报上一级城乡建设部门审批。旅游设施要因地制宜，要保持地方特色，同自然环境协调。目前尚不具备对外开放的风景名胜区，应搞好保护和管理工作，加强绿化建设。

五、继续做好风景名胜资源的调查、评价和鉴定工作。凡符合国家重点风景名胜区条件的，可陆续呈报国务院审批。建议各省、市、自治区人民政府分批审定省级风景名胜区，并送城乡建设环境保护部备案。

以上妥否，请指示。

附：第一批国家重点风景名胜区名单（四十四处）

城乡建设环境保护部
国 家 旅 游 局
文 化 部
1982 年 10 月 28 日

第一批国家重点风景名胜区名单

（共列 44 处，其中第 35 处为青城山—都江堰风景名胜区。全文从略）

都江堰市人民政府关于设置青城山镇的通知

都府发〔1988〕5号

泰安乡、青城乡、中兴乡人民政府，青城山管理处：

按四川省人民政府川府政〔1988〕20号批复，省人民政府同意都江堰市撤销泰安乡，设置青城山镇的建制，将原泰安乡所辖的十个村、青城山管理所所辖的青城村、青城乡的青景村及桃花村一组、中兴乡的九龙村四组一并划归青城山镇管理，镇人民政府驻赤城阁（即青城山管理处内）。

1988年6月13日

青城山风景名胜区申报世界文化遗产纪略

1998年2月16日，中共都江堰市第十届代表大会决定，向联合国申报青城山—都江堰列入《世界自然文化遗产名录》。这一决定被紧接着召开的都江堰市第十四届人民代表大会第一次会议通过。

1998年6月10日，中共都江堰市委第十届委员会召开第六次常委会议，研究“双遗产”申报工作，决定成立“双申”领导小组和申报办公室，申报办公室工作由邓崇祝负责，抽调精干力量，着手申报事宜。都江堰市委书记侯雄飞，市长张宁生围绕确保申报成功多次召开会议精心布置、明确职责、明确分工。

申报办成立后，数十次组织省内外专家、学者对青城山・都江堰遗产提名地的价值进行反复论证和实地考察，摸清家底，为青城山・都江堰的申报工作奠定了基础。根据联合国世界遗产委员会要求，申报资料包括文本、幻灯片、光碟、规划四部分，从1998年7月开始，便着手申报文本的编撰工作。

1998年底，报经省、成都市有关部门批准，青城山—都江堰申报世界遗产列入议事日程，并向国家建设部提出申请。

1998年11月，申报文本初稿完成。至1999年5月，对文本进行8次修改，形成长约5万字、图片115幅的申报文本。

1999年5月19日，国家建设部在北京召开“青城山—都江堰申报世界遗产审议会”，建设部部长俞正声代表国家在“青城山—都江堰申报世界自然和文化遗产申报文本”上签字。

四川省和成都市领导一直关心都江堰市申报工作。省长张中伟多次到现场视察，并于1998年11月30日召开省政府常务会议，专题研究都江堰市“双申”工作。副省长邹广严一直关心申报工作的进展情况。省委常委、成都市委书记陶武先在市委常委会上就申报工作进行了专项安排。1999年12月7日，市长王荣轩和王少维、苏培玮、狄廷国等率成都市有关部门负责人到都江堰市现场办公，解决申报工作中的难题。成都市人大、政协以及各部门的领导都密切关注和大力支持都江堰市申报工作。

1999年5月28日，中共都江堰市第十届委员会在市委常委会议室召开第35次常务委员会议，会议由市委书记侯雄飞主持，专题研究青城山—都江堰申报并列入《世界遗产名录》的有关问题。

根据联合国世界遗产委员会的规定，向联合国教科文组织世界遗产委员会推荐申报遗产提名地的截止日期为每年的6月30日。1999年5—6月，由于国家有关部委在文件交换、运转过程中延误了时间，致使我国政府不能如期将推荐材料送达联合国世界遗产委员会（巴黎），因此，决定放弃申报。

1999年6月29日晚10时许，获悉文本在传递过程中耽误了时间，决定当年不申报后，市委连夜召开紧急会议，决心尽最大努力做工作，抓住最后机遇不放过。第二天上午徐进、邓崇祝、邵建华一行三人火速赶到北京。国务院办公厅根据我们的建议，采取了两条措施。第一，由有关部门代表中国政府与联合国教科文组织世界遗产委员会联系，请求推迟三天报送文本和国家总理签字的申请；第二，6月30日下午1时30分，国务院办公厅秘书三局召开有关部委负责人参加的紧急会议，统一不能放弃申报的认识。并责成有关部门必须以最快的速度重新报送材料。7月1日至2日，朱镕基总理，李岚清、钱其琛、温家宝副总理分别在教育部、建设部、外交部、文化部《关于推荐青城山—都江堰等遗产地列入世界遗产名录》的请示上签字，同意向联合国教科文组织推荐青城山都江堰申报列入《世界遗产名录》。从此，青城山·都江堰遗产提名地申报世界遗产工作由地方政府行为上升为国家行为。1999年7月4日，都江堰市委副书记徐进带队应联合国教科文组织邀请，赴巴黎向联合国教科文组织世界遗产中心介绍申报情况。都江堰市较强的遗产保护意识和申报积极性受到几位主席的好评。7月5日，申报文本送达设在法国巴黎的联合国教科文组织世界遗产中心秘书处。8月，世界遗产委员会正式通知中国联合国教科文组织全委会，定于2000年2月底组织专家验收。

按国际标准制订整治方案，是一项更艰巨的工作。为制订合理的整治方案，市组织了有关领导和工作人员到丽江、武夷山、峨眉山等遗产地考察，学习借鉴外地经验。同时邀请罗哲文、郭旃、马纪群、宋之正等专家对申报环境进行详细考察。

1999年8月，市委成立“环境整治领导小组”，市委书记侯雄飞任组长。张宁生任副组长。张宁生、陈家荣、牛敏分别负责对古堰、龙池和青城山的整治工作进行协调。24日下发了《都江堰市青城山—都江堰申报世界遗产环境整治管理暂行办法》。

1999年9月，建设部聘任罗哲文、林源祥、陈昌笃、马纪群四位专家为青城山—都江堰环境整治顾问。整治方案拟订后，市委书记侯雄飞、市长张宁生赴北京报国务院批准执行。

1999年9月1日，市委召开“环境整治誓师动员大会”，市委书记侯雄飞作了《弘扬李冰治水精神，拿出决战气魄，集中一切力量，完成整治任务，确保世界遗产申报成功》的讲话。市长张宁生下达了《青城山—都江堰申报世界遗产第一批环境整治任务的命令》。

从1999年9月开始至2000年2月中旬不足5个月的时间里，都江堰市共投入整治资金2.06亿元，投入劳动力48万人次。全市范围内拆除与景区环境不协调的建筑物28万余平方米；拆迁和关闭影响景区环境的工厂、矿山、商业网点61家，搬迁变电站1座，新建变电站2座，搬迁核心景区内的学校（中专）1所、民宅1097户；按照国际标准改造景区公厕13座；铺设青石板、红石板路面2万余平方米；新增绿化面积24万余平方米；增设公用电话亭200余部；修建了青城山—都江堰自然文化陈列馆。经过大规模的环境整治工作，使景区面貌发生了巨大的变化。其间，青城山镇和青城山管理局多渠道、多层次筹集资金1.3亿元，对青城山核心景区进行了有史以来的规模最大、质量最高、整治最彻底的环境整治，共搬迁单位14家、农户500多户，拆迁面积12万平方米，绿化面积9.7万平方米，使景区面貌焕然一新。之后，又先后投入700多万元，对景区环境进一步进行了整治，查处了违规建设现象，优化了自然生态环境，青城山变得真正地幽静、葱茏了。

2000年2月17日，市委、市政府召开了“双申迎检动员大会”。

2000年2月27日，联合国教科文组织世界遗产委员会的专家莱斯·莫洛伊博士抵达都江堰市。

28日在“青城山—都江堰自然与文化陈列馆”的多功能会议厅，建设部外事司司长李先逵主持召开了“青城山—都江堰申报世界自然和文化遗产汇报会”。会后，莫洛伊博士在科学顾问和建设部外事司司长李先逵、中国联合国教科文组织全委会官员遇晓萍、建设部风景名胜处左小平等领导和都江堰市领导徐进、蒋显伦、邓崇祝的陪同下，实地考察了青城山。通过一天的严谨的考察，他认为青城山道家哲学博大精深，道教宫观建设精美，文物保护完好。青城山植被与文化景观保护很好，沿途见到的和展示的堪称世界精品，他感慨地说：“人与自然的和谐统一在青城山得到了完美的体现。”

在青城山游人接待中心，莫洛伊博士听说这里原来是单轨列车站，经过整治拆迁后恢复了植被，十分赞叹：“你们舍弃了每年200万元的利润，足见中国政府保护自然生态的决心之大。这里的建筑很漂亮，景色很迷人。”他在对青城山的保护措施表示满意之际，还十分夸赞道教哲学的博大精深和道教宫观建筑的精美，夸赞青城山文物保护完好。在听了道家音乐《流水》后，他欣然题词：“青城山是东方最珍贵的地方之一。能访问天下名山第五洞天，是我最值得荣幸和自豪的事情。”

2000年11月27日至12月2日，联合国第24届世界遗产委员会在澳大利亚凯恩斯召开。

29日，会议通过了青城山·都江堰列入《世界遗产名录》。青城山和都江堰的遗产价值被世界遗产委员会国所公认。在世界遗产公约规定的6条文化遗产标准中，遗产地符合第2、第4、第6条标准。具体如下：

名称：中国青城山和都江堰灌溉系统

编号：1001

国家：中国

标准：C（Ⅱ）（Ⅳ）（Ⅵ）

委员会根据标准（Ⅱ）（Ⅳ）和（Ⅵ）决定将青城山—都江堰列入《世界遗产名录》

标准（Ⅱ）：兴建于公元前三世纪的都江堰灌溉系统是水资源管理和技术发展史上的一个重要里程碑，现在仍然很好地发挥着功能。

标准（Ⅳ）：都江堰灌溉系统形象地说明了古代中国在科学技术方面所取得的巨大成就。

标准（Ⅵ）：青城山的宫观与道教的创立密切相关，而道教是东亚地区历史悠久且最具有影响力的宗教之一。

委员会还对列入世界自然遗产一事进行了激烈的讨论，但紫坪铺水利工程影响了自然生态环境。

虽然委员会认为提名地同时符合自然遗产标准第二条和第四条，但是，委员会决定将自然遗产提名推迟，并要求iucn和世界遗产委员会同中国政府就申报的相关事宜进行澄清：（1）管理体制；（2）总体规划完善；（3）前期实施方案的承诺；（4）长期基金来源安排计划的结论；（5）充足合格员工的培训方案；（6）对旅游业发展的监控管理；（7）对实施监管、科研调查、教育，公众认知的方案；（8）水利项目的相关信息和水坝可能产生影响的提案。

委员会建议中国政府考虑下列事宜：(1) 扩大申报地，将其他大熊猫栖息地（如与其紧相连的卧龙自然保护区）纳入保护区的好处；(2) 开展一次范围更广的，关于中国其他世界自然遗产地的讨论会，建议召开一个研讨会，集中讨论扩大基地界限问题和确认该区域内其他地方生物多样性的价值。

最终结果，青城山—都江堰文化遗产获得通过，自然遗产推迟。

四、旧志叙录

《青城山记》原序

〔清〕彭 洵

予家郫江之北，距青城三数十里。洞天福地之胜，童子时已饫闻之，壮日草草一游遂已。厥后南北奔驰，思一再往而不可得。丁亥夏，读礼家居，谢绝人事，吾姻蒋君锡藩、门人靳生维藩，相与订青城之游。越五日，肩舆登山，及暮皆会道院。俄而骤雨闭门，不可以步，意甚索然。翌日晓钟方罢，旭日射窗，灿然红紫。急起命仆，扶翼登山，历重冈，陟列巘，穷高极深，直达上清绝顶。千岩万壑，献秀供奇，岷江百派，亦盈盈在衣带间。二子与道人从予后，指点诸山胜迹，历历可数，气爽神怡，如在蓬阆，几不知人世间有此异境也。日既西倾，归休对酌，二子曰：今日之游乐乎？予曰：然！惜不得古人所为《甲记》《乙记》者，一一从而证之，良为憾事。二子曰：文献不足，兵燹之罪也；守缺抱残，儒生之咎也。彼罗浮、匡庐、崆峒、五台，皆各有志，又往往出自乡人。青城为神仙都会，雅与诸山匹敌，听其就淹，宁非吾党之过耶！予曰：多见而识，贤者事也；得十一而遗千百，不重贻山灵羞呼？二子曰：否否！天地之化，往者过，来者续。前贤之废坠，赖今日补之；今日之缺遗，后世胡能听之，又安见大雅之不复作耶？予闻而善焉，归止敝庐，检阅群籍，就所见录为一册，名曰《青城山记》，聊存梗概云耳。若云扬洞天之胜，搜福地之奇，乌乎敢！

光绪丁亥蒲月望后二日，郫江渔子彭洵叙于种书堂

彭洵《青城山记》目录

卷上　原始记　四至记　诸山记　宫观记　古迹记

卷下　事实记上（隐逸）　事实记下（方技）　青城山拾遗　青城逸事

《青城山记补正》原序（节录）

〔民国〕罗元黼

青城山有记，肇自杜广成，其后范仲立、李常、张开，递相赓续；杜范甲乙，俱见征引，李张

鲜闻。清光绪间，灌人彭氏踵辑成篇，冀以传信后来，为山灵生色，但取材惜俭，抉择未精。每作山游，时深怅慨，不揣梼昧，思有补辑，忽忽弗果。岁戊辰初夏，风日清美，梅阴罨绿，桃萼敷红，逸兴翩然，顿怀间写。乃检彭书，详究违失，以类相从，其误有七：

如王衍造上清宫，塑王子晋像，及写唐二十一帝像于殿壁，备法驾朝之，士庶帘帷珠翠，夹道不绝。此用蜀都唐道袭私第所建之上清宫，非青城之上清也。薛逢为锦州刺史，梦入天仓洞，使人访之，入洞十里，见山川居第。乃窦圌山之天仓，非青城之天仓也，其误一。金容坊石笋，诸葛武侯尝发视之，验其古篆，知为蚕丛氏“启国镇蜀”之碑；李雄据蜀，复掘视之，以询范贤云云。《蜀图经》所载甚明，杨升庵老杜《石笋行》题注，文意未完，非武侯待范寂而后知也。容成公为黄帝师，乃称为晋人。与李尧夫戏语，乃王蜀李昊；安所据为李雄，而与范贤同列？其误二。唐睿宗女入道，惟玉真、金仙，其他别无金华封号（史载：景云二年为金仙、玉真二公主置观，《舆地纪胜》青城有“金华宫，唐金华、玉真公主建”，亦误观名为金仙之号）。《魏志》张陵入蜀居鹄鸣山，不作“鹤”，与大邑鹤鸣之由石鹤得名有殊。上清峰僧亦不以病冷为名，其误三。唐许默《紫花梨记》进丹武宗者邢先生，不作元邢生。杨通幽师西城王君，非西域王。道士刘云，不名云云；云升宫、云阳栖霞观也，唐瞿法言上升之所；云升宫客，沈默自称。记臆增刘名，割截沈号，其误四。黄帝坛石，法天圆地方，不必沿《甲记》之称为石天地也。杜光庭传乃《五代史补》文，非薛史也。明末奢崇明围成都凡百有二日，非五日；沐猴而冠乃暗喻楚人，节去二字，则所指隐矣。姚平仲传，度采药者莫能至；删采药者三字，语亦费解，其误五。李意居青城山，乃演义家言，不见之《神仙传》。冯大量所遇道士，本汶川之慈母山，去青城较远。王仙柯所隐之翠围山，在永康不在青城，其误六。乾元山引《录异记》：乾元之南有东柱西柱；然上文原云金州之北，其不属青城甚明。注《老子》之张君相，马端临亦泛云岷山道士，未明指青城。苏恽《圣母祠记》篇首即云灵泉，乃灵泉县之圣母山，与张溥作记、潘洞题诗者同，尤非《寰宇记》《舆地记》所云之圣母慈母山也，其误七。至范寂、司马承祯一事而前后复见，符载、安世通、张俞诸传，颇少剪裁；于宁封子、马鸣生、刘无名、杜光庭，转病简略。其引王象之《碑目》，乃遗阴道、薛道衡、灵宝真人数条。明皇手敕乃青城独存之古碑，不能搜考全载；及未补徐太亨《丈人观碑》、杜光庭《修诸观功德记》原文，尤为缺典。凡此皆彭氏之俭也。

原书八门，今广为十一门，曰溯原、曰群山、曰宫观、曰古迹，仍旧目也；高真以标仙迹，方外兼括羽流、释氏，隐逸专记肥遁，继以物产、金石，殿以杂纂、外编。庶词人雅翰，灵怪幽踪，轶事异闻，兼收博载。虽未足希风广成，而表襮名山，所得差较富确。彼著谢公屐而登青云梯者，倘亦有乐于斯乎！

中华民国十七年岁在著雍执徐、围余月、香雪楼主序

《青城山记》补正目录　崇庆罗元黼重辑

王文才纂《青城山志》记

青城山名，始著于晋。《华阳国志》江原县有青城山，称江祠。盖古祀江渎于此，唐乃改祠成都。按《志》：秦自湔堰上。分穿羊摩江，灌江西。杜光庭《水记》：杨磨能伏龙治水，于大皂江侧决水壅田；江名羊摩，以杨磨故，宋更讹为羊麻。清人论此水，谓即大江右分之羊马河。旧青城赤城崖上，有羊马台，意者其为古江祠故迹也。迄晋以降，地因范贤而显，依山为垒，保聚部民。继以道教之盛，乃多依托仙踪，自长生而上及张陵、轩辕，各有灵迹。江祠遗台，亦附会为天师誓鬼之处；杨磨之名，又渐为江神姜氏、灌口二郎所替矣。《益州记》载，梁时山中已多名胜。唐以兹山为道场，属玄真之化境，题咏纪闻，文笔渐富。杜光庭居之，张皇灵异，始撰《青城山记》，续者并起。于是羽流奉为圣证，文士取作谈资。宋明地志复杂采旧闻故事以实之，山川景物，历历可考；然多散见，不便观览。清人彭洵，乃辑成《青城山记》二卷，褴褛草创，不免舛漏。乡先生罗芸翁晚岁，博取仙传杂著，补正其缺，颇称详备。唯书或转引，文喜改窜，例亦驳杂，是其微疵。忆余少时，每自青城南下永康故县，宿天国山中，登翁香雪小楼，徘徊四望，寒山萧然。乃知乡僻著述之难，虽《舆地纪胜》亦不可得，今能检核全唐诗文及升庵《全蜀艺文志》，固不易矣。年来间取诸书，偶为订正，或事删补，并易编次；稍详其地理艺文，而略其神奇怪异。原《记》高真、方外、隐逸、杂纂、外编五目，所称“富确”者，以今观之，仅可约取，或分隶他目。盖神仙家言，本多荒诞，益以异闻琐记，尤为庞杂。兹所采录，虽间涉玄怪，亦关乎故实，不以人存。又改题是编为《青城山志》，义归文献以备稽考。前冠彭罗原序，后附二君传志，亦不掩前人之功也。文才记，庚申暑中。

（四川人民出版社 1982 年版）

《青城山志》序

“青城天下幽”名闻遐尔。老舍先生曾以一字概括青城山的特色：“翠”。

青城山葱茏、幽静，有如一块纯洁的碧玉，一年四季笼罩着幽幽的翠色。

青城山是道教发祥地之一，道教主张清静无为，见素抱朴。它的教义精髓，体现在青城山的深幽涵碧之中。

名山如花，引来蜂蝶。青城山优美，招来万千游客，诸如爱国将领冯玉祥、大作家老舍、名画师张大千和徐悲鸿，都曾在青城山的白云茂林间居住。瑞典国王和王后，法国、日本、加拿大等国的友人，不远万里，来游青城山

今天，旅游成为中外人们生活的热线。人们回归大自然，追求天然美，纷纷来到青城山。他们仰慕山林的幽翠，汲取山泉的清流。流连之余，切盼能携回一册反映名山全貌的志书，作为对青城山永久的怀念。

如今喜见王纯五等同志描山绘水，把青城山尽入彩笔之中，写出了新的“青城山志”。他们受到

青城山灵气的感化，对它爱之至深。他们熟悉青城山，在撰写中又披荆攀藤，踏遍青山；广搜博采，弥补前志之缺，写出了迄今较为详备的《青城山志》。

闻道青城山是花蕊夫人的故乡，我也曾涉足此名山。那高山的杜鹃花，那千年的银杏树，那日中金碧辉煌的天师洞，那月夜清幽风凉的上清宫，都一一镌刻在我心中，至今不忘。而尤其听过《青城山志》主编王纯五同志的解说，像涓涓泉流，更感心暖如春。他是一位民俗学者和俗文学作家。他的艺术构思有如青城山的晴岚雨障变幻无穷；他的文字有如青城山凝碧含翠，给人以新的美学感受。

值得一提的是：都江堰市城乡建设委员会在关注风景区规划与建设的同时，更关注名山史志的编修。他们和市人大教科文委员会共同倡议新编《青城山志》。他们尊重人才，依靠熟谙青城山，不求功利，但求纯真的作者们；取得多方面的支持，集思广益，共襄盛举。四川人民出版社以出版好书为职志，使此书尽快问世。

这本《青城山志》，不仅使我们感受到青城山深幽翠碧，多姿多彩的自然美，情操高尚的人文美；而且使我们享受到纯洁心灵的艺术美。

愿大家一读《青城山志》。

碧　野

1988 年 9 月于湖北省崇阳县金沙避暑山庄

（四川人民出版社 1989 年 5 月版）

《青城山志》序

中国五千年文化能连绵不断、源远流长，与古人重史修志不无关系。

青城系天下第五名山暨中国道教发祥圣地，其修志之风由来已久。自南朝、隋唐、两宋、元明，代有修撰。由是，名山之道学渊源，山川形胜，人文风物，得以见诸史志而传承至今。

改革开放以来，国家以保护景区，保护历史文化，促进旅游发展为务，立法宣传。都江堰市政府在组织修撰市志的基础上，秉承前代修撰山志的优良传统，由市志办牵头、市建委承办、青城山管理局和道协协助，组织专人修撰《青城山志》。自 1986 年起，修志人员对青城全境重新进行实地踏勘考查，经过四年的史实印证和变化增删，使该志书于 1989 年由四川人民出版社出版。山志所载名山胜迹及自然风物，均按史实与国家颁布之科学分类撰述。出版后即大获好评，分别获得省市三项奖项。1994 年，该志书在原基础上增订出版第二版，1998 年增订出版第三版，在省内外地方名胜志中声誉卓著，影响较大。今历时六载，青城山在原国家首批重点风景名胜区、全国重点宫观、全国重点旅游区的基础上，获联合国批准列为“世界文化遗产”的殊荣。青城山作为中国道教发祥圣地和幽甲天下的风景名胜区，又增加了珍视历史传统文化的丰富内涵。为此，修志人员根据“与时俱进”的原则，尊重上古青城周回八百里、二千七百里、五千里的历史记载，将人文史迹叙述增扩到历史景区。重点按前中国道教协会会长、青城山道教协会会长、全国政协常委傅圆天大师曾竭诚恢复的重要道教名胜景点进行撰述，并增补修订传统文化内容，将原青城道教音乐、青城古建亭阁分别归入传统文化和文物范围；补记完善了青城易学、青城武学的历史和发展现状；将已有千余年发展历史的青城绘画、青城画风，结合现代形成并初见规模之青城画派列入记载范围。这对作为东方文化名山的青城山来说，能给人以较为立体完整的传统文化形象，大大弥补了前志叙述的缺陷；同时，也完善了古代修史注重艺文的体例。

修撰史志的目的在于资治、教化、存史。修撰山志，旨在让人读志而增进对祖国大好河山的爱恋和对民族历史的感情，丰富人文科学和自然地理知识，促进旅游事业发展，陶冶情操，增进文明！

祝山志与世并行，常修常新！

是为序。

秦安禄

2004 年 4 月 30 日

（四川出版集团巴蜀书社 2004 年版）

编 后 记

名山有志，既描绘其独具魅力的景观，又使独树一帜的历史文化得以积累传承。青城山自晋迄唐末，先后有皇甫士安、杜光庭、范仲立、李常、张开为其作记。明曹学佺《蜀中名胜记》所征引的文献中有《青城外史》，但多数散佚。清代彭古香先生撰《青城山记》，至今已逾百年。其间，尚有罗元黼先生《青城山记补正》、易心莹大师《青城指南》、彭昭旷先生《青城近记》、王文才先生《青城山志》，递相赓续，订正删补，文采斐然。但多侧重溯源，侧重艺文，对青城山的自然环境、文物古迹、宗教以及近百年的大事，尤其是中华人民共和国成立后的建设和研究成果，或未能记述，或语焉不详。1986年，由灌县人大常委会副主任、县志总编杨增宏主持，县城乡建设委员会、青城山道教协会以及青城山镇人民政府组成《青城山志》编修委员会，县志副总编王纯五任主编。编写人员经两年多努力，在中共都江堰市委、都江堰市人民政府及有关部门关心支持和配合下，于1988年完成《青城山志》编修，由四川人民出版社出版。新编《青城山志》突出了社会主义新山志的特色，获四川省及成都市地方志优秀成果奖，受到海内外学者关注。1993年11月、1998年7月和2004年4月，分别又进行修订再版，总计发行31200册。

2006年，根据《中共四川省委办公厅 四川省人民政府办公厅关于印发〈<四川省志（1986—2000）>编纂方案〉的通知》（川委厅〔2006〕4号）部署，青城山管理局承担《四川省志·青城山志》编纂任务。随即，青城山管理局牵头成立编纂委员会，决定参考原出版的《青城山志》第四版中大量的资料，根据《四川省志》编纂要求编写，由《青城山志》协修杨慕文主编。2007年5月，青城山—都江堰旅游景区管理局成立，志书编修人员认真学习《地方志工作条例》《四川省地方志工作条例》，以及《〈四川省志（1986—2005)〉编纂方案》等文件和业务教案材料。在青城山—都江堰旅游景区管理局领导下，在四川省地方志编纂委员会（以下简称省志编委）指导帮助下，在原《青城山志》基础上，志书编修人员认真拾遗补阙、订讹正误，将前志资料进行多次鉴别、考证、核实，充实有关内容，删除部分不实资料，力求做到资料翔实，引文和数据准确。编写范围主要以青城前山、青城后山为主体，重点记述青城山历史、文物、传统文化，以及山川景物，对历史属于青城范围的景区也一并略述，丰富“大青城”的内容。

篇目送审稿报四川省志编委后，2009 年 9 月，四川省志编委以川志函〔2009〕55 号文批复：“原则同意按此编纂志稿。在编纂过程中，可根据实际情况适当微调。”按篇目完成初稿编写后，分送都江堰市有关史志学者和专家审议征求意见，编者再进行修订。编委会审稿通过后，于 2010 年 8 月报送四川省志编委审查。四川省志编委对全书不足之处提出修改意见和建议。2017 年 5 月 31 日，《四川省志·青城山志》通过《四川省志》审核委员会审查验收。

本志的编纂得到四川省志编委（2015 年更名为四川省地方志工作办公室）的有力指导和大力帮助。全书图片由青城山—都江堰旅游景区（风景名胜区）管理局提供。在此表示诚挚的谢意！

由于编纂志书工程浩繁，涉及面广，任务重，资料缺，虽经几多努力，反复修改，难免出现疏漏、不足之处，尚祈批评指正。

《四川省志·青城山志》编纂委员会办公室

2019 年 4 月